金陵全書

甲編·方志類·通志

康熙江南通志（八）

（清）于成龍　王新命　等修
（清）張九徵　陳焯　等纂

南京出版傳媒集團
南京出版社

圖書在版編目（CIP）數據

康熙江南通志 /（清）于成龍等修；（清）張九徵等纂. -- 南京：南京出版社，2017.7
（金陵全書）
ISBN 978-7-5533-2005-2

Ⅰ. ①康… Ⅱ. ①于… ②張… Ⅲ. ①江南（歷史地名）- 地方志 - 清代 Ⅳ. ①K928.649

中國版本圖書館CIP數據核字（2017）第272969號

書　　名　【金陵全書】（甲編・方志類・通志）
　　　　　康熙江南通志
編 著 者　（清）于成龍　王新命等　修　（清）張九徵　陳焯等　纂
出版發行　南京出版傳媒集團
　　　　　南　京　出　版　社
　　　　　社址：南京市太平門街53號　　郵編：210016
　　　　　網址：http://www.njcbs.cn　　電子信箱：njcbs1988@163.com
　　　　　天猫1店：https://njcbcmjtts.tmall.com/　　天猫2店：https://nanjingchubanshets.tmall.com/
　　　　　聯系電話：025-83283893、83283864（營銷）　025-83112257（編務）

出 版 人　朱同芳
出 品 人　盧海鳴
責任編輯　崔龍龍　楊傳兵　王松景　凌　霄
裝幀設計　楊曉崗
責任印制　楊福彬

製　　版　南京新華豐製版有限公司
印　　刷　南京凱德印刷有限公司
開　　本　889毫米 × 1194毫米　1/16
印　　張　407.5
版　　次　2017年7月第1版
印　　次　2017年7月第1次印刷
書　　號　ISBN 978-7-5533-2005-2
定　　價　10400.00元（全八册）

天猫1店　　天猫2店

江南通志卷之第六十六

藝文

表

晉陸機謝平原內史表

臣陸機言今月九日魏郡太守遣兼丞張含賫板詔印綬假臣為平原內史拜受祗竦莫知所裁臣機頓首死罪死罪臣本吳人出自敵國世無先臣宣力之效才非丘園耿介之秀皇澤廣被惠濟無遠擢自羣萃累蒙榮進入朝九載歷官有六身登三閣宦成兩宮服冕乘軒仰齒貴遊振景拔迹顧邈同列施重山岳義足灰沒遭國顛沛無節可紀雖蒙曠蕩臣獨何顏俛首頓膝憂媿若厲而橫為故齊王冏所見枉陷誣臣與衆人共作禪文幽執囹圄當為誅始臣之微誠不負天地倉卒之際慮有逼迫乃與弟雲及散騎侍郎袁瑜中書侍郎馮熊尚書右丞崔基廷尉正顧榮汝陰太守曹武思所以獲免陰蒙避迴崎嶇自列片言隻字不關其間

事蹤筆跡皆可推較而一朝翻然更以爲罪蕞爾之生尚不足忝區區本懷實有可忍畏逼天威卽罪惟謹鉗口結舌不敢上訴於天莫大之寃[illegible]經聖聽所血之誠終不一聞所以臨難慷慨而不能不恨恨者唯此而已重蒙陛下愷悌之宥回霜收電使不隕越復得扶老攜幼生出獄戶懷金拖紫退就散輩感恩惟咎五情震悼跼天蹐地若無所容不悟日月之明遂垂曲照雲雨之澤播及朽瘁臣弱才身無足采哀臣零落罪有可察苟削丹書得列平民則塵洗天波謗絕衆口臣之始望尚未至是猥辱大命顯授符虎使春枯之條更與秋蘭垂芳陸沉之羽復與翔鴻撫翼雖安國免徒起紆青組張敞亡命坐致朱軒方臣所荷未足爲泰豈臣蒙垢含吝所安忝竊非臣毀宗糜族所能上報喜懼參並悲慚哽結拘守常憲當便道之官不得東身犇走稽顙城闕瞻係天衢馳心輦轂臣不勝屏營延仰

謹拜表以聞

謝詢爲孫王墓置守冢人表

臣聞成湯革夏而封杞武王入殷而建宋

春秋征伐則晉修虞祀燕祭齊廟夫一國爲一人興先賢爲後愚廢誠仁聖所哀悼而不忍也故三代敦繼絕之德春秋貴柔服之義昔漢高受命追存六國凡諸絕祀一時普祀親與項羽對爭存亡逮羽之死臨哭其喪將以位嘗並尊力嘗均勢雖功奪其成而恩與其敗且暴與疾顛禮之若舊殘戮之尸乃以公葬若使羽位承前緒世有哲王一朝力屈全身從命則楚廟不墮有後可冀伏惟大晉應天順民武成止戈西戎有即序之人京邑開吳蜀之館與滅加乎萬國繼絕接於百世雖三五弘道商周稱仁洋洋之美未足以喻是以孫氏雖家失吳祚而族蒙晉榮子弟量才比肩取進懷金侯服佩青千里當時受恩多有過望臣聞春雨潤木自葉流根鴟鴞啣功愛子及室故天稱罔極之恩聖有網繆之惠追惟吳爲武烈皇帝遭漢室之弱值亂臣之強首倡義兵先衆犯難破董卓於陽人濟神器於飄并威震羣牧名顯往朝桓王才武弱冠承業招百越之士奮鷹揚之勢[illegible][illegible]州將迎幼主雖元勳未終然至忠已著大家積義勇之基世傳扶危之業進爲狥漢之臣退爲開吳之主

而蒸嘗絶於三葉園陵廢於薪蕘臣竊痛之伏見平吳之初明詔追錄先賢欲封其埊愚謂二君並宜應書故舉勞則力輸先代論德則惠存江南正刑則罪非晉寇從坐則異代已輕若列先賢之數蒙詔書之恩載加表異以寵亾靈則人望克厭誰日不宜二君私人多在墓側今爲平民乞差五人蠲傜役使四時修護頹毀掃除塋壟永以爲常

宋鮑照謝秣陵令表　臣照言即日被尚書召以臣爲秣陵令臣負鍤下農執羈末皁情有局塗志無遠立遘命逢天得汙官牒不悟恩澤無窮謬當獎試用謝刀筆猥承宰職豈是闒懦所能克任今便抵召違離省闥係戀罔極不勝下情謹拜表以聞

齊孔稚珪薦杜京產表　竊見吳郡杜京產潔靜爲心謙虛成性通和發於天挺敏達表於自然學遍名儒博通史子流連文藝沉吟道奧泰始之朝掛冠辭世遁舍家業隱於太下莘宇窮巖採芝之幽澗耦耕自得薪歌有餘確爾不羣淡然寡慾蔴衣藿食二十餘載雖古之志士

何以加之謂宜釋巾幽谷結組
登朝則嵒谷含懽薜蘿起忭矣

王儉諫壞宋明帝紫極殿以材柱起宣陽門表

臣聞德者身之基儉者德之輿春臺將立晉卿秉議北宮肇構漢臣盡規彼二君者或列國帝侯或守文中主尚使諫諍在義即悅況陛下聖哲應期臣等職司隆重敢藉前誥竊乃有心陛下登庸宰物節省之教既昭龍袞璇極簡約之訓彌遠乾華外構釆椽不斲紫極故材爲宣陽門臣等未譬也夫移心疾於股肱非良醫之美畏影迹而馳騖豈靜處之方且又三農在日千畛咸事輟望歲之勤興土木之役非所以宣昭大猷光示遐邇若以門居宮南重陽所屬年月稍久漸就淪胥自可隨宜修理而合度改作之煩於是乎息所啓謬合請付外施也

梁庾肩吾爲寧國公讓中書表

臣聞陟彼太行伯后之[illegible]望茲吳坂少游之馬難躋是知美非流不立致推轅駿靡浮雲便朔頓轡起登天漢寧陪九萬之風坐濟

星橋非使千年之翼豈有幼稱辯慧足對元禮弱標俊賴能嘲子叔玉重組長空見昔寵深宮邃宇孰知懷憂

爲南康王讓丹陽尹表

臣聞劍鏤七星非有司天之用簾圖五嶽寧識崇朝之雲是知策彼泥龍不能令其逐日乘斯流馬安可使其奔電方今振鷺盈廷白駒空谷惟帝念切惟明克允君子之國幸聞其讓石門之水獲免於貪

王僧孺讓吏部郎表

臣生輕飛籥品細疏壤寂寞州閭取淪圭竇不自求於善管寧許人以能宦從班臨牒自安疎遠豈望翰飛終知跡滯一途浸漉幾聞昭晉假拙爲心變奇成偶寧爲天覆地長復與兩露相滋秋成春發必如暄寒無爽自變泥塗多超嵩鄧屢考固其比越在累誠於可聞方愧朱紫承譖鈞衡固惟許李終非王畢取其清尚同所經企求之碎密寧可庶幾

任昉爲齊明帝讓宣城郡公表

臣鸞言被臺召以臣爲侍中中書監

驃騎大將軍開府儀同三司揚州長史錄尚書事
封宣城郡開國公食邑三千戸加兵五千人臣本
庸才智力淺短太祖高皇帝篤猶子之愛降家人
之慈世祖武皇帝情等布衣寄聲同氣武皇大漸
實奉話言雖自見之明庸近所蔽愚夫一至偶識
量已實不忍自固於綴衣之辰拒違於玉几之側
遂荷顧託導揚末命雖嗣君棄常獲罪宣德王室
不造職臣之由何者親則東牟任惟博陸徒懷子
孟社稷之對何救昌邑爭臣之譏四海之議於何
逃責陵土未乾訓誓在耳國家之事一至於斯非
臣之尤誰任其咎將何以肅拜高寢虔奉武園悼
心失圖泣血待旦寧容復徼榮於家恥宴安於國
危驃騎上將之元勳神州儀型之列岳尚書古稱
司會中書實管王言且虛飾寵章委成禦侮臣知
不惬物誰謂宜但命輕鴻毛責重山嶽存沒同歸
毀譽一貫辭一官不減身累增一職已黷朝經便
當自同體國不爲飾讓至於功均一匡賞同千室
光宅近甸奄有全邦殞越爲期不敢聞命亦願曲
留降鑒即垂聽許鉅平之懇誠必固永昌之丹慊
獲申乃知君臣之道綽有餘裕苟日易照敢守難

奪故可庶心弘議酧巳親物者矣不勝荷
懼屛營之誠謹附某官某甲奉表以聞

唐符載嘉禾表

臣某言得廬州刺史裴𦬊狀稱巢縣百姓唐海母喪廬墓手自耕植以備祀祭無何於粟田之中輒產嘉禾一本六穗一本五穗即時差錄事叅軍朱寧丁寧致驗事狀明白臣聞感天地者存乎誠通鬼神者極於孝藴而爲精粹發而爲禎祥上穹與之獻酬后土爲之湛露故使騰芳高隴擢頴清秋冠九穀之英英增大田之靄靄此皆由陛下聖德茂鴻化洽名教立風俗厚生人之內有淳孝靈瑞之下有嘉禾邁風烈於前王煥丹青於唐史不然何幽贊冥答其若是乎臣猥以鈍禿祗守風土宣陛下之恩澤撫陛下之庶甿覩茲盛美光榮耳目不勝懽忭踴躍之至

獨孤及到任謝上表

臣及言伏奉去年十二月二十二日勅授臣使持節常州諸軍事守常州刺史充常州團練守捉使臣伏以江東之州常州爲大陛下不以臣不肖拔臣於郡

吏之中以考則歷年未久以勞則功無可錄而除
拜之次加於人一等臣及誠惶誠恐稽首頓首臣
往歲嘗忝諫官歷博士尚書郎之秩雖備嘗獻納
累瀆天聽竟無絲髮裨補明盛及典濠舒二州出
入七州又不能副陛下政平訟息與我共此之歎
至如流人自占旱不爲災實由陛下當勤卹之初
下哀痛之詔寬減租賦入三分之二是以和氣旁
感災變爲福福流臣州人是以又臣寧敢貪天之
功以爲已力今陛下賜臣詔曰斷獄歲減流逋日
歸以人俗之豐給當淮湖之災旱陟爾明效宜列
中朝臣無其實謬奉殊獎伏覽聖旨惶悚殞越況
陛下厲精百揆之始日以堯吁舜咨旁求俊造或
經時不除一吏必以公才爲先苟非其人位不虛
授縉紳之輩傒佇望進臣當如此獨荷榮華人之
多幸將自臣始致寇速謗實憂自貽今以三月十
七日到州上訖雖顧勵疲鈍增修吏職懼力不逮
上累皇明奉詔
夕惕且慙且駭

李再舉前池州刺史張嚴自代表

臣某言伏惟建中元年正月五

日制條諸州刺史授訖於四方館上表讓一人自代者前池州刺史張嚴苦節立身直躬激俗廉潔惠愛特異常流自軍興以來職役繁重江淮百姓多有流亾張嚴在任三年闢田加戶頃因公坐法至免官在理可容原情堪錄臣當州自定兩稅以來詎今四歲戶口減省差科日增臣無政能坐待顛躋使嚴代處必有成功伏望
天恩遂臣誠請無任悃款之至

宋蘇軾潁州到任表

臣軾言伏蒙聖恩除臣龍圖閣學士知潁州臣已於今月二十二日到任訖者支郡責輕未即滿盈於小器豐年事簡非徒飽煖於一家覽几席之溪湖雜簿書於魚鳥平生所樂臨老獲從臣軾誠惶誠恐稽首頓首伏以汝潁爲州邦畿稱首士風備於南北人物雄於古今賓主俱賢蓋宗資范孟博之舊治文獻相續有晏殊歐陽修之遺風顧臣何人亦與此選茲蓋伏遇皇帝陛下丕承六聖總攬羣英生知仁孝之全學識文武之大謂臣簪履之舊物嘗忝帷幄之近臣奉侍七年崎嶇一節意其忠義許
國故暫名還察其老病畏人遡復補外置之安地

養此散材更少勉於
桑榆誓不忘於畎畝

乞常州居住表

臣軾言聞聖人之行法也如雷霆之震草木威怒雖甚而歸於欲其生人主之罪人也如父母之譴子孫鞭撻雖嚴而不忍致之死臣漂流棄物枯槁餘生泣血書詞呼天請命願回日月之照益明葵藿之心此言朝聞夕死無憾臣軾誠惶誠恐稽首頓首臣昔者嘗對便殿親聞德音似蒙聖知不在人後而狂狷妄發上負恩私既有司皆以爲可誅雖明主不得而獨赦一從吏議坐廢五年積憂薰心驚齒髮之先變抱恨刻骨傷皮肉之僅存近者蒙恩量移汝州伏讀訓詞有人材實難弗忍終棄之語豈獨知免於縲絏亦將有望於桑榆但未死亡終見天日豈敢復以遲暮爲歎更生僥覦之心特以祿廩久空衣食不繼累重道遠不免舟行自離黃州舉家重病一子喪亡今雖已至泗州而貲用罄竭去汝尚遠難於陸行無屋可居無田可食二十餘口不知所歸饑寒之憂近在朝夕與其強顏忍恥干求於衆人不若歸命投誠控告於君父臣有薄田在常州

宜典縣粗給饘粥欲望聖慈許於常州居住又恐罪戾深重未可聽從便安輒敘微勞庶蒙恩貸臣先任徐州日以河水浸城幾至淪陷臣日夜守捍偶獲安全曾蒙朝廷降敕奬諭又嘗選用沂州百姓程棐令購捕凶黨致獲謀反妖賊李鐸郭進等一十七人亦蒙聖恩保明放罪皆臣子之常分無涓滴之可言冒昧自陳出於窮迫庶幾因緣僥倖功過相除稍出羈囚得從所便重念受性剛褊賦命奇窮既獲罪於天又無助於下怨讐交積罪惡横生羣言或起於愛憎孤忠遂陷於疑似中雖無愧不敢自明向非人主獨賜保全則臣之微生豈有今日伏惟皇帝陛下聖神天縱文武生知得天下之英材已全三樂躋斯民於仁壽不棄一夫而臣貧病交攻死生莫保雖鳧雁飛集何足計於江湖而犬馬蓋帷猶有求於
君父敢祈仁聖少賜矜憐

徐州謝上表

臣軾言分符高密已竊名邦改命東徐復塵督府荷蒙深厚撫己兢慙伏念臣奮身農畝記迹書林信道直前曾無坎井之避立朝寡助誰爲先後之容屢獻瞽言仰塵聖鑒

豈有意於爲異蓋篤信其所聞頑憨迂闊之言雖多無益惟有朴忠之素既久猶堅遠不忘君未忍改其常度言之無罪實有恃於至仁知臣者謂臣愛君不知臣者謂臣多事空懷此意誰復見明伏惟皇帝陛下日月照臨乾坤覆幬察孤危之易毁諒拙直之無他安全陋軀畀付善地民淳訟簡殊無施設之方食足身閒仰愧生成之賜顧力報之無所懷孤忠而自憐

徐州賀河平表

臣軾言竊聞黄河決口已遂閉塞者聖謨獨運天眷莫違庶邦子來民罔告病萬杵雷動役不逾時遂消東北莫大之憂然後麥可得而食人無後患喜若再生臣軾伏以大河爲災歷世所病禹治兗州之野十有三載乃同漢築宣房之宫二十餘年而定未有收狂瀾於既潰復古道於將湮俛仰而成神速若此恭惟皇帝陛下至仁溥施神智無方達四聰以來衆言廣大孝以安宗廟水當潤下河不溢流屬歲久之無虞故患生於所忽方其決也本吏失其防而非天意及其復也蓋天助有德而非人功振古所無溥天同慶維豐沛之大澤實汴泗之所鍾伊昔横

流瘝孤城之若塊迨茲平定蔚秋稼以如雲害旣廣則利多憂獨深而喜倍雖官守有限不獲趨外庭以稱觴而民意所同亦能抒下情而作頌

曾肇宣州謝上表

信而後諫愧無平仲之言罪不容誅誤脫成湯之網屈嚴科而賦命畀善地以寧觀聖澤隆寬自古未有愚心感激欲報何從伏念臣蒙蔽之人迂闊於事以直道爲敬天之實以詭情爲駭俗之非殺其身有益於君行之無悔見其利不顧其義死不敢爲知萬折而必東故三已而無慍汲汲黯之戇寧免世嫌子文之忠蓋出天性切服兩宮之知遇稍希八彥之激昂故有橫逆之來曾無左右之助旣免投於荒裔仍澤處於近藩風俗休戚所在漸摩朝夕旨甘得其順適道固隆於善貸恩尤著於曲成茲蓋伏遇皇帝聽德惟聰使人以禮謂好言利病者有區區憂國之心謂不事權貴者非汲汲謀身之輩方免官而從衆竟薄責以勸忠臣敢不敬體惠慈退加修省凡正心而誠意必明辨而篤行金石可磨祗愼子臧之達節生死不變庶幾徐邈之有常殫風

夜治民之勞仝
始終報上之志

眞德秀江東到任表

兩螭夾侍久黜近班四牧載
馳叨分劇部假中秘隆銜之
寵爲外臺將指之光望過所期感心以惕伏念某
材非適用幸有逢辰屬漢廷更化之初首唐室登
瀛之選金鑾夜直承密命者六朝玉陛辰趨對青
光於再稔凡吮墨濡毫之任皆振纓巖弁其間吏
責既稀所願優游於邇列主恩未報寧忘眷戀於
本朝其如親闈喜懼之年當謹人子凊溫之職輒
援公輔翰林之請庶幾潘岳版輿之懽分太守之
符日須成命出少府之節遽圖殊恩懷章而過里
門傾檄而臨封壤敬卜中和之節重宣寬大之書
軺傳初馳旄倪爭觀謂朝廷所以輟柱下之吏蓋
聖主所以惠江左之民因博采於風謠頗究知其
疾苦以垂罄之家而困追需之日以屢豐之歲而
多流徙之人官無足證之簿書里有難平之徭役
文移星火不勝胥吏之誅求牒訴丘山半爲賦租
之繁重與言及此勿救可乎輒殫朝夕之咨諏兼
體公私之緩急賦難遽省盍漸捐賦外之征民未

易蘇當先去民間之蠹竊自量其緜薄恐終負於選掄茲蓋恭遇皇帝陛下延造曲成大明博照念臣志存將母俾獲便於旨甘知臣學本愛人欲稍觀其政事肆加還職仍畀重權臣敢以阜俗爲阜財之方以悅民爲悅親之本灌輸所仰媿初無鞭算之能撙節是先唯敬佩玉音之訓

王安石封舒國公謝表

伏奉制命特授開府儀同三司封舒國公者發號端門外覃慶賜疏恩列辟俯逮空飡舞手均天尚辭榮而未獲新恩賜國仍庥寵以有加惟茲邦土之名乃昔宦遊之壤久陶聖化非復魯禧之所懲積習仁風乃嘗朱邑之見愛鴻私所被朽質更榮茲蓋伏遇皇帝陛下道冒群材彌天之所覆恩涵庶品并物之所包以釐事備於郊宮而惠澤均於海宇故雖幽屏弗以遐遺顧冒眛之不貲豈靡捐之可報

呂祖謙代倉部知池州謝表

淮壖乗障初無固圉之功江表干城復忝承流之寄甫祗職業条布詔條伏念臣謬膺世賞之延濫綴官聯之末投身冗散降命奇窮曩隨牒

以戍邊適傳烽而警備當戎馬之浸軼屢瀕至危賴王師之奮張卒獲自保偶逃黿櫝之毁復玷魚符之分剡池陽之與區乃江表之重地干戈甫戢則必佩服農桑之戒兵民雜居則必洽比細柳之屯非恃閫材疇荷隆委茲蓋伏遇皇帝陛下剛健中正齊聖廣淵賜十行之書留神萬國考三載之績久在官師自驚流落之蹤亦預使令之列臣敢不悉循係度祇若攻經輯寧凋瘵之餘咨度張弛之要導上德意如瞻咫尺之光同衆戚休敢顧斗升之祿

鄒浩復叙許居常州謝表

臣浩言昨於昭州准指揮移漢陽軍今月初九日至本軍准告復承奉郎臣已即時祇望闕稱謝訖見啓發歸本貫常州居住者萬里投荒豈生還之敢望九重獨斷俄意外以蒙恩感激哀憐縱橫涕淚伏念臣實爲固陋全昧幾微有言輒至於上陳雖死不足以塞責賴聖人之救物持司寇之嚴刑但復竄於遐荒姑使省其外咎惟昭潭之可畏與新州之不殊形影自隨朝夕難保昏昏瘴霧信爲提耳之師兀兀愁居周得致身之道惟忠惟孝

無古無今命雖甚於垂絲心已期於結草不惟僅
存之瘦骨忽還將絕之驚魂既獲免於拘攣遂亟
詣於定省名蠲罪籍品復文階在收拭之非常皆
覬覦之莫及茲葢伏遇皇帝陛下道彌天覆德盛
春生千齡光御於丕圖萬物皆由於和氣紹隆先
烈坐撫太平曲回進日之明旁燭戴盆之下謂裕
陵長育賜之第而除教官謂哲廟保全矜其愚而
屈常法名從五嶺之表端遇六龍之飛擢於不次
之中會是維新之數肆令甄敘俯及孤危臣敢因
險阻艱難之備嘗念身體髮膚之再造益堅夙志
遙瞻北極之尊長與老親共祝
南山之壽精誠所貫高厚必知

王十朋池州到任謝表　失職中司黜官小郡尚分符竹初見吏民咎大法輕
感深涕隕伏念臣啓身寒苦積學淺疏自甘窮老
於布韋孰謂冒榮於軒冕越從冗散親被簡知璧
水道山提攜郡彥綸垣瑣闥接武近班皆席上待
問之珍非柱後惠文之用忽蒙宸筆俾總臺綱義
不苟辭輒奮螗蜉之力志懃無勇亟聞鷹隼之呼
側惟聖主之難遭亦恃孤忠之可察封章上達遂

忝白簡之猜嫌負罪左遷猶得朱幡之貴餙潤[illegible]
厚矣報稱欽然伏遇陛下湛恩厖洪垂聽寬豁甚
用賞用刑之要權使功使過之宜是致孱庸未從
遠憐於去國夢追鵷鷺區區常念於愛君必哲靡
捐仰酬
覆幬

沈括宣州監務謝表

自速深辜敢卜投軀之地上繄寬典過叨守土之優藐孤進之一身荷再生之至造循惟忝冒深自震惶臣某中謝伏念臣江海孤蹤生遭盛世弓冶未習素無異能始緣輦轂之誤聞上辱朝廷之榮選五更使指八踐詞林非常之恩或兼辰而賜對躐次之舉不踰歲而屢遷校前世獲遇之多要古人報國之義縱未得其死所敢有愛於生前志未見於事功身已罹於罪議上辜任使之意下負生平之心泥首追愆汗顏待斃荷至神之隱愍不責備于蠢蝡俯燭危誠曲傳輕議尚玷列城之寄不失善國之安負戴之心願太山而可挾保全之志抑朽骨之重生茲蓋伏遇皇帝陛下至德下臨大明委照尚念孤微之緒素無左右之容特寛吏議而使之

省循過假州符以觀其補報天地之恩有限聖神之賜難名苟效死之有階非沒身而不已循戳此語厭粉爲期

汪藻謝罷符寶郎通判宣州表　衆惡必察宜即嚴誅羣疑惟輕止從薄責袞袞誤登於臺省漂漂復返於江湖臣某中謝伏念臣家世固寒材能極陋竊慕古人之力學偶陪多士以進身編蠧簡之十年最爲椎鈍隸鸞臺之一月俄致顛躋由非才冒處于必爭故公論不容而交擊猥煩簡札有玷簪紳尚依魚稻之鄉獲近枌榆之壤若非洪造豈有餘生茲蓋伏遇皇帝陛下博采智能疏觀情實謂虛船觸舟而褊心不怒雖若無他然彊弩射市而薄命先遭莫非自取姑捐稍廩使活妻孥臣敢不仰佩訓慈俯深循省自嬰簿領甘爲俗吏之沉迷坐置銘詩誓復生平之玷缺

明劉基謝恩表　伏以出草萊而遇眞主受榮寵而歸故鄉此人人之所願欲而不可

得者也中謝欽惟皇帝陛下以聖神文武之姿提一旅之衆龍興淮甸掃除群雄不數年間遂定中原奄有四海神謨廟斷悉出聖衷舜禹以來未之有也臣基一介愚庸生長南裔疎拙無似其識真主於未發之先者亦猶巢鵲之知太歲園葵之企太陽以管窺天偶見于此非臣之知有以過於人也至於仰觀乾象言或有驗者是乃天以大命授之陛下若有鬼神陰誘臣衷開導使言非臣念慮所能及也聖德廣大不遺葑菲遠法唐虞功疑惟重之典錫臣以封爵錫臣以祿食俾臣回還故鄉受榮寵以終其天年臣竊自揆何修而膺此犬馬微忱惟增愧懼已於洪武四年二月初四日到家謹遣長男臣璉捧表詣闕拜謝聖恩臣基無任激切屏營之至謹奉表稱謝以聞

解縉進高帝實録表

奉天輔運推誠宣力武臣特進光祿大夫左柱國太子太師曹國公監修國史都總裁官臣李景隆等誠惶誠恐頓首上言聖人受命啓萬世之鴻基史氏纂書示百王之大法是故堯舜之事載之典謨文武之政布在方冊俾文獻之足徵實貫古今之通誼剏

創業垂統者皆在於貽謀而繼志述事者敢忘於紀載鋪張極盛之閎休揚厲無窮之偉績歷選前聞之作允爲達孝之規欽惟大明太祖神聖文武欽明啓運俊德成功統天大孝高皇帝應千年之景運集群聖之大成天命眷顧之隆起徒步不階於尺土人心嚮服之誠未三年已定於京都龍飛雲從而華夏蠻貊罔不率俾日照月臨而山川鬼神莫不攸寧有過化存神之妙有綏來動和之應英傑不期而會遐邇不令而從盡收當世之賢才大拯生民於水火群雄歸命不戮一夫元主遁荒禮遣其嗣四方幅員之廣亘古所無中國先王之典悉復其舊守帝王心法之言明聖賢道學之統罷黜百氏彌綸六經範圍造化曲成萬物天休滋至而兢業貫乎始終諸福畢臻而謙抑純乎表裏在位之久三十餘年升遐之日萬方哀悼比於近古邈然罕儔漢高年不登於中壽光武運僅紹於中興唐高祖因隋之資宋太祖承周之業元世祖席累世之威皆未有若斯之盛也欽惟孝慈昭憲至仁文德承天順聖高皇后天生聖善克相肇基嗣徽德邁於嬪妃開創功超於胥宇夙聞文定之

祥允叶坤元之吉螽斯有百男之應鳴鳩均衆子之恩保合承天之慶簡能造化之仁歷考古后妃葢莫盛於周室然摯任有誕聖之祥而無輔運之績邑姜有輔運之績而無誕聖之祥則皆起邦君式克承世緒降及近世皆非等倫若夫同起布衣化家爲國正位中宮十有五年家邦承式天下歸仁誕育聖躬萬世永賴自古以來未之有也欽惟皇帝陛下合體乾坤重華日月煥帝堯之文章纘帝王之繼述孝事太祖有見而知之之實廣詢當世得聞而知之之詳發蘭臺記注之書而徵以藩邸之副紬金縢石室之祕又考於世家之藏爰當嗣位之初首頒修史之詔命臣景隆忠誠伯臣茹瑺翰林學士臣解縉等纂修愼選多士賜宴便蕃即開館於禁中屢繙閱於機暇以百人之多歷期年之久惟盡校讐之力實無黼黻之能巍巍道冠於百王蕩蕩功超於千古是知禮樂征伐之自出必有訓古之文雲霞花卉之生色不勞繪畫之工開玉府而見璠璵惟自慶其希遇仰青天而瞻象緯又奚罄於名言皆據事而直書不假一辭之贊美但纘次以成編永示萬年之大訓謹撰述大明

太祖聖神文武欽明啓運俊德成功統天大孝高
皇帝實錄一百八十三卷繕寫成一百六十五冊
謹伏闕上進臣景隆等無任瞻天仰聖慚懼屏營
之至謹謹奉表以聞永樂元年六月十五日奉天輔
運推誠宣力武臣特進光祿大夫左柱國太子太
師曹國公監修國史都總裁官臣李景隆誠惶誠
恐稽首頓
首謹進

陸岡進竹米表

直隷池州府知府臣岡據所屬青
陽縣申稱嘉靖十四年六月間本
邑九華山竹實盛生如米活人甚衆誠大異事謹
以上進者臣等誠懽誠忭稽首頓首上言伏以生
竹實而擬鳳之來誠爲上瑞出禎祥而爲福之兆
可以前知民乃粒而不費耕耘國將興而茲其徵
應群生含鼓之餘帝力何有於我一物生成之異
聖德上通於天恭惟皇帝陛下緝熙聖學道統寔
承經綸大經孝思維則郊廟成而禮制更新天子
建中和之極禘嘗舉而異物適至帝心孚孝享之
誠竊惟九華之山實亦一方之勝橫亘十數里高
聳百餘峯猗猗綠竹繁衍之寔偶生濟濟蒼生賴

乏之憂頓解不圖勁節虛生之物乃有救時濟世之功不稼不穡居然而取禾匪玉匪金得之以爲粟誠自古所無之瑞非尋常可致之祥薦之郊薦之廟美踰九穗之禾徵諸地徵諸天秀奪兩岐之麥茲實天意夫豈偶然良由皇帝陛下敬天勤民之德格於邇遐尊祖敬宗之心光於上下是以遠方草木亦獻珍奇臣等一介書生荷蒙寵任自分凡材劣薄無補於明時何期希世嘉祥乃見於敝邑臣謹昧死採取龠合上瀆天顏登薦粢盛益光聖孝伏願聖心俯鑒大德兼容播諸聲詩紀一時之異瑞形之簡牘遺千古之美談臣謹奉表隨進以聞

頌

晉陸雲盛德頌

余行經泗水高帝昔爲亭長於此瞻望山川意有慨然遂奏章以通情焉并爲之頌云爾晉太子舍人糞上臣雲稽首再拜上書皇帝陛下臣雲頓首死罪伏惟陛下紹軒轅之叡哲越三代之高蹤膺有聖之元景蘊生民之上畧秦政肆虐漸釁生民在昔上帝乃眷多方肅雍寶命鑒民顧天思文叡聖以宅神器六合炎駕八荒星錯企皇居於阿房犄逸鹿於九野謀猷回適天人匪祚乃藹斯國授漢于西京是以克紹五緯章太素神母哀號底命丹野九垓闢授命之符鈞天清建皇之鑒陛下蠕蟠泗水龍躍下亭慶雲徘徊紫塵熠爍皇威肇於斷蛇神武基於豐沛掩四紘以蓋天廓元謨以闢宇華宮山藏玉堂海綢雲蓋景陰金門林蔚拔足崇長揖之賓吐飧納獻規之客元猷上通德輝下濟仰翰雲翕俯躍魚鮪是以四海之內莫不企景嶽以拔羣望廣川而鱗集乘山涉水覩險若彝奔波闕廷思効死節乃鳴鸞在衡奔驥服轄艮平鳳棲信布虎據豪雄

夌暴於外奇謨補闕乎內威謀兼陳智勇畢効乃夌河海河海無梁乃仆高山嶽華不重三秦席卷項籍灰分遺臣霧散遺寇雲徹泛時雨以清天灑狂塵以肅地馳廣轡於舟輿竦峻蓋於蒼昊功濟宇宙德被羣生天人允嘉民神協愛曆數在身有命將集而陛下猶復允執高讓成功靡有普天歸德羣后固請然後謁天皇於圓丘巡萬乘於帝室率土離暴秦之亂臣妾嘗有道之惠日照月臨之墟雖趾并服之國莫非帝臣巍巍蕩蕩蓋天臨地自啓闢以來有皇之美未有若聖功之著盛者也臣雲頓首頓首死罪死罪臣以鄙倍文武無施忝竊本朝承乏下位而臣遣愍自西徂東行邁攸止路經泗水伏見史臣班固撰錄聖功竊承陛下扶桑始照天驛未融之日嘗臨御此川於是卽命舟人弭檝水沚瞻仰山川舊物不替永惟聖輝罔識所憑遠眺邇念感物興哀終懷靡及拊心遐慕臣命遵千載之運身生四百之外恨不得役力聖明之鑒寓目風塵之會揮戈前隊待罪下軍抽鋒咸陽之闕提鈠項籍之領痛心自悼不知所裁行役之臣牽制朝憲雖懷彷徨王事靡盬肅將言邁實

銜罔極臣聞遊魂變化神道無方雖聖靈登遐降
陟在天連光五精流輝太一或冀神輿降觀薄狩
五服時邁玉輅言巡茲邑是以下臣仰瞻紫宮俯
息恍惚愚情振蕩靡審所如不勝延頸紫微結心
閶闔之情謹住水濱拜章陳愚臣雲誠惶誠恐頓
首頓首死罪死罪稽首以聞臣雲言臣聞歌詠所
以宣成功之烈詩頌所以美盛德之容是以聞其
聲則重華之道彌新存其操則文王之容可覩永
惟陛下聖德豐化比隆前代元勲茂功超蹤在昔
故詩歌之所依詠金石之所揄揚者也臣謹上盛
德頌一篇雖不足以仰度天高伏測地厚貴獻狂
夫區區之情臣雲云云晉太子舍人臣陸雲上
於皇漢祖纂胄有唐平章在昔文思百王丹輝棲
列火精幽光爰茲聖緒纈維弛綱靈曜熠爍隮景
扶桑則天未墜重規旻蒼其規伊何横乾作峻厥
德不回矩地能順憑河拓景褰嶽殷韻龍章炯偉
虎質碩變有秦不競罔極黔首震驚予師思虔神
主上帝曰咨天監有赫乃眷伊漢此惟予宅穆穆
聖皇既受帝祉雲騰下邑風駭泗水仰鏡天文五
緯同晷俯察雲符神母受止思文聖王克廣克遐

威夌羣桀德潤諸華爰祀天人天人攸嘉爰輯烝
徒既和既順乃矢德音豐沛之旅其會如林朱旗
虹超彤旆電尋推師蕭曹撫劒高吟元戎薄伐時
罔不龕夌波川潰肆野陸沉咸陽克殄既係秦后
嵬嵬阿房乃清帝宇穆穆聖皇天保攸定有項畔
援不忒王命王命既愆黜我西土於鑠王師遵時
匪怒爰赫乘舋席卷三夏嘽嘽戎軒蹻蹻乘馬爕
伐彊楚至于垓下天誅薄曜纂籍授首區夏既混
宇宙蒙乂肅肅帝居巍巍神器有皇于登是臨天
位黼文于裳組華于黻穆穆天子有悲其容朱干
鏘鏘相維辟公宣聲路寢發號紫宮頒此愷悌以
畜萬邦思樂皇慶協于時雍琴瑟在御大予舞功
越裳委贄肅慎來王穆穆聖皇開國乘制分圭祚
勞河山命誓禮律克彰典文垂藝有漢恢恢疏罔
不替聖功克明九方孔安良宰內幹武臣外
閑漸澤冀域沾被雍方連光太素萬載不刊

梁簡文帝上南郊頌

臣聞惟天爲大聖人敬其德知幾其神聖人契其道故龍官弱言之后合揆於蒼昊烏紀垂衣之君昭格於上帝莫不巍巍乎穆穆乎渙汗於綠篇氤氳於丹

冊者矣我梁皇帝之御天下也乘熛祇之盧躡頊
璧月之遐照等乾覆之幬養合坤載之靈長四三
六五之意十堯九舜之明名與功偕業將時並自
撥亂反正伐罪弔民馮玉几握金鏡君臨萬國於
今二十有二載也緯天維理地軸移澆風於末俗
反淳正於區中化不言而先顯教不嚴而已肅流
樂復雅遠符雲韶之世隆禮還章非因忠信之薄
九垓同軌四海無波儲暉變照儀天作兩三袞成
祚叶化台光翊蘗王風鹽梅帝載塵清世晏蒼兕
無用其武功運謐時平鵷鷺咸修其文德桃林散
甲華山戢又玉門罷候紫塞沉鋒屠羊釣鼇之士
厭洗耳而襲簪佩版築藏巖之逸去燥穀而紆珩
組異人俊乂既間出而在官世鏡河仙亦雖容而
廊廟蹇蹇同於多士諤諤比乎得人五典三墳既
葳蕤於壁木九丘八索亦繽紛於石渠畫一之政
萬代表於時和三章之律百姓沐於仁壽於是龍
光之地日浴之鄉紫舌黃支頭飛鼻飲自西自南
無思不服欵關質子稱臣內向珠樹素禽越火枝
之地銀甕玔杖踰沉羽之涘出赤野而連翩度元
沙之泱漭於是嘉祥祓衆瑞登金人澤馬丹甑玉

雞三角九尾四翮六足抽鋪地之九莖發端門之
連理參差於郊藪布濩於宮闕府無虛月史弗能
記周稱黃鳥之旗夏有元圭之錫無以踰此嘉祥
方茲慭萃道洽世昌閭殷民阜鄉知舜讓邑比堯
封委粟西畝神緜被澤可謂我化若風民應如草
我靜如鏡物動猶烟天子猶未明求衣日昃不勸
撤膳匪躬詢輿訪道鑾旗徐動棄千里而弗乘寶
瑟無虡捐百金而不服廣行四等被慈雨於枯根
大闡三明驚法雷於羣夢曲成萬物去殺愛生幽
樊之民與蒼雷而共悅否滯之義同谷風而開杼
昆蟲得性跂蠢欣生三驅有緩前之禽九門無餒
獸之藥至德之事如此太平之風如彼乃以恭肅
神祇理通孝敬江左以來爽塏未闢爰命將作揆
日載營三靈叶響百工咸事宛如神造儼類仙居
沖秘隱嶙跨千畝於晉日開曠麗遠吞七里於漢
年五達四通廊郊彌野南瞻重嶽北眺芒嶺東臨
灞滻西望舊豐紆餘委蛇丘陵起伏澎湃甍光山
川異態飛梁邃宇洞燭穴懸紫殿仙宮霞騫鳥翥
霧映倒梁日光疎鈒玉桃卷葉銀樹抽芳百果千
株二珠八柱朝葉與蜜露共鮮晚花與薰風俱落

露禽乍聚望比翼之翱翔歸飛將宿聞同心之夜響故以熊熊灼灼炫垂光而仰七曜紛紛沐沐承五烟而帶三靈圓丘閒靜紫壇肅設五精之塲干神之位八陛弘麗四維博敞宛若千仞狀懸流之仙館煥如五彩同瑤山之帝壇石牒神昌之瑞方臻金縷飛光之徵永固是雕是琢鄙茅茨之爲儉非珠非玉崛甘泉之巳奢望昔方今獨高千古沿襲異等質文斯中於是歲在單閼星次訾陬律中太簇日惟辛卯特有事於南郊甸師淸野封人壝宮朱幕夕峙帷宮宿設曉漢斜陰挈壺升漏天子御玉輅動金根八騶揚衡雙龍翼蓋雲罕徐迴鳴鐃韻響風承豹尾日映鶡冠萬騎天行千乘雷動石鎧犀衣之士連七萃而雲屯珠旗日羽之兵並五營而星列鬱鬱阡阡震震塡塡充溢乎國都彌漫於鄽邑者也若乃迴輿降蹕薦禮帝儀揖太淸秩羣望被大裘服山冕恭蒼璧之明祀穆靈壇之禋敬黍稷非馨明德惟馨日曜彤精天澄翠色百僚師師九官濟濟千神協福萬億均慶六典斯備三禮必該焚柴告成罔不欽若翠烟升籙同河瀆之瑞雲丹燎燭天若帝鄉之美氣雲門麗舞咸池

廣樂巳叶九韶之曲復帝六列之奏金匏旣動望
蜿蟬之遊龍玉磬徐鳴觀參差之舞鳳袿轄駕肩
士女塡噎接袂爲幃連䄂猶堵鼓腹擊轅行歌舞
抃然後紓玉輦而謝書生登靈臺而望雲物欽明
美化跨萬古於茲日廣運愉樂表千載於當今方
當巡云云之禮啓亭亭之業封天荅睠禮地徵靈
南山之壽無極七百之基長固豈不懋哉豈不盛
哉菲薄微臣謬與藩服馳心休禮秣馬之願無由
徒罄福辭清風之藻多愧敢敷庸理獻頌十章其
辭曰　元始道一渾德氤氳遼哉邃古爰矣初分
磅礴地載清朗天文大人覩物生民樹君　蛇驅
龍準作樂垂衣皇圖照灼帝籙葳蕤廓寥中代合
聖與誰於爍我后命世天飛　元默馭辯寂照秉
眞就雲握曆望日臨民謙光履德義禮稱珍車書
同軌天下歸仁　朔章孔備盛化弘道酌衢敬賓
欽賢愛老變正是珍燭車非寶如海之深如日之
杲　肅恭明神遜聽前蹕配天道尊迎　陽義重元
洒陶匏燔柴雲聳跨舜踰韶籠堯稱拱　赫矣郊
宮載惟靜謐肅肅禁闈陰陰仙室六車列野八鸞
照日架殿星羅重宮霧出　葡萄金橋靈壽木難

素柰開暑貞檜陵寒山池壯麗階閣彤丹葉垂疊雨花落重巒　康哉盛德美矣世豐三辰炳燿七政永隆五方來洎四隩茲通懸繩度笮駕鹿追風旣敷懋化復覩瑞滋金車出野玉露霑墀紫槩神草華平瑞芝長愉汪濊永固雍熙　照天漏渼遂肅邇睦惠庠齊民恩彌比屋式光惇史踰斯郁郁皇哉康哉同茲景福

唐李華練湖頌

大蜡之祭辭曰土反其宅水歸其壑先王因下流而道之故曰九川滌源因迤滙而豬之故曰九澤既陂以疏天地之氣以利元元之用崇伯汩五行而殛羽山臺駘章大澤而封汾川洪範首之春秋載之地有廣狹事無古今大江具區惟潤州其藪曰練湖幅員四十里菰蒲菱芡之多龜魚螺鼈之產饜飫江淮膏潤數州其旁大族張家泄流爲田專利致富自丹陽延陵金壇環地三百里數合五萬室旱則懸耜水則具舟人罹其害九十餘祀凡經上司紛紜與奪八十一斷嗚呼曲能掩直强可吞弱老幼怨痛沉聲無告永泰元年詔公卿選賢良先除二千石以

江南經用所資首任能者是歲十月二十三日拜
前常州刺史京兆韋公損爲潤州聲如飇馳先詔
而至吏人畏服男女相賀即日上無貪刻下無寃
憤公素知截湖爲壞災甚螟蝗臨事風生指期以
復羣謗雷動公恬然獨裁乃自本道觀察使兼御
史中丞韋公元甫中丞撫掌愜心如公之謀且日
興利除害得其人而後行非常之政敢歸叔父公
乃申戒縣吏率徒闢之人不俟名呼抃從役畚鍤
葢野濬阜成蹊增理故塘繚而合之廣湖爲八十
里像月之規鑄金之固水復其所如鯨噀射洶洶
隱地雷聞泉中先程三日若海之彌望灝灝如吞
叶日月沉沉如韞畜風雨所潤者遠原隰皆春耕
者飽憂者泰於是疏爲斗門既殺其溢又支其澤
沃瘠均品河渠通流商悅奠價人勇輸賦遐邇受
利豈惟此州每歲萌陰乘陽二氣相薄大雨時行
羣潦奔流水勢所入盈而無傷龍見方雲稼蒙其
涅時前相國彭城劉公宴統東方諸侯平其貢稅
聞而悅之白三事以聞詔書褒異焉彭城公宣命
至江南捧詔授公公率元僚掾史令丞已下至于
耆艾西向拜手忻戴皇朝人心上感天降膏澤如

有神祇昭協厥志公正直而和專靜而斷嫉惡寔過惠良察姦純鈞精堅百鍊不耗伐木之貴降從士禮詩云靖共爾位好是正直宜其享福也吏人入賀公拱而謝之曰尚書劉公觀察韋公奉行王澤也鄙何力之有焉丹陽令杜孟寅秉公之清白延陵令李令從如公之愛人金壇令胡圯秉公之成規及丹陽耆壽周孝環百姓湯源等拜首而請曰兌爲澤兌說也水歸於澤而澤說於人百年浸塞而公啓之臣哉鄰哉克諧帝休永代是式三縣無災若不碣而刻之王命不揚於厥後後之人無以倚負也華嘗學古見訪爲頌頌曰望沄沄兮視冥冥鳥聞魚樂葭菼生膏腴利倍起訟爭斯人怨抑痛無聲韋公正直動神靈百年游淀爲漻清飢者食兮病者寧詔書光寵恩濡榮劃然眊瞶復皎明追琢刻頌揚芬馨

〔宋〕范仲淹張侯祠堂頌生祠民報德也制置公本汝潁之奇以文武事朝廷爲勳臣於四方而嘗戰守秦塞制勝非一招降屬寇全活甚衆撫南服以乂遠俗使北疆以尋大信

光華之命所嚮凝績天禧中國家以鹽鐵饋運之計重於東南命公顧之於茲八年公夙夜不懈闕政咸舉初淮浙之間鹽民苦困海利云剝公請振崇泰楚三郡亭人歲增課數十萬石輿杭秀海三郡鹽場歲入課四十萬石又常蘇秀間太湖漲溢害於甫田公請導入於海復租六十萬石白沙郡大江之北有灣數里風濤爲險舟楫不利公於是開長蘆西河以濟之又高郵之北漕渠屢決阻我糧道破我農畝公於是作堤二百里旁置石限平其增損以均灌漕焉惟茲海陵古有湖堰舊功弗葺驚波洊至鹹其稼穡偃其桑梓此邦之人極乎其否公堅請修復厥功橫議嚚然僅使中廢公又與轉運使胡公再列其狀朝廷可之仍許兼領是職以觀厥成起基於天聖五載之秋畢功於六載之春既而捍其大災蠲其宿負朞月之內民有復業躬諸田者共一千六百戶將歸其租者又三千餘戶撫之育之以簡以愛優優其政洽於民心於是請肅公之儀以奉於祠期子孫之不忘也秉筆者故作頌焉我公雄傑經制楚越鑒洞毛髮誠揭日月建利除孽代天工發海陵噭噭古防弗牢萬

頃良膏歲凶於濤民焉呼號不粒而逖公聞惜怛迺按迺察草奏屢達狂議四遏心逾金鐵對天不奪宸聽既聰宰謀既同展矣胡公協力諧忠兵民交克興防之功盤盤偃偃百里而遠雲矗不散山亘不斷如天作限奠萬家產朝以公賢兼於蕃宣傷者我全疾者我痊逋亡幾千歲復於田公義不爽欲報彌廣建牙裂壤將有攸往衆圖畫像以永瞻仰列星之精列嶽之靈儀焉亭亭神焉熒熒居千百年此邦鎮寧比比牖戶鱗鱗塲圃而翁而媼於歌於舞天子穆清諸侯經營民兮樂從穀兮豐盈作爲頌聲

告於神明

明 宋濂大鐘頌

皇帝既正大統建都江表德綏威讋萬邦咸臣用羣臣奏臨濠爲鳳鳴之地賜名曰鳳陽南北民大和會百族錯居動十萬數然而物大而盛不假器以齊一之無以嚴昏旦之禁乃詔江陰侯吳良監鑄大鐘以定衆志以裨治化侯之受詔遣使者至富春山中徵金工何成諭以天子明命即日率其屬十六人以從相地鳳陽城東三里摶泥成範畫其銑角衡之度修

弇爲良纂帶以方候其燥剛始穿一十又三鍊青
赤銅六萬五千斤筮以洪武乙卯冬十一月巳巳
蒞事厥旦候具法服以牛一羊一豕一祝告先冶
之神禮既成橐籥咸興鼓動風氣炎光赫曦上貫
霄漢絳液既澄氣憤雲洩循竇而入肅肅有聲陽
施陰凝勁質斯具越三日辛未乃發復取牲血塗
其釁隙以厭除不祥鐘高十六尺有五寸厚六寸
徑十尺有五寸圍三十四尺有奇混融其輪圓煒
煒其容輝信技殫於人巧妙奪於神功者也於是
營搆層臺副以簨簴聚千夫之力鉅絙而登之一
杵之撞隱隱闐闐雷旋電奔震撼太虛遐邇聞者
靡不聳愕會濂扈從青宮幸鳳陽親觀盛美侯遂
請濂爲之頌濂聞先王之世金部有七黃鐘乃樂
之所自出而景鐘又爲黃鐘之本所謂景鐘大鐘
也其受至於九斛而止律呂由是而應陰陽由是
而均夫豈細故也哉秦漢以來寖失故法小鐘或
數尺大鐘或容千石皆不本於律度今我熙朝稽
古右文定於中制宣道天地孚洽神人中和所致
嘉瑞必協增拓化原亦於是乎有賴非特嚴昏旦
之禁而已濂待罪國史以文辭爲職業義當發揚

蹈厲以鳴國家之盛侯之有請不敢固辭頌曰維
天穆清鼓以雷霆式昭天聲百物以生維帝濬哲
法天之烈大鏞斯揭元氣噴泄聰於濠梁噦鳳飛
翔乘陰御陽洗濯八荒神物攸起是爲帝里從者
如雨於焉萃止物大而豐往來憧憧節之以鏞罔
敢勿恭乃飭鳧氏乃具鑪錘迺烹迺煉化金爲水
赤氣夜明如日之昇流函而頹入竇有聲彬彬斐
斐功同神鬼不齟不齬圓輪順軌既啓其型敢愛
斯牲塗釁穆成熒光如星千夫齊力臺構懸植交
扛孔奭載考載擊宅兮囷囷觸兮賁賁摩乾盪坤
以警昕昏發攄靈氣昭融品彙物無疵癘年穀攸
遂博願而麗聲與政通拓義集祥惠於家邦惟皇
建極福之敷錫制器有赫式和民則稽樂之原鐘
實爲先律呂以宣功垂不刊小臣作頌有美無諷
爰咨于衆
是傳是誦

嘉瓜頌并序

皇明式于九圍德漸仁被和氣薰蒸
靈物效祥乃洪武五年夏六月嘉瓜
生于句容張觀之園雙實同蒂圓如合璧奇姿分
輝紺色交潤誠爲曠世之產壬寅京尹臣遇林函

以素匣圖其形于上移文儀曹請以奏聞癸卯尚
書臣凱等奉瓜以獻時上御武樓中書右丞相臣
廣洋左丞相庸同知大都督府事臣英御史中丞
臣寧翰林學士臣濂咸侍左右天顏怡愉重瞳屢
回良久乃言曰徵之往牒其事云何丞相奏言漢
元和中嘉瓜生于郡國唐汴州亦獻嘉瓜禎祥之
應有自來矣陛下勵精圖治超漢軼唐故天錫之
珍符太平有象實見于茲上謙讓弗居然而靈貺
之臻復不可不承乃詔內臣寘諸乾清宮翌日甲
辰薦諸太廟臣濂退而思之夫瓜瓞之屬也其蔓
遠引其葉阜蕃諸傳有之神瓜合形表緜緜之慶
此固兆聖子神孫享億萬載無疆之祉況瓜之所
出本於回紇中國討而獲之故名爲西瓜今皇上
命大將軍統師西征甘肅西涼諸郡俱下而瓜沙
已入職方行見西域三十六國同心來朝駢肩入
貢天顯叶瑞其又不在於茲乎然而異畝同穎周
公作歸禾之篇三秀合圖班氏有靈芝之歌矧此
嘉植含滋發馨昭宣我神應熙煌我王度寧可嗒
默而遂已乎顧臣駑劣不足以美聖德之形容謹
上其事願宣付史館以備實錄復繫之以頌頌曰

乾道載清坤維用寧保合太和發爲休禎何容之
墟物無疵獷神瓜挺出殊實同蒂瓜熟非單此合
而生二氣毓質雙星降精審房均甘水圭競美明
月重輪彷彿堪擬豈無賓連產於戶東疇若茲瓜
協瑞聯祥亦有華平張翠作蓋疇若茲瓜交輝映
彩其兆伊何蘿圖縣延西域既柔德冐入延羣臣
日都載拜稽首神休滋章天子萬壽粵從啓運靈
貺疊臻兩岐麥秀合樹孕蓮剏此貞符近在輦轂
王化自邇遠無不服帝日吁哉朕猶慊然瑞當在
人物何得專使物爲祥宜獻清廟自我先人積慶
所名孰瑞不矜帝則弗居唯親是思我民之
徒以實應天斯乃盛德小臣作頌以示罔極

江南通志　　卷之第十八　　三

贊

漢蔡邕焦徵君贊

猗歟徵君常此元默衡門之下棲遲偃息泌之洋洋樂以忘食鶴鳴九皐音亮帝側乃徵乃用將授袞職昊天不弔賢人遘慝不遺一老屏此四國如何穹蒼不詔斯惑惜哉朝廷喪兹舊德恨爾學士將何法則

唐李白當塗李宰君畫贊

天垂之精岳降粹靈應期命世大賢乃生叶奇獻策敷聞王庭帝用休之揚光泰清濫觴百里涵量八溟縉雲飛聲當塗政成雅頌一變江山再榮舉邑抃舞式圖丹青眉秀華蓋目朗明星鶴矯閶風麟騰玉京若揭日月昭然運行窮神闡化永世作程

李華漢二疏贊

靜專動直惟乾之德酌用不窮君子中庸矯矯二疏知微知終功成不居父子滿風天子賜金羣公出祖都門之美焯映千古傳訴衡門倭遲化源日飲醇酎心閑道尊

人或言利利令智昏清行素風可貽子孫萬物營營吉凶相生環中之樞泊然儀型中林寂寥幽藹自榮雖有矰繳不羈冥冥知止不殆古先洞戒賢我大夫終始無悔

宋蘇軾漢二疏贊

惟天爲健而不干時沉潛剛克孝宣中興以法馭人殺蓋韓楊蓋三良臣先生傷之振袂脫屣使知區區不足驕士此意莫陳千載於今我觀畫圖涕下沾衿

延州來季子贊

魯襄公十二年吳子壽夢卒延州來季子其少子也以讓國聞於諸侯則非童子矣至哀公十年冬楚子期伐陳季子救陳謂子期曰二君不務德而力爭諸侯民何罪焉我請退以爲子名務德而安民乃還時去壽夢卒蓋七十七年矣而能千里將兵季子何其壽而康也然其卒不書於春秋哀公之元年吳王夫差敗越於夫椒勾踐使大夫種因太宰嚭以行成於吳吳王許之子胥諫不聽則吳之亡形成矣季子觀樂於魯知列國之廢興於百年之前方其救陳也去吳之亡十三年耳而謂季子不知可乎闔廬之自立也曰季子雖至不吾廢也是季子德信於

吳人而言行於其國也且帥師救陳不戰而去之以爲敵國名則季子之於吳蓋亦少專矣救陳之明年而子胥死季子知國之必亡而終無一言於夫差知言之無益也夫子胥以闔閭霸而夫差殺之如阜隸豈獨難於季子乎嗚呼悲夫吾是以知夫差之不道至於使季子不敢言也蘇子曰延州來季子張子房皆不死者也江左諸人好談子房季札之間有以也夫此可與知者論難與俗人言也作延州來季子贊曰太伯之德鍾於先生棄國如遺委蛻而行坐閱春秋幾五之二古之真人有化無死

黃庭堅返櫂圖贊

幅巾兮野服貌腴兮神肅孤騫兮風雅唾餘兮爵祿我思古人伊黃山谷曷爲使之六年爽道而九日姑熟也其符紹之朋黨歟組織寺記指摘實錄吾觀返櫂之圖未嘗不感君子之流落而痛小人之報復惟公之高風兮渺鶩鴻之可以宿矧吾道猶虛舟兮其去來又何所榮辱也

元虞集貞元先生韋景昭贊上清仙伯大洞貞元先生姓韋諱景昭丹陽延陵人吳司空愼十六代孫精究儒術而不肯取科名獨慕神仙之學初度於延陵之尋眞觀師事包士榮士榮師崇元觀包法整法整師包方廣方廣師王軌軌之師昇眞王法主也惟習靈寶經法後居長安肅明觀至天寶中奉詔侍元靜先生歸茅山勅建紫陽觀居焉大曆初受元靜經籙正傳肅代以來天下喪亂師獨以道爲已任貞元元年十一月癸卯名門弟子曰吾昨見仙官持勅書名任上清仙伯不復任世矣來何爲喜去何爲悲汝等體之毋或哀泣時年九十二而化贊曰神馮虛生至靈爲寶世塵終揚獨靜以保時或返空我知其歸來無所欣去無所悲

唐國師希微先生吳法通贊唐國師希微先生姓吳諱法通潤州丹陽人有文學試舉子業不利來山明元先生度爲道士盡授經法踰年明元化形風雨中師大寤解乾符二年遣使受大洞籙遥尊稱爲度師賜先生號預知世行有變潛入巖洞不知所往贊曰世之將

危智者去之而彼眞人慨然興悲淡處巖洞流潤千里動植遂生風雨時至

張翥三烈贊

歸德趙雷澤二子棟之婦夏楷之婦劉與弟宗澤之婦衛也方金陵破雷澤之弟與楷家居見害三烈誓不辱偕沈於水時雷澤與棟出宗澤亦以他事幸免予太史也哀其事嘉其節輒倣古義號以三烈爲之贊曰漢有三貞居巴閭間曰著義華罹禍黃巾確不受辱投軀江垠宋有三潔家汀泰寧山獠劫之義不顧生女暨二嫂沈於清泠趙有三婦衛夏劉姓建業之陷蹈節委命皆以水死風節相應時惟雷澤將棟督餉淮澤亦從宗則使杭其李惟楷在伯氏傍伯也既覩楷亦見殺壯衿胥肥聞者動魄堂堂一門天清月白彼從逆儔本我王臣滕一屈污終古莫伸妹之弗如犬豕厥身我作是贊用揚高節後令千載正貞侔潔金石其文永稱三烈

明宋濂陸秀夫像贊

身抱龍髯兮眼不見水鳳闕雖遐兮龍堂則邇玉雪皦如兮肯汙泥滓赤日出海兮爾心不死

高啓義鶴贊并序吴報恩寺浮屠之顛有鶴二巢焉以遊以宿出返必俱一日其雄罣頸輪索中奮翼自擲空懸弗脱雌下首大鳴若籲於人衆憐之莫能升遂宛轉而絶雌依其傍弗去羣鳥欲磔之輒引喙怒逐不使近逮毛骨盡化乃已余居直寺東嘗見其彷徨飛旋形貌憔悴風雨之夕哀哀唳嗷嗷若號慕然余念夫世固有伉儷相悦者矣一旦失所天哀未改而已他適塗膏自媒唯恐非艾晨咷夕噱曾無含忸世嘗以禽喻惡人寧不辱是鶴哉廼贊曰嗟爾鶴乎維鳥之特猗雄死自守禦鳥之賊猗獨棲於標夜失其匹猗哀嘶返顧不啄而食猗厥質始化豈貞之魄猗匪胥黃鵠孰配爾德猗

徐艮彦古義士羊角哀左伯桃墓贊羊角哀左伯桃爲死友聞楚王賢往見之道遇雨雪計不俱全乃併衣糧與角哀入樹中死贊曰生則兩死死則一生含笑入樹何友非身樹既摧殘墓亦滅沒先生之神獨耀今昔仰止高風愧此隙末予立貞珉匪捍樵牧

方曰賜孟母全子宗合贊恭武之泣竹孟母之封鮓雷志詳矣然予考宗

後爲光祿與朝士會强飲一杯便吐半是麥飯吳主嘆爲清德又考孟母於宗少遊學製十二幅被以招賢士共臥庶得聞君子之言皆前志所未及因合爲之贊曰事母以孝居官以清泣竹茹麥無忝所生猗與母氏德茂坤貞制被封鮓敎篤趨庭陶母鬻髮韋母傳經方之於母彤管媲榮

江南通志

箴

漢揚雄揚州牧箴

矯矯揚州江漢之滸彭蠡既瀦陽鳥攸處橘柚羽貝瑤琨篠簜閩越化垠沅湘攸往獷兮淮人蠢蠢荆蠻翩翩昭王南征不旋人咸躓於垤莫躓於山咸跌於汙莫跌於川明哲不云我昭童蒙不云我昏湯武聖而師伊呂桀紂悖而誅逢干蓋邇不可不察遠不可不親靡有孝而逆父罔有義而忌君太伯遜位基吳紹類夫差一愎太伯無祚周室不匡句踐入霸當周之隆越裳重譯春秋之末侯甸背逆元首不可不思股肱不可不孳堯崇屢省舜盛欽謀牧臣司揚敢告執籌

明孔貞運治世養身箴幷引

竊聞世寧而彌憂者保治之長策也身強而彌攝者延歷之至術也自昔帝王非無荷天衢提地釐而亂或伏于所易忽之中亦有吸金莖觴玉巵而患常起于所極快之際何也民爲邦本撫我后虐我讐德以潤身失養消得養長昭然萬世

法經未有或爽者矣恭惟我皇上體乾行健毓粹含和纘六七作賢聖之君衍五十年和平之福斯固仁壽一世垂拱萬年之盛會也然而小醜之跳梁未靖國有亂形漢宮之悅豫偶乖其旋元吉豈事固有不可恃而頌亦當不忘規與臣又聞之天誕下民迺作君而作師聖秉大德必得名而得壽民不可遑也慾能勿窒乎先王養民正德利用厚生九功惟敘君子修德耳目鼻口心知百度惟貞則夫保身保民以綿有道之長以膺無疆之曆詎非今日之所當兢兢者哉嘗讀宋史而有取於昭素之對藝祖也曰治世莫若愛民養身莫若寡慾輒掇其旨敬獻爲箴雖涓滴無當于江河而規誦竊自附於瞽史矣箴曰天作之君厥爲下民民罔常懷天亦何親道洽泰交財成天地以左右民聿成至治非衆孰平邦本惟民本固邦寧禹訓諄諄誰曰予尊勝予何人誰曰予聖至愚而神撫后虐仇實君之以天之於民父母於子紫芝甘露敢云降祥矧其災沴疊罹非常來王告寧敢云無憂矧其不戒爲我賊蠹徭役無時道路相繼乎忽爲嘅何以成世惟辟奉天旰食宵衣宵旰惟何由已溺

饑業業兢兢覆載同職外馭八荒內牧九域治世
之道無以踰斯惟帝念哉肇我丕基　右治世箴
人君一身爲神明主中抱徑寸虛靈之府是爲
天君百體率從考祥視履志一體充辨之危微慎
之幽獨亦有從理亦有從欲雖日昏默豈無視聽
雖曰守靜豈無攖寧損之又損尚虞酖毒矧萬彎
弓以俟一鵠難之惟難存者尚寡矧操朽索而御
六馬流連是非蔓衍荒淫奉以天下輾轉相尋惟
君愛身百爾無頗胡然凝冰胡然焦火厥有本原
攝情歸性去甚去泰克念即聖翼翼乾乾不崩不
騫三靈降鑒百祿無愆養身之道庶取
斯焉惟帝念哉壽考萬年　右養身箴

江南通志　卷之第六十六

江南通志卷之第六十七

藝文

書啓

晉王羲之遺殷浩書

卿安西敗喪公私悒怛不能須臾去懷以區區江左所營綜如此天下寒心固已久矣而加之喪敗此可熟念往事豈復可追願思弘將來令天下寄命有所自隆治典之業政以道勝寬和爲本力爭武功作非所當因循所長以固大業想識其由來也自冦亂以來處內外之任者未有深謀遠慮括囊至計而疲竭根本各從所志竟無一功可論一事可記忠言嘉謀棄而莫用遂令天下將有土崩之勢何能不痛心悲慨也任其事者豈能辭四海之責追咎往事亦何所復及宜更虛己求賢當與有識共之不可復令忠允之言常屈于當權今軍破于外資竭于內保淮之志非復所及莫過還保長江都督將各復舊鎮自長江以外羇縻而已任國鈞者

引咎責躬深自貶降以謝百姓更與朝賢思布平正除其煩苛省其賦役與百姓更始庶可以允塞羣望救倒懸之急使君起于布衣任天下之重尚德之舉未能事事允稱當董統之任而喪敗至此恐闔朝羣賢未有與人分其謗者今亟修德補闕廣延羣賢與之分任尚未知獲濟所期若猶以前事爲未工故復求之于分外宇宙雖廣自容何所知言不必用或取怨執政然當情慨所在正自不能不盡懷極言若必親征未達此旨果行者愚智所不解也願復與衆共之復被州符增運千石徵役兼至皆以軍期對之喪氣罔知所厝自頃年割剝遺黎刑徒竟路殆同秦政惟未加參夷之刑耳恐勝廣之憂無復日矣

與尚書僕射謝安書

頃所陳論每蒙允納所以令下小得蘇息各安其業若不爾此一郡久以蹈東海矣今事之大者未布漕運是也吾意望朝廷可申下定期委之所司勿復催下但當歲終考其殿最長吏尤殿命檻車送詣天臺三縣不舉二千石必免或可左降令在疆塞極

難之地又自吾到此從事常有四五兼以臺司及都水御史行臺文符如雨倒錯違背不復可知吾又瞑目循常推前取重者及綱紀輕者在五曹主者泣事未嘗得十日吏民趨走功費萬計卿方任其重可徐尋所言江左平日揚州一良刺史便足統之況以羣才而更不理正由爲法不一牽制者衆思簡而易從便足以保守成業倉督監耗盜官米動以萬計吾謂誅翦一人其後便斷而時意不同近檢校諸縣無不皆爾餘姚近十萬斛重斂以資姦吏令國用空乏良可歎也自軍興以來征役及充運死亡叛散不反者衆虛耗至此而補代循常所在凋困莫知所出上命所差上道多叛則吏及叛者席卷同去又有常制輒令其家及同伍課捕課捕不擒家及同伍尋復亡叛百姓流亡戶口日減其源在此又有百工醫寺死亡絕滅家戶空盡差代無所上命不絕事起或十年十五年彈舉獲罪無懈息而無益實事何以堪之謂自今諸死罪原輕者及五歲刑可以充此其減死者可長充兵役五歲者可充襍工醫寺皆令移其家以實都邑都邑既實是政之本又可絕其亡叛不移其家

逃亡之患復如初耳今除罪而充襍役盡移其家
小人愚迷或以更重于殺戮可以絶姦刑名雖輕
懲肅實重豈非
適時之宜耶

梁徐陵與王僧智書

孤子徐陵頓首昔林宗道主
時人多慕德之賓無忌雄豪
天下盡希風之客況復王家沈默謝氏混元名貴
公門譽華卿子而秦峯阻敻浙水悠長諮訴無因
但用窮結比青蔓已戒白露方溥體中何如願聞
康勝鄧仲華服衮之年荀令則擁旄之日徒云早
達未可同功今日相方豈不高視竊承富春頃歲
多難薦臻邑閈皆空黔黎將盡御史舊榻零落不
存太傅齋室荒莽無處自神麾所屆禮貿私歸新
屋方華故山斯墾府吏門坐長使誦經督郵無事
惟慮吹笛東苞海水俱承幕府之威西泊江沱同
仰惟良之化政差邊張何其神也孤子無心覥目
苟郄光陰風疾彌留亦有餘息思將公聘窮擯敵
庭博望侯極跡于黃河移中監流滯于滄海自斯
以後惟有庸賤本應埋魂趙魏析骨幽并豈意餘
年復反鄉國仰屬伊公在亳渭老師周旌賁丘園

探拾衡巷遂以哀駘不棄甕盎無遺還顔庸虚夫應偕此竊承君侯過被以光輝屢有吹噓之言蒙薦延之澤故得周行紫閣升降丹墀黙汙清朝豈不荒愧雖復華陰砥柱帶地窮深嵩高維岳極天爲重未可以方斯盛典譬此洪恩年迫桑榆豈期酬報政以川波非遠對奉無因夜夢子長之遊朝覽希道之疏浮雲西北徒懷魏帝之文行雨東南思假飛山之便窮誠已結荒傺逾深方事祈寒願加珍納謹扶力白書迷之不次孤子徐陵頓首

沈約與陶弘景書

先生糠粃流俗超然獨遠列霓羽帶總轡雲霞方當名書降闕身遊懸圃憑星夕臥望日朝餐而至理深微曖然難覩雖欲下風問道未知厥路若夫棲遲間遠咀嚼璚芝出入清都師友靈聖循崖返跡無缺惟心

陶弘景答謝中書書

山川之美古今共談高峰入雲清流見底兩岸石壁五色交輝青林翠竹四時俱備暗霧相歇猿鳥亂鳴日夕欲流沉鱗競躍實是慾界之仙都自康樂以來

未有能與其奇者

唐李翺與淮南節度使書

翺自十五以後即有志于仁義見孔子之論高弟未嘗不以及物爲首克伐怨欲不行未得爲仁管仲不死子糾復相爲譬而功及天下則曰如其仁曰由也果賜也達求也藝於從政乎何有然則聖賢之於百姓皆如視其子教之仁父母道也故未嘗不及於衆焉近代以來俗尚文字爲學者以抄集爲科第之資曷嘗知不遷怒不貳過爲興學之根乎入仕者以容和爲貴富之路曷嘗以仁義博施之爲本乎由是經之旨棄而不求聖人之心外而不講幹辦者爲良吏適時者爲通賢仁義教育之風於是乎掃地而盡矣生人困窮不亦宜乎州郡之亂又何怪焉竊嘗病此以故爲官不敢苟求舊例必探察源本以恤養爲心以戢豪吏爲務以法令自檢以知足自居利于物者無不爲利于私者無不消比之時輩亦知頗異思齊古人則十曾未及其一二爲恨耳自到郡有改易條上者亦有細碎侵物彰從前之失太深不令條上者縱未

窮盡亦十去其九矣唯三兩事即須使司處置已有中上者未蒙裁下謹具公狀若或並賜處分則當州里無弊矣蓋古人屈于不知己而伸于知己翺不肖既已謬蒙十一欽知獎如此其又何敢不言翺

再拜

宋歐陽修上范司諫書

前月中得進奏吏報云自陳州召至闕拜司諫即欲為一書以賀多事匆卒未能也司諫七品官爾於執事得之不為喜而獨區區欲一賀者誠以諫官者天下之得失一時之公議繫焉今世之官自九卿百執事外至一郡縣吏非無貴官大職可以行其道也然縣越其封郡逾其境雖賢守長不得行以其有守也吏部之官不得理兵部鴻臚之卿不得理光祿以其有司也若天下之得失生民之利害社稷之大計惟所見聞而不繫職司者獨宰相可行之諫官可言之爾故士學古懷道者仕於時不得為宰相必為諫官諫官雖卑與宰相等天子曰不可宰相曰可天子曰然宰相曰不然坐乎廟堂之上與天子相可否者宰相也天子曰是諫官

曰否天子曰必行諫官曰必不可行立于殿階之
前與天子爭是非者諫官也宰相尊行其道諫官
卑行其言言行道亦行也九卿百司郡縣之吏守
一職者任一職之責宰相諫官繫天下之事亦任
天下之責然宰相九卿而下失職者受責於有司
諫官之失職也取譏于君子有司之法行乎一時
君子之譏著之簡冊而昭明垂之百世而不泯甚
可懼也夫七品之官任天下之責懼百世之譏豈
不重耶非材且賢者不能也近執事始被名於陳
州洛之士大夫相與語曰我識范君知其材也其
來不爲御史必爲諫官及命下果然則又相與語
曰我識范君知其賢也他日聞有立天子陛下直
辭正色面爭廷論者非他人必范君也拜命以來
翹首企足竚乎有聞而卒未也竊惑之豈洛之士
大夫能料於前而不能料于後也將執事有待而
爲也昔韓退之作諍臣論以譏陽城不能極諫卒
以諫顯人皆謂城之不諫蓋有待而然退之不識
其意而妄譏修獨以爲不然當退之作論時城爲
諫議大夫已五年後又二年始廷論陸贄及沮裴
延齡作相欲裂其麻纔兩事耳當德宗時可謂多

事矣授受失宜叛將强臣羅列天下又多猜及進任小人於此之時豈無一事可言而須七年耶當時之事豈無急於沮延齡論陸贄兩事耶謂宜朝拜官而夕奏疏也幸而城為諫官七年適遇延齡陸贄事一諫而罷以塞其責向使止五年六年而遂遷司業是終無一言而去也何所取哉今之居官者率三歲而一遷或一二歲甚者半歲而一遷此又非可以待乎七年也今天子躬親庶政化理清明雖為無事然自千里節執事而拜是官者豈不欲聞正議而樂讜言乎今未聞有所言說使天下知朝廷有正事而彰吾君有納諫之明也夫布衣韋帶之士窮居草茅坐誦書史常恨不見用及用也又曰彼非我職不敢言或曰我位猶卑不得言得言矣又曰我有待是終無一人言也可不惜哉伏惟執事思天子所以見用之意懼君子百世之譏一陳昌言以塞重望且解洛士大夫之惑則幸甚

幸甚

程珌答祈進士書

竊觀池陽之為郡九華之秀秋浦之綠皆東南清淑之所鍾也

禪其秀者爲奇偉涵其綠者爲清深珌嘉泰甲子奉檄校士是邦多得其雋尺書往來至今不絕者唯青陽葉君焉今足下不忘舊好惠然肯顧且復以長書貺之若望珌以有言者甚矣足下此意之勤而珌之荒疎不足以當之也雖然竊聞之學者之於道莫先乎務實也以實而求道則必有所志鉏驕剪虐最爲先務古人云德盛而詞謙道高而色下信乎聲色之足以害道也道與德可尊也言與貌則不可盛也由漢以前人皆務實雖專門之學世以爲病然要之人懷實心專於一經白首窮年各有所得晉唐以來習氣漸虛至於近代則又有專事口說無復一毫躬行體察之功者視唐又遠矣此習不除凡讀書爲文應人接物臨政蒞事無非驕虛安得事事當其宜物物中其理耶足下氣淳而質茂蓄涵秋潚之精深者其進於道何疑焉唯勉之而已直率之罪不知所逃也

蘇軾上梅直講書

軾每讀詩至鴟鴞讀書至君奭常竊悲周公之不遇及觀史見孔子厄於陳蔡之間而絃歌之聲不絕顏淵仲由之徒相與問荅夫子曰匪兕匪虎率彼曠野吾道

非耶吾何爲於此顏淵曰夫子之道至大故天下
莫能容雖然不容何病不容然後見君子夫子油
然而笑曰回使爾多財吾爲爾宰夫天下雖不能
容而其徒自足以相樂如此乃今知周公之富貴
有不如夫子之貧賤夫以周公之賢以管蔡之親
而不知其心則周公誰與樂其富貴而夫子之所
與貧賤者皆天下之賢才則亦足以樂乎此矣軾
七八歲時始知讀書聞天下有歐陽公者其爲人
如古孟軻韓愈之徒而又有梅公者從之遊而與
之上下其議論其後益壯始能讀其文詞想見其
爲人意其飄然脫去世俗之樂而自樂其樂也方
學爲對偶聲律之文求斗升之祿自度無以進見
於諸公之間來京師逾年未嘗窺其門今年春天
下之士羣至於禮部執事與歐陽公實親試之誠
不自意獲在第二既而聞之人執事愛其文以爲
有孟軻之風而歐陽公亦以其能不爲世俗之文
也而取焉是以在此非左右爲之先容非親舊爲
之請屬而嚮之十餘年間聞其名而不得見者一
朝而知巳退而思之人不可以苟富貴亦不可以
徒貧賤有大賢焉而爲之徒則亦足恃矣苟其僥

一時之幸從車騎數十人使里巷小民聚觀而贊嘆之亦何以易此樂也傳曰不怨天不尤人蓋優哉游哉可以卒歲執事名滿天下而位不過五品其容色温然而不怒其文章寛厚敦朴而無怨言此必有所樂乎斯道也軾願與聞焉

范仲淹與胡安定書

近改丹徒并獲雅問豈君之心不易改棄而然耶某忝入朝以來思報人主言事太急貶放非一然僕觀大過之象患守常經九四以陽處陰越位救時則王室有棟隆之吉九三以陽處陽固位安時則天下有棟撓之凶非如艮止之時思不出其位者也吾儒之職去先王之經則茫乎無從矣又豈暇學人之巧失其故步但惟精惟一死生以之

與邵餗書

十月日右司諫秘閣校理知蘇州范某謹奉簡書于先生邵公足下某今春與張侍御過丹陽約諸先生見維舟水邊聞先生歸山所謂其室則邇其人甚遠惘然媿薄宦之不高矣既抵桐盧郡郡有嚴陵釣臺思其人詠其風毅然知肥遯之可尚矣能使貪夫廉懦夫立則是有

大功於名教也構堂而祠之又爲之記聊以辨嚴子之心決千古之疑又念非託之以奇妙不足傳之後世今先生篆高四海或能借神筆於片石則嚴子之風復千百年未泯夫山高水長既巳使往來臺下者憑吊而不能去而撫茲珉刻更增景仰其高尚之爲教也亦大矣哉謹遣郡校奉此恭候

雅命

明王叔英與方正學書

僕與執事別十餘年其間情慕之淺深書問之達否事之細者耳姑置之不足道也惟執事之身繫天下之望士之進退天下之幸不幸與焉側聞被召計此時必巳到京獲膺大任矣茲實天下之大幸也故敢有說以進於左右焉凡人有措天下之才者固難自用其才者尤難如子房之於高祖能用其才者也賈誼之於文帝未能自用其才者也何則子房之於高祖察其可行而後言言之未嘗不中高祖得以用之而當時受其利故親如樊呂不可得而間信如陵勃不可得而非任如蕭何不可得而奪此子房所以能自用其才也賈誼之於文

帝不察其未能而易言之且又言之太過故太臣絳灌之屬得以短之於是文帝不能用其言此賈誼所以不能自用其才也方今聖天子求賢用才之意上追堯舜固非高祖文帝可比而執事致君澤民之術遠方一皐夔亦非子房賈誼可倫眞所謂明良相逢千載一時者也將見吾君不問則已問則執事必能盡言執事不言則已言則吾君必能盡用致斯世於唐虞雍熙之盛者在是矣豈非天下之幸歟雖然天下之事固有行於古而亦可行於今者亦有行於古而難行於今者如夏時周冕之類此行於古而亦可行於今者也如井田封建之類可行於古而難行於今者也可行者行之則人之從之也易難行者而行之則人之從之也難從之易則民樂其利從之難則民受其患此君子之用世所貴乎得時措之宜也執事於此研諸慮而藏諸心者非一日矣措之猶反掌耳尚何待於愚言之贅哉然僕聞知者千慮必有一失愚者千慮必有一得故不能無言於左右耳夫人情愛其人之深而慮其患之至者必救其失於未患之先苟待其旣失而後救之是乃愛之淺而慮之踈也

其得爲忠乎天下知執事之深愛執事之至如僕者固多矣竊謂忠於執事則未必盡僕若也伏惟
少垂
察焉

文徵明與王郡守書

夫聲聞過情君子所耻有損無益賢者不爲今大巡郭公欲爲某建立坊表出於常格區區淺薄豈所宜蒙深有不自安者自惟潦倒儒生塵伏里門又以衰病蹇劣不能廁踪士大夫之間故孳孳退縮非以是爲高也今以爲賢於他人郡士大夫誰爲不肖且某在今諸士夫中名位最微人品最下行能才智最爲凡劣一旦以爲賢而拔出某冒然居之豈非君子所深耻哉某雖不敢自托于君子然亦安肯靦然無耻甘於小人之歸哉嘗閱郡志宋蔣堂希魯以禮部侍郎致仕居吳時胡文恭公守郡以其名德因即所居表爲難老坊蔣公愀然不樂曰此俚俗歆艷內不足而假之人以爲誇者何以至於我也胡公即爲撤去當時以爲美談迄今傳示方冊某自視於蔣公無能爲役而明公則今之胡公也且某素蒙垂愛其忍以里俗小人待之哉某

雖非足於內者然竊欲自附於知分守巳之士以求免於務外爲名之愆惟是憲府崇嚴無由控訴欲望明公轉達此情得賜寢罷實出此幸也況今歲歉民窮賦無從出一有興作不無動擾此亦明公所宜軫念者且某世居此里自祖父父叔以來世叨薄宦里中父老每爲贊喜然於其人實未嘗有毫髮蔭庇萬一舉事則匠作夫役勞頓實多夫不能覆庇而又至勞頓豈當時贊喜之意哉彼雖自受其役而區區以一身標表之故坐視其勞亦何能安然不爲之意哉徒費財力而又使人不安正所謂無益而有損竊爲明公不敢也此者蕭二守顧訪首及此事某卽欲以此事上瀆明公彼時猶以爲未必遽爾乃者反覆思之恐一旦文移下督材木既具營繕既嚴則勢不可復止雖欲有言不可得矣緣是不得已輒露血誠先此懇請惟明公曲賜處分倘得幸免則明公之惠不淺淺矣區區此請在於必得若以爲非出至誠姑爲是退托以激目時譽則重得罪于左右矣然而不敢避也病薾不前無緣躬叩餘階謹勒手狀令男子俯伏以請臨紙不勝顒望之至

李夢陽與楊一清書徐州使至知蒲輪北矣公之出處天下關之初公之南也

愚嘗思惟出則利國處則利身且令夢傅卜尹之秋孰能使公獨以身利哉夫治朝亦有雜進君子不無異同今欲主張國是定雜爲一合異爲同非公是利而將誰利哉往者公之柄政也議者謂公喜通才獎辯給扳門士優故吏故其顯名高位者程事簿書之夫多而雅裕鎮俗之徒寡爽快取辦之流揚而先憂識微之士抑委曲活變之風行而守亷執義之心灰至今言官猶以此病公而不知道以正行事由通濟聖人通天下之情達天下之變而後成天下之亹亹夫日有中昃時有孟季愚嘗竊觀今天下之才正德不如弘治弘治不如成化豈否泰消長生才有高下邪抑有之而未用邪用之而未盡邪斯非後生小子之所知亦非所宜言者以道義骨肉茀覺縷縷至此大作四種五冊勘檢各畢敢緘付來使以還企瞻光範北斗在天斟酌元氣霖雨四海畎畝之民伏俟太平無任慰幸懽忭之至

唐順之答茅坤書

兄始至邑而巽峯公有所齟齬僕深疑於兩賢之不相厄故嘗懇以下交之說勸之巽峯而復以上交之說爲吾兄言之既而同心共濟歡然無間則既免於睽孤之吝而果獲利元夫之吉矣不謂中路乃復猜嫌如兄所示令人太息則是既脫之弧而復張之弧也若有鬼神焉交鬬其間奈何雖然在巽峰則不免爲不能容才在吾兄則不失爲動心忍性之一助也自古上下相順則爲益猶少惟上下相忤則操危慮深委曲相濟爲益尤多此昔人以愛惡比之藥石美疢而益之爲卦益用凶事反勝於益之以十朋之龜也兄更參透此關則何往而非受益之地哉乞歸一節雖所謂冷暖自知非人之所能勸阻然願兄更濡忍審處其間勿輕爲去就可也不得一面談耿耿何極

徐階與撫院論水利書略

凡言水利者大率二端蓄與泄是也而所謂蓄泄有大蓄泄焉有小蓄泄焉大泄者以海爲壑鑿白茆諸港吳淞諸江導江湖之水而注之尾閭也

大蓄者去江湖之淤澱使足以受支河之水也小泄者以近田之支河爲壑導田間之水而注其中也小蓄者疏浚支河使足以受田間之水也夫專意於泄於救潦可矣即不幸五六月間復如去歲之不雨何以濟之不若致力於蓄則旱既足以救而潦亦有所容而不爲害也蓄泄之大者其勢用財力必多未易猝舉今姑治其小則莫若修築圩岸然亦不可槩云修築而已敝邑之田東西二鄉高下逈絶東鄉本不苦水岸高則車救愈勞當令各以修築之力疏濬支河爲蓄水之計仍遠徙其泥毋俾復壅西鄉圩岸在所必築而艱於得土亦當督令浚河因取塗泥附之舊岸築而加高廣焉庶財力不虛而旱潦有備也

歸有光寄王太守書 某昨承明府論及水利匆遽辭別不及盡言某非能知水學者然少嘗有意考求見盧公武郡志止抄錄事蹟畧無綱要今新志因之而近來言水利者不過祖述此耳嘗訪求故家野老得書數種獨取郟氏二三家斷以爲專門之學遂彚錄成書非能特有

所見也唯以三吳之水瀦於太湖太湖之水泄於
松江古今之論無易此者故著論以暢前人之旨
嘗又讀禹貢註三江者訖無定論惟郭景純及後
來邊實之論爲是故定以爲三江之圖明府見諭
謂吳淞江與常熟縣無預某所論三吳之水非爲
常熟一縣之水也江水自吳江經由長洲崑山華
亭嘉定上海之境旁近之田固藉其灌溉要之吳
淞江之所以爲利者蓋不止此獨以其直承太湖
之水以出之海耳今常熟東北江海之邊固皆高
仰中間與無錫長洲崑山接壤之田皆低窪多積
水此皆太湖東流不快之故若吳淞江開濬則常
熟自無積水然則吳淞江豈當與許浦白茅並論
耶明府又謂楊子江錢塘江何與於吳中水利某
意特欲推明三江之說蓋自來論吳中之水必本
禹貢三江既入之文自孔安國以下以中江北江
爲據既失之泥班固韋昭桑欽近似而不詳固當
從郭景純唯三江之說明然後吳中之水可得而
江也經曰三江既入震澤底定先儒亦言三江自
入震澤自定文不相蒙然吳淞一江之入震澤底
定實係於此經文簡畧不詳耳某誠恐論者不知

此江之大漫與諸浦無別不辨原委或泥張守節顧彝之論止求太湖下之三江用力雖勞反有支流湮汨之患也但欲復禹之跡誠駭物聽即如宋郟亶時之丈尺時力亦恐未及而水勢積壅爲害欲求明府先令所在畧據今日河影開挑茭蘆使自崑山夏駕口至嘉定橅橋等入海之口則江水有通流之漸矣今春量撥賑饑之穀名募饑民或可即工又旁江之民積占茭蘆指以告佃爲名所納斗升之稅所占即百頃之江兼之漲灘之稅亦多吏胥隱没官司少獲其利昔宋時圍田皆有禁約今姦民豪右占江以遏水道更經二三年無吳淞江矣若責所占之人免追花利止令隨在開挑以復舊跡則官不費而姦有所懲矣某二十年屏居江上未嘗敢獻書當事者異日吕公有意水利然以平日非相知不敢有所陳前以分司舊識因開尨浦問及之而明府親屈二千石之重敦行古誼虛懷下接且惓惓以吾民魚鼈爲憂故特有言耳然區區所望於明府有大於此者昔魏王名史起問漳水可以灌鄴田子何不爲寡人爲之史起曰臣恐王之不能爲也王曰子誠能爲寡人爲之

寡人盡聽子矣史起敬諾曰臣爲之民必大怨臣大者死其次乃籍臣臣雖死籍願王之使他人遂之也王曰諾使爲鄴令史起因往爲之鄴民大怨欲籍史起史起不敢出而避之王乃使他人遂爲之水已行民大得其利由此言之與一世之功不當恤流俗之議也區區之見要以吳淞江必不可不開即日渡江違離節下豈勝瞻戀因還船附此不宣

皇甫濂與張吳縣書

某無似韜跡山壑未嘗輕詣有司昨還自京師企仰芳猷乃一通謁繼辱枉顧不以鑿坏之節用失傾蓋之歡邇者伏聞道體違和偃臥齋閣吳民負持稿禾無所控訴憔悴顛頓哀號道路公不强起何以慰之況今歲之旱異于往時赤魃爲災熒惑見象紅光夜燭融風晝號爍石流金忽歷三月河乾不激井泥無禽七十老人目所未覩竊念公自下車刊除苛法布以仁恩照了庶情澤濡萬物道化大行民心允洽災祥不時其故何耶昔夏桀之虐禍延有商劉英之冤憂在楚相天之積沴既久而民之怨毒已淡矣然猶幸其及公之身而降之是天之

不即棄民于死亡也何也公之德在民心民之所與天必享之人之所歸神必聽之公能強起而爲民請禱又何感之不通而何請之不得也大雩之說有爲神農之書者備言之矣參以穀梁之著論仲舒之巳行恐無不驗也吳有白龍之神載在祀典凡祭守令必親至其祠後乃遣攝以往至用吏胥不巳褻乎王淯南時旱甚躬往請之見其祠宇傾圮祝曰雨降而新之旋車而龍見入郛而雨沛淯南擢去祠猶昔也人則不信于神何有胡可泉下車適旱令有司罷放神農之法爲龍形祠而呼之躬率吏民徒步壇社一時戶設几筵罌水置蜥兒童幡幢燈香歌呼闐溢應時而雨比之隨車今一屠宰而不能斷吏則不虔於神何有某又聞郡守有閔雨之誠按公講救災之政某妄意今日所急莫大于釋繫緩刑次之蠲逋次之弛禁次之勸分次之防盜次之六者皆舉庶乎其能鎮撫之矣蓋吳自南岷公爲郡訟牒紛積兩造攝至抶而囚之驗時歷歲不復訊鞫囹圄之中縲紲成羣府治之前桎梏如市氣鬱而不泄疫延而不巳京房曰歸獄不解茲謂追非南岷雖去其弊猶在故曰莫

大平釋繫理官持法不平恒徇上意以爲輕重故情僞不得出入在心非辜而服上刑不道而獲平反者有之矣邇乃赤日之下執囚而刑之雖罪在不赦亦足上于天和傳曰刑罰妄加羣陰不附則陽氣勝而常陽者非耶故曰緩刑次之往令催科狀遺逋積負十有餘年[illegible]齋在郡荒歉所停一切畝算籍登司徒爲害莫[illegible]一旦徵之民力竭矣値茲災沴朝夕不給何暇治枯槹哉怨謗之氣登于歌謠所謂蜩螗沸羹虛譁積亂失在過差者也故曰蠲逋次之吳人好貸富者利有得息故多賴而不吝貧者利在周給故倍償而不難負擔之子百錢之資可給其饔餐鋤犁之失三時之賴若取諸外府邇者私責之罪重于奸贓償納之令嚴于禁錮民趨一時之法而不知今日之嗷嗷無所顧望者是誰之過歟傳曰號令不順人心其罰恒暘此其一耳故曰弛禁次之米價騰踴居賈持贏以射利外郡過糴以自儲三寶不通泉布不流亦以致旱吳郡八州居粟之家紅腐于廩積金之室貫朽於囊誠能懐之以仁示之以信十出正四散粟于牙儈平糶鄉井而納其價責金于耆艾通商于邇

而反其全吏籍收之復歸其人使富者之有不失錙銖而貧者之益奚啻千萬故曰勸分次之旱傷百穀則有寇盜上下俱憂其極憂也今白晝之中捷小兒而奪之食薄暮之時逢婦女而取其粃盜徵見矣星星不撲必燎于原涓涓不塞將成滔天此又有司之責也故曰防盜次之某無徐孺子之賢以下陳蕃之榻乏樊英之德能救成都之災所以爲公喋喋者以公爲知言故也公聞其言奮然强起吳民幸甚吳民幸甚

林景暘上巡撫胡執禮書

竊惟江南賦役甲于海內而敝郡蕞爾僻壤列爲雄望頻年以來供億繁苦既無不盡之力不竭之財矣閣下嘉惠地方欲更定徭里貼役盡革力差里夫使募輸銀于官而無所與誠百世良法然因調民即多出財以紓力庸何傷愚則以爲未可夫均徭特循前一役其餘收頭僱辦解運尚多也里甲以供祭祀賓客官府之需而民間不時徵索自若也貼役以贍北運而夫船耗辦及解戶之費又數倍也今計三者之征約六萬兩已當他省上

縣之賦矣在官之額一成難變恐今日加編既定異時即閣下身在其位灼知其害而有不能議減者是財之出于民一定而不易者也而又不能保其不增若夫奸胥猾吏覬有司之所不便下片紙之令在官者復轉而在民易易耳是力之不出于民非一定而不易者也而況將不止于一變至于時勢之舒慘國用之緩急又非意料所能盡也閣下計日前之多循良而不虞異日之無不肖習于聖朝之休養而不念時會之有更張愚竊以爲過矣且夫僱便于差自古誌之而昔人猶以爲年年出費戶戶徵錢此雖熙豊士大夫一時偏論而閣下今日不可不念及于此也毫釐之所益者覬若甚輕而敲朴之所增者無限一年之敲朴其原皆起于毫釐歲歲之敲朴其根又起于一日更法之始得不愼乎閣下誠欲利民當省在官之用而不當增在民之供當深思其費之所由寡而不當徒講其費之所從出任賛之言惟閣下勿罪而採擇之則德意終遂而闔郡受無疆之賜矣

茅坤復唐司諫書 日者病故郎中唐公孝廉至褏白不敢今且沒矣非得海內大

賢厚望之士題其墓令士大夫共傳之則唐君之誼當與露草同委矣死者泯泯則生者跇跇士大夫之出而仕孰不甘心于富貴紈綺池臺歌舞之後其身及其子孫而亦何羨于彼之死不屬棺棺不及其葬爲也某忝縣吏之後則采其誼而聞之海內大賢厚望之士固某之責矣故敢因王生之抱經南來而具書以請先生云云得無重于采僕之鄙陋而輕于郵唐氏之行誼矣乎且唐君無過人才智獨其當父繫獄者三年卒爲之號慟而土寢蚊處于其外沒之日亦如之自起家至刑署郎縮州縣印綬並大夫以上二十年于茲而身沒之日無一椽以棲其棺據某言之雖未必與聞乎道謂非孝廉不可也先生猶以未及面爲辭何歟古人有聞其風而弔其墓者矣亦有得其道路之遺而爲之傳記者矣往往悲歌慷慨借之詞采以遺後世先生唯計其人可與否耳而何暇擇其面不面乎星附光于月則爍鑠因嚮于風則遠唐君潔白之誼非先生之文不傳傳之亦不遠百年之後士大夫載質而出猶且讀其文思慕其人徘徊于唐氏墓草之側而或不售意于彼之富貴紈綺池

臺歌舞者是則先生之賜也亦予有司之事也惟高明亮焉外承示文稿一袠且命坤稍爲議評坌次其後某愬非工于文者初不敢妄屬而繼至者再私揣先生之情或欲令不肖竊與聞金石之末而使之同聲耳謹忘鄙陋畧加商搉如別楮教之幸甚

皇清姚文然與張撫軍書

啓者敝鄉蘆洲一事前歲仰仗台慈軫恤民瘼主持大力調劑苦心白叟黃童至今頂戴不獨洲戶也近聞部文行查隱匿戶名其自供與親丈不符應治以隱匿之罪洲民惶惶呼搶無路弟深悉其苦敢一代陳之竊謂事局有常有變常者不妨懸揣可以理斷內部之議所云隱匿各戶經管各官難辭其咎此論其理者也變者必須目擊可以情原察部原疏所云丈出各戶似可寬宥及某官任內欺隱難以憑定似可寬宥此原其情者也前歲丈量蘆洲實與往年清丈不同夏秋之交洪水大漲爲十數年所未有洲圩盡破洲民盡逃此丈洲一變局也洲地犬牙相錯一土三課除蘆課外其小港深蕩可以畜魚則納工部魚課其築圩分埂可

以種稻則納戶部田畝各洲戶自供在水漲之先各分地皮魚宕魚課田納田糧俱與蘆地無涉即蘆地內復有泥灘水影等項俱不納課故自供之畝應少其察部清丈在水方漲之時一望白波淼無畔岸魚宕田埂盡在水中水影泥灘無由辨別人役乘船細丈委實疆界難分洲戶屋漂民逃彼時無人控訴察部雖目覩水災而國課為重何從分豁只得據水面弓口積步增畝故清丈之畝數自多則自供與清丈畝數雖有參差非盡隱匿情弊兵中或有清丈在前者水未甚漲故自供與清丈畝數相符即不相符不至相遠凡此水災情形不獨台臺痛念民艱給米賑濟即察部諸公料亦目擊而心憫之不然肯以專差清丈之官而反為丈出各戶概請宥哉台臺地方福星愛民如子與察部之蹔蒞者不同伏乞詳達輿情疏請豁宥則萬姓歡若再生百世咏歌不朽寧獨事內官民項禮高厚已耶

齊 蕭子良密啓

臣思水潦成患良田沃壤變為汙澤農政告祥因高肆務播植既周

繼以旱虐黔庶呼嗟相視褫氣夫國資於民民資於食匪食匪民何以能政臣每一念此寢不安席本始中郡國大旱宣帝下詔除民租今聞所在遭餘尚多守宰嚴期兼夜課切新稅力尚無從故調於何取給政當相驅爲盜耳愚謂遭租宜皆原除少降停恩微紓民命自宋道無章王風凌替竊官假號駢門連室今左民所檢動以萬數漸漬之來非復始適一朝洗正理致沸騰小人之心罔思前恩董之以威反怨後罰獸窮則觸事在匪輕齊有天下日淺恩洽未布一方或饑當加優養愚謂自可依源削除未宜便充猥役且部曹檢校誠存精密令史奸黠鮮不容情情既有私理或枉謬耳目有限群狡無極變易是非居然可見詳而後取於事未遲明詔深矜刑獄恩文累墜今科網嚴重稱爲峻察負罪離詈充積牢戶暑時鬱蒸加以金鐵聚憂憂之氣足感天和民之多怨非國福矣頃土木之務甚爲殷廣雖役未及民動費已積炎旱致災或緣於此皇途載遠書軌未一緣淮帶江數州地耳以魏方漢猶一郡之邑以今比古復爲遠矣何得不愛其民緩其政救其危存其命哉湘區奥密

蠻冦熾彊如聞南師未能挫戮百姓齊民貲產年饉炭疽食侵淫邊虞方重交州夐絕一垂實惟荒服恃遠後賓固亦恒事自青德啓運款關受職置之度外不足紸言今懸軍遠伐經途萬里衆寡事殊客主勢異以逸待勞全勝難必又緣道調兵以足軍力民丁烏合事乖習銳廣州積歲無年越州兵糧素乏加以發借必致恇擾愚謂叔獻所請不宜聽從取亂侮亡更俟後會雖緩歲月必有可擒之理差息發動費役之勞劉楷見甲以助湘中威力旣舉蟻冦自服

再上第二啓

臣一月入朝六登文陛廣殿稠人裁奉顏色縱有所懷豈敢自達比天旹亟見地孽亟臻民下妖訛好生噂喈穀價雖和比室饑嗛縑纊雖賤駢門鬻質臣一念此每入心骨三吳輿區地惟河輔百度所資罕不自出宜在蠲優使其全富而守宰相繼務在裒剋圍桑品屋以准資課致令斬樹發瓦以充重賦破民財產要利一時東郡使民年無常限在所相承准令上直每至州臺使命切求懸急應充猥役必繇窮困乃有畏失嚴期自殘軀命亦有斬絕手足以避徭

役生育弗起殆為恒事守長不務先富民而唯言
益國豈有民貧於下而國富於上耶又泉鑄歲遠
類多翦鑿江東大錢十不一在公家所受必須輪
郭完全遂買本一千加子七百猶求請無地棰革
相驅爭完者為用既不兼兩回復遷貿會非委積
徒令小民每嬰困苦且錢帛相半為制永久或聞
長宰須令輸直進違舊科退容姦利入屬近縣既
在京畿發借徵調實煩他邑民特尤貧連年失稔
草衣藿食稍有流亡今農政方興宜蒙賑給若逋
課未上許以申原兗豫二藩雖曰舊鎮往屬兵虞
累棄鄉土寄邇寇庭下無安志編草結菴不違涼
暑扶淮聚洛靡有生向俱稟人靈獨絕溫飽而賦
斂多少向均失實謂凡在荒民應加蠲減又司市
之要自昔所難頃來此役不歸才舉並條其重貲
許以賈衒前人增估求使後人加稅請代如此輪
回終何紀極兼復交關津要共相脣齒愚野未閑
必加陵誑罪無大小橫沒貲載凡求試穀帛類非
廉謹未解在事所以開容夫獄訟惟平畫一在制
雖恩家得罪必宜申憲鼎姓貽愆最合從綱若罰
典惟加賤下辟書必蠲世族懼非先王立理之本

尚書列曹上應乾象如聞命議所出先詣於都都
既下意然後付郎謹寫關行愚謂郎官元宜推擇
宋運告終戎車屢駕寄名軍牒動竊數等故非公
充朝賫奉殷積廣誕邪宰梁都郡邑參差調補實
允事機且此徒冗雜宜遵王憲嚴加
廉覸隨違彈斥一二年間可減大半

諫斂唐役錢啓

伏尋三吳內地國之關輔百度所
資民庶彫流日有困殆蠶農罕獲
饑寒尤甚富者稍增其饒貧者轉躓其弊可為痛
心難以辭盡頃錢貴物賤殆欲兼倍凡在觸類莫
不如茲稼穡難劬斛直數倍今機杼勤苦匹裁三
百所以然者實亦有繇年常歲調既有定期僮郵
所上咸是見直民間錢多剪鑿鮮復完者公家所
受必須員大以兩代一困於所貿鞭捶質繫益致
無聊臣昔忝會稽粗閑物俗塘丁所上本不入官
良曰陂湖宜壅橋路須通均夫訂直民自為用若
由甲分毀壞則年一修改若乙限堅完則終歲無
役今郡通課此直悉以還臺租賦之外更生一調
致令塘路崩蕪湖源泄散害民損政實此為劇建
元初敵寇游魂軍用殷廣浙東五郡丁稅一千乃

有質賣妻兒以充此限道路愁窮不可聞見所逋尚多收上事絕臣登具啓聞卽蒙蠲原而此年租課三分逋一明知徒足擾民實自弊國愚謂塘丁一條宜還復舊在所逋卹優量原除凡應受錢不限大小仍令在所折市布帛若民有雜物是軍國所須者聽隨價准直不必一應送錢於公不虧其用在私實荷其渥昔晉氏初遷江左草創絹布所直十倍於今賦調多少因時增減永初中官布一匹直錢一千而民間所輸聽爲九百漸及元嘉物價轉賤私貨則束直六千官受則匹准五百所以每欲優民必爲降落今入官好布匹堪百餘其四民所送猶依舊制昔爲損上今爲刻下氓庶空儉豈不繇之救民拯弊莫過減賦時和歲稔尚爾虛乏儻値水旱寧可熟念且四京熾强實基三輔東都全固實賴三河歷代所同古今一揆石頭以外裁足自供府州方山以東深關朝廷根本夫股肱要重不可不卹宜蒙寬政少加優養畧其目前小利取其長久大益無患民資不殷國財不阜也宗臣重寄咸云利國竊如愚管未見可安

梁簡文上皇太子元圃園講頌啓竊以舜韶始唱靈儀自舞陳律幾暄風心競蓴輕禽短葉尚識音光沐善歡心寧志撫扑伏惟殿下體高元隤養道春禁牢籠文圃漁獵義河注意龍宮研心寶印雲聚生什之材並命應王之侶探機析理怡然不倦朱華景月詎此志罷屬素藏晩節元英初氣霜竹浮陰風梧散葉從容雅論實會神衷經生多幸屬此休世躊躅奉渥得備磐藩而黏蠅未拔迷象不覊寶沒醉衣珠沈勇領得聞勝善寧忘歌詠謹上元圃園講頌一首文慚綺發思闕彫英徒懷舞蹈之心終愧清風之藻冒昧呈聞追深悚汗謹啓

顧野王進玉篇啓竊聞兩儀俶啓九皇始君情性初動有巢肇制三聖代立千紀逝興龍牒浮河龜書起洛八卦既陳六爻攸敘篆素之流是焉而出至於精課源妙求其本始末學膚淺誠所未詳雖復研考六經校讐百氏殊非庸菲所能與奪謹依條例同異具以上呈伏惟聖皇馭宇膺籙受圖德尚昊軒功超嬀姒通妙廣運乃聖乃神經天日文止戈爲武百工維理庶績咸熙

勸以九歌攜之八柄修文德以來要服舞干戚以格有苗是故仁風所扇九服蒙靈正朔可班四荒懷德取衣雒樹則肅慎識受命之與彝波海水則越裳知聖人之德豈但中和樂職近播岷峩德廣所覃旁流江漢殿下天縱岳峙叡哲淵凝三善自然匪須勤學六行前哲躬以勞謙是以聲覃八表譽洽九垓規範百司陶鈞萬品猶復留心啚籍俔情篆素糾先民之積謬振往古之重疑簡冊所傳莫令此盛野王沾濡聖道沐浴康衢不揆愚淺妄陳狂猾徒憂收腸終當覆瓿空思朱墨懼必無傳悚悸交心罔知攸錯謹啓大同九年三月二十八日撰

論議

宋呂祖謙吳論

孫權起於江東拓境荊楚北圖襄陽西圖巴蜀而不得北敵曹操西敵劉備二人皆天下英雄所用將帥亦一時之傑權左右勝之而後能定其國及權國既定曹公已死丕叡繼世中原有可圖之釁權之名將死喪且盡權亦老矣世人謂權之所以爲固者東南之地所以爲強者東南之兵此大不然夫東南之地天下至弱而孫氏之地又爲六朝最弱獨權守之而固東南之兵天下至弱而孫氏之兵又爲六朝最弱獨權用之而強長江而上達於江陵轉江陵之南阨於巫峽上下千里可航而渡者凡幾可阨而守者几幾道路坦然非有潼關劍門之隘也自廣陵而渡京口自歷陽而渡采石自邾城而渡武昌易若反手江陵破則上流無結草之固濡須破則江上不知所以爲計地之形勢可謂弱矣權之兵衆皆江南舟子綿力薄才之人區區捃拾盜賊驅獵山越以寬行伍兵亦可謂弱矣然權用之如此之固且強何也蓋權之所以自立者有謀而已不

獨用其臣之謀而又自出其謀內以謀用衆外以謀應敵所以地狹兵少處天下之至弱而抗衡中原成三分之勢者歟始權之初立曹操下荆州移書吳會舉國震駭權聞魯肅之言翻然而悟聞周瑜之議奮然而起一舉而走曹操存劉備基王伯之業此周瑜魯肅之謀也及劉備借荆州而不反關羽頡頏於上流權謂養關羽使北吞許洛全有江漢回舟東下誰能禦之欲圖之懼曹操之乘其弊也乘羽北逼許洛曹公以朝命見招權乃上牋擊羽以自效使呂蒙陸遜一襲而得之全有荆楚西閉劉備於三峽北釋曹公之患以安江東此用呂蒙陸遜之謀也方曹丕已禪漢天下憤怒切齒之時權知劉備必報關羽恐曹氏掎其後也乃於是時釋其憤切之心而稱臣於魏受其爵封擊備而走之此權之謀也及魏責任子而權不遣西患未解而北患復起權之計宜乎窮也權知劉備以復漢爲名而曹操簒位之罪甚於殺關羽備亦欲結已爲與國而專意北圖於是遣使講和以中備之欲遂得息肩於西而專意於北拒魏而退之此權之謀也方曹操之反自烏林憤權而東征謂權

恃水以自固故以舟師扼合肥權若拒之於江南則曹公水軍入江權軍不戰自潰矣故遊拒之於濡須使操雖水軍無所施步騎雖多瀕阻江洳春水方生義無所用操嘆息而退此又權之謀也操既還自他人觀之大則追軍逐北小則自足稱雄今權不然反請降於操蓋權料操之內憂尚多北有未定之河北西有未復之關中操欲伐之而慮東南之變非大定不往也故稱降以少厭其意而安之使操不復慮東南而盡力西北已得於其間益繕戰守之備以待其再來此權之謀也方曹丕之責任子不得而南征也權見丕不知兵不如其父而老臣宿將亦不盡力如操之時始卻之於濡須而再來權之意以謂丕不知兵非使之深入疲竭上下之力則不止非使之臨江而反則丕必不休故開而致之瀕江而不與之戰挑之而又不應使之力盡而自還又小發以驚之魏自是不復敢南出此又權之謀也權又以爲兵久不足用則士氣鈍疆埸久安則人心逸且使敵人晏然積以歲月坐以成資非計之得也故兩譎淮南之將致而擊之所擒獲足以自資而敵人之資又爲之破壞

此亦權之謀也權又以爲所用多南兵便於舟楫短於陸戰故用兵未嘗一日捨舟楫而乘勝逐北亦不肯遠水以逐利雖有大舉長驅之計亦不敢行以僥一時之幸故曹休敗而不敢追殷札獻言而不敢用此亦權之謀也權之受封吳王也盡恭以受其爵命使其國中知已爲百姓屈也與邢貞爲盟陰以怒其羣下方且爲進取之計而自卑屈如此此亦權之謀也故權之爲國自奮亦用謀自屈亦用謀勝亦用謀負亦用謀動無非謀也故能以一江爲阻而與曹劉爲敵然權起非仗義徒知以割據爲雄不能與漢室以領天下之心使當漢末大亂權能招徠中原之士廣募西北之兵緝馬步之銳挾舟楫而用之鼓行北出水陸並進孰能當之哉當曹丕之立也權又能求漢室子孫而輔之出師問罪劉備必亦連衡而犄角中原之士挾思漢之民必有起而應我者矣權不知出此徒自尊於崎嶇蠻夷山海之間故雖力爲計謀詭詐然基業僅足以終其身而無足以遺子孫僅足以保其國而不足以爭衡天下惜哉然使權不爲計謀以自立則雖其身不能終也況子孫乎其國不能

保也況天下乎何以言之權沒未幾諸葛恪一用之而僅勝再用之而大敗孫綝用之又敗江淮之間惴惴而已上流藉陸抗之賢挾以重兵僅能支襄陽一面抗死則亦惴惴然矣藉使孫晧不爲暴虐亦豈能久存也哉後世不察權以計謀自立而區區欲効權之畫江爲守是不察夫形勢甲兵之最弱也古人唯陸抗知此抗言於孫晧曰長江浚川限帶封域乃守國之常事非智者之所先審抗此言則當時之形勢爲不足言而所謂智者所先則有道也抗抗可謂善論孫氏形勢者矣

黃傳季子論

按春秋書吳子使札來聘或以爲生亂而春秋貶之或以爲讓國而賢之以爲賢之者公羊穀梁也惟吳萊則以爲不貶之亦不賢之因其來聘而記之耳貶之者之說曰札狗匹夫之介節辭位以逃而篡弒奪攘之禍相尋於吳則季子之生亂也荊楚無大夫而屈完書族王朝下士以人通而子突書字諸侯公子以名著而季友書子母弟之無列者不登其姓名而叔肸書氏皆賢而特書者也今乃略以名紀比於楚椒秦術之流而無異稱焉其貶之深矣賢之者之說

曰諸樊兄弟迭爲君而致國乎季子季子不受光弑僚而致國乎季子季子又不受曰殺吾君吾受爾國是吾與爾爲篡也爾殺爾兄吾又殺爾是父子兄弟相殺終身無已也故君子以其不受爲義以其不殺爲仁吳稱子善使季子故進之也身賢賢也使賢亦賢也不貶不賢者之說曰父子世常法也兄弟反側法之變也湯甲盤庚之間殷以是亂者九世豈獨季子之辭國乃生亂哉長幼之序不可紊君臣之分不可奸此則季子之心耳若季札之辭國生亂非聖人不能於是貶之雖聖人欲於是而稱其讓國之賢亦所不能也齊桓召陵之師楚人未有必盟之意也而屈完請服王人救衛之役王室微矣而又使子弟主兵故子突不得有功季子歸來則我公請之於齊而欲以靖魯國之亂叔肸之卒則又或以公弟之貴而世遂爲卿聖人之特書者特因四子以立義豈得與季札例言之哉吳之使通禮未同於中國吳子之使札是猶楚子之使椒秦伯之使術也故聖人一以是書之諸說如此以愚觀之以爲貶其生亂者固以傷於深文以爲賢其讓國者亦微涉於淺見也初季子

之讓國也豈能逆覩魚劍之禍哉使光也僚也皆季子也皆諸父也魚劍胡爲乎來哉故以生亂爲季子罪者是以成敗論人吹毛而求其疵也季子之歷聘諸國也觀其禮而知其政觀其樂而知其德觀其君臣之言語威儀而知其終身禍福之所止示之趨避之途而莫不明驗焉則夫諸樊兄弟之不足以昌其邦光僚諸子之不足以衍其慶蓋已了了目中矣其所以固辭而必逃坐視骨肉之相殘宗祊血食之凛凛也者豈季子之本心乎蓋義有重於亡國與絕祀者故不得已忍而爲此也意者季子之讓國其以僭王之故歟諸侯而僭王莫大之惡也吾受國而襲之吾豈可以爲人吾受國而華之吾則賢矣置吾父兄於何地也故吾寧受匹夫狷介之名寧負天下後世生亂之責寧使不才子弟爭奪而亂亡而不忍身被僭逆之醜手揭父兄之惡赫然示天下的也所謂行一不義殺一不辜而得天下有不爲者季子有焉或曰季子知父兄之惡盍諫而更諸曰季子蓋嘗諫矣特以事體非常而視聽可駭不敢公言于朝廷而但密陳於私室故國人不得聞史策不得書耳由此言

之則春秋之於季子誠無意於貶之賢之而季子之所存深矣厚矣區區讓國以爲賢直其所託而逃焉之虛器也贅說無稽志之以俟君子正焉

明蔣山卿河渠論 舊志載河渠事甚略且與陂塘各出散漫無所統一余因考輿

圖得以究觀江淮之間通漕之故因而論次自古以來河渠之利使後之君子得以覽焉春秋時吳城邗溝以通江淮漢以淮南封諸王是時漢仰給關東之粟而未漕江淮也故視淮南爲輕魏正始肆年鄧艾言於司馬懿開廣漕渠東南有事興衆汎舟而下達於江淮資食有儲而無水害自此江淮爲漕渠矣鮑照蕪城賦曰引以漕渠是也後魏自徐揚內附仍代經略於茲隋大業元年引河通於淮海廣開邗溝自山陽至揚子入江以利轉輸唐初江海租庸皆由揚子入水門以渡淮入汴裴耀卿爲轉運使而漕事講求始詳迨劉晏則幾乎盡矣當漢陳元龍之開塘與唐李襲譽之築句城也本以溉田而已貞元以後引陂穿渠以灌漕河卒賴其利宋之轉運則尤以揚子爲要區乃置發

運使治其地以總天下之漕其堤堰疏濬之功趨避康濟之術益加詳密至以主管塘事繫之官銜其重如此異時郡守方信孺袁申儒吳機諸人先後開浚北山茅家山二塘爲防禦固守之計其智慮豈淺哉今黃河變遷由濟州以南至於清河水皆壅塞而呂梁竭矣漕運水利諸司自都御史以下使者冠蓋交道發卒數萬人穿浚引湖及川谷以灌注之然隨注隨涸漕舟日滯太倉之粟不足以支歲計而錢穀之司亦急矣惟江淮多雨渠水頗通稍省其患誠使司國者豫慮其難而早圖其備則夫浚陳公句城塘以復舊規者是宜所急先也開靖安河以避黃天蕩之險者亦宜所量度也夫淮南小弱而實當四方之衝往者盜賊之起嘗有意窺伺之矣一旦卒然有急將何以備之是故循方圓之故跡鑿山塘以爲防禦計者亦不可不爲未然之思也語曰前事之不忘後事之師也

歸有光水利後論

單鍔以吳江堤橫截江流而圻東江尾茭蘆叢生泥沙漲塞欲開茭蘆之地遷沙村之民運去漲土鑿堤圻千橋走水而於下流開白蜆安亭港使湖水由華亭青

龍入海雖知松江之要而不識禹貢之三江其所
建白猶未卓然所以欲截西水壅太湖之上流也
蘇軾有言欲松江不塞必盡從吳江一縣之民此
論殆非鍔之所及今不鑄去堤坼而置爲千橋亦
守常之論耳崇寧二年宗正丞徐確提舉常平考
禹貢三江之說以爲太湖東注松江正在下流請
自封江渡古江開淘至大通浦直徹海口當時惟
確欲復古道然確爲三江之說今亦不可得而考
元泰定二年都水監任仁發開江自黃浦口至新
洋江江面纔闊十五丈仁發稱古者江狹處猶廣
二里然二里郎江之湮已久矣自宋元嘉中滬瀆
已壅噎至此何啻千年郟氏云吳松古道可敵千
浦又江旁縱浦郟氏自言小時猶見其闊二十五
丈則江之廣可知故古江蟠屈如龍形蓋江自大
湖來源不遠而勢既廣若徑直則又易泄而湖水
不能蓄聚所以迂廻其塗使如今江之淺狹何用
蟠屈如此余家安亭在松江上求所謂安亭江者
了不可見而江南有大盈浦北有顧浦土人亦有
三江口之稱江口有渡閘之百歲老人云往時南
北渡一日往來僅一二廻可知古江之廣也本朝

都御史崔恭鑿新新道自大盈浦東至吳淞江巡撫司又自新涇西南蒲匯塘入江自曹家河直鑿平地至新塲江面廣十四丈夫以郟氏所見之浦尚有二十五丈而都水所開江面纔及當時之浦至本朝之開江乃十四丈則與工造事以今方古日就畀微安能復見禹當時之江哉漢賈讓論治河欲北徙冀州之民當水衝者決黎陽遮安亭放河北入海當敗壞城郭田廬冢墓以萬數以爲大禹治水山陵當路者毀之墮斷天地之性此乃人功所造何足言也若借區區瀕沙茭蘆之地雖歲歲開浦而支本不正水終橫行今自嘉靖以來歲多旱而少水愚民以爲自今不復見白水之患余嘗聞正德五年秋雨七日夜吳中遂成巨浸設使如漢建始間霖雨三十日將如之何天災流行國家代有一遇水潦吾民必有魚鼈之憂矣或曰今獨開一江則其餘溪港當盡廢耶曰禹決九州距四海濬畎澮距川江流浩大其勢不能不漫溢如今之小江尚有勦娘江分四五里而合者則夫奇分而旁出古樓江東江之跡或當自見且如劉家港元時海運千艘所聚至今爲入海大道而上洋之

黄浦勢尤洶湧豈能廢之但本
支尊大則支庶莫不得所矣

王同祖治田論

治田之要有三一曰築圩塍治高田惟在於謹隄防蓄水泉以備亢旱而已低田易没必藉圩塍以禦之永樂中東南大水命尚書夏忠靖公治之其法常以春初編集民夫修築圩岸取土於附近之田以杵堅築務令牢固復於堤岸之内再幫子岸以廣基謂之抵水岸又令民於岸上種藍不許種豆種藍則土日增而岸高種豆則上隨根去而日削也築岸既訖又令民箭泥填實取土之田俟土乾可復耕種不時爲廢弛其法密矣爲今之計莫若使民於春和之時或取土於田或開濬涇港因土築岸以固基本又須嚴其令緩其期蓋令不嚴則大户田多者憚於費煩與浮言以阻之小民無力者困於工役輒簡略以應之而塘長圩甲人等又從而科斂誅求貪緣差放弊端百出圩岸未築而民已重困矣故必嚴申禁令若期不緩而欲速無益有損蓋客土雖增高堅築性未相人驟雨一傾大水猝至坍塌隨之矣故必以三年爲期而後可一年築基補築水

次遍栽茭蒲蘆茅使能護岸土本固矣增修加土如法堅築經歲草生土實三年增土植楊向外使根可匝岸待其稍長歲髡其枝恐受風搖動岸善崩也誠如是歲歲令民增土修築岸日堅固功不煩而利可久矣一曰修壩堰古人制田之法率因水道以正經界曰涇曰瀆曰浜曰塘曰浦縱橫曲直大小深淺或通或塞棊布井分有圩田之象焉其通也以泄水其塞也以禦水皆使不爲田害而已歷歲既久水道寖廢民之習於舟楫專於網罟者皆決堤防以通江湖水勢漫衍田疇日損今圩田之外止通水道之大其諸小小涇浜之類非舟楫往來之道出入必由之處盡行壩堰高與岸等則水不亂行而壞塍岸矣范文正公常論於朝曰江南圍田每一圍方數十里內有河渠外有門閘旱則開閘引江水之利潦則閉閘拒江水之害今亦不能爲門閘啟閉但能修舉壩堰以爲隄防其利亦博矣一曰分大圩蓋東南水田皆以岸塍爲界外通水道以時蓄洩在宋謂之圍田皆有字號名色然圩田之畧隨地形廣狹水道遠近爲之大小一圩之田多或至於二三千畝小或不及百畝

小圩之田民力易集塍岸易完或時遇水則車戽易遍水潦易去雖有巨浸莫能爲害而大圩之田塍岸既廣備禦難全雨潦衝激東補西塌皆蕩然淪沒矣縱使修舉令民車戽積水然居民有遠近之不同民力有富貧之不一地平有高下之不均故大圩之田遇災不救者十居八九今莫若較田圩之大者取而分之以二三百畝爲率因其高下督民取土累以塍岸則田圩之形成矣或謂分圩必須開河取土因以築圩此固然矣然有田在圩者率皆自愛孰肯捐其所有以供開河築岸之費今觀大圩之內多有溝洫池瀆之屬縱橫布列古人制之所以備旱潦者也宜因而浚其兩旁增築塍岸就以分圩裏田其所不通處則但取土於田以爲圩岸不必更開河道仍須令圩田之民共箍泥塡實取土之田庶幾無偏損也其圩內無溝洫之屬或雖有一二而不足以供分圩者則圩田中傍界岸築爲徑塍或畫十字形或干字形或王字形或井字形各隨田之多寡爲率如此則取土甚便爲力甚易不必開河費力而圩岸修矣

曹儒湖防論

太湖古震澤也延袤五百餘里雄跨蘇常湖三境自宣歙以東富陽以北諸溪山之水咸吐納焉全吳巨浸無大於此論水利則列耙田賦豐歉係焉論兵防則列耙封疆安危係焉全吳利害亦無大於此者向來論經略者多未之及何也或謂東西洞庭及濱湖諸山古來兵燹莫及奚必議守禦然自古大兵之下江南也或從京口或從三壩志在城郭則山林必在所棄若倭寇土賊則不然志在擄掠棄無就有今腹內諸村鎮搜括已盡其志必在未經兵燹之處則沿湖諸境非所當防者耶況自宜興至金陵爲道甚捷皆今日兵議所未及也其可不思先事之防乎或又謂湖中風波與江海異若之何其禦之曰此非漁網船不可蓋江船與海船不同海船與內河之船不同內河之船與泖湖船又不同泖湖之船大小不齊運石者謂之山船運貨者謂之駁船民家自出入者謂之塘船衛所巡司所用者謂之巡船鄉夫水軍所駕者謂之哨船往來津口者謂之渡船之六者雖皆習知湖中風濤之性尤未若漁船之便用也漁船莫大於帆罟無間寒暑晝夜在

湖每二隻合爲一舍素爲賊之所畏雖蓄貲鉅萬賊不敢近也聯而縣之太湖攻戰此其最善乎其次爲江邊船其次爲廠稍船又其次爲小鮮船又其次爲剪網船又其次爲絲網船又其最小者爲划船善用之大爲軍旅之助或又謂過湖港口無慮百數焉得港港而備之日不然湖口雖多通舟往來者不過如吳江之北溪葉港雪落洪坍闕鮎口吳縣之莫舍淒胥口港無錫之獨山浦嶺吳塘門武進之馬跡山宜興之荆溪東蠡河忻溪直瀆之類可指而數也各練鄉兵守之而以巡哨船爲之探報帆罟邊江等船常居深水賊豈能入湖也哉然大小漁船未經刷集一旦用之欲望其出死力不能也須平時籍之於官蠲其役專委一廉仁有司訓教之則善矣

皇清吳偉業伍胥復讐論　子胥之鞭平王尸也左氏不載其見于穀梁傳者日壞宗廟徙陳器撻平王之墓鄭康成曰鞭其君之尸夫撻墓之與鞭尸則有間矣雖然此吳之君臣爲之未有言子胥者也史記則以子胥求昭王不得乃掘楚平王墓出其尸鞭之三百越絕書則以

子胥操鞭棰笞平王之墓而數之吳越春秋則以伍胥掘平王之墓出其尸左足踐腹右手抉其目以余論之此三書者未可以盡信也子胥之父誅于楚也挾弓持矢而去楚以伐楚之利說吳王僚公子光阻之公子光立是爲闔閭闔閭欲爲興師而復讐於楚子胥又自止之曰諸侯不爲匹夫興師逮楚纍而後動入郢之役子胥之父死十有七年平王之亡亦十有一年矣子胥之爲人深沉好謀彊忍有濟固非負其勇氣逞于一決不顧其後者也伍參以邲之役食采于椒舉於鳴皆邑大夫而奢太子太傅貴顯于楚者四世費無極以同官之忮傾世臣而覆其宗平王聽用其語其子之不愛又何有于臣子胥之讐宜首無極不專在平王也太子建廢非其罪竟死于鄭子胥所痛心疾首者不徒奢尚之死而在建之不得立蓋欲借兵於吳扶建之子勝立之楚以無忘乃父之志廢昭王誅其讒佞而存楚之社稷則子胥之忠孝可白而吳之霸業可成爲吳即其所以爲楚也彼肯以其名讓之申包胥哉乃吳師驟勝而驕楚舊臣伯嚭之徒在吳軍中用事傾其故國以奉其新主甚至

廢毀宗廟瀆亂男女而秦人起于外夫槩反于內不能定楚而歸大非子胥之心矣夫子胥固其兄尙所稱仁者智者也彼遲之十七年之久以待其必克縱不能復立故太子之子以得之闔閭亦宜按兵休甲持楚人之心無故僇辱先君之尸以怒楚楚之宿將舊臣將圖視而起矣此騎刼之所以敗于齊也而謂子胥仁且智者爲之耶且子胥之先自參以下四世皆葬于楚子胥之復讐以爲孝也獨不慮先人一抔土楚人尤而效之乎設令吳兵去楚昭王復國哭于共襄之廟收先王之遺骨而葬以衣冠然後盡發伍氏之丘隴而汙瀦之以告諸侯子胥何以自立于天下乃紀載不聞其事是豈子胥能復奮尙之讐而楚昭不能復平王之讐雖吳强而楚弱必不得之數也或曰吳君臣以班處宮蓋有欲妻楚王之母者又何有于君之尸曰吳蠻俗也其君臣逞其兇威而蹈于不義料子胥力諫而不從也吳越春秋乃曰子胥令闔閭妻昭王夫人子胥亦妻囊瓦司馬成之妻夫費無極殺伍奢而囊瓦殺之是有德于子胥者莫囊瓦若也而謂子胥爲之說尙可信乎昭王之奔鄖也鄖

公辛之弟懷將弑王曰平王殺吾父我殺其子不亦可乎辛曰君討臣誰敢讐之君命天也若死天命將誰讐公羊曰父不受誅子復讐可也父受誅子復讐推刃之道也夫無極之譖伍奢之寃其不受誅明矣非鄖公比也君子固以復讐許之矣然而吳師未入則楚吾讐也吳師旣入則楚又吾君也公羊傳曰復讐不除害其道以爲雖遇昭王猶將爲之諱也夫不忍得生王之頭祭死父之壟而謂讐死君之骨以快生臣之忿哉然則爲此說者何居曰夫差忘人之殺其父而赦勾踐不聽子胥之諫而賜之屬鏤以死後之紀事者甚子胥之復讐所以深著夫差之罪也不知夫差之所遇者敵國也讐也子胥之所遇者讐也故君也故君可讐而不可讐非可一例論也爲人臣者不知春秋則有昧于復讐之義矣吾故辨子胥之事以正告之焉

議

（明）陸粲名宦祠議

謹按蘇郡學名宦祠所祀古今監司守倅通若干人而其間有不繫於蘇者葢六人焉王魏公旦富韓公弼歐陽兖公修蘇端明軾陸文安九淵李文靖侗皆賢者也而得祀於蘇則知禮者疑之夫祀國之大事也將昭勳德勸忠孝示愛敬以爲民質也不可不謹聞諸古曰鬼神不歆非類又曰非其鬼而祭之諂也諸君子未嘗涖官茲土雖聲實顯著而惠之流於蘇也不專其祀之也越於禮矣或曰諸君子之言行功伐合於祭義所謂以勞定國法施於民者將天下得祀而何有於蘇粲以爲非也在禮惟天子有天下其祀無所不通諸有國者山川百神之祭皆不出境衞成公欲祀相甯俞曰相之不饗於此久矣不可以間成王周公之命祀楚昭王有疾卜曰河爲祟大夫請祭諸郊王曰三代命祀祭不越望江漢睢漳楚之望也河非所獲罪也皆不果祀今之祀者郡守丞實從事焉郡守丞秩不過古諸侯諸侯之祀不敢踰國而郡守丞得祀他境之

賢以爲禮也亦有據乎今之制惟孔子爲師儒宗得天下通祀自餘若臯陶伊尹伯夷太公之倫猶不得與孔子比其祀皆不出於其鄉與其所封之土禮之節也諸君子微有孔子之聖雖賢亦不能當臯陶伊尹伯夷太公而祀非其地也越於禮矣原其始所以得祀不可知殆邦人之好賢以是寓其愛敬或其門人子弟有官於蘇者以其私附焉而後人遂襲之與知禮者亦改而正之可矣或曰諸君子之祀列於學宮邦人習聞之三百年矣誠一日撤焉將駭民聽而傷忠厚之道夫與其過而去之也寧過而存之乎槩又以爲非也夫非禮之禮君子有弗貴者焉孔子曰曾謂泰山不如林放乎以死者爲無知又焉用祭以爲有知夫亦毋怩而莫之顧也君子愛人以德細人愛人以姑息今爲非禮之禮以瀆賢者又拂先王之經而踰當代之制非小過也不亟正焉而襲細人之姑息以爲忠厚亦陋矣又蘇自漢以來監司守倅賢而不得祀者尚多謂宜擇其人進之而罷諸所不當祀者於誼爲允且使斯民知禮之嚴若是雖賢者不得僭用庶幾禁淫祠黜匪類以示風教之本也由茲

祠
始

陳以伐荒白米議

夫曰荒白者何虛田之稅也曰虛田者何濱江坍沒存其虛數故也存之者何國稅有數不可縮也則減半而徵之復爲之均攤於一邑之田共出之是爲虛田之稅也已而有叢弊焉叢弊者何夫江水之有噬嚙其常勢也丁之者不得不鳴於公家以均其稅而力弱者則不能鳴力強者未必當鳴而鳴焉即使縣官親勘之猶不得實是故有倖免者有不得免者夫通來田數視國初則有間矣安在其不可滅也往者吾不聞矣頃年大中丞海忠介丈量魚鱗而籍之誰能指東爲西冒彼爲此使當此時除其虛數弟舉國稅而均之見田之中何不可者而當時猶存其名後則漸增而未已也諺曰三十年河東三十年河西言其長於彼則消於此長於此則消於彼常勢然也今二百年來但見其消而不見其長攤荒者纍纍而陞科者寥寥則何爲其然也往又聞攢造之歲司委之官以荒白爲豪家之餽令其享無糧之田而累縣爲之出稅豪家亦受其

私恩而不辭則鄙夫者之爲也甚哉
荒白之難覈也後有鳴者當致謹焉

姚文灝河渠議

舊見毘陵志敘沿江諸港皆自外而內自下而上倒置源流私怪近世作志者不識水道不意江陰舊志亦然夫三吳水道皆西出於山中瀦於澤東北注於江海源流甚明何乃類云自大江而入南經某處某處耶是以諸港皆出於江而流入於漕渠若荆州沱潛出於江漢之類悖亦甚矣此必前代初作志者見諸港腹裏之源千支萬派交流錯注難爲本始而其入江之處却有頭緒易於識別遂據彼敘起不顧其以尾爲首而後來續志者承訛踵謬莫覺其非也然觀其初似亦知諸港之不可以江爲源故於黃田港夏港猶云北引江潮而入若曰自江而入者潮耳非流水也至於石頭蔡港而下遂忘其初意畧去潮字而直云自大江入矣可乎哉由僕之說記黃田者當云東引長河西至九里河口折而北貫城中出黃田閘北入江舊志乃云北引江潮貫城南出折而西截蔡涇與夏港合流以達於漕渠記夏港者當云南引五瀉堰過青暘北止山塘

河口折而東過衆鎮出蔡涇閘北入江舊志乃云北引江潮南出蔡涇折而西過衆鎮截山橫又折而南歷青暘至五瀉堰以達於無錫且夏港自西南來出蔡涇而入江黃田自東南來貫縣城而入江二港相距九里各自入江昔人於九里之間鑿渠以通舟楫遂以九里名河是二港自二港九里自九里也而舊志之記黃田乃舍其東南之源而假以西南之派且并吞九里又以上下各二閘若本爲一港者彼豈知三水各有源而二閘本不相沿乎此其大者餘可例推也由是言之則前記所敘謬戾多矣嘉定開河記云暨陽北通大江其支港與河接者多置水門語意似謂黃田夏港皆大江之支港也又云導河自城闉南出黃田西距五瀉大觀記亦云黃田港北引大江貫城中南出於郭透迤截蔡涇又云昔人卽港口爲上閘又卽蔡涇爲下閘夫謂黃田爲上閘者謂水於此來也云導江水而南被由黃田港距五瀉堰而爲漕渠吁漕渠果江水之所爲乎若是者皆爲首尾倒置支派混淆似宜刪去但存其地識廢置歲月可也最後得曹宙氏劄子其畧云江陰地勢最卑當運河

下流其水自常州經申港利港以入於江又云丹陽練湖自鶴溪諸水西自常州而來入於江陰其南太湖梁溪皆溢於運河自五瀉堰奔衝而下申利夏港以出於江不意諸志舛逆之餘復有深明水道自源而委秩然燦然如曹氏者賢於人遠矣噫微斯人幾於無徵矣

又九里河議

東南諸河惟此易壅推原其故蓋有三端一是黃田潮來自東而西蔡涇潮來自西而東交衝互激會趨斜涇湧滾泥沙積聚腰腹一是浚起浮土堆積兩厓風雨淋洗漸復入河且河形曲隘厓勢高陡乞盡既深黃沙壁立復水之後遇沒輒崩少剝一隅便壅數丈一是中吳地勢沿江有山爲之包防近山土壤逶邐隆起山脉引帶生氣流通日漸增長如古書傳所謂息壤造化之理則然不足爲惟坐此三故人不察除以致此河最易堙廢今欲開挑務圖遠利毋規近功各一二丈坡陁其勢以漸入河如馬槽狀期以兩年功程成就先年止是修岸次年方可開河且農民孱弱力不任事官府拘役心不樂趨久勞無功志又怠懈合無量令該役人夫出辦食費錢物

官爲收貯催儹靖江等處專業土工也辦閘壩取其所必費而免其所不欲爲還其工夫自作本業官省程督民不失農兩皆便益再有不敷查支在官銀錢幫助如此使得施行必有明效但削壓土田過多或至寒細失業惟有才良吏爲政久而得民深積累經畫購貿諸田儲待克餘調度整暇徐依原議以漸爲之而又相度形便攻鑿河口別出蔡涇之南拒却蔡涇潮流不使東行以相衝鬬則百數十年流通必可坐策而江陰之民或少息肩矣漫志之以備後之君子講焉

沈幾水利議

國家財賦仰給東南東南民命懸於水利水利要害制於三江禹貢所稱三江既入震澤底定者是也自海塘障而東江湮止二江受全湖之水宋元以來多水患也然猶有二江也至嘉靖之季而松江塞矣嘉靖壬戌諸年之所以多水患也海忠介公受符治之功未及半而松江之士夫齮齕焉謝事去萬曆己卯諸年之愈多水患也然猶有半松江全婁江也自庚辰來五十年間松江以半開而易塞婁江以全身而半塞是以半江受全河之水十年九湮夫奚疑哉請

先言婁江夫水勢必趨東南婁在太湖東北而水全趨之者其故有二一者地近北爲維亭南爲角直皆去湖不五十里而潮汐通焉呼吸相接地近則趨從其便也二者勢迫兩江既塞無從分派全身趨婁其勢重其流愈急從其迫也若然則婁之所係大矣而水利之官空設開濬之策不講者士夫爲之碍也婁江自蘇之婁門出下雉瀆經維亭至崑山由天明子抵太倉而入劉河者人以爲婁江故道而非也此婁江之最平穩處故治以爲官道而險不在焉在北爲陽城連亘百餘里而走白茆塘南遮松江之半身連亘四十餘里其廣者可百餘丈狹者可十四丈而走安亭漳浦其大凡也而至廣至狹不與焉潮勢洶湧挾泥沙而上泥渟水去日漸一日泥壅沙浮河身高淺小民射利傍岸俱種茭蘆茭蘆既生泥沙藉之可以安立不二三年可種菱藕菱藕衍蔓泥沙愈凝不三四年可種苗稻築爲外圩照前漸擴於是河之百餘丈者漸爲數丈數丈者漸爲二三丈平時不覺迫至夏雨時行水勢一漲急不得瀉膏腴之壤盡爲巨浸直須臾耳以所壅之毫末易所湮之鉅萬以千百

家之受利易萬姓之災荒其利害易知而士夫爲子孫計猶目前之利必不肯棄此以謀軍國之大計也故曰白茆開歸於蘇而阻撓者必蘇之士夫也其次言松江夫水勢趨東南其正脉也而入海之道稍遠既合東江之水河浦最多最大汪洋浩渺不可復治官道所以驛傳借路嘉興其中水勢既盛蓄洩甚難而松江泥沙同於嘉興其味鹵其質重易於凝滯結爲原壤向之河身已架高屋樓房起爲墳墓嘉定以南華上以北一望平蕪百里之中不聞舟楫此豈尾閭之地所宜也哉就耳目所及舉一以例餘如吳江長橋浙直孔道凡有軒車無不駐節試觀長橋之下爲門七十有二以殺水勢古人苦心極慮觸目可思而間有貪利者東西占爲茭蘆數百頃漸塡爲平壤架爲市房坐視吳江之民頻遭水厄湖水一漲灌城而入全縣之田蕩然爲患士民屢屢具呈貪者執不肯行寧兩

府全荒不恤也又近之而一縣全荒不恤也又近之而本戶所荒百千餘畝子粒不存又不恤也而止顧此尺寸之利罔念滔天之害何愚一至此哉觀此一處例知萬情故曰松江之開利歸松江而

開之有阻撓者必松江士夫也然則棄小利以
弭大害捐情面以專責成是在今日當事矣

皇清姚文然加丁議

謹按王掌科原疏首云戶口凋殘已極則其意原兼言除豁不耑於增丁明矣又按部覆云丁之則例各地不同但經兵荒殘破之後溢額者少缺額者多則部中亦言及額之難也又明矣皖郡奉行懷邑首屬下令於里長老人共議加丁一千有零查得懷寧縣原額丁一萬一千二百六十一丁至順治二年編審除豁人丁四千四百四十五丁有零於缺額四千四百四十之中而復增一千有零之丁約畧計之是於缺額四分之中而復一分之額也故郡守文下桐城許其規式妥當大意或以四分復一爲酌中之式上不虧國下不病民耳今桐城縣原額丁八千七百一十九丁後爲流寇盤踞十餘年大荒大疫銷耗數倍於懷寧而順治二年編審止除豁一千七百八十四丁耳計以一千七百八十四丁四分缺額之中而復額一分該增丁四百四十六丁而止便與懷寧之規式相合矣況桐城縣十二年編審又已增復丁八百一十三丁則見今桐

城縣未復額之丁僅僅九百七十一丁也以四分之一計之該增丁二百四十二丁有零而止亦與懷寧之規式相合矣若不計丁原額之多寡與除豁之多寡而每縣以增千丁爲率則有可議者三焉懷寧缺額四千四百四十五丁有零今增一千丁是懷寧尚缺舊額三千四百四十五丁而桐城已增於舊額二十九丁也一缺一增其可議以俟裁酌者一也懷寧每丁科銀一錢六分八釐有零桐城每丁科銀三錢五分八釐有零今槩增一千丁是懷寧所加一千丁之銀止一百六十八兩有零而桐城所加一千丁之銀已三百五十八兩有零丁數雖同而所加之銀已多一倍零二十兩値此時艱力詘正課尚難追比增銀豈能力辦其可議以聽裁酌者二也況六邑雖同府丁則各有不同若槩增一千丁則桐城增額猶止二十九丁若望江縣原額丁三千四百四十九丁有零順治二年止除豁三百八十四丁今若增千丁則望江於原額之外新添六百一十六丁矣恐額數既相懸殊規制萬難畫一其可議以俟裁酌者三也大約增丁與省荒事雖異而法實同未有不從原額起

規則者僕等芻蕘之愚敬陳一得亦仰體
聖天子視民如傷之心及內而部科外而監司守令
軫恤凋殘之意
惟賜採擇幸甚

丈冊議

丈量之冊有二一曰魚鱗冊一曰簡明總括冊魚鱗冊者以戶從田細列坵段畝步簡明總括冊者以田歸戶詳書清丈總數此丈量造冊之大槩也今簡明總括冊已經備造申解矣至於魚鱗冊之造解藩司則愚竊有未議焉葢東南地勢險狹與西北地勢平衍廣闊者不同東南狹隘峭峻山岡之田多平坂之田少平田畝雖多而坵數少山田畝雖少而坵數多此一定之數也故造魚鱗冊之煩難較之西北爲甚即以桐邑計之計折實一畝田大者或一二坵或三四坵小者或八九坵至十餘坵酌中約算每折實一畝爲田五六坵不等而桐邑田畝三十九萬有奇計坵近二百萬魚鱗冊式一頁寫田八坵計冊一本用紙近二十餘萬計冊一頁紙劄刷印筆墨僱募抄寫磨算約費需銀一分有奇約造冊一本民間所費已二千餘兩而彚解藩司紙劄浩繁卷帙重大途

次水陸解扛之費又復不貲一邑如此則一府之費可知矣通省之所費更可知矣然此猶爲一毫無差訛而言也若有萬一差訛必致駁文移往復動以月計勢必遷延更非旦夕可以清結也且申解魚鱗冊於藩司者不過以爲便於稽查及爲遣官抽丈張本而已自愚觀之則徒爲具文未裨實用何也魚鱗冊中之坵段細數雖解藩司而田土之坐落地方仍遠隔在各府縣即有情弊必須抽丈方明紙上何從查核至於抽丈之時勢必按臨各縣即取各縣貯庫清丈魚鱗冊按圖履畝方便查勘萬無將申解藩司之魚鱗冊輦載轉發各府州縣以憑抽丈之理似此則鱗冊解司既無益於稽查又無關於抽丈倘得免其造解藩司但須嚴檄各縣將現在丈量交縣魚鱗清冊一本用印存縣貯庫以備不時抽丈則坵段之細數存縣田畝之總數申上存縣者積步分明抽丈一目了然申上者直截簡要民間可省勞費即以桐縣一邑計之已省二千餘金則一府之省可知矣通省之省更可知矣愚又竊查科疏止云清丈共熟荒地若干頃言其則不過清丈總數而已部覆止云嚴

勑各撫嚴查田地之荒熟備造清冊夫言造荒熟清冊則非造魚鱗清冊可知是今所現造簡明總括冊正與部科原疏相符再查安撫部院牌行藩司內載江西撫院回咨云止造總括冊達部言總則不及散數言括則不及細數是江西總括冊可以達部則江南亦可援例矣似此則簡明總括冊上有部科原疏可攷近奉江西成例可援其魚鱗冊止存縣庫以備抽丈免行解可以省煩費公私兩便萬姓沾恩矣

辯

明盧熊孫王墓辯 古漢豫州刺史孫堅妻吳夫人及其子會稽太守策三墓並在盤門外三里即今齊昇院東南面勢據古蛇門正與府治相向祥符圖經云孫堅墩方俗稱爲孫王墓按吳書堅死於初平二年年三十七策死於建安五年年二十六吳氏死於建安七年合葬堅墓黃龍元年權追尊堅爲武烈皇帝廟曰始祖墓曰高陵吳氏爲武烈皇后策爲長沙桓王太元元年八月朔風拔高陵松柏石碑動晉陽秋云惠帝元康中吳令河東謝詢表爲孫氏二君置守冢五人修護掃除有詔從之其文張悛所作今載文選陸廣微亦云盤門東北二里有吳武烈皇帝并長沙桓王等三墓前志云宋政和六年村民發墓其甎側皆有萬歲永藏四篆字得金玉奇器甚多有東西銀杯初若祭花良久化爲腐土并金搔頭十數枚金握臂二悉皆如新一瓦薰鑪如近世陸墓所制畧似而箱底灰炭猶存碑石斷缺僅餘中平年三字州將遽命掩之所得古物盡歸朱勔家洪伯

鍚香譜亦畧載此事即楊友夔所賦孫豫州墓者是也洪氏三庚志云盤門外大冢紹興二年秋雨墳圯牧童入其間得銅器數種持賣於市鄉人往視圯處蓋其隧道有石刻隸書云大吳長沙桓王之墓赤烏三年凡十二字知府沈揆亟命掩塞仍立石表其所滕宬爲記壺席之云策死距赤烏三年巳四十載豈非權稱制之久復改葬乎所得之器滕藏一小鏡其背有銘十四字一銅小麟鎮紙無款識以遺席之嘉熙中墓傍土中又得唐孫德琳墓志云開元十年窆於十四代祖吳武烈皇帝陵東南平地又按丹陽圖經載高陵在縣西練塘鄉吳陵港熊以傳記證之當是堅塟曲阿後遷於吳史不及詳載爾滕宬所記謂紹熙中提舉常平詹體仁嘗命其屬表之題曰先賢墓徐蒧屬宬考訂止從俗稱孫王墓宬蓋據陳壽說破敵葬曲阿及言策之薨其將周瑜魯肅皆赴喪獨指此爲伯符之墓亦未嘗及謝詢所表不審三墳同域故論說紛紜自相牴牾在政和知爲豫州之墓在紹興知爲長沙之墓皆不能質諸傳記以求其說地亦嘗爲官窑故舊志不復詳究矣因備載始末傳諸

好事仍錄古今
文詞如左云

林魁金陵辯 杜牧之詩金陵津渡小山樓一宿行人祗自愁潮落夜江斜月裏兩三星火是瓜洲蓋唐人指京口曰金陵按張氏行役記甘露寺在金陵山上李約初至金陵於李錡坐屢讚招隱寺標致杜審權自潤州刺史除尚書左僕射制曰頃罷機務鎮於金陵駱賓王送閻五還潤州詩序云言返維桑修途指金陵之地元稹寄浙西大夫李德裕詩云金陵太守曾相伴如此者不可枚舉蓋當時江寧
句容俱隷潤州故也

京城辯 京城說者謂荊王賈居之故名或又以爲由孫權所居而然舊志云荊字既不同權未嘗稱尊號奚爲名京二說皆非也按京者人力所爲高丘也亦有非人力所爲者人力所爲公孫瓚所築易京是也非人力所爲滎陽京索是也今地名徐陵即此京非人力所爲也京上郡城城前浦口即是京口又獻帝春秋劉備至京謂孫權曰吳去此數百里即有驚急赴救爲難將軍無意屯

京乎權曰秣陵有小江二百餘里可以安大船吾方理水軍當移據蓋吳先都京後都建鄴則京口亦謂之京今按孫策兄弟蓄問鼎之志故以殊稱加其居地耳或史傳追稱之詞亦未可知也

王萬年廬江地理辯　廬江漢應劭以爲古廬子國蓋先王所建萬國之一非所謂中廬亦非所謂匡廬也馬氏輿地考直以廬州當之但知今之廬而不知古之廬也郡人高誨氏辯其當在廬江而曰或無爲言亦未決蓋見今之無爲而亦未求諸古也今無爲地曰臨湖曰襄安曰居巢在漢晉時並列爲廬江屬縣隋始併省至宋太平興國二年方即巢縣城口鎮置無爲軍古之廬在此乎然廬江於漢晉郡縣中何在按郡國志云凡縣名先書者郡所治也當在舒及考三國志孫堅策權列傳皆如王海在皖之言則非舒也又按蜀建興十年吳人擊魏廬江都督滿寵曰權舍船二百里懸軍深入恐其走不及耳皖城去江不數里而寵云爾者又似不在皖矣蓋先此曹操遣廬江太守朱光屯皖大開稻田呂蒙勸權破之遂以蒙爲廬江太守豈濱江自皖以南皆屬之而

魏之廬江固自若歟皆不可考也然以意義逆之前漢在舒後漢之末在皖南朝之治在灊或龍舒至隋大業間始遷郡治於合肥乃併省灊龍舒地置今縣而乃以廬江爲名景泰庚午修學築墻得宋建隆二年修縣治碑於土中觀況記曰廬江春秋廬子之國也晉宋以還庸爲列郡隋大業中改爲縣況邑人其言未必無據也輿地考并唐書皆謂廬江漢龍舒縣隋改今名固矣而并灊云何蓋考歷志吾郡者皆列屬縣名至隋以後止有廬江而無灊與龍舒亦猶止有襄安而無臨湖居巢者其併省爲一可想也一統志以灊城古跡在廬江南二里左傳註廬江六縣西南而六城在舒城東南六十里且灊川又爲邑名則灊之併爲廬江益明矣況今大城金牛城濠隍儼然形勢亦壯安知其非廢址歟但班固漢志註灊天柱山在南有祠范曄後漢志亦曰有天柱山似皆指灊之在安慶者言固雖掌圖書長史學然館閣編摩之下豈皆一一經歷者耶神禹治水跡遍天下而紀九河水道尚有與今不合而況於固乎曄以後皆踏襲不足言也抑廬江之灊名自春秋戰國其在六安者

梁時始改而安慶本漢皖城後爲懷寧縣清朝玉照二鄉宋人如此立四寨元人立野人原寨及至治三年始析置縣名曰灊山安得以元人所置所名者而紊之耶且二縣俱以山名又非止曰灊也不然則灊江之灊於灊之灊皆可言灊矣噫世遠跡荒漫無稽考吾惟會其理而已矣烏敢盡信書哉

皇清周弘先憂後樂辯

范文正公曰先天下之憂而憂後天下之樂而樂說者引魏鶴山詩須知陋巷憂中樂又識耕莘樂處憂之句以爲聖賢憂樂並行不悖何先後之有余曰不然公之言曰進亦憂退亦憂何時而可樂也公之心惟知有憂也然則憂樂異乎曰無異聖賢之心憂之爲戰競惕厲也是易所謂終日乾乾者也樂之爲不愧不怍也是孟氏所謂反身而誠樂莫大焉者也憂不以樂廢樂不以憂忘此謂並行不悖然則奚分先後曰如易與孟氏之所言者以性情言也如公之所言者爲天下言也爲天下不得不先憂古之人有憂之者饑溺由己切於心天民納

溝壓其恥以至豳風七月之陳風雨漂搖之懼無日不在憂患中也若公之時又非禹稷伊周之世矣宮闈有廢立之漸邊陲多事之秋天下一可憂之天下矣夫士君子之身任一官一郡不足憂任天下事爲足憂任天下於承平之日不足憂任天下於危疑倥偬之日爲足憂公也江湖廟堂未嘗一日而忘天下其言曰爲之自我當知成與否非敢問也較諸葛忠武不計成敗利鈍之心無異夫成敗利鈍俱所不計此其心但知以天下爲憂何暇優游自愉快耶跡其犒諸羌鎮西夏被德者心感聞風者膽破數陳十事條列四論指切時政無所顧忌畧舉一二以觀其槩非防微杜漸計遠慮深爲社稷生民憂者孰與此然則既爲天下將日憂人之憂無暇樂已之樂乎曰非也聖賢所樂乎已者天理之公而已其憂在天下者亦天理之公而已禹稷顏子易地則皆然也公之憂不得不先樂不得不後其能以天下爲已任復奚疑士君子膺天下最艱鉅之任必有爲天下實任事之心而後功名可不愧於公余恐晏安自便者矯托憂樂不倍之說而以天下責望之身等於岩穴幽棲

之士適其性情巳也
不得不急爲之辯

說

宋潘叔明韓侯有後說　張大齡支離漫語載淮陰侯信彛三族世皆云無後矣而予會廣中人言曰予鄉有韋土官者自云淮陰侯當鍾室難作有客匿其三歲兒知蕭何素與侯知已不得已爲皇后所殺私往見之示侯無後意相國仰天歎曰冤哉淚涔涔下客見其誠以情告何驚曰若能匿淮陰侯兒乎中國不可居矣急往南粤吾與趙佗善佗亦重淮陰侯必能保此兒遂作書遣客匿兒於佗曰此淮陰侯兒公善視之侯功塞宇內天必不絕之佗養以爲子而封之海濱賜姓韋用韓之半也今其族世豪於海壖聞有趙佗所賜之詔鄧侯所遺之書勒之鼎器夫呂氏當惠帝末已無血嗣而淮陰侯至今存是亦奇聞史家不識也惜其客名不傳比於嬰杵有幸不幸者云

明唐鶴徵河渠說　三吳水利宋人談之甚亟皆非今日事也當時東壖屢開宣歙

九陽之水建瓴而下又合溧陽金壇諸流宜興有
十年九潦之憂故必疏百瀆以洩上流之水入湖
疏三江以導太湖之水入海自成祖遷都燕京東
壩永築前談可弗論矣第吳中稱財賦奧區皆藉
水田則其需水之急可知所幸者土脈塞實流之
而流瀦之而瀦不易滲漏所苦者水平不駛東風
則漲西風則消夏秋之間霖雨三日汪洋巨浸一
望渺然水且爲災議者爭欲疏濬俾之通利不知
郡之北皆邊江郡之南皆邊湖昔人謂江主入然
兩潦亦泄謂湖主泄然旱乾亦入皆以平故即令
通利亦豈能免於霪雨之泛溢哉槩一邑校之大
都西北高而東南下高阜遠水車挽不及利在陂
塘低田逼水水高田下利在圍塍平田雖有水之
利無水之害然未必皆傍幹河利在溝港溝港陂
塘所利不同總之貴深深則多藏潦不易溢旱不
易竭矣顧流緩易澄澄則易淤瀆湖濱江尤爲易
淤數濬則民疲不濬則流絕一切諸田閒水道陂
塘定以閒歲一小濬令塘長督得利之夫濬之管
農官稽之十年一大浚則有司爲處米穀稍濟之
而督以管農之官可也置閘之說誠不可已不惟

泥沙不得隨潮而入歲旱尤可閉其潮以資灌近年行之孟河頗得其利若夫市河城市之民所仰以謀生亦鄉村之民所由以糞田者淤塞日甚舉城病之及遇開浚輒壅其泥於兩涯兩涯豪猾輒占爲基夫今不治而徒言浚必無河矣至武進北瀕大江南介滆湖東偏震澤而中以漕渠一帶西受京口雲陽諸水遶郡城而東注之其所蓄洩吐納不惟國家漕計特重諸郡旱潦實係之此各支河之通塞啓閉不可不講也考邑地形西北高東南下高田苦無水利在蓄之使合多爲陂塘厚儲深蓄勿使洩而溢之外低田苦多水利在導之使分多爲圩堰渠穿股引無使潰而入於內本縣高鄉陂塘溝渠不下千數低鄉圩堰數亦相當誠使陂塘時浚深潤小旱足供車挽小有霖潦亦足蓄貯上水既留下水自少故論一邑之水利者當以治西北爲先而論東南之水患者尤當以治西北爲要也

程敏政報應說

淮陰侯佐高祖平列國取項羽天下之大功也而見殺於女主何進

與袁紹謀誅宦者安帝室天下之大忠也而見殺於寺人此後世君子所爲痛惜者也予獨以爲之二人者亦自有殺身之道焉書曰惠廸吉從逆凶孟子曰殺人之父人亦殺其父殺人之兄人亦殺其兄蓋福善禍淫之理相爲隱伏其見諸人者捷如影響之於形聲人但見其感應之遲遂以爲彼蒼者若罔聞知殆所謂褻天者也以史考之酈食其不煩尺矢片甲下齊七十餘城其功偉矣而淮陰嫉之自以巳爲大將握重兵在外而功反出書生下遂進擊齊齊王以食其爲紿巳也而烹之則烹酈食其者非齊王乃淮陰也何大后專制孝仁董積不能平而進以太后之弟爲大將軍執國政且惡董后之姪重其權勢與巳同乃誣奏董后不宜居京師少帝許之進遂發兵圍董氏之宅收重免官俾之自殺董后亦以憂死則殺董重者非少帝乃何進也夫二人者嫉人之有功忌人之軋巳必欲取而置之死地乃欲保成功永終譽幸死於牖下其亦不思之甚矣然則二人者之死特假婦寺之手耳彼食其與重何罪哉傳曰行一不義殺一不辜得天下不爲也二人者忌嫉之念一萌而

殺人之心無所不至然卒之亦足以自殺其身則福善禍淫之理蓋可畏矣嗟夫功過不相掩也彼二人者功忠固可痛惜然表而出之特以戒夫世之忌嫉者

童軒雜說

善事親者不必於滫瀡肯甘之奉惟不私於妻子而已矣善事君者不必於奔奏承順之恭惟不私於刑賞而已矣私妻子者曰我能事親則爲僞孝私刑賞者曰我能事君則爲僞忠僞孝欺親僞忠欺君其罪均也

皇清金之俊饑寒二字難忍說

甚矣言有近乎道者深可味也余一日策馬入署有一瞽目乞兒大聲號於路曰饑寒二字難忍余聞之心惻已而思之噫何其言之近乎道也嘗讀論語曰君子固窮小人窮斯濫矣孟子曰無恒產而有恒心者惟士爲能若民則無恒產因無恒心苟無恒心放辟邪侈無不爲已夫居子非不畏饑寒也惟能忍故能固士亦非不畏饑寒也惟能忍故能有恒心若小人之濫與夫民之無恒心皆難忍所致也然則饑寒之於人豈細故哉語

云饑寒至身不顧廉恥至於廉恥不顧雖慈母不能保其子雖仁厚不能庇其民而天下事有不可言者矣嗚呼令之長民者其亦深味乎饑寒二字之難忍而加之意焉於以免流亡弭盜賊庶有濟乎否則不爲民之饑寒計而止爲己之溫飽計是忍人之所不能忍也欲民安而盜息其道何由耶故爲之著其說

宗觀修歸仁堤高家堰說

堤與堰所以障水也水不蕖之流而障焉可乎日淮揚處黃淮之尾閭無高堰則無淮揚也無歸仁堤則高堰亦不能以獨衛昔人設堤設堰無非逼淮以挾乎黃蔽黃以合乎淮蕖黃淮以歸乎海而百萬之漕濟焉蓋水性緩則以扼者激之激而後其勢迅其力不可禦其扼而激之者堤與堰也扼上流以激淮淮激則力足以敵黃而後刷沙也勇扼睢犁之水以激黃黃激則趨下也峻而後道不使淮流沙亦不積兩相激於交會之清口乘勢以越安東趨雲梯而入海北安瀾之故道然也夫洪澤主受者也無歸仁以障其北則黃直犯淮濁流

勢進清流勢退黃且挾淮以縱横漫衍而淮之力注清口者少注洪澤者多矣洪澤一湖昔受淮今又受黃以傾注高堰而更有七十二澗之下流滙焉澗之形勢高於堰堰之形勢又高於高寶諸湖水性就下勢固然已况周橋洩之高良澗又洩之以至古溝翟壩其洩之計里二十有五計丈二千有奇建瓴而下内湖有不溢漕隄有不潰者乎今修歸仁以扼淮則洪澤止受淮不受黃黃亦不入淮是黃不得挾淮以侵湖湖亦得助淮以敵黃而湖不憂溢堰不憂衝矣修周橋閘翟壩以東上流則洪澤雖受淮不分淮淮不分則力聚以清之聚敵濁之强有功於黃而無害於湖以病漕此國計民生之大孰有逾於此者哉雖然歸仁之工大矣周橋翟壩工至小余有以知大者易就小者難成何也贊歸仁之成者衆而阻之者下相一邑也若夫周橋既圮賈橋便於行私土著者緣以爲利即今閉矣實其上虚其下是有閉之名無閉之實也翟壩雖築不復舊埂橋壩不盡塞新澗方秋水漲則猶是横流之湃沸耳慎毋日周橋翟壩僅二十餘里也此二十餘里之害足以弱淮而助黃爲堰

與堤之漏卮方大湖溢漕病率由乎此此尤不可不察也

淮揚上下流說

治歸仁高堰則淮揚之上流治矣然由高堰視之則堰其上流也二十四湖下流也由漕隄視之則湖其上流也隄東七邑下流也治隄以西之下流所以分其來之勢治隄以東之下流可不多其歸之道乎昔人慮之審矣下流洩水之大支有二曰山陽之南涇河所以達海也曰邵伯之南芒稻河所以入江也又由板閘至小壩沿隄設有減水諸牐四十餘而各場之海口如之茍啓閉以時成規不易則至今可行所無事已昔之人但遠水之害不因之爲利今人不恤水之害惟見水之利而圖利即於所害以涇河言前此之侵占無論已今不儼然開乎然新口視舊狹尺許焉新基視舊高數尺焉開猶不開也以芒稻河言之凡三十四里入江之口運鹽之道也今不又開乎然必外河高內河下而後東流可也須年以來挑淺不講焉牐基增高焉水之不能舍下而襄上也明矣甚或障之以通鹽此大惑者也故涇河之不開非難也開而高卑廣狹不循其

舊之難也芒稻河之積弊難破也知障之而不知
濬之過也夫高其基所以障水而通鹽運也障則
鹽利而漕病七邑俱病何若濬之深自不待障之
力而鹽與漕與七邑均利之爲得乎且濬淺之成
規具在可按而行之此二者用力至省奏功至易
非如歸仁高堰之動國帑勞民力煩盈庭之議也
惟不鑿智自私踵昔人之法而力舉之
不越三年上下流之患永底乃績矣

江南通志卷之第六十八

藝文

記

唐李華常州刺史廳壁記

晉分丹陽爲毘陵後改爲晉陵隨置常熟縣剏

常州理之無何常熟隸蘇州始於晉陵置常州當楚越之襟東居三吳之高爽其地常穰故有嘉稱領五縣版圖十餘萬望高地劇比關外名郡自安史肆亂江湖流毒地荒人亡千里一空天子詔宰政審可以安人者以工部侍郎贊皇公覽克勝任帝俞拜爲此郡昔齊人聞石相將至舉國大理贊皇東藩明詔先下吏愉人泰如時之春視之猶身歸者遍野贊皇公以爲易簡本乎悠久久於其道而有成封章上請求理三歲詔書寵異進品正議大夫優賢報功於時爲盛自吳通上國越盟諸侯泰裂郡國智如伍員才若鴟夷以及我國家賢良臨州者甚衆未有濬河渠引大江漕有餘之波益

不足之川溝延申浦至於城下廢二埭之隘限數州之程海彝浮船弦登望至誠古人剏物之智見君子濟衆之心大矣哉一境清淨無言而理此其大畧也漢制刺史剖符領郡遷爲太守太守課最入爲公卿及魏晉以來或稱州牧國朝刺郡太守更相爲名親賢如寧岐豳諧如梁宋皆拜焉在郡視侯伯入朝亞卿尹其車服皁蓋朱幡華蟲七旒進賢兩梁冠玉佩青綬古有銅獸竹使符太守不假節刺史臨兵則持節令雖無事亦稱使持節戒不虞也降銅魚詔書合之代獸符也夫子門人高第者衆惟稱雍也可爲諸侯至矣哉古之爲理本於德行贊皇公秉心宣猷盡瘁王室愷悌君子民之父母爲王者輔宜哉

梁肅吳令廳壁記

在春秋時列國各有屬邑其主者魯謂之宰楚謂之尹晉謂之大夫秦時天下始置令長宅一同之內操賞罰之柄有人民有社稷焉風俗善敗本乎身黎元安否繫其政其體大矣自京口南被於淛間望縣十數而吳大國家當上元之際中夏多難衣冠南避寓

於茲土參編戶之一由是人俗舛䢴號爲難治加以州將有握兵按部之重邑居當水陸交馳之會丞上撫下之勤征賦郵傳之繁倍百他縣夥乎其中不可勝紀大曆十一年天官擇可以長民者於是范陽盧公繇太原府祁縣令爲之夘寛内明敬事而信政本於仁飾身以文下車三年闔境之人安居樂義而不知安樂之所從來盍平以和也夫君子立身論道之通塞不論位之升降吳縣下畿服一等公俯而爲之抑選郎爲官擇人而其履道從政所由然也予知者敢錄其實書於東序以播其令聞

李翰淮南節度行軍司馬廳壁記

司馬蓋古之官號周官大司馬掌王之六軍將皆命卿諸侯大國三軍次國二軍小國一軍將亦命卿軍有司馬見於古矣周衰惟晉秉禮尊主屢因大蒐以正三軍鄢陵之役韓厥爲司馬雞澤之會魏絳爲司馬絳將新軍張老代之蓋今之行軍司馬出於周制矣秦罷侯䥽天下之兵列郡不復有軍司馬繇此廢矣漢制將軍不

常置四裔不服則命將征之趙充國以司馬從貳師班超以軍司馬從竇固皆其職也自魏至周南北分王建置不同時方戰爭衆軍恒設凡將軍仗節鎮征開府者以將軍開府居刺史者皆有其官隋將廢置隋開皇混一天下省罷衆軍司馬之官不專武軍廢爲州吏員矣國家修唐虞大國之化庭周漢不賓之俗邊雖有防亦不久設將出於內謂之使佐其職者謂之行軍司馬行軍司馬之職弼戎政掌武事居常習蒐狩之禮有役申戰陣之法凡軍攻戰之備列於器械者辨其賢才凡軍材食之用頒於卒乘者均其賜予合其軍書契之要北其軍符籍之伍賞罰得議號令得聞三軍以其聲氣行之職主武蓋文職也舊制朱衣銅印墨綬開元故事多選臺郎爲之淮南節度行軍司馬尚書戶部郎中兼侍御史王公以經邦緯國之才佐淮徐方面之寄敦詩書禮樂之本當節府大賢之舉政協乎邦要慮通乎事微奉中權之旗鼓戒羣帥之鐃鐲師律既和軍容至肅淮南之府有功王室身佩侯印將門良家藩國貴重以禮綬之則恭淮南之衆有吳楚銳士趙韓勁卒奇才劍客猿臂

虬鬚以恩撫之則順淮南之地提封千里徵令百役稅以足食賦以足兵以寬征之則安淮南之衝南走閩越北通幽朔關梁不閉朝聘相望以歡交之則同自韋公統戎旅暨王公翼戎行威加於大則將不驕惠及於細則兵不惰滅役輕斂則人不惘待賓有禮則境不危堂堂然混一體以爲力雄雄然鼓衆心以爲氣封疆之外隱然敵國封疆之內不知有軍古人懸權於上而下自定置罘於平而物自安者用是也玆所謂銷患於未形制危於未萌伐謀之功大於積甲山齊致心之術强於虎賁百物彼善師不陣未戰先勝却軍於談笑之際折衝於樽俎之間今古一時也夫舉善而行其敎大則四海服小則邦國寧舜舉皐陶有苗率職帝王之事也秦任百里奚巴人致貢諸侯之舉也國僑爲政乃子皮之功晉侯勤王信魏絳之力任賢用善合契同德盛府有焉翰獲庇於有禮之俗遂安於無虞之地書績示後豈待命乎揚州本大都督府親王屬中長史理人有府號而無兵甲至德初安史難作始以長史爲節度而有行軍司馬古者敬其事則命以始乃自初置列叙之於壁云

權德輿宣州響山新亭新營記元和二年冬十月宣城長帥中執法

襄陽郡王潞公作新亭新營凡周月而厥功成先是郡城之南陒陒磽确山木不剪樵門不開公因暇日觀覛原野直南一里所得響山焉兩崖聳峙蒼翠對起其南得響潭焉清泚可鑒瀠迴澄淡又其南則博敞平夷澶漫逶迤從古之隙地是邦之休利目與心會闇然自得逑以條陳實蒙可報乃量日力計徒庸闢於弁中成是夷道揭東西二亭於雙峯之上相距百步華軒峻宇皆據勝勢廣厦疏寮可棲灝氣碧山亘目清流在下跨以虹梁抵茲近郊因其爽塏乃剟營署度野以步度堂以筵上棟下宇各有區處規地之廣袤分左右營部焉牙門新軍而下左至八右至七既而左次莽平采石之師與晏設堂又在廣場開舘舍篠縈帶可以閱軍實可以容晏豆度羨材則不費因悅使則不勞巽之申命師之畜衆楚莊之匏居衞文之楚丘得其時制而不煩也官業盡在於是爰初師所處在郡之北偏地洳墊下水泉沮洳積樊不遷介大病焉至是則修武備建長利興寢得安其室處坐

起以觀其習變而公又饗士於斯娛賓於斯公之心大則神王神王則中和旁達士體寧則氣全氣全則餘勇可賈夫然則不出樞階俎豆之間而威儀交修上下浹洽在此物也以公之平粹淑均天資吏師昔嘗四部符一司武皆有利澤施於州壤及是則貴爲元侯疏以大封推心術而行千里所繇屬城而流於支郡程功底績觀發知智亭與營之制宜乎哉前賢之以循政聞者有矣而遺於是豈徯公之爲而裕斯人也凡由此塗出者東南抵於歙西南抵於涇肩摩轂擊往復自便絕東谿有浮橋過西亭得蓮池觸類滋長皆爲絕境公以鄙夫春秋之徒也繪而傳焉使實錄於石時三年夏五月

記

陸羽遊慧山寺記

慧山古華山也顧歡吳地記云華山在吳城西北一百里釋寶唱名僧傳云沙門僧顯宋元嘉中過江住京師彌陀寺後入吳憩華山精舍華山上有方池池中生千葉蓮華服之羽化老子枕中記所謂吳西神山是也山東峯當周秦間大產鈆錫至漢興錫方殫

故劍無錫縣屬會稽後漢有樵客山下得銘云有錫兵天下爭無錫寧天下清有錫沴天下弊無錫乂天下濟自光武至孝順之世錫果竭順帝中爲無錫縣屬吳郡故東山謂之錫山此則錫山之岑嶔也南朝多以北方山川郡邑之名權創其地又以此山爲歷山以擬帝舜所耕者其山有九隴俗謂之九龍山或云鬬龍山九龍者言山隴之形若蒼虬縹蟜之合沓然鬬龍者相傳云隋大業末山上有龍鬬六十日因而名之凡聯峯沓嶂之中有柯山華陂古洞陽觀秦始皇塢柯山者吳子仲雍五世孫柯相所治也華陂者齊孝子華寶所築也古洞陽觀下有洞穴潛通包山其觀以梁天監年置隋大業年廢秦始皇塢者村墅之異名昔始皇東巡會稽望氣者以金陵太湖之間有天子氣故掘而厭之梁大同中有青蓮花育於此山因以古華山精舍爲慧山寺在無錫縣西七里宋司徒右長史湛茂之家此山下故南平王鑠有贈荅之詩江淹劉孝標周文信並遊焉寺前有曲水亭一名憩亭一名歇馬亭以備士庶投息之所其水九曲甃以文石罛甓龠淪潺湲濯漱移日寺中有方池

一名千葉蓮華池一名鑪塘一名浣沼歲集山姬野婦漂沙滌縷其渺皓之色彼耶溪鏡湖不類也池上有大同殿以梁大同年置因名之從大同殿直上至望湖閣東北九里有上湖一名射貴湖一名芙蓉湖其湖南控長洲東泊江陰北淹晉陵周回一萬五千三百頃蒼蒼渺渺迫於軒戶閣西有黃公澗昔楚考烈王之時封春申君黃歇於吳之故墟即此也其祠宇享以醪酒樂以鼓舞禪流道侶不勝滓喙遷於山東南林墅之中夫江南山淺土薄不有流水而此山泉源滂注崖谷下溉田十餘頃此山又當太湖之西北隅縈竦四十餘里唯中峯有叢篁灌木餘盡古石嵌崒而已凡烟嵐所集發於蘿薜今石山橫亘濃翠可掬昔周柱史伯陽謂之神山豈虛言哉傷其至靈無當世之名惜其至興爲訛俗所棄無當世之名以其棟宇不完也爲訛俗所棄必其聞見不遠也且如吳西之虎丘丹徒之鶴林錢塘之天竺以其臺殿樓榭崇崇業業車輿游至是有嘉名不然何以與此山爲儔列耶若以鶴林望江天竺觀海虎丘平眺郡國以爲雄則曷若茲山絕頂下瞰五湖彼大雷小雷洞

庭諸山以掌睨可矣向若引修廊開邃宇飛簷眺檻凌烟架日則江淮之地著名之寺斯爲最也此山亦猶人之秉至行負淳德無冠裳鐘鼎爲邇俗所不侈宜矣夫德行者源源也冠裳鐘鼎流也苟無其源流將安發予敦其源源亦何其流希他日之營立云

李濆滁州䓉溪新亭記

上臨御明年濆自洛陽令之太守詔牧滁民之三月得古溪郡之東北十里按地圖志在皇道山之右昔始皇途經是山因以名焉其下西承陽嶺逆溪於䓉溪此溪是也不濬川導廣泉演漾潭島影溢江漢埇中流衮平壇四浪滉則雙汎委輸襟帶一川斜界千畝無茭苗蘋萍之襍其淼練如也有廢亭占勝之地其狀依然也照晴而空水相鮮澄遠而霽山瀉色趣向奇狀不可窮竟訪郡之長老考亭之廢興皆曰三十甲子二周星而不知其所由來矣驗圖籍亦昧其始興之歲也秋七月前河中監察汝南公況前武寧軍殿中隴西公拱州遷客司馬弘農公紹復戚以勝槩爲宴之須乃卜於亭是咨是諏遂古創今僉曰惟日不越月他工具洎

六旬有六日新亭就盩不茀茀昭其儉也羌不佗佗示無僭也內不重門曠其景也外不崇墉達其望也縣是四時之氣成象不絕春木秀容夏雲奇峯秋天爽空冬日暖濃觸類有景與溪無窮雖牟公峴溪曷足以加其勝矣於戲物之廢興時也苟非其時聖人微言剏其蒙者乎時會昌二年正月八日建

五代南唐韓熙載宣州築新城記

粤自結繩初代爰申弧矢之威執玉已旋遞設金湯之險逮至七雄闘士二霸專征其或盟約未孚則崇百雉而以尊王室佗讐尚熾復嚴八襲而用保邦家由是九服畏威諸侯遞職式閭懋德仍垂裕於後昆定鼎洪基故重光於奕世及其素靈有國炎政披圖未嘗不廣樹藩防久司方面帶河阻險將制敵以平艱高壘深溝遂取威而定霸爾后五方分鼎六代乘龍咸皆高墉前規重席故範雖復寢扃靜柝已無伺闚之虞然後列郡通都常有磐石之固則知百王遺式歷代所因利用建侯率由斯道者也我唐中興三葉聖

歷再周貞觀不違飛沉自若義聲騰於九有靈光施於八埏國步已康而關防益謹用張下武大展雄圖載習五兵克殲勍敵重營堅壁以制不庭乃詔寧國軍節度使檢校太尉同中書門下平章事都督宣州諸軍事宣州刺史濟南公築此新城者矣公濯陰陽之秀氣含川嶽之上靈才爲時生榮不世出心堅鐵石氣激風雲森武庫之戈矛杜私門之營壘負流丹之勇竟折銳以摧堅沉背水之機必追奔而逐北義征不譓方圖烟閣之形功濟多艱更鏤昆吾之鼎所以疊縻天爵頻擁隼旟政理浹旬仁風載路牙帳荷絕甘之惠編閭興來暮之謠况寧國重藩宣城奥壤星分牛斗地控荆吳扼天下之咽喉作關東之襟帶雄加侯甸必須良將之籌謀勢壓江山實假崇墉之壯麗於是特飛鳳詔命展金墉公乃選五稼豐登三農閑隙遂敷心計因著土功是以將校呈規工徒獻藝士皆樂征民以悅來荷長鍤以成雲陳豐畚而翳日因高就遠以日繼時萬堞才成堅同石堡四門始畢儼若玉關爰自壬戌歲二月興役至癸亥年三月畢工所築新城自金光門西北轉至舊城崇德門東

北角長五里三百三十三步從崇德門以南轉至金光門東長四里二百三十步新舊城共長一十里一百九十三步新築濠塹亦從金光門迤新城轉透出大溪長八百九十四丈深三丈有餘造戍大樓八所其諸敵樓橋道等不可殫書公前在京口日浚溝池崇壁壘洎移鎮撫復繕城隍凡標準地形督責功力委蛇延袤必躬必親日入而休會無倦意牛酒犒士絲綸賞功士卒塗塈月日相望公又釀醪醴豢犧牲三日一餉軍夫五日一享將校由是萬民負畚咸悅豫以忘勞列校褰裳稟威嚴而盡力其動也山迴地轉勢若奔雷其靜也雨息風恬齊如翦紙數年之役朞月而成觀其千雉豐餘重門靜忽飛閣神行而聳漢璇題月照以羅空層簷翼舒彫楹虬躍高陴矗矗而山屹方櫳谽以洞開排畫栱以星攢下臨無地走長廊而雲布横射遥天而又別一帶之寒江自爲天塹環千尋之深洫宛是湯池固可藩屏皇居折衝萬里者也懿哉乎城之爲役也暫勞永逸既不騫而不崩有備無虞信可大而可久銘功勒石以播無窮其詞曰於赫有命洪惟我唐中興奕葉三聖垂光王猷允

寒靈貺孔章賢士在位猛士守方王公設險以守其國重門擊柝以待暴客況此宣城國之闔闢不有金湯何為控扼烈烈虎臣爰茲鎮牧廉問方期仁風載沐寅承廟算允因玉燭遂度土工乃陳畚鍤經之營之壘堞疏流萬尋淵引千雉雲浮石堡玉關鐵甕金甌雄加九服麗絕方州飛簷鳳舉畫栱龍游疊碧鴛兮霧合亘長雲兮翼舒何巨防之可比視方城其莪莪如勒勳績於貞石作藩屏於皇居癸亥歲

十月五日

宋韓琦建揚州帥守廳壁題名記　揚九州之一地總淮海扼制吳會前代建府之重東南為冠故有唐藩鎮之盛唯揚益二州號天下繁侈其後高駢失政致師鐸之變孫儒楊行密之徒以盜攻盜更相據奪郛邑殘燼遂為戰衝本朝自李重進平必擇文武材臣以領州事民安惠養日以完復慶曆五年春三月琦得罷樞院忝被茲任視事之隙因念前之為政者尚闕傳載非以謹官守而重朝寄也於是參考圖籍次以年月刻石於廳事之壁以示永久後之來

者閲其官氏撫而治迹則善惡皆有所儆云

歐陽修眞州東園記

眞爲州當東南之要會故爲江淮兩浙荆湖發運使之治所龍圖閣直學士施君正臣侍御史許君子春之爲使也得監察御史裏行馬君仲塗爲其判官三人者樂其相得之歡而因其暇日得州之監軍廢營以作東園而日往游焉歲秋八月子春以其職事走京師圖其所謂東園者來以示予曰園之廣百畝流水橫其前清池浸其右高臺起其北臺吾望以拂雲之亭池吾俯以澄虛之閣水吾泛以畫舫之舟敞其中以爲清讌之堂闢其後以爲射賓之圃芙蕖芰荷之的歷幽蘭白芷之芬芳與夫佳花美木列植而交蔭此前日之蒼烟白露而荆棘也高甍巨桷水光日景動搖而下上其寬閑深靚可以答遠響而生清風此前日之頹垣斷塹而荒墟也嘉時令節州人士女嘯歌而管絃此前日之晦冥風雨鼪鼯鳥獸之嘷音也吾於是信有力焉凡圖之所載蓋其一二之略也若乃升於高以望江山之遠近嬉於水而逐魚鳥之浮沉其物象意

趣登臨之樂覽者各自得焉凡工之所不能畫者吾亦不能言也其爲我書其大概焉又曰眞天下之衝也四方之賓客往來者吾與之共樂於此豈獨私吾三人者哉然而池臺日益以茂四方之士無日而不來而吾三人者有時而皆去也豈不眷眷於是哉不爲之記則後孰知其自吾三人者始也予以爲三君子材學足以相濟而又協於其職知所後先使上下給足而東南六路之人無辛苦愁怨之聲然後休其餘閑又與四方之賢士大夫共樂於此是皆可嘉也乃爲書之

廬州浮槎山水記

浮槎山在愼縣南三十五里或曰浮闍或曰浮槎二山其事出於浮圖老子之徒荒怪誕幻之說其上有泉自前世論水者皆弗道余嘗讀茶經愛陸羽善言水後得張又新水記載劉伯芻李季卿所列水次第以爲得之羽然以茶經攷之皆不合又新妄狂險譎之士其言難信頗疑非羽之說及得浮槎山水然後益以羽爲知水者浮槎與龍池山皆在廬州界中較其水味不及浮槎遠甚而又新所記以龍池爲第一浮槎之水棄而不錄以此知其所失多矣

羽則不然其其論曰山水上江次之井爲下山水乳泉石池漫流者上其言雖簡而於論水盡矣浮槎之水發自李侯嘉祐二年李侯以鎮東軍留後出守廬州因遊金陵登蔣山飲其水既又登浮槎至其山上有石池涓涓可愛蓋羽所謂乳泉漫流者也飲之而甘乃攷圖記問於故老得其事蹟因以其水遺於京師余報之曰李侯可謂賢矣夫窮天下之物無不得其欲者富貴之樂也至於蔭長松藉豐草聽山溜之潺湲飲泉石之滴瀝此山林者之樂也而山林之士視天下之樂不一動其心或有欲於心顧力不可得而止者乃能退而獲樂於斯彼富貴者之能致物矣而其不可兼者惟山林之樂爾爲富貴者而不得兼然後貧賤之士有以自足而高世其不能兩得亦其理與勢之然歟今李侯生長富貴厭於耳目又知山林之爲樂至於攀援上下幽隱窮絶人所不及者皆能得之其兼取於物者可謂多矣李侯折節好學喜交賢士敏於爲政所至有能名凡物不能自見而待人以彰者有矣其物未必可貴而因人以重者亦有矣故予爲志其事俾世知斯泉發自李侯始也

醉翁亭記

環滁皆山也其西南諸峯林壑尤美望之蔚然而深秀者瑯琊也山行六七里漸聞水聲潺潺而瀉出於兩峯之間者釀泉也峯迴路轉有亭翼然臨於泉上者醉翁亭也作亭者誰僧智仙也名之者誰太守自謂也太守與客來少飲輒醉而年又最高故自號曰醉翁也醉翁之意不在酒在乎山水之間也山水之樂得之心而寓之酒也若夫日出而林霏開雲歸而岩穴瞑晦明變化者山間之朝暮也野芳發而幽香佳木秀而繁陰風霜高潔水落而石出者山間之四時也朝而往暮而歸四時之景不同而樂亦無窮也至於負者歌於塗行者休於樹前者呼後者應傴僂提攜往來而不絕者滁人遊也臨溪而漁溪深而魚肥釀泉爲酒泉香而酒洌山餚野蔌雜然而前陳者太守宴也宴酣之樂非絲非竹射者中弈者勝觥籌交錯起坐而諠譁者衆賓歡也蒼顏白髮頹乎其間者太守醉也已而夕陽在山人影散亂太守歸而賓客從也樹林陰翳鳴聲上下遊人去而禽鳥樂也然而禽鳥知山林之樂而不知人之樂人知從太守遊而樂而不知太守之樂其樂也

辭能同其樂醒能述以文者太守也太守謂誰廬陵歐陽修也

豐樂亭記

修既治滁之明年夏始飲滁水而甘問諸滁人得於州南百步之近其上則豐山聳然而特立下則幽谷窈然而深藏中有清泉滃然而仰出俯仰左右顧而樂之於是疏泉鑿石闢地以爲亭而與滁人往遊其間滁於五代干戈之際用武之地也昔太祖皇帝嘗以周師破李景兵十五萬於清流山下生擒其將皇甫暉姚鳳於滁東門之外遂以平滁修嘗考其山川按其圖記升高以望清流之關欲求暉鳳就擒之所而故老皆無在者蓋天下之平久矣自唐失其政海內分裂豪傑並起而爭所在爲敵國何可勝數及宋受命聖人出而四海一向之憑恃險阻剗削消磨百年之間漠然徒見山高而水清欲問其遺事而遺老盡矣今滁介於江淮之間舟車商賈四方賓客之所不至民生不見外事而安於畎畝衣食以樂生送死而孰知上之功德休養生息涵煦百年之深也修之來此樂其地僻而事簡又愛其俗之安閒也既得斯泉於山谷之間乃日與滁人仰而望

山俯而聽泉掇幽芳而蔭喬木風霜冰雪刻露森秀四時之景無不可愛又幸其民樂其歲物之豐成而喜與予遊也因爲本其山川道其風俗之美使民知所以安其豐年之樂幸生無事之年也夫宣上恩德以與民共樂刺史之事也遂書以名其亭云

王安石繁昌修學記

奠先師先聖於學而無廟古也近世之法廟事孔子而無學古者自京師至於鄉邑皆有學屬其民人相與學道藝其中而不可使不知其學之所自於是乎有釋菜奠幣之禮所以著其不　然則祀先師先聖者以有學也無有學而徒廟事孔子吾不知其說也而或者謂孔子百世師通天下州邑爲之廟此其所以報且尊榮之夫聖人與天地同其德天地之大萬物無可稱德故其祀質而已無文也通州邑廟祀之而可以稱聖人之德乎則古之事先聖何爲而不然也宋因近世之法而無能改至今天子始詔天下有州者皆得立學奠孔子其中如古之爲而縣之學士滿二百人者亦得爲之繁昌小邑也其士少不能中律舊有孔子廟而庳下不

完又其門人之像惟顔子一人而已今夏君希道太初至則修而作之且爲子夏子路十人像而治其兩廡爲生師之居以待縣之學者以書屬其故人臨川王安石使記其成之始夫離上之法而茍欲爲古之所爲者無法流於今俗而思古者不聞教之所以本又義之所去也太初是無變今之法而不失古之實其不可以無傳也

錢公輔范文正義田記

范文正公蘇人也平生好施與擇其親而貧疎而賢者咸施之方貴顯時置負郭常稔之田千畝號曰義田以養濟羣族之人日有食歲有衣嫁娶凶喪有贍擇族之長而賢者主其計而時其出納焉日食人一升歲衣人一縑嫁女者五十千再嫁三十千娶婦者三十千再娶者十五千葬者如再嫁之數葬幼者十千族之聚者九十口歲入給稻八百斛以其所入給其所聚沛然有餘而無窮仕而家居俟代者與焉仕而居官者罷弗給此其大較也初公之未貴顯也嘗有志於是矣而力未逮者二十年既而爲西帥及參大政於是始有祿賜之入

而終其志公既歿後世子孫修其業承其志如公之存也公雖位高祿厚而貧終其身歿之日身無以爲殮子無以爲喪惟以施貧活族之義遺其子而已昔晏平仲敝車羸馬桓子曰是隱君之賜也晏子曰自臣之貴父之族無不乘車者母之族無不足於衣食者妻之族無凍餒者齊國之士待臣以舉火者三百餘人如此而爲隱君之賜乎彰君之賜乎於是齊侯以晏子之觴觴桓子予嘗愛晏子之好仁齊侯知賢而桓子服義也又愛晏子之仁有等級而言有次第也先父族次母族次妻族而後及其疏遠之賢孟子曰親親而仁民仁民而愛物晏子爲近之今觀文正公之義田賢如平仲其規模遠舉又疑過之嗚呼世之都三公位享萬鍾祿其邸第之雄車輿之飾聲色之多妻孥之富止乎一己而已而族之人不得其門者豈少也哉況於施賢乎其下爲卿爲大夫爲士廩稍之充奉養之厚止乎一己而已而族之人操壺瓢爲溝中瘠者又豈少哉況於他人乎是皆公之罪人也公之忠義滿朝廷事業滿邊隅功名滿天下後必有史官書之者予可畧也獨高其義因以遺其世云

蘇軾莊子祠記

莊子蒙人也嘗爲蒙漆園吏沒千餘歲而蒙未有祠之者縣令秘書丞王競始作祠求爲文以記謹按史記莊子與梁惠王齊宣王同時其學無所不窺然要本歸於老子之言故其著書十餘萬言大抵率寓言也作漁父盜蹠胠篋以詆訾孔子之徒以明老子之術此知莊子之粗者予以爲莊子蓋助孔子者要不可以爲法耳楚公子微服出亡而門者難之其僕操箠而罵曰隸也不力門者出之事固倒行而逆施者以僕爲不愛公子則不可以爲事公子之法亦不可故莊子之言皆實予而文不予陽擠而陰助其正言蓋無幾至於詆訾孔子未嘗不微見其意其論天下道術自墨翟禽滑釐彭蒙愼到田駢關尹老聃之徒以至於其身皆以爲一家而孔子不與其尊之也至矣然予嘗疑盜蹠漁父則若眞詆孔子者至於讓王說劒皆淺陋不入於道反復觀之得其寓言之意終曰陽子居西遊於秦過老子老子曰而睢睢而盱盱夫誰與居大白若辱盛德若不足陽居蹙然變容其往也舍者將迎其家公執席妻執巾櫛舍者避席煬者避竈其返也舍者

與之爭席矣去其讓王說劒漁父盜蹠四篇以合於列禦寇之篇曰列禦寇之齊中道而返曰吾驚焉吾食於十漿而五漿先饋然後悟而笑曰是固一章也莊子之言未終而昧者勦之以入其言予不可以不辨凡分章名篇皆出於世俗非莊子本意

靈壁張氏園亭記

道京師而東水浮濁流陸走黃塵陂田蒼莽者倦厭凡八百里始得靈壁張氏之園於汴之陽其外修竹森然以高喬木蓊然以深其中因漫漫之餘浸以爲陂池取山之怪石以爲巖阜蒲葦蓮芡有江湖之思椅桐檜栢有山林之氣奇花美草有京洛之態華堂厦屋有吳蜀之巧其深可以隱其富可以養其菓蔬可以餉鄰里魚鱉蒲筍可以餽四方之賓客余自彭城移守吳興由宋登舟三宿而至其下肩輿叩門見張氏之子碩碩求余文以記之惟張氏世有顯人自其伯父殿中君與其先人通判府君始家靈壁而爲此園作蘭皐之亭以養親其後出仕於朝名聞一時推其餘力日增治之於今五十餘年矣其木皆十圍岸谷隱然凡園之百物無一不

可人意者信其用力之多且久也古之君子不必仕不必不仕必仕則忘其身必不仕則忘其君譬之飲食適於饑飽而已然士罕有蹈義赴節其處者安於故而難出出者狃於利而忘返於是有違親絶俗之譏懷祿苟安之弊今張氏之先君所以爲其子孫之計慮遠且周是故築室藝圃於汴泗之間舟車冠蓋之衝凡朝夕之奉燕遊之樂不求而足使其子孫開門而出仕則跬步清朝之上閉門而歸隱則俯仰山林之下於以養生治性行義求志無適而不可故其子孫仕者皆有循吏良能之稱處者皆有節士廉退之行蓋其先君子之澤也余爲彭城三年樂其土風將去不忍而彭城之父老亦莫余厭也將買田於泗水之上而老焉南望靈壁雞犬之聲相聞幅巾杖屨歲時往來於張氏之園以與其子孫遊將有日矣

放鶴亭記

熙寧十年秋彭城大水雲龍山人張君之草堂水及其半扉明年春水落遷於故居之東東山之麓升高而望得異境焉作亭於其上彭城之山岡嶺四合隱然如大環獨缺其西

十二而山人之亭適當其缺春夏之交草木際天秋冬雪月千里一色風雨晦明之間俯仰百變山人有二鶴既馴而能飛旦則望西山之缺而放焉縱其所如或立於陂田或翔於雲表暮則傃東山而歸故名之曰放鶴亭郡守蘇軾時從賓客僚吏往見山人飲酒於斯亭而樂之揖山人而告之曰子知隱居之樂乎雖南面之樂未可與易也易曰鳴鶴在陰其子和之詩曰鶴鳴于九皋聲聞于天蓋其爲物清遠閒放超然於塵垢之外故易詩人以比賢人君子隱德之士狎而玩之宜若有益而無損者然衛懿公好鶴則亡其國周公作酒誥衛武公作抑戒以爲荒惑敗亂無若酒者而劉伶阮籍之徒以此全其眞而名後世嗟夫南面之君雖清遠閒放如鶴者猶不得好好之則亡其國而山林遁世之士雖荒惑敗亂如酒者猶不能爲害而況於鶴乎由此觀之其爲樂未可同日而語也山人欣然而笑曰有是哉乃作放鶴招鶴之歌曰鶴飛去兮西山之缺高翔而下覽兮擇所適翻然斂翼婉將集兮忽何所見矯然而復擊獨終日於澗谷之間兮啄蒼苔而履白石鶴歸來兮東山之陰

其下有人兮黃冠草屨葛衣而鼓琴躬耕而食兮其餘以汝飽歸來兮西山不可以久留

曾鞏繁昌興造記

太宗二年取宣之三縣爲太平而繁昌在籍中繁昌者故南陵地唐昭宗始以爲縣縣百四十餘年無城垣而濵大江常編竹爲障以自固歲輒更之用材與力一取於民出入無門關賓至無舍館令治所雖有屋而庳陋破露至聽訟於廡下案牘簿書棲列無所在在散亂不可省而獄訟賦役失其平歷七代爲令者不知幾人恬不知改革日入於壞故世指繁昌爲陋縣而仕者不肯來行旅者不肯遊政事愈以疵市區愈以索寞爲鄉老吏民者蓋且憾之事之窮必變故今有能令出因民之所欲爲悉破去竹障而垣其故基爲門以通道往來而屋以取固郎門之東北構亭瞰江以納四方之賓客既又自大其治所爲重門步廊門之上爲樓斂敕書置其中廊之兩旁爲羣吏之舍視事之廳便坐之齋寢廬泡湢各以序爲廳之東西隅凡案牘簿書室而藏之於是乎在自門至於寢廬總爲屋凡若干自計材至於用工總爲日凡二千三百九十六日而

落成矣夏希道太初此令之姓名字也慶曆七年十月二十三日此成之年月日也始繁昌爲縣止三千戸九十年間四聖之德澤覆露生養今幾至萬家田利之入倍他壤有魚鰕竹葦柿栗之貨足以自資而無貧民其江山又天下之勝處可樂也令復得能令爲樹立如此使得無歲費而有巨防實至不惟得以休而耳目尙得以爲之觀令居不惟得以安而民吏之出入仰望者益知尊且畏之獄訟賦役之書悉完則是非倚而可定也予知縣之去陋名而仕者爭欲來行旅者爭欲遊昔之疵者日已滅去而索寞者日以富蕃稱其縣之名其必自此始夏令用薦者爲是縣至二十七日而計材以至於落成不惟興利除弊可法也而其變因循就功効獨何其果且速歟昔孟子譏子產惠而不知爲政於戲如夏令者庶幾所謂知政者歟於是過子產矣凡縣之得令爲難而得能令而興事尤難幸而事興而得後人不廢壞之尤難也今繁昌民既幸得其所難得而令又幸無不便已者得卒興其所尤難皆可喜無憾也惟其欲後人不廢壞之未可必也故屬予記其不特以著其成其亦

有以警也

朱伯原樂圃記

大丈夫用於世則堯吾君虞吾民其膏澤流乎天下及乎後裔與夔契並其名與周召偶其功苟不用於世則或漁或築或農或圃勞乃形逸乃心友沮溺肩綺季追嚴鄭躡陶白窮通雖殊其樂一也故不以軒冕肆其欲不以山林喪其節孔子曰樂天知命故不憂又稱顏子在陋巷不改其樂可謂至德也已予嘗以樂名圃其謂是乎始錢氏時廣陵王元璙者實守姑蘇好治林圃因隙地而營之爲臺爲沼今城中遺址頽有存者吾圃亦其一也錢氏去國圃爲民居更數姓矣慶曆中予家祖母吳夫人始搆得之先大父與叔父或游焉或學焉每良辰美景則奉板輿以觀於此厥後稍廣西壖以益其地凡廣逾三十畝予嘗請營之以爲先大父歸老之地熙寧之末新築外垣盡覆之厖方將結宇而親年不待既孤而歸於是遂卜居焉月葺歲增今更數載雖敝屋無華荒庭不甃而景趣質野若在巖谷此可尚也圃中有堂三楹堂旁有廡所以宅親黨也堂

之南又為堂三楹命之曰邃經所以講論六藝也邃經之東又有米廩所以容歲儲也有鶴室所以畜鶴也有蒙齋所以教童蒙也邃經之西北隅有岡命之曰見山岡岡上有琴臺西隅有永齋此予嘗拊琴賦詩於此所以名云見山岡下有池水入於坤維跨流為門水由門縈紆曲引至於岡側東為谿薄於巽隅池中有亭曰墨池予嘗集百氏妙集於此而展玩也池岸有亭曰筆溪其清可以濯筆溪旁有釣渚其靜可以垂綸也釣渚與邃經堂相直焉有三橋度谿而南出者謂之招隱寺池至於墨池亭者謂之幽興循岡北走度水至于西圃者謂之西磵西圃有草堂草堂之後有華嚴菴草堂西南有土而高者謂之西丘其木則松檜梧栢黃檗冬青椅桐檉椰之類柯葉相蟠與風飀飀高或參雲大或合抱或直如繩或曲如鉤或蔓如附或偃如傲或參如鼎足或竝如釵股或圓如蓋或深如幄或如蜿虬臥或如驚蛇走名不可以盡記形不可以殫書也雖霜雪之所摧壓飈霆之所擊撼槎牙摧折而氣象未衰其花卉則春繁秋孤冬茜夏蒨珍藤幽蔦高下相映蘭菊猗猗蒹葭蒼蒼碧

蘚覆岸薍蒟列砌藥錄所收雅記所載得之不爲不多桑柘可蠶麻紵可緝時果分蹊嘉蔬滿畦標梅沉李剝瓜斷瓠以娛賓友以約親屬此其所有也予於此圃朝則誦羲文之易孔氏之春秋索詩書之精微明禮樂之度數夕則泛覽羣史歷觀百氏考古人是非正前史得失當其暇也曳杖逍遥陟高臨深飛翰不驚皓鶴前引揭厲於淺流躊躇於平皐種木藝圃寒耕暑耘雖三事之位萬鍾之祿不足以易吾樂也然予觀羣動無一物非空者焉用拘於此以自贅耶異日予春之疾瘳尚平之累遣將扁舟桴海浮遊山嶽莫知其所終極雖然此圃者吾先光祿之所遺吾致力於此者久矣豈能忘情哉凡吾衆弟若子若孫尚克守之毋頹爾居毋伐爾林學於斯是亦足以爲樂矣予豈能獨樂哉昔戴顒寓居曾望歸隱遺迹迄今猶存千載後吳人猶嘗指此相告曰此朱氏之故圃也元豐三年十二月記

秦觀羅適生祠記

羅君之爲江都以誠心爲志耻言鈞距惠文之事凡民有訟曲

直徑決於前不以屬吏詿誤若小過輒誨諭遣去
覩鰥寡孤獨之有失其所者如已致焉黎明覩事
入夜猶不已或譏其太勞君曰與其委成於吏民
有不盡之情孰若勞已之耳目哉居數月政化大
行民知其長者不忍欺紿之訟者益少君乃出行
諸郊所過召其耆老問以疾苦及所願欲而不得
者為罷行之始復大石湖改名九豐廣袤數百步
溉田千有餘頃是歲大穰畝收皆倍於是遠近自
陳願復陂塘溝渠之利者相屬君一切聽許親至
其地與之經始築大堤以却潮之患疏潦水而注
諸江凡水利之興復者五十有五溉田六千頃而
桑之以顆種者亦八十五萬有奇徙其治於東南
爽塏之地為屋數百楹以其羸材新驛堠亭館之
在境者又頗出私錢營致藥劑以給疾病之民所
瘉至不可勝計歲或乾溢有禱羣祠雨暘輒應如
嚮世益謂神其亭之歲滿代去其民思之不置乃
聚而謀曰我民之德羅君至矣顧無以自効聞古
有召伯者善治民民追思之至不忍伐其所憇之
棠又有謝公者亦其流也嘗於斯城北築埭後人
因名其埭曰召埭今埭實在江都之北境蓋即其人

地請其畫羅君之像而祠之以慰吾民且曰使羅之名與召謝共傳而不朽不亦可乎衆曰善於是即召棣之東法華佛寺置生祠焉羅君名適字正之台州寧海人學術有本末通於世務風節凜然國士也嘗再被召見皆以不合罷歸其莅官行已所可書者甚多書在江都者以爲生祠記云

陳師道思亭記

甄故徐富家至甄君始以明經教授鄉稱善人而家益貧更數十歲不克葬乞貸邑里葬其父母昆弟凡幾喪邑人憐之多助之者既葬益樹以木作室其旁而問名於余余以謂目之所視而思從之視干戈則思鬭視刀鋸則思懼視廟社則思敬視第宅則思安夫人存好惡喜懼之心物至而思固其理也今夫升高而望松楸下丘壠而行墟墓之間荆棘莽然狐兎之迹交道其有不思其親者乎請名之曰思亭親者人之所不忘也而君子慎之故爲墓於郊而封溝之爲廟於家而嘗禘之爲哀爲忌而悲哀之所以存其思也其可忘乎雖然夫自親而下至於服盡服盡則情盡情盡則忘矣自吾之親而至於忘之者遠故也此亭之所以作也凡君之子孫登斯

亭者其有志乎因其親以廣其思其有不與乎君日博哉子之言也吾其庶乎日未也賢不肖異思後豈不有望其木思以爲材視其榛棘思以爲薪登其丘墓思發其所藏者乎於是遽然流涕以泣日未也吾爲君記之使君之子孫誦斯文者視其美以爲勸視其惡以爲戒其可免乎君攬涕而謝日免矣遂爲之記

吳儆休寧脩學記

今之學非古也知古者之所甚重知今之所不敢廢三代之學尙矣漢唐之君所以出其治於天下者雜之以川名而行之以彊健文俗之吏其於三代聖人禮樂法度所以美化善治之大務往往棄之而不講講之而不脩脩之而不屑之而徒以爲文也士之出乎其時所以應其上之求者亦惟記誦以爲師辨說以爲義藻繪以爲文其於古之學者德行道藝之常習正心脩身爲國家天下之大體未之學也本朝慶曆熙豐崇觀間葢嘗三致意於此矣時方承平既庶而富舉天下郡縣皆得立學羣天下之學者而館之教之選舉之德至渥也中值更變故

學之在郡縣者其名僅存或遂廢不復置休寧縣故有學廢且不治已久紹興七年邑尉陳公始率邑之士子相與出力而遷之陳公故上庠名士休寧之爲進士者多以陳公爲師持其說試有司輒利由是休寧之學特盛於他縣士子相與世守之不廢也歲益久欹傾朽折且瀕於壞淳熙四年主簿傅君謀復新之未期年而欹者復整傾者復立朽折者易其故既又黝堊之丹漆之器物之不備書籍之散逸者繕治增葺鼎舊無不及凡學之所須取之左右無外求既成使其徒求記於徼至於再三不已徼聞凡立事於今則已難而立夫世俗所不及之事又益難浮議或沮之於前悔吝或因之於後於是而却顧焉其能卒底於成者蓋寡休寧之學始廢於兵火者十餘年而後復興於陳公又四十餘年得傅君而再新之其成立之難若是二公以縣簿尉之卑而能復古人所以爲政教之本於今之世起世俗所不急之事於因循苟簡之時又益難也吾黨之士藏於斯脩於斯游息於斯其思學之所以易廢二公之所以難成而皆致意焉則今之學猶古之學不徒爲也夫大學之道始

於先致其知韓愈氏之學本於學爲古詞章自明而誠古之教也吾黨之士所以先致其知與夫作爲詞章固已習矣而察矣由是而益進焉謂今之不如古吾不信也陳公遷學始末有丞相洪公爲之記傳公名公本字某有志於古有立於今可書也方役之興董治其事以迄於成者進士王堯佐

朱松天下事無大小成之在得人

陳造四賢堂記

郡庠三賢堂繪中丞孫公給事喬公龍圖秦公像尚矣兼繪少卿朱公則始於今太守陳公公按圖有間知彰孝名坊孝子朱公常居焉曰是可以表俗乃求得其像繪於堂扁曰四賢而命客記之高郵至元祐人材林立是三鉅賢又傑然其間入而著論思之益出而茂惠利之績文章術業國史記之遺書粲然足以師表天下範模後世況其里之人瞻敬而取法焉宜也而朱公幼失其母棄官求之備極艱楚曉得之同州若神物誘致之一時名士布之於聲詩以美其事東坡至有今無古或聞之語三公信偉矣而孝尤德之本行之所宜先朱公則優之夫有生

孰無父母有知孰不可爲孝人有性孰不可誨而從感而動則四三公而像之俾得之聞見誦說其不興起者幾希昔吾夫子設爲德行言語政事文學四科曾子得聖傳不後顏冉孝經一篇特爲曾子設則以其能盡孝於親而得夫所謂德之本行之先者昔聖今賢其立教豈苟云乎昔王綸之爲豫章圖陳蕃華歆謝鯤於郡堂其政寬簡有由焉此前人像三賢意楽彥光在鄴焦通悖戾諭以伯俞念親泣杖之事卒爲孝子則篤朱公於三賢誰其間然郡士民見諗曰使君惠我無窮而能道其德心也則惟子矣願記之遂爲之記

蘇舜卿滄浪亭記

予以罪廢無所歸扁舟南遊旅於吳中始僦舍以處時盛夏蒸燠土居皆褊狹不能出氣思得高爽虛闢之地以舒所懷不可得也一日過郡學東顧草樹鬱然崇阜廣水不類乎城中並水得微徑於雜花脩竹之間東趨數百步有棄地縱廣亘五六十尋三向皆水也杠之南其地盆闊旁無民居左右皆林木相虧蔽訪諸舊老云錢氏有國近戚孫承佑之池館

也坳隆勝槩遺意尚存予愛而徘徊遂以錢四萬得之構亭北礄號滄浪焉前竹後水水之陽又行無窮極澄川翠榦光影會合於戶庭之間尤與風月爲相宜予時榜小舟幅巾以往至則灑然忘歸觴而浩歌踞而仰笑野老不至魚鳥共樂形骸既適則神不煩觀聽無邪則道以明返思向之汩汩榮辱之場日與錙銖利害相磨戛隔此眞趣不亦鄙哉噫人固動物情橫於內而性伏於外寓於物而後遣寓久則溺以爲當然非勝是而易之則悲而不開唯仕宦溺人爲至深古之才哲君子有一失而至於死者多矣是未知所以自勝之道予既廢而獲斯境安於沖曠不與衆驅因之復能見乎內外失得之源浩然有得笑傲萬古尚未能忘其所寓故用是以爲勝焉

郭受吳令廳壁記

厥今天下經用之所資百貨之所植東南其外府也度淮而南濟江以東督府且十附城且百而田疇沃衍生齒繁夥則吳實巨擘焉予嘗登靈巖之巔俛而四望映滄脈分原田碁布丘阜之間灌以機械沮洳之濵環以茭揵則瀉鹵磽确變爲膏澤之野蘋藻蒹

葭壟爲秔稻之陸故歲一順則粒米狼戾四方取給充然有餘出乎胥戶以臨震澤積水無涯兩山對峙桑田隣日木奴連雲織紝之功苞苴之利水浮陸轉無所不至故其民不耕耨而多富足中家壯子無不賈販以游者緜是商賈以吳爲都會五方畢至獄市雜擾縉紳以吳爲樂土僑民閭里幾亞京雒爲政者急之則怨而駭緩之則弛而肆泛然而多容則干謁紛紜幾至於骫法毅然而多拒則謗詈叢集必困於游談宰字之任信難矣右通直郎許君來領是邑直方不撓有骫髒之風簡易無苛得調脈之術蓋常急於豪猾緩於善柔整其大綱濶其細故爲之期年而縣告治元祐六年霪雨敗稼吳民阻饑君日慰藉而拊循之賑給務均鄙隱求實不事虛名而爲文具也予以是知君之篤於從政也舉玆以旃則其於整彫弊而應盤錯也何有焉水菑之明年君且代矣乃悉求前爲此縣者之名氏爵里將書而刻諸石顧其僚郭受曰吾爲是俾來者有攷焉子爲我序之辭不獲命因槩叙吳風而毛舉君政之一二許君淵陵人世爲學家甚博而文異日顯用於時當不獨以循吏稱

也

范成大三高祠記乾道三年二月吳江縣新作三高祠成三高者越上將軍姓范氏是爲鴟夷子皮晉大司馬東曹掾姓張氏是爲江東步兵唐贈右補闕姓陸氏是爲甫里先生三君生不並世而鴟夷子皮又嘗一用人之國功大名顯而去之季鷹魯望翛然臞儒使有爲於當時其所成就不可逾度要皆以得道見微脫屣天行清風峻節相望於松江太湖之上故天下同高之而邑人獨私得奉烝嘗以誇於四方若曰此吾東家丘云爾邑大夫趙伯虛以故祠爲陋將改作鄉老王份獻地雪灘乃築堂其上告遷而奠焉且屬石湖范成大爲之辭竊不有君子其能國乎今乃自放寂寞之濱掉頭而不顧人又從而以爲高此豈盛際之所願哉後之人高三君之風而跡其所以去爲世道計者可以懼矣至於豪傑之士或肆志乎軒冕宴安留連卒悔於後者亦將有感於斯堂而成大何足以述之然屈平既從彭咸而叢桂之賦猶招隱士疑若幽處林薄不死而仙况如三

君蟬蛻溷濁得全於天者嘗試倚楹而望水光浮空雲日下上風帆烟篷飄忽晦明意必往來其間成大亦何足以見之姑効小山作歌三章以招之焉遂從而歌之歌曰若有人兮扁舟撫湖海兮遠遊泉芳媚兮高丘忽獨君兮不可留長風積兮波浪白蕩搖空明兮南北一色鏡萬里兮鞭魚龍列星剡兮其下孤篷顧懷兮斯路與京月兮入滄浦戢爭蝸角兮昨夢一笑水雲得意兮垂虹可以孅棹仙之人兮壽無涯樂哉垂虹兮去復來載歌曰若有人兮橫大江秋風起兮歸故鄉鴻冥飛兮白鷗舞吳波鱗鱗兮而在下咤人奚爲兮天地四方美無度兮吾之上瞻修鱸兮雪霏登菰蒓兮芼之寥娛宴息兮江之皐蒹葭堂兮廡杜若一杯之酒水山續兮胥命君可望兮不可追頫倒景兮揮碧兮我爲君酌又歌曰若有人兮北江之渚披雲而睇兮顏烟雨菊莎兮杞棘歲晼晚兮何以續君食偭五鼎兮腥腐羞三泉兮終古千秋風露兮歸來故墟月明無人兮蒼石與語牛宮迦兮生蒲荷潮東西兮下田一波莇南涇兮鄰曲山川良是兮丘隴多稼九畹兮今其刈聊春容兮茲里

吳令廳壁記

吳令壁有記尚矣唐大曆已未梁肅爲之辭者令盧某所立石亡而文傳本朝元祐壬申郭受爲之辭令許公輔所立石雖存而巾更兵燼缺裂無幾後七十有六年晉陵袁君祖忠政成將歸始治二石更刻之又斷自建炎以下爲之續記實乾道紀元之三祀歲在丁亥距大曆垂四百年而題名三立相望可攷吏民以爲盛事然吳之爲壯縣固自昔志之氣俗之繳生聚之繁覽觀之勝著於二碑者自若獨官事搶攘日不暇給必出於甚難而後能善治視昔類不同者非特吳爲然余行四方所過縣邑數十百見大夫皆厭苦其官齋咨太息悔歸之來而憂後之不得脫余私惟其說甚哉何至於此及使一言其詳則曰古吏憂民而已今顧不然蕞爾邑負責猶數鉅萬晝夜匆遽唯錢穀之知且不能報期會有如一日姑舍是而用力於民不崇朝百適滿矣彼齋咨大息厭苦而欲脫者眞有味其言哉今夫急催科則愧政專撫字則愧考兼善之誠難若袁君蓋幾於無愧者其政先理而後情依例而舉法故吏不能並緣士不敢奸以私民有訟自揣不當勝望門

卻去直者家居待報曰無庸謁吏明府自辦此坐
堂上再期人信之如一日至於大官之須求於不
有責課於非時則又從容辦給弗以厲民莘常最
於他邑嗚呼可謂難也已旦暮去此至大官勢益
易於爲縣其所成就何可量按續記無慮三十人
而未有顯者必將自袁君始儻余言猶信來者尚
勉之

思賢堂記

吳郡治故有思賢亭以祠韋白劉三太守中更兵燼久之遂作新堂名曰三賢其四年當紹興辛巳鄱陽洪公始益以唐王常侍
本朝范文正之像復其舊之名亭者榜焉先是公以歲五月來臨吾州縣州南鄙望洞庭畧具區觀三江五湖之吐吞濤波胋天旁無邊垠而石隄截然浮於巨浸之上若有鬼神之扶傾鯨鰲背負而涌以出也暮夜人語馬嘶匈匈不絕公固已語其人思常侍之功矣周覽原田而相其溝防東南之播於江東北之委於海者脉絡釃通堙蕪滌涂夏旱易以陂潦水時至不能齧渚涯以決汙邪荒寒化爲麥禾起景祐迄茲歲無大浸於是公又曰非

文正范公之勤其民者乎退而參石記竹書之傳詳兩賢行事尚什伯於此韓退之名知言碑王之墓隧謂治蘇最天下蓋遺冊僅存於一隄其變滅無攷者不知幾也文公自郡召還遂參永昭陵大政德業光明爲宋宗臣通國之誦曰文正公而不以姓氏行焉韋白劉之餘愛邪人既已俎豆之語在舊碑尚矣王范風烈如此且有德於吳宜俱三賢不沒以爲無窮之思此堂之所爲得名者嘗謂士才高必自賢位高或不屑其官世通患也淇公忠宣公之子擢博學宏詞第一名字滿四海餘二十年既入翰林爲學士未幾自列去甫及里門制書以左魚來矣邦人度公且上朝謁莫能久私公也然始至之日咨民所疾苦退然不自居其智能亟從掌故吏訪諸賢之舊圖畫髣髴想見其平生公既以道學文章名一世顧有羨於五君子者意將跡其惠澤講千里之長利以膏雨此民彼憧憧往來販桑蔭趣舍人裝者慮安肯出此夫才高而不自賢位高而滋共其官盛德事也斯堂法應得書會公使來屬筆紀歲月成大樂其州多賢守令文正公又吾東家丘焉竊願記斯堂以夸鄰邦以

爲邑子業乃不
辭而承公命

朱熹子游祠記

平江府常熟縣學丹陽公祠者孔門高第弟子言偃子游之祠也按太史公記孔門諸子多東州之士獨公爲吳人而此縣有巷名子游橋名文學相傳至今圖經又言公之故宅在縣西北而舊井存焉今則雖不復可見而公爲此縣之人蓋不誣矣然自孔子之沒以至於今千有六百餘年郡縣之學通祀先聖公雖以列得從餟食而其鄉邑乃未有能表其事而出之者慶元三年七月知縣事通直郎會稽孫應時乃始即其學宮講堂之東偏作爲此堂以奉祠事是歲中冬長至之日躬率邑人學士大夫及其子弟奠爵釋菜以妥其靈而以書來曰願有記也熹惟歷代之前帝王之興率在中土以故德道藝之教其行於近者著而人之觀感服習以入德者深若夫句吳之墟則在虞夏五服是爲要荒之外爰自泰伯采藥荆蠻始得其民端委以臨之然亦淑愼其身而虞號之後相傳累世乃能有以自通於上國其俗蓋亦朴鄙而不文矣公生其間乃能獨

悅周公仲尼之道而北學於中國身通受業遂因文學以得聖人之一體豈不可爲豪傑之士哉今以論語考其話言類皆簡易疎通高暢宏達其曰本之則無者雖若見詘於子夏與要爲知有本也則其所謂文學固宜有以異乎今世之文學旣又考其行事則武城之政不小其邑而必以詩書禮樂爲先務其視有勇足民之効蓋有不足爲者至使聖師爲之莞爾而笑則其與之之意豈淺淺哉及其取人則又以二事之細而得滅明之賢亦其意氣之感默有以相契者以故近世論者意其爲人必當敏於聞道而不滯於形器豈爲南方之學得其精華者乃自古而已然也耶今全吳通爲畿輔文物之盛絕異曩時孫君於此又能舉千載之闕遺稽古崇德以勵其學者則武城絃歌之意於是乎在故熹嘗聞其事而樂爲之書至於孔門設科之法與公之言所謂本所謂道及其所以取人者願諸生相與勉焉以進其實使此邑之人百世之下復有如公者出而又有以一灑夫媮懦俾事無廉恥而皆飲食之議焉是則孫君之志而亦熹之願也公之追爵自唐開元始封吳侯我朝政

和禮書已號丹陽公而紹興御贊猶有唐
封致淳熈間所頒位次又改稱吳公云

宜興學記

紹興五年十二月宜興縣新修學成明年知縣事承議郎括蒼高君商老以書來請記而其學之師生廸功郎孫庭詢貢士邵機等數十人又疏其事以來告曰吾邑之學久廢不治自今明府之來即有意焉而縣貧不能遽給以其費乃稍葺其所甚敝亟補其所甚闕且籍閒田五千畝以豐其廩斥長橋儌金七十餘萬以附益之爲置師弟子員課試如法而又日往遊焉躬爲講說開之以道德性命之旨博之以詩書禮樂之文使其知士之所以學蓋有卓然科舉文字之外者於是縣人學子知所向慕至於里居士大夫之賢者亦攜子弟來聽席下無不更相告語相勉勵而自恨其聞之之晚也退而相與出捐金齋以佐其役合公私之力得錢幾七百萬而學內外煥然一新堂涂門廡靡不嚴備象設禮樂皆應圖法蓋高君之於是學非獨其經理興築之緒爲可書而其所以教者則非今世之爲吏者所能及邑之人才風俗實有賴焉幸夫子悉書以告來者於無窮

則諸生之望也予頃得識高君於會稽而知其賢今乃聞其政教之施於今者又有成效如此固已樂爲之書矣而其邑之父兄子弟能率高君之教而有所興起皆知從事於古人爲己之學而不汲汲乎誇多鬬靡之習以追時好以取世資則又予所深歎而尤樂取以告人者也乃爲悉記其語使後之君子有考焉抑高君之於此邑嘗新其社稷之位而并兆風雲雷雨師於其側以嚴祀事穿故瀆疏積水以防旱澇作社倉儲羨粟以備凶荒其所以事神治民之類能行其所學而皆出於至誠懇惻之意是以言出而人信從之蓋不止於講說之間然後以言教也嗚呼賢矣哉

社倉記

始予居建之崇安嘗以民饑請於郡守徐公嚞得米六百斛以貸而因以爲社倉今幾三十年矣其積至五千斛而歲歛散之里中遂無凶年中間蒙恩召對輒以上聞詔施行之而諸道莫有應者獨閩帥趙公如愚使者朱公若水爲能廣其法於數縣然亦不能遠也紹興五年春常州宜興大夫高君商老實始爲之於其縣善卷開寶諸鄉凡爲倉者十一合之爲米二千五百餘斛

擇邑人之賢者承議郎趙君善石周君林承直郎周君世德以下二十餘人以典司之而以書來屬予記予心許之而未及爲也會是歲淛西水旱常州民饑尤極流殍滿路顧宜興獨得下熟而貸之所及者尤有賴焉然予獨慮夫貸者之不能償而高君之惠將有所窮也明年春高君將受代以去乃復與趙周諸君皆以書來趣予文且言去歲之冬民負米以輸者繦屬爭先視貸籍無龠合之不入予於是益喜高君之惠將得以久於其民又喜其民之信愛其上而不忍欺也則爲記其所以然者抑又慮其久而不能無弊於其間也則又因而告之曰有治人無治法此雖老生之常談然其實不可易之至論也夫先王之世使民三年耕者必有一年之蓄故積之三十年則有十年之蓄而民不病於凶饑此可謂萬世之良法也其次則漢之所謂常平者今固行之其法亦未嘗不善也然考之於古則三登太平之世不常有而驗之於今則常平者獨其法令簿書筦鑰之僅存耳是何也蓋無人以守之則法爲徒法而不能以自行也而况於所謂社倉者聚可食之物於鄉井荒閒之處而

主之不以任職之吏馭之不以流徙之刑苟非常得聰明仁愛之令如高君又得忠信明察之士如今日之數公者相與弁心一力以謹其出內而杜其姦欺則其法之難守不待他日而見之矣此又予之所身試者故弁書之以告後之君子云

婺源藏書閣記

道之在天下其實原於天命之性而行於君臣父子兄弟夫婦朋友之間其文則出於聖人之手而在於易詩書禮樂春秋孔孟氏之籍本末相須人言相發皆不可以一旦而廢焉者也蓋天理民彝自然之物則其大倫大法之所在固有不依文字而立者然古之聖人欲明是道於天下而垂之萬世則其精微曲折之理非托於文字亦不能以自傳也故自伏羲神農列聖繼作至於孔子然後所以垂世立教之具粲然大備天下後世之人自非生知之聖則必由是以窮其理然後知有所至而力行以終之固未有飽食安坐無所猷為而忽然知之兀然得之者也故傳說之告高宗曰學於古訓乃有獲而孔子之教人亦曰好古敏以求之是則君子所以為學

致道之方其亦可知也已然自秦漢以來士之所求乎書者類以記誦剽掠爲功而不及乎窮理修身之要其過之者則遂絶學捐書相與馳騖乎荒虚浮誕之域蓋二者之蔽不同而於古人之意則胥失之矣嗚呼道之所以不明不行其不以此與婺源學宫講堂之上有屋焉牓曰藏書而未有以藏莆田林侯慮知縣事始出其所寳太常神筆石經若干卷以塡之而又益廣市書凡千四百餘卷列庋其上俾肄業者得以講教而誦習焉熹故邑人而客於閩茲以事歸而拜於其學則林侯已去而仕於朝矣學者猶指其書以相語感嘆久之一日遂相率而踵門謂熹盍記其事且曰比年以來鄉人子弟願學者衆而病未知所以學也子誠未忘先人之國獨不能因是而一言以曉之哉熹起對曰必欲記賢大夫之績以詔後學垂方來則有邑之先生君子在熹無所辱命顧父兄子弟之言又熹之所不忍辭者其敢不敬而諾諸於是稱記所聞如此以告鄉人之願學者使知讀書求道之不可已而盡心焉以善其身齊其家而及於鄉達之天下傳之後世且以信林侯之德於無窮也是

爲記
云

程明道祠記　資政殿大學士建安劉公珙居守建
康之明年夏四月始立明道先生之
祠於學而以書走新安之婺源抵熹曰吾少讀程
氏書則已知先生之道學德行實繼孔孟不傳之
統顧學之雖不能至而心鄉往之及來此邦屬邑
有上元者先生少日宦遊處也考之書記均田塞
隄及民之政爲多脯龍折竿教民之意亦備然問
諸故老以稽其實則兵革變故之餘風聲氣俗蓋
已無復有傳者矣始至慨然即欲奉祠以致吾敬
使此邦之爲士者有以與於其學爲吏者有以法
於其治爲民者有以不忘於其德不幸歲適大祲
救饑之事方急於今迺克遂其志以吾子之嘗誦
其詩而讀其書也故願請文以記之旣而府學教
授孫君龠沈君宗說亦以書來申致公意且具道
公始之所以焦勞而未及與今之所以暇豫而得
爲者甚悉詳焉熹發書喟然仰而歎曰尊賢尚德
公之志則美矣旣富而教公之政則得矣屬筆於
我公之意則勤矣雖然先生之學自其大者而言

之則其所謂考諸前聖而不謬百世以俟後聖而不惑者蓋不待言而喻自其小者而言之則上元之政於先生之遠者大者又懼其未足以稱揚也吾何言哉於是伏而思之先生之學固高且遠矣然其教人之法循循有序而嘗病世之學者舍近求遠處下窺高所以輕自大而卒無得焉則世之徒悅其大者有所不察也上元之政誠若狹而近矣然其言有曰一命之士苟存心於愛物於人必有所濟則其中之所存者又烏得以大小而議之哉區區不敏竊願以是承公之命庶幾於公之志先生之學兩有補焉又惟公之忠言大慮既已劾於朝廷今雖在外而其所以救菑而弭患者又於此其汲汲也則於先生之所存必有深感而默契於中者矣其祠之也豈獨以致其尊賢尚德之意使民不忘而已哉若夫推公之志而以先生之所以教者教其人使之從事於爲己愛人之實而無空言躐等之弊是則孫沈二君之任也與二君勉旃熹於是其有望焉爾矣淳熙三年夏四月丙申新安朱

熹記

陸九淵敬齋記

古之人自其身達之家國天下而無愧焉者不失其本心而已凡今爲縣者豈顧其心有不若是乎哉然或者過於勢而狃於習則是心殆不可考吏縱弗肅則曰事倚以辦民困弗蘇則曰公取以足貴勢富彊雖奸弗治貧羸孤弱雖直弗伸習爲故常天子有勤恤之詔迎宣拜伏不爲動心曰奚獨我責吏縱弗肅民困弗蘇奸弗治而直弗伸天子勤恤之意弗宣於民是豈其本心也哉勢或使之然也方其流之未遠平居靜慮或有感觸豈能不忸怩於其心至其同利相挺同波相激視已所行爲天下達道訕侮正言仇讐正士則是心或幾乎泯矣人之所以異於禽獸者幾希庶民去之君子存之是心或幾乎泯吾爲懼矣天地鬼神不可誣也愚夫愚婦不可欺也是心或幾乎泯吾爲懼矣黃鐘大呂施宣於內能生之物莫不萌芽奏以大簇助以夾鐘則雖瓦石所壓重屋所蔽猶將必達是心之存苟得其養勢豈能遏之哉貴溪信之大縣綿地過百里民繁務劇暨陽吳公爲宰於茲吏肅矣而事未始不辦民蘇矣而公未始不足奸治直伸民莫不悅而

惴惴焉惟恐不能宣天子勤恤之意是其本心之所發而不過於其勢者耶然公之始至則脩學校延師儒致禮甚恭余屢辱其禮不敢受今爲齋於其治之東偏名之以敬請記於余又至於再三望道之重若不可及者某聞諸父兄師友道未有外乎其心者自可欲之善至大而化之之聖聖而不可知之神皆吾心也心之所爲猶之能生之物得黃鍾大呂之氣至於必達使瓦石有所不能壓重屋有所不能蔽則自有諸已至於大而化之者敬其本也豈獨爲縣而已雖然不可以不知其害也是心之根荄萌於交物之初有滋而無芟根固於怠忽末蔓於馳騖深蒙密覆良苗爲之不殖實著者易拔形潛者難察從事於敬者尤不可不致其辨公其謹之某雖不敏他日周旋函丈願有所請

公名博古字敏叔淳熙

二年十有二月望日

呂祖謙泰州脩桑子河堰記

淳熙元年夏六月泰州本部潮大上敗捍海堰詔州與兩使者參治維堰初作於文正范公首起海陵尾屬鹽城兩縣間百餘里及是半圮於

水有司繕築未幾以迄工聞獨桑子河以南逕如
皐境繚許氏莊後皆文公規畧所未及春夏霖雨
海汐暴興田廬胥没版籍日耗詔以委令魏侯不
以造端立始無前規撫而有所憚慨然憫民病之
不可宿凡上功之政令與夫創脩悉蒐悉講發命
以四年十月乙酉甫半月堰成其袤三十有五里
其縱尋有三尺趾廣二丈四尺積工一十有七萬
郡人擁府門讙賀又走書蘄記侯不能禦昔吳起
引漳水以溉鄴追脩西門豹之遺利杜預將橋大
河或者以商所都歷聖賢而不作殆必難立二者
之胥失也斯民之生理無極而陵陸川浸之勢屢
遷顧守陳迹者既不足與合變至於因時建置雖
由已出然前人仁心仁聞經畧區之餘業蓋有以
起之矣侯於是役習於羣公先正之源委一旦身
履其跡而手賦其功宜所樂爲用能先事不惑已
事不矜以與泰人之長利以終文正公之遺緒以
助成聖天子實邊之大計後之爲政者將於此乎
攷侯名欽緒歷陽人莅役者海陵尉朱棣督護者
知如如皐縣耿漢
知海陵縣穆沂

洪邁婺源新學記

江南俗不嚚於訟歙派受其名婺源人重不幸至席冎湯最沸之目縣人翰林汪公藻吏部朱公松文章行誼表表獨立不忍視鄉曲蒙惡聲顧而之他鄉紛閔閔焉諸生時相與言學宮在西邊九年五年寖入於壞地勢黯昧青衿不能羣居陰陽家流雜指山鄉背爲不蹕當徙而趨新士大夫滋益多謠謗宜革是時乾道歲戊子令彭君烜日嘻吾責也將安所易置乎日吉莫如城東驛君曰是在部使者非吾實顧曷請諸請之而俞且致五十萬錢倩費傾城大喜儒生王允恭李知已竝捐其旁便近地倡出錢粟諸公喜趍之即其冬廟殿及藏書閣成垂就矣會郡守好惡異疑縣特以計科斂民書揭邀懇章至擿他健吏耳目鉤訐亡一詞始摶頰愧悔聽緒成之然首議者倦矣謝工遣徒仆木撤瓦丞尉亦懲艾噤不敢復發口獨殿閣栖棘籬中不敢毀望之愀然又三年後令洪君邪直至瞿然悼前故日二千石惟不興學縣令攬衆謀而自辦之斬尼其成安取此即出郡錢六十萬使訖役既萎而蘇既僂而伸民又益喜勇勸視曩時加倍有項百室

之宮成靚深廣盱不啻於素過者心開目明無間處者於是雋秀士勝生恪以降百有一人介令爲咨遺信千八百里走贛川合詞告鄱陽洪邁曰願有以記予鄉壤與斯邑接令君又宗盟長其何辭今之學非古之塾也庠序之制既以糟粕僅存至於主敬以直內立義以方外致知格物之本窮理盡性之要正心誠意之傳綿綿延延如綫不絕曾子且死不忍一簀之姑息舉扶而易之季路臨大難正冠結纓之暇如在洙泗工尹商陽手弓而殺人掩目止御不忘有禮死生之變爭戰之急亦大矣而歸趣如此況乎從容進退灑掃寢食之間哉少成若天性習慣如自然古之人歟其天資高明後世雖不可跂及向非輔之以學問士必不能不教民而驅使戰是謂棄民不素養士而望其必然斯謂棄士宜國家拳拳致力立學徧海內臨之官師而不容釋也嗚呼事難興而易敗今夫是役有邑子開先部使者畀其地縣大夫愬爲之而職教化者顧歷四年閱兩令始克濆於成故予詰曲登載驗其至難後役之君子朝夕遊於斯尚思先王之所以教古人所以行朝廷所以留意祭酒之所以

急刊其春華以旣秋實窮高極深暴白成就使遠近稱頌曰婺源又有人若是乃荅令君本意科第餘事爾

劉宰忠宣堂記

建安眞侯將漕江東之明年彝攷前人名氏曰惟忠宣范公實獲我心乃爲堂以祠復更命故雙槐堂曰忠宣朝夕游焉以致其思謂大司成袁公其文弘雅宜爲祠記以光昭忠宣之令德謂漫塘叟劉某少慕宜述堂之所以名以砭吾叟不佞竊惟國家倣古部刺史置轉運使江東以地大賦殷委寄特重異時駕四牡而來多巨公有顯迹而忠宣無可書之事後忠宣百五十餘年其間績用之湮晦何可勝計而忠宣之名與日月懸豈忠宣之所存與眞侯之所思固不可蹟尋歟夫好善惡惡人心公理一失其平則是非易位故愛君子必知其善之所不及則君子勉而進於善疾小人必原其惡之所不至則小人不狃於爲惡君子進於善而小人服小人不狃於爲惡而君子安斯民也三代所以直道而行而家而國所以平康也而季世君子不然其愛同已

太深而疾小人已甚愛同已太深則以一人而信其類以其得於彼意其必不失於此言出而和不矯其非事舉而隨不要其弊幸其中而不倚正而非激也則可否則激而偏嘗試而誤而君子之道始詘疾小人已甚則屏之去恐不速麗之法恐不重抉摘其隱微不俟其著掇拾其既往不開其新幸其惡之稔辭之屈也則可否則有疑而甚之者矣疑之則是否莫辨甚之則曲直有歸而君子之禍激矣忠宣公其知之方其在江東賦籌思堂詩有曰審慮敵權衡又曰心虛照自明夫虛則無我平則稱物其後日規撫卒昉乎此故在當時日歐日韓日富日司馬世所謂君子公所藉以進者而意向稍愆公皆指其非日章日蔡日鄧世所謂小人公所坐以退者而文致稍深公皆以爲過其持平此心眞不愧於權衡而其識慮之遠則非淺鮮者可及故後之論者謂使公之言行於熙豐必無元祐之紛更使公之言盡信於元祐必無紹聖之反覆叟亦謂使公之生先於漢唐之季必無朋黨之禍使公之死後於建中靖國則崇寧儉人亦無所容喙矣人之云亡邦曰殄瘁尙恐言之眞俟以

道事君以義正國蓋庶乎忠宣之爲者其升堂而思夫豈徒哉其名字不書蓋兒童走卒知而誦之若夫以忠宣所以事韓富司馬諸公者事侯他日將有人焉僕老矣

陳東脩撰祠記

建炎三年春詔贈故太學生陳東承事郎仍官有服親一人夏四月幸金陵道京口詔曰陳東嘗奏封事出於忠義大臣涉私力請誅戮朕深悔之已追贈京秩今行經其鄉未忘於懷可特賜錢五百貫文又謂宰臣曰張慤古之遺直陳東誅死可念二人皆葬郡境已降親劄令有司致祭卿等更卹其家紹興四年冬再取南京用事之臣詔曰朕建炎即位之初昧於治體聽用匪人寘陳東於極典朕甚痛之雖已贈官推恩未足以稱悔往之意可特贈朝奉郎秘閣脩撰更與兩資恩澤仍撥賜官田十頃某伏讀聖詔流涕太息而言曰自古人主激一時之忿而輕用其威者有矣未有事非已意悔自已與拳拳不釋如我高宗皇帝者也自古臣子不幸而死非其道者有矣未有寵被九京澤流後裔赫奕光大如我脩撰陳公者也公字少陽由鄉校貢辟雍升太

學爲內舍生時入仕途廣幸進者多公族焉政和
三年朝廷命太學生習雅樂前列且第賞公辭弗
就蔡京王黼童貫梁師成李邦彥朱勔用事召釁
中外公慨然有澄清之志嘗賦雪詩有云山嶽遭
埋没乾坤著蔽蒙巳成堆積勢漸費掃除功其他
賦詠率倣此意靖康初詔求直言公喜曰吾志伸
矣即率諸生獻書闕下條京等誤國之罪指爲六
賊天下竦聞萬物爲之吐氣書相繼四上伏闕者
再最後言李綱不應罷李邦彥張邦昌不應相白
時中趙野王孝迪蔡楙李棁不應用時寇逼京城
和戰異議邦彥等主和軍民怫鬱至是聞公等言
懽呼和附不期而會者十餘萬人府尹王時雍欲
以開封卒刄公殿帥王宗楚亦以兵會鐵鎖森然
公不爲動會上遣中使諭公以復用李綱綱亦親
諭上旨因得解去蔡楙李棁諷學官屏出之未幾
御筆直公忠義還之於學六賊稍斥公言蓋未盡
用諫官陳公輔援張炳雷觀例請命以官少宰吳
敏亦繼有請勅授迪功郎同進士出身仍與學官
差遣公曰吾志拯宗社之危顧以爲巳利乎再上
書訴時攻辭不拜拂袖還鄉里是歲復舉於鄉會

京城之變尼不行公憂國步之艱臥輿涕泣建炎御極名赴行在知鎭江府趙子崧身親勸駕公誓盡言以棺自隨既至以宰相黃潛善樞臣汪伯彥主南幸之議失天下望又其人非濟世才旬日二上書極言之或規其太驟公曰天子即位未十日而招一韋布之士非直言無以報且事關宰相少緩而天子有命彼不以負恩議我則曰觖望矣汪黃閱書恚忿宦官康履者自靖康伏闕軍民乘勢蹂躪其徒宿怨于公又應天尹孟庾王黼客也相與協謀因他進士上書矯誣併致於辟同時執政有許翰者爲公哀辭謂黃之力居多方被執時索紙作書辭其家人雍容曲折如平時末曰死生命也切勿念東識者謂賢於范孟博臨終之言遠矣故人四明李猷爲殮於所攜之棺鄉人胡中行護視之以達於家時人高其義公死而事寖聞言益驗上追用其言屏汪黃於散地引咎責躬選賢於衆用能盡屈羣策弘濟艱難贈恤之典殷勤懇惻載在簡編蓋惟恐天下後世之不聞以自墮於飾非拒諫之域者顧諱晦其事謂爲臣子之所當然殆未知我高宗皇帝之所以聖也慶元中三山陳

君德一分教京口謂古者鄉先生没而祭於社又古者孔顏孟未奠位學者必釋奠於其國之先師若脩撰陳公非京口所謂先師鄉先生者歟祉非職所及學非吾事歟乃肖公像祠之孔子廟西序陳君代更繼者屏去今教授番陽許君溪視事甫浹日祠之如故又慮廢興之不常屬某爲之記某聞而歎曰昔人有言死之日是非乃定若脩撰陳公之事是非豈昧昧然者而祠宇興廢猶反覆於百年之後況當時縉紳於朝廷之上者其能公是公非歟詩曰憂心悄悄慍於羣小於此益歎國是之難明人心之難一我高宗皇帝之
聖不可及故拜手稽首而爲之記

魏了翁重建大成殿記　常熟縣學之始圖乘放失僅有梁書至和紀年餘無所攷慶元三年縣令孫應時以言游里人也始祠於學新安朱子既爲證其事寳慶元年祠遷於學之左而孔堂闕壞茀不加治今令會稽王爚始至大懼無以崇化善俗約縮浮蠹踰年更而正之屬邑士胡洽胡淳庀其役以孔廟居左廟之南爲大門北爲言游之祠又東北爲本朝周子張子二程

子朱文公張宣公祠以明倫居右東西爲齋廬四
以館士爲塾二東以儲書凡祭器祭服藏焉西以
居言氏之裔通爲屋一百有二十楹而爲垣以周
之且增田四百畝有奇歲助公養之費凡言氏之
裔官爲衣食而延師以教之别爲田五百畝以給
其費白於郡郡於部使者爲廩以貯之經始於端平
二年冬竣事於明年之秋迺八月丁亥釋奠於新
宫屬郡人葉輔之叙其役以求記於了翁竊惟朱
子嘗記子游之祠矣如魯論所載二三事皆發揮
無餘藐兹孤陋安敢復措一詞然嘗讀禮書而竊
有見焉因記廟學之成併附其説夫檀弓不知何
人所作而一篇之中獨於子游極其稱譽雖於孔
門諸子率多譏評又以言曾並列其是言而非曾
者非一幾若偏於抑揚然即其書攷之大抵當典
禮訛闕無所考訂之時人之有疑弗決者以質諸
子游故前後典禮所闕者十有四皆以言游一言
爲可否亦足以見其爲時人之耳目雖汰哉叔氏
之一語若譏之而實尊之然則子游以習禮列於
文學蓋三代典章之遺賴游以有存者嗚呼信爲
豪傑之士矣昔柳宗元謂論語所載弟子必以字

惟曾子有子不字遂謂是書出於曾門蓋字與子皆得兼稱如門人之於孔子進而稱子不敢字退而稱仲尼不言子其次亦有既子且字如閔子騫等不一二人或子或字者又數人然淵弓至游夏最號高弟字而不能子也有子曾子子而不得字也就二者而論則字為尊故孝經字仲尼而子曾子禮運字仲尼而名言偃至於子思字其祖孟子字其師之祖相傳至今之人字仲尼者無敢以為疑仲尼作春秋二百四十二年間字而不名者僅十有二人而游夏諸子之門人亦各字所師相承至於漢初猶未敢輕以字許之即是而觀則子游以句吳孤遠之士遂得字而不子以列於高弟之目此又豈易易然者今吳門密邇行都而常熟為壯邑有如游之北學洙泗遂以習禮輩行顔閔寥寥千載間豈終無其人耶或者狃於習俗未有以自振我朱子既嘗表其事以風厲之予又何言獨惟山川風氣古今猶夫人也誦先聖之書服先賢之訓嗚呼其必有聞風興起以毋負建學尊賢之意者士

其勉之

汪藻范文正公祠堂記

孟子之言氣曰至大至剛以直養而無害則塞乎天地之間夫直之爲言以大公至正之道固守而力行之不爲富貴之所淫貧賤威武之所搖奪雖乘田委吏亦必盡吾誠竭吾職孝而至於安國家定社稷服邊境其功烈與日月爭光而精神折衝萬里之外謂之氣塞乎天地之間可也後世見前人功名之盛以爲數出於偶然不知畢以素定於胸中者未嘗無所從來而其銘鼎彝書帛者非一日之積也文正范公自未第時已慨然有天下之志不以死生禍福動其心逮遭聖天子有爲時其立朝如史魚汲黯其憂國如賈誼劉向守邊如馬伏波羊叔子雖庸人孺子莫不知之獨筮仕之初有大過人者國史失其傳固不得而紀之公以進士釋褐爲廣德參軍日抱其獄與太守爭是非守數以盛怒臨公公未嘗少撓歸必記其往復辯論之語於屏比去至寓無所蓄貧止一馬鬻馬徒步而歸非明於所養者能如是乎獄官有亭以公名之者舊矣公卒二十年高郵孫覺莘老爲廣德軍始以詩志公之事而刻之亭中又六十九年丹陽

洪興祖慶善來守讀莘老之詩而慕之初廣德人未知學公得名士三人爲之師於是郡人之擢進士第者相繼於是慶善乃求公遺像繪而置之學宮使學者世祀之而屬予記其事於戲公之盛德豈待文而後顯藻亦豈記公者哉昔段秀實盡忠唐世徒以爲一時奮取功名之人而不知居官亦有可書之事柳宗元爲摭其實上之史官今所以知段太尉之逸事者宗元發之也秀實固不足以語公而予幸從慶善得公之詳與夫事上臨下舉無所愧安得後世不采以補此史官之缺乎然慶善爲政而首及公可謂知所本矣柔亦不茹剛亦不吐文正公有焉好賢如緇衣慶善有焉其何可以不書紹興九年六月汪藻記

胡炳文三賢祠記

歙婺縣爲予朱子闕里亦既有專祠矣州學鄉賢祠復並祠二程夫子者何孔子之先宋人孟子魯公族河南實吾新安黃墩忠壯公後也忠壯公諱靈洗仕梁陳贈鎮西將軍開府儀同三司有功德於民配大享南史有傳宋號世忠廟封忠烈顯惠靈順善應王

新安誌序先達第一謹按程叔子撰明道純公行狀河南之程出自中山傳野又按歐陽公撰程文簡公父冀國公元白神道碑銘中山傳野之程出自靈洗文諱琳與大中公諱珦爲兄弟如是則新安爲河南所出何疑哉或曰朱子自書新安而建寧一世而近故書由新安而河南凡二十餘世中間遷徙不常故不得獨書然程子可不書新安紀新安之人物而不書程子是謂宋之後而不書孔子系魯公族而不書孟子非闕典歟近有爲道統之說者曰聖人之生天地氣化相爲循環曩在北岐周在西魯在東春陵新安在南夫斯道絕續天地自北而南天生聖賢以續道統之傳非偶然也方今程朱之學行天下薄海內外遐陬僻壤猶有學其學者況茲土佳山水乃其雲之泰山河之崑崙也哉此鄉賢之所由作也詩不云乎維嶽降神生甫及申吾新安以之又不云乎高山仰止景行行止吾新安之士當以之祠成於泰定甲子發其議者州學賓前兩貢補生京學諭草庭程公鼎新主之者提學官太守史奉議光祖記之者胡炳文書之者王儀皆州人也

韓膺胄知軍州事題名記

本朝內三省百司外自監司州縣皆有題名記非獨以記歲月到罷亦所以稽其人之賢否攷績用之若何揆他日之遷陟後來者得以鑒覩何可廢也唐呂溫乃謂壁記非古何哉豈非疾當時所紀虛爲緣飾乎故爲此記者宜直書官秩名氏使覽者審焉太平州太平興國二年置以紀年命名割宣城之當塗蕪湖繁昌三縣屬之西臨釆石北抵建康東接浙部南至宣城溪山清遠土風淳厚生殖繁夥人物穎秀先是領部符者多一時名士然郡宇洊經火災題名記久缺膺胄來領此州案牘猥盧莫克遠省姑記建炎以來守臣姓名刻諸石眞廳事之壁間云紹興年記

楊萬里重建壯觀亭記

儀眞遊觀登臨之勝處有二發運司之東園北山之壯觀亭是也亭立北山之椒居高俯下江淮表裏皆在目中自城中以望亭中如高人勝士登山臨水而送歸人也如仰中天之臺縹緲於烟雲之外也自亭中以望江南之羣山如驪黃駼耳競奔爭

馳而不可繫也如安期羨門御風騎氣隔水相招而不得親也米元章嘗官發運司暇則徘徊其上爲之賦且大書其扁至建炎庚戌火於兵再至紹興辛巳又火於兵淮人過者罔不慨歎今太守左昌時屬工徒爲屋三楹爲牆百堵前敞以軒後遂以檻種萬松以繚其西北又藝桃李梅杏楊柳千本以物其南谷儀眞之士民登而樂之相與謁予記且曰吾侯秩滿將歸於朝留之不可惟侯奉法循理節用愛人至於葺府庾繕溝壘訓兵戎虞疆埸夙夜殫力以整以備江海盜寇悉縛至麾下姦愚跡熄不敢竊發年穀洊登倍蓰他境因治之餘復此壯觀州人耄倪再見承平氣象俾過之者得以挹江南之形勝而起騷人之思北望神州而動擊楫枕戈之想則斯亭豈特遊觀登臨之勝而已哉願爲特書惠爾淮士以詔於無止余曰諾哉紹熙二年四月記

梅摯周孝侯臺記　府志東南有故臺基曰周處圖志亡之都人稱之登而四望江山表裏與陳跡槩見豁如也按西晉史處字子隱義興陽羨人弱冠好馳騁不修細行州里患之自

知爲衆所惡慨然有改勵之志里人以三害切諷於是射虎斬蛟往見陸雲具以誠告雲曰古人學道貴朝聞夕死君前途尚可第患志之不立何憂名之不彰遂退而向學有文言必信行必謹如是某年州府交辟仕吳爲東觀左丞吳平入洛累遷郡太守率有善狀擢御史中丞凡所糾劾不避權貴卒樹功名沒世遠耀噫天地至大根一氣陶萬化未始無過陰陽寒暑小有繆盭則從而改之卒歸大順而況於人乎古聖賢本天地之性以修其性亦未嘗諱過後之人不獨諱之而已抑又從而文之自底悔吝艮可嗟惜維子隱少而不逞長乃自悟一旦翻然去惡卽善遂爲名世忠賢可不重乎則中人所稟因物染遷爲時詿誤德有小眚言有小疵未甚於子隱之害於鄉而又何憚乎改爲哉予因表是臺新是堂非止卜高明之居夸游覽之勝而與民同樂亦將有儆時世云

陸游鎭江府城隍忠祐廟記　漢將軍紀侯以死脫高皇帝於滎陽之圍

而史失其行事司馬遷班固作傳弗載也維宋十一葉天子駐蹕吳會改元乾道正月甲子右中奉

大夫直敷文閣知鎭江府方滋言府當江淮之衝屏衛王室號稱大邦自故時祠紀侯爲城隍神莫知其所以始然實有靈德以庇共邦之人禱祈禳襘昭答如響紹興隆興之間北兵入塞金鼓之聲震於江壖而吏民不知所爲則維神之歸雖北兵畏天子威德折北不支退舍請盟府以無事至於流徙藪野兵民參錯而居處弗驚疾癘以息則神實陰相之吏其敢貪神之功以爲已力乎謹上尚書願有以褒顯之以慰父子兄弟之心越三月癸丑有詔賜廟額曰忠祐詔下而方公爲兩浙轉運副使右朝散大夫直徽猷閣呂公擢來知府事後上之賜五月癸亥大合樂盛服齊莊恭致上命神人協心靄雨澄霽雲風肅然來饗來臨於是呂公以屬某日願有紀焉某惟紀侯忠奮於一時而暴名於萬世功施於漢室而見褒於聖宋身隕於滎陽而血食於是邦士惟在力爲善而已豈有有其善而不享其報者乎史之仕乎是邦者必將有事於廟有事於廟者必將有考於碑其尚知所勉焉毋爲神羞

朱濵軍事判官題名記

州判與長官比也官不爲高而其名尊故古人有云賓者主之對也長官爲主我爲賓我得與長官相欵密有情也易達有言也易爲有事也可與辯難是非可否長有疑決焉有失正焉雖忤長或不我聽然不致恚與忿以其賓也噫位斯職者可以行志矣乃或不然視長官意向迎合奉承惟謹甚者從臾以成其非消政害民怨則諉其責於長曰吾不與豈忠於長者哉太平幕有判有推推有題名判無之闕典也濵乃遡考自趙師回而下凡一十三人序列而刊諸石虛其左俟來者續焉且使邦人他日登其堂睹其名必有指而別之曰某人賢是不肯視長官意向迎合奉承從臾而克行其志者可敬可慕某人否是不能不視長官意向迎合奉承從臾而不克行其志者公論凜然有不容掩使來者聞之其必竦然懼思所以志其長而惠民以求無負斯職則題名之作亦不爲無助云

周應合青溪先賢堂記

公卿大夫士可祠三道一德一功一金陵帝王州十

下數千年間有道有德有功者相望吳晉之臣皆
有祠而他代闕焉開慶元年秋資政殿學士大制
帥馬公昉祠先賢於青溪最勝處凡生於斯仕於
斯居且游於斯而道德功可祠於斯者自我朝上
遡漢周列位四十有一取於吳晉僅十有二先是
寶祐丁巳公以太常伯任留鑰建江閫政通俗阜
教民靡不勸章在勸來是祠所由作屬學諭馮君
去非定其可祠者而爲之贊會上謀荆帥趣公易
鎮祠事迄未備越一載進視四輔揃甘棠而臨之
凡前志未畢者是究是圖祠乃成八月壬辰舍菜
成禮會弁如星相古先民洋洋如在景行行止克
廣德心客有賦者曰吳鑿青溪千二百年九曲縈
紆七橋蜿蜒鳴雞射雉荒亡流連觀昭明之宮衙
樂遊之苑宣尼廟圯青姑祠荒此溪之所以堙而
流之尼於遠也今揭虔妥靈聖賢其居令聞廣譽
黼黻其書俎豆革管絃之靡聲教滌寡游之娱此
溪之所以濬而澤萬年之留都也公謂客曰子徒
識青溪之改視易聽而不知我朝之度越前代也
盍觀之是祠乎淸莫如子陵而隱之致堯其流也
忠莫如淸臣而子布子羽其儔也休徽之孝望之

之節子隱之勇內史之介逸少之雅仲倫子珪德
施太白東野之文皆可以言德而李若太伯之爲
至明哲則陶朱公整暇則茂弘安石英邁則士行
公瑾幼度皆可以言功未若孔明之爲盛我宋諸
賢功德兼之武惠士行也忠獻茂弘也忠襄望之
也忠定孝肅淸臣也介公滎陽之鄉也忠宣其謝
安乎正肅其子羽乎蔡惠致堯之優乎莊簡忠肅
公瑾之亞乎至若河南純公龜山文靖公南軒宣
公紫陽文公西山文忠公皆以道鳴者則漢而下
所未有也而皆萃於吾宋孔孟而後道不在茲乎
有道者必有德必有功而功之不究或繫乎時苟
不至德無以爲道本也重道德而輕功業人將卻
體而不知用崇功業而遺道德人將知流而不知
源吳祠所重在功而道德之意薄晉祠或功或德
道則未聞也古今並祠三者始備大學之道在明
德新民止於至吾會子發至善之傳曰君子賢其
賢親其親小人樂其樂利其利所以沒世不忘也
是祠之作因其不可忘而思其所可學其也道其
也德其也功勉而進之三者全則至二則次一亦
不失於令名社稷生民終將賴之二三子其有志

於斯乎客曰大哉新民之賜抑以得公尚友之志
公命記之並刻迎享送神之辭使民歌之其辭曰
長江兮淙淙踞虎兮蟠龍秀羣英兮禮樂覽千古
兮焉窮蹇誰留兮青溪穆將愉兮壽宫思至德兮
肇蒼姬避聖嗣兮與句吳竟長干兮遊五湖燦客
星兮隱東廬坐狠石兮定吳都懷仲父兮秦淮偶
燎赤壁兮偉北圖憶尚書兮西明居孝感兮冰魚
鹿苑兮儒書起烏衣兮見彝吾運百甓兮恢宏模
忠孝兮父子將相兮叔侄登治城兮想高世酌貪
泉兮徙西壁與文兮雷劉著書兮陶蕭大節兮霜
凜凜謫仙兮風飄飄雲龍上下兮東野桃花流水
兮致堯肆滎陽兮忠憤相先民兮迢迢天昌宋兮
將有曹平江南兮斧不膏德垂崖兮桑本哀美中
丞兮蓉幕高神明兮待制忠恕兮侍使春風兮壽
元氣圖繪兮回天意出師門兮道與南建留都兮
垂萬世仗征鉞兮江無波死封疆兮人知義采石
兮功之奇紫陽兮道之繼佐乃翁兮南軒開厥後
兮壹是澤斯民兮西山儼元凱兮是似庇管鑰兮
北門思尚友兮古人建芳聲兮堂廡合荃芷兮盈
庭嫋秋風兮桂枝繚荷屋兮杜蘅薦菊兮寒泉采

藻兮落成浴蘭湯兮沐華望美人兮莅迎芳菲菲兮滿堂靈之來兮如雲聊逍遙兮容與集琳瑯兮鏘鳴吉日兮辰良蕙蒸兮椒漿元勲兮鉅德日月兮齊光介民兮景福昭昭兮未央高山兮景行千秋兮難忘諸氏名行事各具本讚不復書公名光祖字實夫金華人受道西山後學稱裕齋先生云

杜杲重脩張南軒祠堂記

人之生有此心則有此知堯舜之聖此心此知也夫婦之愚無以異於堯舜以天而不以人則明以人而不以天則昏夫尊賢而賤不肖好善而惡惡此人之本心與生俱生天地之自然也比小人嫚君子趨惡而違善此習之而不知人欲之使然也何以言之匹夫信義行於里閈盖有盜賊斂干戈而過其閭者烈婦毅然而不可奪世俗固有立祠宇以奉之者是孰使之天實爲之人心之良知也降周訖孔至孟氏而道統不傳天理幾泯人心日晦由漢而下上下之間莫有任此責者至於我宋尊道重德已見於剏平肇造之初其後濂溪二程先生出而發聖賢之秘孟氏始行其傳道統於是乎有宗高宗以來文公朱先生以身任道開明

人心南軒先生張氏文公所敬二先生相與發明以續周程之學於是道學之盛如日之升如江漢之沛婦人孺子聞先生之名皆知其賢譬之景星麟鳳不以爲瑞者妄人也凡講習之地皆有祠宇崇尚嚴潔足以啓人之敬仰百年之間儒風彬彬豈無自而然獨金陵天禧寺之側有屋六七楹曰南軒實先生講習之地想其朝思夕惟參前倚衡天地之運化聖賢之傳授講求乎尊君救時之策發揮乎垂世立教之序闡百聖而不違通萬世而無媿是軒也豈容使之荒蕪而不治惜乎歲久希重道之士日就傾圮甚而春時爲游宴之所杲昨贅江淮幕猶扃閉空閒未至若今之狼籍心竊念之告之長而莫我聽近月闕事欲因舊而增新之此至殆不可舉目於是命工治葺內外整齊繪先生之像於中使承學之士載瞻祠宇人亡道在如將見之興起良知有躍然不自已者嗚呼間有當式者墓有當拜者此軒之當新庸非守邦者之責尚冀來者之不忘也繫之辭曰孟氏日遠吾道日昏道之明昏儒之疵醇學焉而疵韓董揚荀自時厥後疵亦靡間我宋立極日義與仁教風德雨太

和蒸薰篤生鉅儒濂溪二程文公宣公道鳴中興伊昔宣公講學斯軒南軒之名與道俱尊奚未百年棟宇摧傾今我來斯載瞻載顧亟命匠氏斬然一新有隆斯堂鏘鏘其門像圖惟肖奠位妥神遂使先師不窘寒溫牢醴時薦觴豆房陳豈軒之新軒存敬存礱石琢詞以告後人

郭祥正青山記

當塗有山曰青山又曰謝公山齊謝元暉守宣城時建別宅於此山而每往遊焉廢地遺址尚存左丹湖右長江穹窿盤礴延數十里為當塗諸山之表山之東南修松夾徑而上幾二百丈依岸立屋曰巢雲亭亭之陰甃甓為磴道又十餘又三門翼然臨於亭上曰白雲院院之中亭有石竇渟泉深三十尺色若粉乳而味甘益茶歲或大旱不竭因竇壘石為方池跨池為飛橋以登於殿殿之北為堂環以廊廡東為齋羞之廚西為待賓之所堂之北為檻面圃植金沙茶蘪蔓而為洞佳花美竹交幹而成林當濤明花敷之時遊人無日不來雖太守亦有時而至也由巢雲而望則春空晴明千里一碧良田沃壤高下而相連長溪深溝回旋而交映行人往來飛鳥

出沒蓋不可以目力窮也而或雲煙晦冥雷雨震
作窓戶之下咫尺莫辨居僧恬然見以爲常則院
據山之高處槩可知矣始謂之南峰院載於圖經
而無碑志可以考其建置之迹嘉祐中改賜今額
我先君金紫嘗祥符間爲進士結友習課於南峰
者久之吾母同安郡太夫人張氏又家於此山之
下予晚仕於朝或進或退數過是院登高遠望而
思吾先君之遺風思無可得者欷欷敗瓦不蔽風
雨未嘗不感慨太息而去至熙寧中有僧希仁始
來住持未果興搆遽卒弟子懷式者繼之式有才
畧不求於人而求於已一金而積積至數千萬緡
歷二十餘年而所謂殿堂廊廡三門池亭之屋一
切新之又召良匠塑佛菩薩侍衛凡九軀金碧輝
耀冠纓飛動爲一山之鎭焉嗚呼盛哉蓋院之廢
興繫乎主者之才否抑亦有其時耶朱受天命神
聖繼位皆以仁治天下好生而惡殺戢兵而惠民
是以時和歲豐民阜於財而浮屠氏求取於民者
無厭然民亦喜爲之施也於是列剎相望爭以侈
大爲勝事若式師則不然因山而爲屋因泉而爲
池壯而不僭朴而不陋聚景物之佳趣資衣冠之

盛遊其典作之費一出於巳而不求於人也得不謂之才乎浮屠氏聞式師之風者亦可以愧矣予故爲之叙其事刻於碑使後之人有以考焉

眞德秀明道祠記

先生之生鍾乎元氣之會學之所至純乎天理故其生色也盎然若春陽之溫其吐詞也泛然若醴酒之醇同設教於家而士之願從者衆同爭新法於朝而天子亮其忠用事者感其恍一時忤意者皆貶而先生獨畀憲節力辭不就去之而猶見思及其歿也士大夫知與不知皆爲流涕以爲時使見用必將有綏來動和之效非先生之心學純乎天理其孰能與於斯乎先生之仕也嘗主江寧之上元簿攷其設施若均田賦典本計息邪說正人心等事皆天理之流行著見者也乾道中資政殿大學士劉公珙知府事始祠先生於學宮而侍講文公先生實爲之記嘉定甲戌危君和嗣居其職乃請增而大之德秀時將漕焉捐金三十萬粟二千斛以助之未幾豫章李公珏繼至咸相其役爲堂三間中嚴像設而扁之曰春風其上爲樓高明潔清內爲齋

二東山王敬西口行恕後爲小室焉曰讀易外爲齋一日近思齋之側爲亭曰靜觀又爲兩廡翼之而刻河南雅言於其壁危君之於斯役可謂勤矣而又請爲之記再三返而不置德秀以固陋力辭而不可得也顧自惟念少知誦習先生之書而粗若有見者竊謂自有載籍而天理之云僅見於樂記先生首發揮之其說益明學者得以用其力焉所以開千古之秘覺萬世之迷其有功於斯道盛矣而其所以進於此則又有二言焉毋不敬以操存於未發之先思無邪以戒謹於將發之際涵養省察動靜交飭知天事人二者兼盡及其至也中一外融顯微無間則雖人也而實浩浩其天矣若是者其於先王之道有合乎否也過不自料次第其說以授之危君幸以爲然則刻之堂上以示來遊於斯者使知先生之道雖高而用力有要萬一有可爲興起之助爾

陸秀夫丹陽館記

丹陽館之所始無可考按郡志紹興十四年朝廷命守臣鄭滋建之於時和議既成館是用作中門南向接送件使在東館客使在西館厥後凡奉法銜命者皆館

馬部使者亦如之在郡國諸邑爲特鉅屋與歲陳凜凜將墜於是百二十有六年矣咸淳五年冬長沙趙公以外司農典刑顧謂是邦江淮閩浙之所交也四海賓客之所合也軺車驛騎之所會也而舍於隸人不亦羞當世之士乎七年春乃一大修悉撤其舊而新是圖木甓瓦石厥材孔良孔惠孔時役不告勞暨訖工功與翊署等而其鉅也加於昔落成馳書秀夫曰子之居是邦也盍記諸竊嘗稽之周官里有市市有候候館館有積嗟夫此王者之政也晉文公崇大諸侯之館猶汲汲焉繕修是務褎城驛甲天下會幾何時庭除荒堂廡殘過者太息令州縣皆驛也夫以古人則視館如寢後世則視州縣如驛蓋學之不講而吏道之衰也久矣公共工於茲能以達之廉以奉之心休而力有餘茲館固舉廢之一事嗚呼古之所以創中之所以獘今之所以修其可以弗記公名潛字元晉忠靖公之子忠肅公之孫忠肅師張宣公淵源所漸有自來矣奉議郎官特差充京湖制置大使司主管機宜文字

陸秀夫記

江南通志卷之第六十八終

江南通志卷之第六十九

藝文

記

元吳澄丹陽書院養士記

黄池鎮有書院舊矣自宋景定甲子貢士劉君肇建郡守諸公以聞朝錫丹陽書院名額撥僧寺没官之田二頃給其食厥後僧復取之書院遂無以養士至大戊申憲使盧公議割天門書院之有餘以補不足令旣出會公去不果如令人匠提舉陳侯分司黄池暇日與群士遊習知書院始末慨然興懷移檄儒司儒司上之省省下之郡郡太守王之力竟如憲府初議俾天門書院歸田於丹陽以畝計凡四百侯猶以爲未足以贍乃勸士之有田者數十家曁官之好義一二人各出力以助或十畝或五畝有八畝七畝者有四畝三畝二畝者積少而多所得之田以畝計凡二百噫丹陽書院之創垂五十年而教養之闕餘十年今一旦有田

六百畝盧公開其始陳侯成其終盧公勉勵學校罔其職也陳侯典與治絲設色之工而用心儒教有出於職分之外者尸祝越樽俎而治庖可乎唐風之詩曰職思其居又曰職思其外夫居者其分也外者其餘也唐風思之遠者也於職既盡其分而兼及其餘所思可謂遠也巳陳侯有焉侯所勸率隸匠籍者五之一隸儒籍者十之八此豈以氣勢利害動而使從哉能得其心悅而樂助蓋有以也非才之優識之定其孰能感人如是用之疆畝名數人則湮羣士請勒諸石而陳侯之功尤不可泯春秋常事不書侯此舉非常也宜得書若夫士既有以養必知所以學是不待余言也侯名童單州人

重建滁州學記

滁州學正劉默言

滁學在城東偏滁水經其南宋季年安撫金之才修州城官廨修諸神祠亦新孔子廟其時滁邇邊界日有警備於多事之際興百役不數月俱告成率苟簡取具距今才四十年餘敗壞而不可支奉訓大夫徐侯守是州潔巳愛人爲政期年民恢其

惠士服其善禮廟屋不修禮器不中度同列議吏
之一日謁廟畢憮然日滁爲古名郡前守多名賢
以文教治民治民之本蓋自吾夫子出天朝崇道
興學以昭化原今廟貌如此凡我政人與爾學子
安乎聞者莫不感奮輸貲効力以先市良材命良
工撤其舊而改作侯親勸帥之經始于癸卯之夏
落成於甲辰之秋廟四阿崇六仞有二南北五筵
東西五筵兩廡崇三仞有五寸東十有七楹其修
十筵西亦如之門之崇如廡深丈有四尺廣五尋
有一尺東中西凡六扉列二十有四戟左塾之室
三右塾之室三外三門之楹六祭器以梓以陶古
制也大尊山尊著尊朋參之爲壺尊犧與壺鈞象
倍犧之數爵二十有九俎五十有四籩豆以十計
簠簋以二計皆八罍洗各二篚七爵有玷籩尊有
寡罍及酌尊有勺諸用物稱是此默所職掌而得
免於瘝曠繄侯之賜請記其事俾後有考期有嗣
而修之者也澄觀今之蒞政者非昏墨以遂私圖
則苟且以逭公責夫孰知治之當務其知者不過
精諳獄訟簿書問以爲能夫孰知治之有本哉徐
侯治政可稱而知士學爲重知聖道爲尊知天朝

敦教厲俗之意不可不承宣也嗚呼賢哉可謂知治之本矣侯之民滁之士其亦知學之本乎記誦以夸其贍辭章以逞其艷末也必也處內處外而有孝慈恭遜廉恥忠信之行明於人倫日用之顯通于天道物理之微審于公私善利之機存其仁義禮智之心撿其氣血筋骸之身其靜也中其動也和周于家國天下之務無施而不當退則有志有守進則有猷有爲庶乎其可也若夫日講聖師之書而不眞知不實踐于是數者無一焉則亦剽竊訓詁涉獵文義而已耳與彼記誦辭章之末何以異而豈侯之所望於滁之士者哉大德八年十二月朔記

陳天民望江縣講堂記

王化自北而南修文學以風天下崇儒雅以倡士氣復徭役置學官帝王之道光演于明時聲教之暨流聞于四海由是郡邑教化之宮與昔比隆矣雷川縣故有學燼于兵火假宮薌江元天開闢諸賢綱維斯道前尹張公魯瞻以先聖遺像巋然獨存于烈焰之餘深歎其異遂載以歸後元公榮爰即舊址起立黌舍行釋奠禮至元辛巳正室成大德

丙午始建東西廡及門衆士經營壘葺寖還舊觀
百爾器具以次咸與獨講堂則有所未暇焉皇慶
二年春天民承乏來茲始圖撤舊而新之爰咨爰
度鳩材徵工卜日鼎搆土木之費浩繁學租之入
用度不足盡供前庠方開宗贊議以補其不逮協
力以助其不給用底厥成羣儒之功爲多學介縣
治北大江横其南雷江直其東昔傳沙塞雷江口
狀元從此有縣隹讖語也至是一夕沙洲忽生典
賢之明詔正頒開先之符肇見文明之運適當爲
多士賀也先是田租歲入名存實亡於是始理疆
畝覈欺弊邑賢大夫歷福達勢劉榮祖簿正索羅
崇風化正公議奸黠欺負之徒莫逃於明鑑工既
訖則學宮之制備學田之疆域復邑賢大夫俾記
其事且刻田之疆域於碑陰庶幾來者有稽賢宰
之美亦藉以傳遂爲銘曰孔聖之道百王所宗國
都郡邑孰非王宫聖道彌光大成益封春日桃李
化雨文風雷江之旁翼翼宮墻有相之道歸然靈
光藏修有地講讀有堂多士游歌濟濟洋洋棟宇
伾伾遠矣成規誰
歟來者尚其葺之

揭傒斯龍眠書院記治民之道使民知禮義而已使民知禮義先示其所向而已民知所尚則知所向方哉廬州舒城長樊理溥化用湖廣舉首取泰定四年第得茲邑首理學政咸用其學以教導民民始益知人之所以為貴儒之所以為重而復知所以養生而送死居二年曰民其可教矣乎如是又治地邑東得李公伯時龍眠山莊故基於東禪寺舒王祠西嘗沒於寺者據山川之會想昔賢之遊處乃會其祿入募工度功作書院以事先聖先師以為出治立教之本不踰時而成凡殿堂門廡齋舍庖庫及李公之祠為屋三十有六楹以其面龍眠之山端嚴奇峻能出雲雨膏澤天下榜之曰龍眠書院且示不忘李公之故而邑賢者范鳳瑞割田二百畝以供祭養既告成於廟遂立之師進諸生而教之凡民有來觀者必勸之以學是時上既撥亂集大命兵革未息饑疫未復郡縣長吏能以荒政自任且不足遑知禮義之教哉而舒城勸分則出粟之家惟恐後民之強暴子弟一有弗若則父兄長老切責訶怒惟恐見絶於長吏休休焉方日以興學為事舒之民卒

無一人攜離轉徙者長吏豈獨賢民得其所以生者也舒著於春秋故山有春秋之山水有舒水始入於隨後併於楚其民勇而好義非獨舒爲然楚之城皆然故楚常爲强國最後宋室南遷賴其民薇遮江淮幾二百年然當時學校之教鬱而不施仁義之政厄而不行養生者不得盡其歡喪死者不得究其禮此非上之過長吏之責也今吾君旣畀爾以賢長吏一以詩書禮義覺爾民民亦知所尚乎若日升其堂陳其罍設其牲齊而行其典禮如是而已此事聖人之疏節也此作書院意也舒之人尚其勗哉李公諱公麟邑人博學好古舉進士歷删定及檢法官未老致仕蘇文忠黃文節二公嘗過其山莊故合祀於堂之北是役也建始於天曆三年之春而改元至順縣學之明倫堂亦其所建也是歲冬十月朔記

虞集樂全堂記

華亭黃君宗武隱居長泖之灣植耕桑乎衍沃藝卉木乎幽勝上以奉乎百歲之父母下以長其奕葉之子孫優游焉誦詩讀書於太平之日蓋厚德之致也而時未有

聞焉其季子璋舉進士貢於京師而大夫士始知其家有所謂樂全之堂者皆欣然稱道之璋來求文以爲記夫黃氏之樂如前所云者信乎其可謂全也已親之壽也身之康也子之文也甘旨之充也藏修游息之有其所也遭夫時之無虞而不見外事也將天錫之以全也與噫求全焉則志荒有其全則意肆善保其全者知止而不自足者也長沵之樂蓋如是乎若夫聖賢之所至與天地同流而無所虧欠間斷而後樂生焉是又全而樂者也璋歸試誦予言於家庭之間乎

胡炳文鍾山遊記

江以南形勝無如昇昇鍾山又昇最勝處予至昇首過上元謁明道先生祠禮畢即度關遊山夾路松陰亘入九里清風時來寒濤吼空斯須寂然如故路左入半山先是謝太傅園池荆公宅之捐爲寺至今祠公與傳法沙門等出行三四里又入一寺弘麗視半山百倍龕鏤壁繪光彩奪目詭狀萬千兩廡級石而升四五十丈始至寶公塔塔邊有軒名木末履舄之下天籟徐鳴浮嵐顆翠可俯而挹下有羲之墨池投以小石遠聞聲出叢葦間徑陋荒蕪遊客罕

至獨拜塔者累累不絕長老云寶公巢生里人朱氏取而子之後成佛凡禱水旱疾疫如響語多不經由塔後循山而左過安石讀書所山石嵒壘忽敞平原修篁老檜萬緣相扶風鳴交加儼作當時唔咿聲又行數里休於觀音亭其旁八功德泉有聲鏘然汩汩至亭下則囦然以瀦或謂病者飲此立瘳衆相飲予以無疾不飲遂回塔後攀松升磴六七里至山椒鉅石人立予登石以坐鳳臺鷺洲渺不知在何許但覺綠白縈青隱見烟霧間城中數萬家樓閣如畫其間曠無人處六朝故宮也北視楊子江頭一舟如葉行移時不甚浪楫風帆想數十里遥蟠龍踞虎亘以長江其險也如此黄旗紫蓋王氣固有時而終令人悽然久之下山至七佛菴白雲悽潤巖壗壚不來一僧噓石爐灰點茶鬚眉如雪一僧蓬跣岸邊拾松子以歸語客質木絕不與前寺僧類聞其下有猛公菴子文廟山水稍奇麗率爲事神若佛者家焉欲訪猿鶴山堂莫得其處遂朗吟小山招隱循故道御天風而下兩袂如飛至入關復至明道精舍少憩而歸因喈喈曰昇自紫髯翁以來幾興衰矣眼前花草無復當時

光景伯子春風千年猶將見之至若熙寧相業非不焯焯然炫人耳目迄不如主上元簿者復祠于學何哉

焦景秋韓稜祠堂記

淵德公者下邳令潁川韓稜也邳在漢爲邑公莅之俗美而政興邳人追思立廟在岠山之陽左環武水右跨清流誠勝槩也凡邳境値水旱災厲咸往禱而輒應唐貞元九年大搆祠宇宋因之封以淵德公節立碑紀其事元改軍爲州故平章政事徐忠肅公監此郡爲重葺之歲久棟椽毀墜不可庇風雨忠肅次子監歸德府過家上塚展謁祠前仰觀周覽愴然興慨以爲先公之所建明神之所棲奚忍如是遂言于州之僚佐咸願捐俸共成之嘗考諸史傳公字伯師令下邳時他邑有冰雹之災邳獨不雹大臣上其事徵爲尚書肅宗賜以寶劍自署其名曰韓稜楚龍淵以公淵深有謀故爾宋之封亦取是與後事和帝位至司空故老相傳云公平生不飲一日侍上而醉帝問故公對曰今日爲臣生辰邳人其或奠獻所以致此遣使驗之果然夫

古今爲守令者俾民在位而嚮其化解綬而慕其德尚未多見也況生而懷其惠歿之澤死而驗其禍福之靈鼓舞一方奔走承奉殆絕無而僅有矣公名芬漢史神聲邪土使人不疾病歲不凶歉雨暘時若冰雹不至去世千有餘歲遺愛赫如廟而祀之誰曰不宜祠成公命予紀于碑陰

吳師道梅公亭記

士君子宦遊之方去之數百年人猶想其風烈而不忘至于崇表而章顯之是雖好德之心然其所以使人至此而爲末俗之勸者豈小哉池之建德故宋尚書都官員外郎國子監直講梅公聖俞景祐間爲知縣事集中詩幾百篇皆在是邑作而當時風物宦況之大略可考見也後人嘗于郎官舍西偏爲梅公堂以祀之既廢而令柴夢規重建于縣圃之北世易事更復改縣後之半山亭爲梅公亭以識其舊未幾亦化爲荒墟師道之來也散行遺址見大礎在茅草中蕘兒牧豎躑躅其上老木三數株錯立蒼然爲之躊躕太息自是營構之念往來于懷越明年始克就緒爲屋三間限以周垣鍵以外扃飛簷虛檻高亢疎明既與邑人慰其景仰之思而溪

山屋室環繞映帶又得登臨之美以相樂也當宋之初文體甲陋公倡古淡之作一變其習歐陽子以一世巨人而盛推尊之若已弗及又以仁厚樂易溫恭謹質稱其人一時諸公交口論薦雖仕不大顯而文學行義足以儀當時而表後世剏建德肇邑自唐令長凡幾何人而公之名獨稱之至今是豈可以勢力致哉使凡吏于此者登公之亭誦公之詩思公之所樹立以自勵則斯邑之民將被其賜于無窮不然是皆公之罪人也師道于公無能爲役然不可謂無志于自勵者斯亭之作既自爲之經營而衆來致助乃命邑人陶起東董其事不以煩民庶幾可久尚告來者嗣有葺焉其或迂吾之爲漫不顧省任其圮壞泯滅亦獨何心哉亭成當至元三年丁丑之歲十二月乙亥明年某月日記

郝經鏡薌亭記

中統元年夏四月宋維揚火人屋燼盡經適奉使告登位宋人以火餘無以館客乃於儀真郎忠厚軍營總制真州軍馬所置館鏡薌亭則館外東偏水亭也入館之初

不知有此明年夏伴使潘拱伯輩始邀一至其後或數日或數月一往焉眞州瀕江在老岸下漕渠池塘皆與潮通東接維揚南對金陵岸在六朝爲白沙其後爲迎鑾爲揚子宋大中祥符中升爲州自唐劉晏筦鹽鐵江淮之人仰食海鹽於是置揚子十院漕鹽以給江淮而運行入於中州宋人因之置淮東運使行商船賈遠近畢集故爲江淮一都會號稱揚一眞二亭則眞古揚子院今運使後其東南垣墉則揚子故城也而館與州治縣衙宣聖廟天慶觀等皆在縣中縣即州子城矣館東之池亦與潮通而亭處其中有故隸字榜曰鏡蘂亭池中一甬路直亭南北界池爲二池有蓮蒲而柳皆成蔭拘滯之間時得攺步寓目者惟此焉歲益遠出益希今年春復爲一往以暵旱之故荷死柳折潮不復至而不可復觀矣於是自春踰夏不復出焉初朝廷於泌南賜第一區田十頃州吏進牒及圖則其田河陽封畛包絡全得揚子一店在黃河老岸下明年遂入宋每登是亭與古揚子縣城相對江壖河濆殆無以異恍然而悟曰天下事斷不偶然行使止尼殆必有主張者河濆之田有以

兆此行矣乃書其入舘登亭之事以寓感傷焉他日復到河濱之野而思舘中之亭則必如今見舘中之亭而憶河濱之野矣彼且爲是耶此且爲非耶彼此之間其一揚子耶

徐抗翁太平市淮河記

有城邑則必有河渠流汙瀦清通舟楫溉田疇濟常用備不虞河渠之利大矣剏太平處江湖之間欲左控右引以致江湖之利河渠其可久廢哉府治舊有市淮河南起姑溪北抵襄城袤延千有九丈按圖經剏於宋初逮慶元以後不復浚治湮塞成平壤居民侵之中僅有一帶隱軫者人指曰此市河址也壅底弗宣水土鹵墊民病隘湫延祐七年永嘉陳君昌來司郡獄因揖當塗縣事建明浚河府下其議咸曰太平地形使市河舊有之而今復之理則甚易也然以八十年之堙塞長子老孫所不識營田不濬都水不能治今遽浚之勢則甚難也陳君曰惟忠誠之不立至誠可貫金石况復舊乎王之尤力府從其請就倚辦焉于是程土物議遠邇規財費商工力捐巳帑登穀具醴以倡以率官吏軍民儒醫僧道均樂効力凡募夫五千餘名

經始於至正元年八月明年夏閏五月完南至天井關太平閘北至襄城閘啓閉以時不愆於度是以波流上下潮汐與海通淪漣淸泚槐柳陰翳于兩傍紫鱗文貝風帆雨檣憧憧來往如人之新沐而耝目增明秀也疏其滙而氣愈精爽也餘波溉田數百頃民獲其利昔之頌子產者轉而頌君矣郡人錄其事以求記且曰陳君誠良材也往以才入吏於渠平寃獄六雪囚二十三今司郡獄獄事晏然捍當塗縣讞疑獄斷滯事二百件衆服其神明則浚是河也特其釁底智爾予曰姑孰郡中前則桓溫劉裕後則謝朓長庚遊眺成群歌舞成行慷慨詠歎成章而今安在哉湜豪邁於當時振文藻而自得孰若兹之有志于民而同其憂樂也是爲記

汪克寬梅烈侯祠記

豪傑之士生於其鄉歷千百世而鄉之人思之不忘像而祠之是必有其故矣叔孫穆子有言曰太上有立德其次有立功其次有立言魯鄒之祠孔孟以其德也錢塘之祠錢鏐以其功也濟南之祠伏生以其言也梅侯名鋗世居新安之祁門漢初鄱君吳

芮以侯爲將軍俾率百粵之兵從高祖伐秦入函谷關暨天下既定以功封爲列侯食邑十萬戸侯故城在邑西十里所居在邑城之東今爲洞元觀墓在城南二里今爲大悟法萬安寺舊有梅祠在寺之左至正壬辰夏燬于兵明年大梁趙君某來宰是邑亟命重建民驩趨之爲屋四楹貌侯其中丹青黝堊照燿炳煥邑氓瞻仰乃礱石而徵予記其槩余謂吾郡有古丘墓三唐初汪忠烈墓在歙北之雲嵐山距今七百餘年陳初程忠壯墓在歙西之黃墩距今七百年俱立廟墓道尸而祝之唯侯之墓自漢迄今千五百餘年而鄉之人思之久而愈篤稽諸漢史吳芮始爲鄱陽甚得江湖間民心侯爲鄱君所信任其得民心諒矣然則民之思之不惟其功而亦以其德乎其繼自今治于是邑者亦如侯之得民心則安知他日不以思侯者而祠之哉

黃溍古齋記

古齋者雲間曹君貞素之所游息也曹君之先爲永嘉大族其別于雲間有爲宋季名進士者君之伯父也家益克所居益以侈大尺椽寸甓皆非先廬之舊獨此齋之屋舊

爲六世故物自君之曾大父宮使府君徙置今所號爲西齋於是又八十有六年矣君復繕治藻飾環以佳花美木池臺水月之勝蕭然如在穹林邃谷間更號之曰古齋而以書來徵文爲記蓋將示後之人使無忘也夫所貴乎古者豈不以先世氣澤之所存乎彼沾沾焉慕爲榮古而陋今者曾不足以知此方且巧取豪奪乎人之缺壺破斧枯竹敗素棄遺無所可用之物摩挲把玩而以傳古自命至于其先人之廬一椽之折一瓦之隳易而去之唯恐不亟視君之爲亦可少愧矣商人之詩曰自古在昔先民有作夫謂之先民而又謂之昔謂之古其辭之繁而不殺者非以致意於居處物器之細而已引而勿替心有事焉庸書而歸之俾刻石陷諸壁間庶幾後之覽者復以今爲古而彌謹其存也

汪澤民遊黃山記

黃山在宣歙境雄鎮東南山之陽踰百里爲歙郡治其北北三十里爲太平縣又北抵宣治所二百四十里不當通都大邑舟車之走集而遊者罕至今年四月九日

余始得遊焉山西之麓田土廣衍曰焦村蓮峯丹碧嶒崚攢蹙若植圭若側弁若列戈矛若芙蓉菡萏之初開雲烟晴雨晨夕萬狀由焦村南道二十五里至湯嶺仰視羣峯猶在霄漢間岡阜蟠結鑿石開逕巉嵓欹危瀑布聲訇隱如雷怪石林立半壁飛泉洒巾袂當新暑凄然而秋又十里憩祥符寺寺前淙流走萬石間山皆貟松名材藤絡莎被蓊薆蘢茸下有靈泉自硃砂峯來依巖連二小池上池瑩徹廣可七尺深半之毫髮可鑒泉出石底纍纍如貫珠不絕氣馝馞若湯酌之甘芳蓋非他硫黃泉比也明日試浴垢旋流出纖塵不留令人心境清廓氣爽體舒相傳沉痾者澡雪立差理或然也寺有南唐碑初名靈泉院宋祥符中改今額又龍池距寺左三里許奔薄瀉石潭中亭午照燭五色璀璨誠靈物所居夜聞啼禽聲甚異若歌若答節奏疾徐名山樂鳥下山咸無有行寺旁近見數峯凌空僧指云芙蓉硃砂其尤高者天都峯也上多名藥採者裹糧以上三日達峯頂余心甚欲遊之而鳥道如綫不可乃止凡再宿寺中還至焦村之二日行十里遊翠微寺古松修篁石澗橫道

僧橋焉覆之屋以息遊者淸泠靜邃已隔塵襟余爲榜曰翼然至寺庭有井泉僧言北麻衣師卓錫處泉亦淸美不涸不溢一峯卓然獨秀直峙東南隅曰翠微峯其條支迴互寺居盤中故諸峯俱隱不見明發行十五里過白沙嶺往往攀崖壁牽蘿蔓或小木貼巖若棧而度幾不容武旁臨絕壑惴惴焉不敢俯而窺又七里至絕頂頂平廣倍尋方據石少休時晴雨旭霽氣象澂潔環覼數百里岡巒墟落歷歷可數九華緣翠若蓮開陸焦村向所見峯皆平挹座間俄頃白雲滃起遥山近嶺如出沒海濤僅餘絕頂槎泝天漢中倏又斂藏如掃如是者三可謂奇觀矣日暮抵寺亦信宿焉又二日從村北十里登仙源觀至元中新安吳萬竹習靜茲壤嘗衍易宛陵誇詡其勝余贈詩還山今竹存而吳逝已久林阜周密南列翠峯鍊形引年者固其所哉旣還憇吾宗公仲雲松樓越十日踰與嶺而南所謂三十六峯者騈列舒張橫絕天表衆岫疊嶺效奇獻秀盡在一覽行田疇竟遡登橫嶺陟小丘道在竹杉陰森中小徑縈紆屋纔數間一僧奇龐逝八十煑茗進菓自言結搆力田間則持經

翫空歷二十閒矣門外營草亭往來休焉庳陋將壞余將改築亭之右丈餘南峯翔舞迎乎前北隴奔躍騁乎後左右翼如景益清名之曰芙蓉亭而未暇也循巖曲抵白龍潭巨石谽谺洶湧衝激淙不可測歲旱禱雨立至又度板橋有小庵食澹若修數輩居焉嘗有逃空谷者出奇方療人疾頗衆既亡瘞浮圖中余將徵夫山水軫繞自輿可屏塵事遂宿焉聽泉而去凡道途爲里若干皆樵牧負販者隱度云然非有竢以步而計也昔大德戊戌歲得茲山圖經神思飛越而因循皓首甫幸一至至又弗克久留而去每登山時宿雲收雨紫翠如沐山下之人皆以爲山川英靈有相之者余亦竊自喜因思向在南安之日造南源山禱雨龍湫跣揭亂石急流中腰絙梯藤登懸崖上而後下至潭所其巖險視茲行爲甚是故樂淸賞以酬宿昔志躋攀之勤而不知高深之爲懼也余當謝事與二三友結宇讀書以畢餘生較之充詘于聲利而不知止足者不猶愈乎將至元再元之六年庚辰歲也

余闕合肥修城記

至正十一年寇起淮南自浙西江東西湖南北以及閩蜀之地

凡城所不完者皆陷合肥之城久圮倉卒爲柵以守柵成賊大至民賴柵以完其後僉憲馬君至顧而曰以柵完民幸也非所以固迺白皇孫宣讓王及憲使高昌公議修其城遂發公私錢十萬貫召富人之爲千夫長百夫長者傭小民相所圮廢盡築之富人得官發錢無甚費咸喜助不足小民方饑得傭錢奔來執事鼛鼓不設鞭朴不施捧柴荷畚鍤至競作自十三年二月朔戒事九月畢城四千七百有六丈六門環爲睥睨設周廬具飾器門皆起樓櫓相盜所所必攻者甃之計用木若干甃四百四十八萬用人之力七十七萬八千城成而盜不至者今期月矣余生長合肥知其俗之美與夫所不從亂而可與守者有三焉其民質直而無二心其俗勤生而無外慕之好其材强悍而無孱弱可乘之氣當王師之取江南所至諸郡望風降附獨合肥終始爲其主守至國亡乃出降天下既定南人爭出仕少不達則怨議其上而不可止吾合肥之民布衣蔬食秀者治詩書朴者服農賈婚喪

社飲合坐數百人無一顯者無少疾怒不平之色驅牛秉耒雞鳴而耕朝而息日昃而耕暮而息不合耦而終十畝負二石之米日中超百里而無德容惟其質直而無二心故盜不能欺勤生而無外慕之好故利不能誘强悍而無孱弱可乘之氣故兵不能詠昔者木柵猶足以力戰禦寇而無背失身于不義者今而得賢使君修其垣墉救其疾若攜持撫摩以與民守之而民之與君又歌呼愛戴與君共守自今至于後日是雖無盜有亦不足憂也君前爲庸田僉事城姑蘇今憲淮南又城合肥一人之身而二郡之民賴之以有無窮之固儒者之利不其溥哉君名世德字元臣由進士第歷官應奉翰林文字樞密都事中書檢校庸田僉事又其官與余前後爲史氏城又余之所志而未成者也因爲紀之其執事與凡供役之人則載之碑陰

呂艮佐來德堂記

松之南其鍾水曰大泖有川谷導其和陂塘汚庳以產其美其氣不沈越故宅是者多殷饒然其木也易流滛靡虞于湛樂而替于隸圉者亦不少焉惟植之以德

聳之于身而儀之於子孫如呂氏輔之者不能百一也輔之名其其新堂曰來德其貽後也遠矣嘗謂予曰某視吾鄉富而佰者某某某今其氏已踣而不振遠不二葉三葉近不二十三十年吾懼焉故堂以是名某將曰修吾德爲久久計非一朝一夕計也予謂細人之爲歲計者來之以穀五歲十歲計者來之以木然不種則不能必其報于如期之後也惟大人君子爲百歲計者來之以德種益大而來益遠來益遠而享益豐大人之必報于弗近者又豈細民之所能識哉然遠近不侔也種而來其報一也輔之仁長者也有仕才不屑仕也將遺之子若孫也來德之日至子孫其有名世者作乎抑余聞黍不爲黍不能蕃蕪木不爲木不能蕃毓德不爲德則不能蕃殖也德之基爲來之期者可不慎矣乎吾觀輔之氏輕財好義行若古人棄貴而施舍補乏而振滯燕以事耆老餞以勞賓旅聚莊以仁乎舊族設塾以淑乎賢才吾知輔之氏之爲德也至矣期於來也遠矣傳不云乎與者有呂申之功以其功之來者遠也輔之氏思承其後以繼其興者尚以余言勉之哉

賈伯良余忠宣死節記

有元設科取士中外文武著功社稷之臣歷歷可紀至正辛卯兵起淮潁城邑盡廢江淮之間能捍禦大郡全盡名節者守舒郡余公廷心一人而已公家世淮西自擢高科登要職以浙東僉憲來鎮舒郡始至舒時國門之外數十里之地皆盜柵也公身率壯士累戰而勝盜遂退乃爲攘剔傍近之地令民耕之築城壘修矛戟募勇士以圖克復癸巳歲朝命太師右丞相脫脫征討江漢使至舒公即奉命率兵卒出境戰潰羣寇遂平樅陽盜柵維時湖廣陳友諒據上流趙雙刀據池陽公常具戰艦數百艘借羅江西往來皆爲二寇邀遮然與戰無不克捷或誘至城下設奇俘獲尤多盜爲輿股慄駭嘆舒屬六邑皆爲盜所據民有逃移至郡之絶糧饋公捐祿米二百石以賑恤民乃安凡盜至民亦爲力戰時予自閩海還舒謁公於館下公延予門塾俾教授子弟翌日侍公於城之南樓語及國家顧語予曰余荷國恩以進士及第歷省憲居館閣每愧無補報今國家多難授余以兵戎重寄豈余所堪然古人有言爲子死孝爲臣死忠萬一不

幸吾知盡吾忠而已丁酉冬十月上流陳寇至郡城圍及兩月公累出奇兵以戰陳寇死者甚衆益思不能獨勝乃會趙雙刀水寇上下來攻戰艦萬艘鼙鼓震動砲石繹繹公益奬厲將士無懼色十一月趙寇急攻南門陳寇攻東門寇見我兵猶盛遂皆退十二月趙寇復攻城東公誓將士曰今城守孤危汝等當爲國宣力有功當賞否則戮以狥將士皆以死自効血戰至暮兵不利公被矢傷左目神思昏惑將士遂衛公還至閤內甦而驚愕謂左右曰全忠報國吾分內事耳使吾死得其地瞑目無憾汝奚以我歸耶於是將士復衛公出戍戊戌春正月盜整兵大合舳艫延亘旗幟蔽蔽公率將士及城居之民戰於城西門力戰至午城遂陷公北面仰天嘆曰吾守孤城七年今兵疲力竭不能滅寇雪恨願以死報國乃拔劍自刎墮壕西濤水塘而死陳氏以金購求得之具棺槨衣衾葬於城外公之夫人蔣氏聞公仗節即率女安安竟赴井死長子名德臣時年十八能熟記諸經書慟曰吾父死於忠我何以生乃溺死於後園之淡池甥名福童善戰有勇力亦戰死於城壕之間姪婿花李

爲義兵萬戸自城外馳單騎回其家人勸之降李怒曰吾受元帥節制平日甘若元帥與我共之元帥巳死吾降異日何以見元帥於地下耶且汝等亦當隨吾盡忠無爲人所魚肉乃盡驅之一室無大小咸亟殺之然後坐取巨觥飲拔刀自刎而死賊衆入見斷其首而去其餘將士若萬戸紀守忠金勝宗鎮撫陳彬千戸那海經歷段玉等俱不肯降咸戰死於鋒鏑之下噫自古忠烈烜赫者惟唐巡遠宋文天祥而巳若吾余公廷心鍾光岳之靈氣有文武全才方氣運之盛黼黻大猷煥然可述當多難之秋戰守之功鮮有儷者及夫援絶城陷乃能秉節不屈視死如歸尤人所不及先民有言疾風知勁草板蕩識忠臣其此之謂與然公之忠節固職之所當爲而公之夫人若子若女一門之節義又世之所無者予素君公之館下凡公之政績不及枚舉而公之大節敢不紀之以傳之後故爲之

記

許從宣吳江州學大成樂記　按周制大胥春入學舍菜合舞秋頒樂合

聲故凡釋奠必有合也其登歌清廟下管象舞大武是也故月令仲春上丁命樂正習舞舍菜學校禮樂所自出小有舍菜而以食爲主大有釋奠而以飲爲主其於學校習舞與聲大合六代之樂一也吾夫子以聖人享南面王爵歷代尊崇禮頌之縟情文之備至於今莫之能尚也唐貞觀間太宗以文治然其廟享聖人襲用齊典禮儀設軒架之樂六佾之舞而已繼後開元間釋奠始用宮懸之樂至於故宋崇儒右文可謂至矣然春秋上丁釋奠東序上戊釋奠西序雖登歌有部至其用樂不以軒懸而以判架兼不設舞位先儒嘗有歌而無樂非古人習樂合舞之意也遂乞釐正以表尊崇至考唐之儀君其釋奠於學鐘磬筦籥絲聲在絃匏笙並陳柷敔合止賁鼓間作塤篪和鳴具有成式禮將陳協律郎俛伏舉麾則永和之樂作登歌則肅和之樂奏雍穆舒和悅人心而娛神明者其爲樂可謂盛矣今天下路府州縣莫不有學其所以尊崇聖人者冠衣服章殿寢陛階已純乎王者之禮矣若夫廟樂八音蓋猶有取乎虞廷之韶箾豈不曰後世雖有作者虞舜氏不可及已吳江之

爲州也雖于吳爲南北津要然州治出乎江湖之上風濤之所掀播魚龍之所出沒而州學迫里市之隘在垂虹橋之南廟亭聖人旣有著令學宫與廟雖皆具至于廟樂則尤缺焉至正十二年州達魯花赤哈迷里氏禮牙進公以奉議大夫來監是州旣建戟門以大廟制遣命樂師選學之彥肄習廟樂甫及期而樂大備自凝安典禮變成章與八音並奏而無纖毫敢畧者廟樂于是告完人士之美者來遊來歌觀感廟樂以矢其音况當大比之年其爲世用必矣若夫琴瑟在御笙歌間奏且將見蛟龍黿鼉秘怪水獸與仰秣之馬出聽之魚咸感化於廟樂之盛者而况于人乎况鬼神乎

高明華孝子祠記

惠山寺之東偏當泉水之上有三賢祠按志書今祠址華孝子所居宅也初祠久廢吳人王彬始復倡建旣成則以三賢事刻諸石且曰初址實孝子故居孝子之事不可以沒而不著復礱其碑因以記其事章善也孝子名寶晉義熙末始八歲父豪戍長安且行謂曰我還爲汝冠後長安陷父歿寶奉命至七十不婚冠或問之不忍答輒號慟彌日建元三年詔

表其門閭凡史載孝子事若此蓋自西晉以來尚淵虛賤名檢教弛法斁波流風靡而孝子獨能篤至行終始不渝其誠意惻怛可以貫金石干雲霓若與宇宙日月同其久于此見天之降衷人之秉彜不以衰世末俗而有異也孝子晉人而志謂齊孝子者蓋孝子生于晉長于宋沒于齊當其一身而天下三易姓當時居朝廷有爵位者朝事司馬氏夕事劉朝事劉夕事蕭恬不以爲怪而孝子奉父一言七十年餘未嘗斯須忘以至殁身不替使當時朝廷有爵位者其奉君命脩官守亦咸若華氏子則晉不當爲宋宋不當爲齊而孝子宜不曰齊孝子也凡遊於茲者瞻幽林酌清泉臨風覽古懷三賢之高風慕孝子之至行有志者宜加奮厲其未能者則澄思革心勉追遐躅是則某所以樹碑之意云耳夫人性一耳有爲者亦若是吾徒宜無自怠

周衡修城記

昔周世宗以顯德五年遣師擊南唐南唐王盡獻江北地明年始築通州城而甓之宋高宗南渡其臣呂祉以爲通州與平江崑山縣福山對岸趨順風不半日可至須預爲

之防於是置水軍起許浦以至顧涇由此言之則通實平江襟喉爲今要害抗扼之地而其城築視他處尤所當先者也定遠大將軍李侯天祿以至正十六年統兵作鎮念城久隳欲事版築深惟民力自兵興之後有所弗堪迺經營計度木甓灰石積之於漸起丙申春三月逮己亥春迺始鳩工命材從事楨幹畚鍤而副元帥陳忠又爲之恊力贊襄於是杵築應和工力堅密遂爲名城屹然金湯爲國藩屛矣侯其有見於設險守國之義乎侯天挺英邁馭軍牧民恩威並著通之民咸願紀侯之美以爲非勒之金石無以章示永久乃請於衡衡因不辭而爲之記

高若鳳高文忠祠記

孟軻氏云五百年必有王者興其間必有名世者漢之興高祖以馬上得天下而有陸賈說以詩書唐之興太宗定天下秉白旄黃鉞而有房杜以文學爲之相三代而下漢唐有國皆數百年興王之運明良際遇非偶然也洪惟皇元大祖以神武興朔方太宗奕滅西夏龍戰鷹揚時方驍勇相尚而高公智耀獨守儒術隱賀蘭山中太宗雅聞其賢召見爲

陳帝王之道驚曰如此好言前此所未聞也世祖混一朔南尤被寵遇呼爲高秀才公專以儒道啓沃聖衷嘗奏儒士師聖人之道今没爲隸不可給價贖爲良民者凡三千餘又奏儒士教人以禮義宜復其家且著於令或以問公公曰儒譬則金也謂金色有淺深則可謂非金則不可也上嘉納焉繇是許文正諸儒相繼登崇儒之顯於皇元實自公發之也世祖皇帝授提刑按察使行且大用尋卒天下學斆不忘公之德與許公並祀公子睿仕至南臺御史中丞公之孫納麟見在任浙省右丞世共稱其賢朝廷贈公爲崇文贊治功臣金紫光祿大夫司徒柱國寧國公謚文忠至元後庚辰春正月儒學教授謝亨祖上諸儒議謂諸郡於公皆有專祠且公之子孫世居此則公之神遊八極昭格貫通寧不眷戀于吳而獨闕然于專祠之奉甚失所以崇明祀之意遂移公牘援杭學例設專祠以春秋仲丁日祭以少牢肖像設王祀事孔虔且俾余紀之按禮法施于民則祀之今公以儒道事我太宗世祖使二帝三王之治三綱五常之道粲然大明則于施民之法孰有加于此緬惟此邦在

宋仁宗范文正公仲淹以儒術參大政其子純仁位至丞相而文正公專祠之奉三百年如一日今公之德業照耀史冊而子孫名位世濟其美與范氏等則此邦有文正而公之專祠繼其後二專祠之奉相爲無窮則凡過祠下而瞻仰者寧有不起敬而知儒道爲可尊乎或曰公之子孫烝嘗有家廟在公寧舍家廟而歆學敎之祀乎家廟所獨也專祠所同也公之神靈在天下如月之在天但有水即有此月月之于水宜無所擇已是爲記

楊維楨玉山草堂記

崑隱君顧仲瑛氏其世家在崑之西界溪上既與其弟爲東西第又稍爲園池別墅治屋廬其中名其前之軒曰桃源中之室曰芝雲東曰可詩齋西曰讀書舍後之館曰碧梧翠竹亭曰種玉合而稱之則曰玉山佳處也予抵崑仲瑛必居予佳處且求誌榜屋顏按郡志崑山縣華亭陸氏祖所窆生機雲時人因以玉出崑而名山崑邑本號馬鞍出奇石似玉烟雨晦冥時有佳氣如藍田焉故人亦呼冂下又曰崑而仲瑛氏之居去玉山甚遠矣奚以佳名

哉山之佳在去山之外者得之山中之人未知也如唐之終南隱者與司馬道人指山之佳身固在山數百里之外也雖然終南之佳終南之隱者未知也借佳爲捷仕之徑千古慚德至於今山無能掩焉若仲瑛氏之有仕才而素無仕志幸有先人世祿生產又幸遭逢盛時得與名人韻士日相優遊于山西之墅以琴樽文賦爲吾弗遷之樂則玉山之佳非仲瑛氏弗能領而有之與終南隱者可以辨其佳之巫不誣矣

三味軒記　松江之集賢鄉有隱者張氏曰麒字國祥自幼清修謙謹長稱鞠躬君子時丁兵變晦跡祥澤日與古漁老樵爲山水伴人勸之仕則曰余世力農素非食肉人也且藩服尚武又非吾仕之時予獨不聞吾步兵之仕乎出赴齊王冏辟秋風吹衣徑決去捷如脫兎不頃刻留卒不與沓祿者同鈇質而甘豢者乃故鄉菰飯蓴羹鱸膾三味而已耳余幸不違親于異鄉千里外田有菰米無歉年水有蓴菜鱸魚無饉歲日以三味爲吾菽水之奉而餘以覃吾賓友其樂充然也奚以

什爲故顔其軒日三味雖大貴人方丈食前五鼎九牢不以易也東維叟舟過通波塘麒不遠水陸程延致于三味所治酒食張桐弄竹爲叟驩叟與酬爲細秋聲琴撫鶴南操以高之辭曰瞱北逝兮鶴南旋松之廬兮八世其延鱸有良兮菰有田羨我尊兮醲吾潷泉誦有書兮歌有絃歸與歸與烏知金罍之萃口兮玉斝梗咽

不礙雲山樓記

余嘗北渡揚子訪金山之勝而不知淞之南又有所謂大金小金出沒于雲海之中如壺嶠之在溺流外也至正九年春余抵淞之張溪溪之東有大族爲揚竹西氏居之南扁其樓曰不礙雲山竹西宴于樓之上窓戶四闢萬頃之雲兩鰲之島皆自獻于眉睫之下竹西風日佳時岸巾樓上手揮五弦之餘與一二解人談至理既以八窓無礙者闢于目復以八荒無礙者洞于心雲山之觀盡矣備矣竹西憮然若有得起舉酒而自歌曰海之雲兮油油雨我田兮有秋海之山兮離離障我流兮東之又歌曰雲之動兮蹮蹮吾與雲動兮動而不遷山之靜兮層層吾

與山静兮静而不停
併錄其歌以爲記

江南通志卷之第六十九終

江南通志 藝文 卷之第六十九

江南通志 卷之第六十九 十八

江南通志卷之第七十

藝文

記

明宋濂閱江樓記

金陵爲帝王之州自六朝迄於南唐類皆偏據一方無以應山川之王氣逮我皇帝定鼎於茲始足以當之由是聲教所曁罔間朔南存神穆淸與天同體雖一豫一遊亦可爲天下後世法京城之西北有獅子山自盧龍蜿蜒而來長江如虹貫蟠繞其下上以其地雄勝詔建樓於巔與民同遊觀之樂遂錫嘉名爲閱江云登覽之頃萬象森列千載之秘一旦軒露豈非天造地設以俟大一統之君而開千萬世之偉觀者歟當風日淸美法駕幸臨升其崇椒凭闌遥矚必悠然而動遐思見江漢之朝宗諸侯之述職城池之高濬關阨之嚴固必曰此朕櫛風沐雨戰勝攻取之所致也中夏之廣益思有以保之見波濤之浩蕩風帆之上下番舶接跡而來廷蠻

琛聯肩而入貢必曰此朕德綏威服覃及內外之所及也四裔之遠益思有以柔之見兩岸之間四郊之上耕人有炙膚皸足之煩農女有將桑行饁之勤必曰此朕拯諸水火而登之衽席者也萬方之民益思有以安之觸類而推不一而足臣知斯樓之建皇上所以發舒精神因物興感無不寓其致治之思奚止閱夫長江而已哉彼臨春結綺非不華矣齊雲落星非不高矣不過樂管絃之淫響藏燕趙之艷姬一旋踵間而感慨係之臣不知其爲何說也雖然長江發源岷山委蛇七千餘里而始入海白湧碧翻六朝之時往往倚之爲天塹今則南北一家視爲安流無所事乎戰爭矣然則果誰之力歟逢掖之士有登斯樓而閱斯江者當思聖德如天蕩蕩難名與神禹疏鑿之功同一罔極忠君報上之心其有不油然而興耶臣不敏奉旨撰記故上推宵旰圖治之切者勒諸貞珉他若流連光景之辭皆畧而不陳懼褻也

遊塗荊二山記

濂既遊琅琊山起行至池河驛適鄆卒遞內使監公牒至及開緘中

藏濠梁古跡一卷宸翰親題其外令濂捜訪與青宮言之濂因啟曰臨濠古迹唯塗荆二山最著按圖經塗山在昔鍾離縣西九十五里荆山亦在縣西八十三里二山本相聯屬而淮水繞荆山之背神禹鑿開使水流二山間其疏鑿之跡故在人思其功迄今弗能忘青宮日至中都當共往遊焉余將渡淮狩於王菲先生宜泝流而上屆今懷遠縣治以俟濂奉敕行以洪武乙卯冬十一月己巳發舟庚午日曛始泊縣西門而青宮已駐蹕於東門五里矣辛未濂上謁青宮喜甚下令以壬申遊二山濂至期約懷遠文學掾王景彰宿舟中黎明擢舟至塗山足曳杖入山山旁廢址舊皆民廬前渡石梁復斗折而北累石爲墉多藝椒之園行可三里餘覘大磐石青綠間錯頳然歆足坐諦覘之乾蘚交封之耳聞有草生石上高一尺其花可愛不假土力人取懸檐間呼爲石蓮花復行四里所巖石犖确揷起道左危傾欲飛墜復二里所從微徑入灌莽抵崖罅貯泉一泓味甚甘覆以生茨曰聖水亭取水以禜雨多驗復一里餘至山巔禹廟在焉廟已毀唯頹垣破礎存遊目四顧長淮西來渦

河北淮而壽春臨濠宿州之境皆在冥菸昏杳中緬想南北戰爭屯戍處爲感慨者久之山之下聚落甚盛廟史云名禹會村乃禹會諸侯之地廬舍之比如櫛穆踵入廟廟前杏樹一章大可蔽牛二栢參差左右樹東寘小甕杏柯之水時津津滴其中廟史云當晨霧四集水愈多其來如泉可代井汲石碣二一大書有夏皇祖之廟六字下方刻宋慶元初州守劉仲光自造禱雨記一亦記禱雨事皇甫斌紹熙庚戌來爲郡命鍾離尉丁大榮作石未剝泐文尚可讀復從廟西循石坡而下鉅石危立如人形遙望之一嫗儼然也相傳爲啟母石廟史云居人每封羊豕祭之至有以粉黛飾其貌者聞之不覺大笑山坳舊有僧房今廢久矣鶴駕不來忽使者至云邑從士馬多無橋可以渡河青宮不復至矣言未既但見旌旗如錦繡搖曳上荆山矣濂亦下山攀麓入鯀廟見所題神號鄙俚棄而不覞出讀祖無擇所賦歌京口孫臨爲書碑蓋無擇謫守壽春過此而作也復北經縣治折而東行三里所至荆山梁魏交鬭時就山築堰以灌壽春其遺跡猶班班可見復行三十步崖广如屋側身而

人石屏如床座可坐人號爲卞和洞自西上復一里所過避雨石石斜倚可避雨故名復六十步至産玉坡奇石駢列西有玉池榛荆迷路不可尋時靑宮已獵遠郊濂因登舟先還中都云惟二山見諸載記者多殊以塗山言之春秋左氏傳云禹會諸侯於塗山杜預注云在壽春縣東北說者云今濠州是也國語史記則又云禹會諸侯於會稽故會稽亦有塗山吳越春秋亦以塗山在會稽應劭云塗山在永興北說者云今會稽蕭山縣是也是二說已不能歸於一致矣至於蘇鶚演義又云塗山有四一會稽二渝州三濠州四當塗然其處皆有禹迹或者遂謂禹之治水固嘗徧歷宇內而會諸侯實在會稽之塗山柳子厚塗山銘蘇子瞻子由塗山詩指在濠州者皆非是濂之存疑而未決者一也以荆山言之荆山楚山也楚之先王熊繹僻在荆山七傳至昭王始遷都郢郢卽今之江陵其地有荆山一名景山荆故楚號也有之誠宜世則指爲濠州濠州右鍾離子國與壽春密邇楚自昭王之後歷十一傳始徙都壽春韓非子所載卞和獻玉事乃在厲武文三王之際昭王上接武王

已越十世當三王時鍾離何嘗屬楚而強謂卞和至此山耶新序又謂抱玉而泣在共王之時雜記又謂在懷王及其子平王之時平王乃昭王之父下距懷王九世共王上至武王亦六世何顛倒如是耶濂之存疑而未決者二也大抵山川遺跡非本諸經史者多不可信必欲可信塗山當稽之左氏以壽春爲正荆山當正諸史傳以江陵爲正有謂塗山氏乃古國名禹曾娶其女者別是一說與此殊不相涉也濂耄矣諸書遺忘欲盡所記憶者未必無舛訛輒緣紀遊因掛漏書之以發同遊者一笑云

玉壺軒記

淵默攝提格律中夷則白月流天牽牛正中商飈襲人仙華羽客凝神黃宮忽翛然遐征西至灘紫之山其山高二百五十有八丈山阿之間有洞房焉中外純素圖若嘉瓠太瀾流晶以雪爲城見費仙人從一老父酣觴其中寤而思之不知何祥也於是以歸藏筮之遇乾之離其繇曰至象有容豁落無隅渾淪中苞西華流儲超乎元素造物之初有玉壺之象焉已而遊句典

洞天望積金峰北雲勃勃如練起乃指曰是必有異因躡屐尋之一宇皎然宛如神遊所睹者有仙翁年七十餘欣然出速予往與之揖且告之故仙翁笑曰若子所言乃蒙莊所謂外而不內者也子曾謂吾之玉壺果在此耶濵涬之先忽荒眇綿洞明兩極混合上元大如黍珠含乎方罫然猶以迹言也況乎大道無名主宰萬彙鬱紛羅森有不出是壺之外者是何也至人以白爲室以淵爲家以虛爲質以潤爲華子曾謂吾之玉壺果在此耶仙翁羽客瞪然視愕然驚曰費仙人之從飲者無乃翁也耶吾向所見灕滐之山不其涉幻化耶幻隱而真始顯耶仙翁不答笑而去問諸左右仙翁姓蔣名應琪原金壇人也

拙菴記　京口徐君德敬爲中書管勾居京師處一室不至不華僅禦雨風環庋圖書置榻其中每退食即徒步歸宴坐誦古人言賓客不變請托不通自號曰拙菴因徵文於余余天下之拙者也德敬豈若余之拙乎世之人舌長且圓捷若轉九恣談極吐如河出崑崙而東注適宜中理如斧

斷木炭就水猱猨以升兎走壙而攫之以鶻也其
巧於言也如此余則不能人問以機謝以不知人
示以秘莫達其旨人之所嘉余縱欲語舌大如杵
不可以舉聞人之言汗流頮泚人之所諱余不能
止開口一發正觸禁忌人皆駭笑余不知耻余言
之拙海內無二他人有識洞察纖微揭首知尾問
自意緇未入其庭已覘其形始矙其貌已盡其肺
肝而究其蘊奧福來熒熒出身以承禍方默默頫
防而避匿其巧於識也如此余夢夢不知憒憒無
所思人之笑吾吾以爲喜人之怒吾吾徑情而直
趍綢羅當前吾以爲纖絲虎豹在後吾以爲犬狸
吾識之拙當爲舉世師此二者乃吾所大拙德敬
豈有之乎然吾亦有不拙者聖人既歿千載至今
道存於經嶽海崇深苉乎無涯窅乎無塗衆人游
其外而不得其內舐其膚而不味其腴吾則捜摩
括剔視其軌而足其跡入孔孟之庭而承其顔色
斯不謂之巧不可也生民之叙有政有紀離爲六
府合爲三事周公既亾本推未弊秦刻漢剝而世
以不治吾握其要而舉之爬瘍擇類取巨捐細德
修政舉禮成樂備廣廈細旃每資之以獻替吾於

斯藝雖管仲復生猶將扼其吭而鞭其背是不能之巧不可也而德敬豈有是乎葢人有所拙者必有所巧有所巧者必有所拙拙於今必巧於古拙於詐必巧於智拙於人者必巧於天蘇張巧於言而拙於道孟子拙於遇合而巧於爲聖人之徒晁錯號稱智囊而拙於謀身萬石君拙於言而爲漢名臣余誠樂吾之拙葢將全吾之天而不暇恤乎人也今德敬居位處勢誦古人之言而以拙自晦其殆巧於天者歟巧於智者歟巧於古者歟然則德敬之巧也大矣過於人也遠矣爵祿之來有不可辭也烏可以不記

重建銅城閘記

和州之西南九十里其鄉曰銅城瀕大江江水暴溢民不得田作古之人嘗築土爲長堰以捍其衝鑿石作閘門貫以木楗視歲之乾澇而闔闢之田得以常稔環二百里區皆爲沃壤比年兵興銅城爲往來爭戰之場閘毀而堰崩向之沃土皆化爲荒濊之區而民告病也四明李相由京兆尹出守是州一以慈祥愷悌之政而撫摩其瘡痍且以爲民之生也恒以食

爲命無田是無民也銅城之閘吾知其亟圖之乎遂走白於江淮行中書省省臣是其議居亡何庸田署令寇懷玉行田至州聞守之爲復加勸焉守乃進父老於庭親爵勞之立爲條教使蔣悌王賢舉董其役先築郭公壩以絶水源次鑿百福山以煆灰石然後大集衆工而役之畚鍤如雲絡岸蔽川不待督程各趨厥事動止無節齊之以鼓刻日而成不愆於素遠而望之殆猶堅城隱隱轟起於雲際也以尺計之閘之高凡二十有二廣一十有八長二百有奇閘之兩端疊石爲臺以禦迅湍其補築東西堰七百有奇其高同閘有加址之廣視高則六倍之別建屋三楹間龍神廟一區廟以從民所禱之欲屋以居守者使司其啟閉經始於洪武元年十一月庚申訖功於明年正月巳巳工以日計者八萬九千八百九十皆出於有田之家匠石之費亦視田多寡而均賦之官皆不與之也州民童勝等乃相與謀予文刻諸石用昭守之功於無窮嗚呼世之爲牧守者往往怠於簿書期會之間而知與民計長久蓋百無一二焉縱有之專心一至而弗懈者又何其鮮也是故不可以無記昔

者召翁卿之守南陽起水門堤閼數十處以廣灌溉民得其利其事與守頗同未聞當時有爲之記者召翁卿之名至今人言之而弗泯者以班氏傳之循吏也守之績可謂偉矣他日必有良史氏書之與翁卿並傳又何待於予言哉雖然記之策書者同遺芳於後世勒諸金石者將垂勸於方今使繼守而能於斯者得而讀焉則必曰水利民之所先吾可獨愧前人哉苟思無愧於前人則必思葺之完之俾斯閘可支永久而不壞此勝等所以請文之意也因不辭而爲之書閘之作不知自何始相傳起於吳赤烏年間近得殘碑二於水中蓋宋與元修建之記云

王禕九華山房記

九華山在池之青陽按九域志舊名九子山輿地志云上有九峰出碧雞之類唐李白乃易今名曰九華其詩有秀出九芙蓉之句而劉禹錫所爲九華歌其辭尤奇譎宋宣和紹興間縣令曹公機宋公文甚嘗列爲六圖其後縣人吳天錫合之爲圖四而程九萬又賦詩凡百篇於是九華之奇形秘迹環譎幽邃之觀攬拾無遺矣論者謂是山與衡廬茅蔣灊皖

相伯仲特以地僻江左舜巡禹甸足跡有弗及故名不大著山之西錢氏世居之錢氏家饒於貲而尚詩禮在其鄉爲望族有子公清者倜儻好義遭時多故集義旅以衛城邑人賴以爲安兵燹之餘田野蕪萊則率鄉人使耕墾荊棘之墟薦爲稼穡民以故不得饑其有功於鄉邦甚厚朝廷皆授以閫帥之職且其於術數尤精一時士大夫多慕而與之遊公清嘗即所居之旁別築館舍以爲遊息之所開軒東望九華秀色近在目睫因名其館曰九華山房間求余文以記之蓋自昔君子之志於丘壑者初未嘗忘情於用世及既爲用世矣乃始遂其素願而高蹈遠引此出處之節所以全也攷之前記若王季文宋子嵩皆青陽人季文在唐末嘗擢科第爲秘書郎然後移疾而歸築室九華之西受異人天皇九仙飛昇之術遂以仙去嵩在南唐爲佐命元勳嘗以司徒鎮江西晚乃得謝營宅九華之東因賜號九華先生此其餘芬遺躅去今未遠猶有存者公清生長於此庶幾聞風而興起顧今方向任用雖林懈澗羞或所不免他日苟功成名遂獲返初服而逍遙林壑以樂其眞嫓之昔

人又何愧耶余辱交公清故爲之計既志九華之勝又以論君子出處之不可不審毋謂古今之不相及也

夏仲寅朱大司農祠記

古之所謂祠者爲其人有德於民民欲報之不得立祠以祀之祠者所以爲棲神之所也桐舊有朱司農祠因兵廢且久洪武八年冬十月宜春仲寅來主桐之簿間詢遺老訪祠之所在跡其地乃鳩工庀材改創於縣西之北山下爲屋高一丈二尺深如之廣三十八尺始於九年三月丙辰訖於四月辛卯工成率文學士行禮祠下爲文以記之按史司農姓朱氏諱邑字仲卿廬江舒人漢宣帝時爲桐鄉嗇夫廉平不苛以愛惠爲行未嘗笞辱人存問耆老孤寡所部吏民愛敬之公正不可干以私遷北海太守以治行第一入爲大司農秩列卿躬處節儉祿賜以供九族鄉黨家亡餘財以神爵元年卒宣帝閔惜下詔曰大司農邑廉潔守節退食自公亡疆外之交束修之餽可謂淑人君子其賜邑子黃金百斤以奉其祭祀死之日囑其子曰我

故爲桐鄉吏其民愛我必葬桐鄉後世子孫奉嘗我不如桐鄉民其子葬之桐鄉西郭外民果爲起塚立祠歲時祭祀不絕嗟乎自漢迄今千五百年其間名臣豐功盛烈泯泯滅無聞者何限今司農家故蕪沒不可知歷百世不廢者良由其德之感人者深而足以起興後世賢人君子尚德之心也後吏有慕司農之風而訪其遺跡興不絕之祀於千載之下其殆君子哉若人歟

周忱重修至德廟記

宣德五年秋七月禮部郎中況鍾伯律奉璽書擢守於蘇州視事之日吏以四牘進見民之繫於獄者凡千餘人尚爭務勝交相訐訟有經十餘載而未決者伯律姑置弗問越明日率郡之父老進謁於吳泰伯廟見其堂宇傾仆垣墉頹圮吏民奉事弗虔乃喟然嘆曰民不見德宜乎刑之不清也是非郡守之先務乎即日命工度材撤其舊而新之曰堂曰室曰門曰廡爲屋凡四十楹繚以周垣堅以甓甃不十日而告成復率父老潔牲醪祇祀於廟居人過客瞻望咨嗟於是獄之繫囚交相愧悔曰泰伯以天下讓民無得而稱焉吾輩所爭僅錐刀之末

耳何重貽郡侯之羞乎皆相與俯伏庭下自服其辜不數日而獄以空虛告予時奉命巡撫於江南列郡至蘇州祗謁祠下父老以其事告且曰昔者狄梁公以冬官侍郎爲江南巡撫使毀吳楚淫祠千七百所而此廟則在所留而不毀者去今千年得吾郡侯葺而新之巡撫使之來又適當其時吳民觀感興起自今其無復爭競之風乎予乃登其父老而告之曰方泰伯之奔吳也斷髮文身示不可立然荆蠻義之從而歸之千餘家遂端委以臨其民是欲辭富貴而富貴隨之及其後世夫差狃於必勝窮民黷武破楚困齊欲霸天下卒之國亡身戮妻子爲虜是欲求富彊而失其富彊矣然則吳地數千年之富庶由泰伯之三讓有以致之也其鬬訟之成風者亦由夫差之好勝有以敵之也爾民欲爲泰伯之讓乎欲效夫差之爭乎一則廟食萬世一則貽笑千載其得與失必有能辯之者孔子曰能以禮讓爲國乎何有則予與太守期望於吾民之意父老曰善請以是爲記遂書於麗牲之石使四方之來謁者咸有所觀感而興起焉豈獨蘇州之民而已哉

楊榮歐陽文忠祠堂記

甚矣文章之足洗陋習而歸諸古著當時而傳後世者不恒有也宋歐陽公之文足以當之宜乎後之人讀其文而思其人而崇其祀也公吉之永豐人嘗出守潁樂其風土有終焉之志既而歷事三朝出入二府思潁之念不忘晚而得請自以爲慶幸則公之於潁蓋惓惓也神靈精爽固在於是矣公舊祠在潁城北淪於河祀故久廢正統丁巳春監察御史彭勗董學事至潁念公爲文章宗工而祠宇圮没無以聳學者高山仰止之思乃捐貲倡州守僚屬出俸餘市木創祠於城南儒學西中爲堂三間門爲屋一間繚以周垣工訖郡之守佐率師生朔望謁拜春秋次丁祀以特牲父老咸曰公嘗福惠潁人祀不爲過也學正劉愷走書京師請記於予於戲文章關天地之運盛衰絶續固不偶然周秦以前無容論矣漢自賈董馬班諸子以來七百餘年而唐有韓子又二百餘年而宋有歐陽子其文推韓子以達於孔孟一洗唐末五季之陋當時學者翕然宗之及今幾四百年而讀其文者如仰麗天之星斗莫不爲之起敬雖通祀於天下學

宮不爲過矧嘗居於穎其遺風餘澤猶有在者乎是不可以不祀也彭君倡之郡僚屬和之俾公之神有所依後學有所仰可謂知所務也他日穎之士出能知通經學古爲高敎時行道爲賢則無負諸君興廢舉墜之深意矣乃姑爲之記以俟

王恕顧治堂記

余以顧治扁堂之明日有客來訪而問曰天子授公保釐之任而有便宜從事之璽書凡撫內善良者公得而扶持之强禦者公得而禁遏之賢才有益於國家者公得而薦引之奸貪有害於政事者公得而斥逐之田野未闢公得而闢之學校未興公得而興之賦役未均詞訟未息公得而均之息之以至周窮困伸冤抑皆公分內事也今皆舉而行之亦可以言治矣而猶以顧治名其堂何歟余曰善良者多矣余豈能盡扶持之强禦者亦衆矣余豈能盡禁遏之賢才當舉而或不能盡知奸貪當逐而或不能盡察田野當闢而或流亡未復學校當興而或敎養無方里胥作弊賦役如何得均敎化不行詞訟如何得息縱使扶持之禁遏之盡知之盡察之盡闢

之盡興之盡均之而盡息之苟有一民之失所一事之不理亦不得謂之治治豈易能哉非但才之罪其勢然也余以菲才受厥命食厥祿豈敢怠厥事是以夙夜孜孜願治焉而未之能也願而未能其可忘乎故以願治二字揭諸堂欲其嘗目見之而求所以治之也客唯唯而退遂書以爲記

汪文節祠記

生不違時死能全節此人之所難是人也雖死猶生令名無窮焉貪生畏死不顧名節此小人之所爲是人也未聞終不死不善之名無窮焉公姓汪氏諱澤民字叔志登元延祐戊午進士第官至集賢直學士以嘉議大夫禮部尚書致仕公既歸築室宛水之濱讀書自娛當紅巾餘黨寇宣州之日公爲江東部使者晝守城禦寇之策十餘事寇再至擊退已而長鎗叛帥瑣南班程述等挾兵渡江欲犯宣城或勸公去之公曰昔江萬里寓鄱陽大軍逼城衆皆走散猶坐守以爲民望況宣民離合視吾去留夫何之後城陷爲萬戸丁堅使前鋒葛義執公逼降不屈遂遇害將死罵猶不絕口瑣南班等雅服公名爲具衣冠以葬之事上於朝贈資善大夫江浙等處行中

書省左丞上護軍追封譙國郡公謚文節葬在寧
國郡東南嶧山之麓因歷年滋久鞠爲茂草土人
不治之藝麥其上成化丙午厥孫汪養能訟於官
同知劉誠覆實之爲封其域未幾誠遷去通判天
台陳紀得公神道碑於宋太史景濂先生文集中
謀諸知府涂觀欲爲治墳建祠勒銘於石慰答忠
魂以爲天下萬世臣子勸遂具以請余嘉其義而
許之紀乃經營作石修營域壘墳墓勒宋太史所
爲碑銘竪之神道造石橋於其前復於郡城南三
里許市地建祠巡按御史江右孫弁出公帑五十
金以助成之首事於癸卯春訖工於是年冬馳書
請余爲記夫人臣之居其位食其禄任其事一遇
大變臨大節或心無所主苟安一時之生而忘厥
大義者往往有之求其見道分明視死如歸者幾
何人哉公當謝事歸田之日無職守無責任閭寇
至而不去以爲民望復爲郡使者畫策以禦之及
其被執逼降至死不屈此其所以難能也宜其膺
顯贈獲美謚流芳百世使人敬之慕之至於如此
使公當寇至之時奉身以竄被執之時屈身以降
不過數年亦歸於盡人將唾罵之不暇又何贈謚

敬慕之有紀爲此舉固可謂知所重并復助成其事可謂與人爲善者矣其所以爲天下國家推忠節勵風俗者不在斯乎因其請姑摭此與之俾刻石以示來者夫公之文章事業與家世履歷之詳則有宋太史所爲碑銘在茲不贅

徐有貞無錫儒學先賢祠記

古者學官之有事則釋奠於其國之先師今學校之祠先賢蓋由斯義以起禮也然而其祀事有與舉與否則繫乎其爲政之人焉錫山儒學之祠創自宋季中祀龜山先生文靖楊公中立而以玉泉先生宗丞喻公子才遂初先生文簡尤公延之小山先生肅簡李公元德實齋先生文忠蔣公良貴配歷元至國初而中廢至是同知郡事河中謝君時芳乃復興之使來請記其事於麗牲之碑夫道於天地間無所不在也而學之於人則有所在因其人之所在學之所在而曰道之所在自古已然中立閩人也而其學得自雒之二程程伯子於中立之歸閩也有吾道南矣之歎豈非以其人與學之所在而云然乎然吾道之所在雖以夫

人亦以夫天故文運之所在即天運之所在初二程之學乎濂溪周子也宋運方盛於北吾道亦從而北及楊氏之學乎程子也宋運將徂於南吾道亦從而南此其所關係也大矣豈偶然哉道南也自龜山傳傳之豫章羅氏豫章傳之延平李氏延平傳之考亭朱子考亭因是而集大成則斯道之有傳於今也實自龜山始揆其功雖天下之學祠焉可也獨錫山哉然中立之寓於錫山至十有八年之久是猶錫山之人也矧錫山之人之學夫道也亦自中立始祭是祠焉以爲其國之先師夫豈過哉喩氏來自南昌尤氏來自閩粤而並家錫山延之學乎子才子才學乎中立所謂見而知之者李之與蔣固皆錫山之人也生乎喩尤之後而學則肩焉於楊氏所謂聞而知之者其傳雖弗如考亭之盛而其人與學之正蓋無異焉乃若中立力斥安石熙豐更張之邪說子才力贊鼎浚炎興恢復之正論延之力陳道學之爲是以釋孝宗之疑元德力辯汝愚之爲忠以袪寧宗之蔽良貴力抑彌遠之惡而揚德秀了翁之善以啓理宗之明是皆有功於其國有功於吾道當時雖不能盡用其言

然天下後世之公論不可沒也繇是而並祠於學又豈過哉時芳之於斯舉其用心亦至矣吾斯與之

李東陽蜀山蘇公祠記

常州宜興之荆溪有蜀山本獨山也志稱蘇文忠公與蔣學士之奇同舉進士買田卜築於茲山之麓於是易獨爲蜀按爾雅山獨者皆爲蜀志又稱愛其名而居之者理則然也公嘗欲作亭種橘預名曰楚頌後上表乞居常及歸自嶺南卒於州邸其弟文定公以其喪去葬於頴上其家亦不復至常矣當是時蓋有所謂東坡書院者尋輒廢越七十年郡守晁子健擇州學旁地建祠祀公元僧敏機因山爲祠祠爲之居守晁公武徐一夔皆有記今常州祠尚存而蜀山祠廢已久弘治庚申縣人沈公暉自南京工部侍郎致仕歸以告巡撫都御史彭公禮巡按御史王君憲知府連君盛知縣王君鏌僉議旣協鏌躬訪遺址悉爲居民所據贖而歸之得地三十餘畝一時好義者爭割田山捐金市以益之士人吳綸輩鳩材督工國子生王永實相其

役經始於辛酉之四月至十二月而成爲堂六楹肖公像于其中堂左右二亭一刻公楚頌帖及諸詩詞一刻興造之碑東西廡及門各四楹廳館庖湢諸室爲楹者以十數其外則甃石爲隄垣百二十丈視州祠濬廣畧稱而偉麗過之矣既乃用表忠觀故事命道士謝允昴居之歲奉祀焉夫天下之論名臣碩輔者或原於嶽降或歸之地靈文章氣節亦以爲得江山之助固也及乎退阪僻壤一丘一壑或有所憑藉亦足以不朽於世是所謂人與地者恒相須以顯而亦不能不相爲重輕若君子去父母之道則遲遲其行越在他國則觸物感事懷思顧戀而不能已是蓋存乎人而物不與焉會稽東山以謝傳名其在金陵亦築土以象之爲東山者何限而非其人莫之名也公之自蜀入洛隱然重京師父子兄弟之名遂擅天下則公乃天下之人俗傳三蘇生而眉山之草木皆枯者妄也及其流離貶竄不能歸其鄉卜居茲山託名以寄意賴之山名曰峨眉者亦此義耳後雖其體魄在賴而魂氣之無不之者安知不徘徊眷戀于茲山也耶且公所謂不待生而存不隨死而亾者將流

行充塞於天地間而況其經過化存神之地哉公之文章氣節天下莫不尊之是雖不得與天下之祭揆之鄉先生社祭之義有過而無不及獨山之爲蜀也其社之類乎然則是祠之設固耆民俊士衣冠俎豆所宜周旋而傾注焉者也夫使文章不如公氣節不如公則蜀之王萬亦嘗榜鄭邸爲蜀舍而朱俊民劉跂爲之記銘然亦不顯東陽楚人而燕產嘗因贈太師徐文靖公之約買田茲鄉而遽罹家難竟莫之遂今工部以其迹頗相類而不知其文之弗稱也請爲記祠事之成予於是亦誠有感焉因用楚語作迎送神辭其亦橘頌之遺意也夫其辭曰橘之樹兮如蓬藟青葱兮間玲瓏彼亭兮在中信吳邦兮楚風橘之樹兮如蓋采芳鮮兮薦甘脆我公兮來歸神陟降兮如在公之樹兮荒萊公之亭兮空苔望游鼉兮歸來公歸來兮恍不可以見渺惆悵兮悠哉荆之土兮如酥荆之米兮如珠山有茶兮溪有魚生不足兮沒有餘公去此兮何居楚之調兮欷歔蜀之山兮盤紆神往復兮無定所所聯爲此兮踟躕生不爲世所容兮沒將慭其所如鑿余井而得泉兮又安躬其所之彼亭

常存兮樹常實持以薦
公兮願少駐乎須臾

常州府修城碑記

凡藩郡衛所所治必建城廓以
宿兵守民防禦姦宄國家重熙
累洽百五十年武備寖緩城不時葺識治體者必
先焉常州府古毘陵郡爲南都肘腋吳越㗋襟地
最要且自晉太康初已有城唐天祐間增置外郭
歷代以降修廢不常明太祖下江南命中山侯湯
公和以重兵鎮之始於郭內改築今城周十里有
奇旣久爲霖潦所壞成化間知府孫侯仁修之輒
復壞掌固之令視爲虛文正德辛未冬渤海李侯
嵩來知府事首議修築時北方羣盜出沒幾省間
城郭弗豫者多嬰其害江南遠在數千里外咸謂
侯爲過計侯曰城固當修修必豫雖勞吾民亦佚
道也吾與樂成耳乃白於巡撫都史王君縝巡按
御史原君軒巡捕御史楊君鳳皆以爲宜侯亟令
於衆第產賦金量力授役刻日定籍丈度尺計分
工而並作聽政之暇躬蒞其勤惰而懲勸之補缺
爲完益卑爲崇飾舊爲新垣墉堅厚廉角峻整樓
櫓扉闑閎深壯麗而又滌隍浚池架梁成途凡爲

城之事罔不備具越三月而告畢居者櫛比行者輜轃萬目改視千夫增氣吏慶於官士頌於庠民歌於野皆幸其功之成而猶或以爲無大損益者居無何北盜爲王師所迫舍騎入舟上溯江漢承流而下越鎮江踰孟瀆急攻江陰東南之民安於富庶不習兵革流言夜驚危不自保侯以完城付寮屬暨兵衛曰是足以守吾任其戰躬帥吏士民兵拒於江謀畫内定勇敢外倡厚爲募賞而嚴其不用命賊方貪利肆志藐如無人不虞其遽出也我兵恃城爲本倚守爲命無不一當百擒其醜若干人賊引而退月餘再至將殊死戰聞侯復出竟不敢逼西奔於狼山會提督軍務都御史陸君完移兵江南以舟師蹙而殲之事遂大定向之惑者始相率而語曰我侯之力斯城之功也蓋常之屬邑有五而江陰當盜之衝其去郡治不啻百里使當是時城不固則守不敢出出必不能展布心力以收成功今一城修而闔境無事旁至吴越諸郡皆安堵貼席獲免於驚擾之患是其所係豈細故哉天下之事恒壞於因循而成於豫備使爲郡縣者皆能先事而虞貞固而榦乘高據深披堅執鋭

固守而力禦則保障之利天下共之彼蕞爾之寇捽然之變豈至燎原而焚石然則斯役也雖無所試吾固將與之況其明效顯驗焯焯如此哉且民保于城城保於德莒恃陋而不修城魯恃城而不修政春秋皆譏之李侯之修蓋有不徒然者常之大夫士僉謂不可無所紀述以示來世台州府同知武進殷君鎰予中表之鄙也以侯予禮部所舉士寓書於工部郎中無錫顧君可學上京師湖廣布政司參議江陰夏君從壽亦予所舉道其事尤詳因爲文及詩寓而歸之俾刻焉侯歷監察御史有聲其爲郡治行茂著比以禦賊功加祿三品佐斯役者爲同知羅瑋通判陳碧溫應璧謝思道推官栗登故并書之而諸執役出力之名氏則列之碑陰其詩曰有城巖巖有池潭潭大江之南築之隆隆浚之溶溶郡侯之功侯之始謀有廢必修其民咻咻侯心不移爲所宜爲曰匪吾私澤流令行既經既營不日其成人蓄物華中孽以牙於江之涯兵强勢尊賊徒既奔我城固存刻此一方維城

峨峨壯哉山

河侯功不磨

呂梁洪修築堤壩記

徐州有二洪一以州名一以山名山名者曰呂梁呂梁之爲洪有二上下相距可七里蓋河之下流與濟水會于徐以達於淮國家定都北方東有漕運歲餘萬艘使船來往無虛日民船賈舶多不可籍數率此焉道此其喉襟最要地也洪石獰惡廉厲虎踞劍擢陽險陰齟中僅可下上水勢爲所束不得肆則激爲飛流怒爲奔湍哮吼喧鬨見者皆駭愕失度巨纜弦引進不得寸尺乘流而放瞥掠瞬迅不復措手其艱如此鉛山費君仲玉以工部主事督水利於徐顧而歎曰此可以人謀勝也乃循行洪北見其支流水所洩處舊閼以東䕩水至則蕩爲浮梗以去會州縣所具䕩歲至二十五萬以錢輸者加十有三而恒病不足則又嘆曰謀之不臧勞無益也乃白諸部長及總漕都御史張公瓚平江伯陳公銳聚徒給廩葺塊石埴壤土壘爲長堤百六十又五丈廣五丈而崇不過五尺水小則迫之歸洪河用不涸大則縱之使漫流其上又於堤西築壩三十餘丈以殺湍悍而堤得以不齧又觀于東堤叢石間民困牽輓足不能艮步乃畚瓦礫實

其窪隙外以石甃之爲丈四百二十有奇又東則甃爲長衢而行者亦因以爲利呂梁之險歷數千萬年而十去五六君于是有奇績焉然問其役則洪夫之餘力問其費所出則歲課之贏財問其食所由致則剝載之餘粟而自以經畫佐之未嘗責辦於有司勸假於漕士及往來之商民而所奏減藁東歲十餘萬民錢至二十餘萬功倍而費省可爲難矣初君自成化庚子越三年而成西堤任滿當代民交章借君又三年而東堤成君既報政選員外郎予友華容劉國紀亦與君有宿昔實知徐州徧觀君所營作歎其績不可無述請予記予復聞於君從子翰林修撰子充者爲詳乃爲說曰天地之道必賴于裁成輔相然後可以利乎民故唐虞置虞官益掌山澤佐禹治水周禮以中士爲川師掌川澤之名辯其物與其利害其爲制不可詳然其職固在也今漕河所經各有分職要害之地則委郎官以總之利病興革惟其所任然不過水道之疏塞如所謂溝逆地泐之屬不就理者則濬滌之而已矣修治之而已矣若長慮倍力去險爲夷因害以爲利者詎不甚難矣哉天下事固有一

勞而永逸者故苟其利倍十於舊則雖殫財利而不惜今以利棧之殆不訾矣然則閱歷代之險而爲永久不遷之利者誠可謂之難耶夫功不必已出惟其有益于民與世繼費君者尚緝而保之則茲洪之益於國家愈大而聖天子財成之治不爲小補矣君名宣仲王其字其爲放舟之廳集夫之營市易之塲皆洪事所賴又值歲歉以餘粟千石賑州民六百石給漕士亦洪之餘費故附載之

劉珝重建尊經閣記

若夫君君臣臣父父子子歷萬世如一日者緊誰之功耶斯道之功也道載於經道尊則經尊矣粤自伏羲畫卦以後數千餘載孔子者出贊周易刪詩書定禮樂修春秋謂之六經當時與諸弟子講道杏壇後門人記其問答之語謂之論語三千之徒獨曾子得其正傳而作大學子思再傳而作中庸嗣是百有餘載孟子者出而作孟子孟子後千有餘載朱子者出註釋經書以解羣疑朱子後二百餘載迄於我朝主聖臣儒纂修五經四書大全夫易書詩禮春秋經也語孟庸學非經乎贊之刪之定之修之記之作之尊也註釋之纂輯之非尊乎經所

以尊道也道散於天下行之在乎人君得之爲明君臣得之爲賢臣父得之爲慈父子得之爲孝子本之於身達之於家庭鄉黨閭巷邦國以底於萬億年而不可易豈非斯道主張於其間哉彼庸人孺子得千金之寶猶什襲藏之俾其勿壞矧夫斯道之大恭敬之捧持之固其宜也恭敬如神明捧持如父母其尊之也至矣是尊經閣之建豈不大有功於世道哉常爲潮西大郡閣在郡學中不毀於兵則燬於火歷歲滋久所儲經書散佚無存天順壬午秋莆田卓侯純嘏出守是邦成化丁亥春莆郡謝侯時芳同知郡事二侯胥謀協力以作興學校爲任倫堂齋舍煥然重新又直堂之北增建尊經閣凡若干楹中爲數櫝貯五經四書凡他書之旁收者每帙各有印識戒司籍愼守勿爲鼠伉蜉蠹噫二侯之尊經雖非刪定述作註釋纂輯之比而能尊之閣之如此可謂重道之君子矣常之士登斯閣誦斯書厭飫斯道出而服官以闡明彝倫於斯世者非基於此哉謝侯恐久而昧閣之所由與請誌其事歸而鑱諸石

李夢陽石淙精舍記

昔周子起濂溪之上倡明其學天下宗焉其後自濂溪徙盧山遂名盧山之溪曰濂溪名其堂曰濂溪之堂今天下之學宗我師楊公而公亦自安寧石淙渡徙鎮江于是築精舍丁卯橋名曰石淙精舍嗟乎事固有偶同者非謂是哉愚往觀眉山蘇氏愛陽羨山欲徙之蓋卒不返眉山今其墓在郟鄏之間曰小峨嵋者是也愚謂其特文章士不足法及覯周子自濂溪徙盧山則又詠曰茲非有道者爲耶蓋天壤間物無常主自吾之所自出言濂也眉山也石淙也固吾土也自天壤間物言吾安往而不得主耶嗟乎古人用心豈異哉愚不佞少幸從公游以故得竊聞石淙焉石淙有虎丘之丘曹溪之溪蜿蜒之川自昆明池來者奔流千里其地崩湍激石兩崖菰葦交合水汩汩循其間泠然金石之音故曰石淙石淙視二子故土吾不知其孰愈乃若丁卯橋負山帶江據東南之會上流之地其泉石巖壑之佳要不在盧山陽羨下也陽羨姑勿論且盧山其志奚爲者耶顧卒幽抑不見於世今公際明天子拔茹嚮用功著邊徼顯明中外刑罰在

社稷天下其還也登橋据水虛坐石磯不一再吟嘯去矣故金焦大江之雲不能奪京洛之塵而臣露鶴林之情不能已龍沙鴈塞之行也雖然君子豈以此易彼哉故孔子曰樂則行之憂則違之夫廬山豈固濂溪意耶愚不佞徒及公之門力不足濬流揚波南瞻石淙特望洋耳是何敢言記

程敏政重修二程夫子祠記

走少於程氏譜中得雲峰胡氏所爲兩夫子祠記讀之讀既慨然有起法之志而力未能也成化壬寅春既除先襄毅公之服因發書以告巡按侍御上饒婁公婁復書許之然切懼空言無補事實乃考訂兩夫子家世南北遷徙之詳以授教諭莆田楊公元俾與諸生吳超孫兆輝等上之縣安成歐陽君方受上命來爲令諸務未遑獨以爲興道善俗之首事既上之府府上之行臺行臺遂以公移下郡縣修復之歐陽君之得請也與走躬相地於大成殿東得鄉賢祠遺址稍斥之廣五丈有奇長如廣之數而倍其半庀材名工擇縣之殷實者四人暨耆老蘇文玘夏文雅日監臨之諸人者能嚮風承德節縮浮費畢力于公家中爲兩夫

子專祠四楹又別爲遺愛堂列祀宋丞相呂公大防下又別爲鄉賢堂列祀唐御史中丞程公澐而下榜其門曰企德像主之制龕座之飾旣堅旣好靡一不具肇工六月十七日訖工於冬十二月二十四日歐陽君率僚屬暨師生行釋菜禮告成衣冠父老遠近畢集以爲希闊盛事復見於今咸舉手相慶走惟兩夫子倡明斯道于河洛之間從游之士比隆鄒魯然獨龜山楊氏以江南諸生號稱高弟兩夫子嘗送之歸而有道南之嘆蓋龜山三傳得文公朱子於吾郡之婺源則兩夫子道學淵源之盛在新安久矣據程氏譜兩夫子之先本梁將軍忠壯靈洗之裔見於歐陽文忠公碑至宋南渡而伊川先生子孫悉居池州一遷休寧陪郭之程互嘗繼絶馬光祖守建康立明道書院又擇於池州房使奉明道之祀當時錄廕之制牒繼絶之公移文公草廬諸賢之書札題識具存則兩夫子流裔承傳之眞在新安亦久矣夫爲士者誦遺書而不知其師爲後者奉墜緒而不知其師是雖典籍滅裂於回祿之餘人物銷鑠於兵革之後而亦不考之故也今廟貌有嚴俎豆載興仰焉臨之以

宣聖之尊俯焉重之以諸賢之侑凡生於斯學於斯宦于斯者可不以爾夫子之道敬自勉乎敬勉之而有得焉則庶幾新安之名重有聞於天下而此祠爲不徒立也巳雖然是舉也非婁公心主於上非歐陽君力任于下則亦有不能相須而成者是不可不記之以告後來婁公名謙與走同舉丙成進士最有志於正學奉上勅董學政於江南所至以表章先哲爲心足占其所養歐陽君名旦辛丑進士以春秋魁鄉試及禮闈蓋通經學古之士故爲政知所先務如此

王鏊文丞相廟碑記

忠義之在天下未嘗亾而宋世以身殉國能信大義於天下者視前代爲獨盛而文丞相之死尤偉且顯其許國之忠屢躓而奮百挫不回至於今愚夫稚子皆知其爲烈也夫死一也有重於太山有輕於鴻毛則所處者異耳是故非死之難處死爲難若公可謂善處死也自古以死殉國者皆居其官死其職事也方元自渡江詔徵天下勤王無一人至者公於時出知遠州非有天下之責乃獨慨然奬率三軍毀其家以殉國其氣固巳凜然蓋天下矣及

挺身出使被執而逸流離江關山棲海竄卒達行在當是時宋蓋亡矣猶號名義旅克復州縣軍敗身執志在必死所死不死卒致之燕雖元之君臣亦皆嗟嘆其賢必欲生之不得卒得死柴市從容南向有若平時蓋成仁取義公志素定於中非若倉卒履變慷慨殺身之爲此公之死所以獨異而其節尤偉且顯者讀其傳誦其詩悲其志想見其人嗚呼雖與日月爭光可也公之起則知平江常州受圍公遣兵援之會詔趣入衞公去而平江旋送欵矣使公不去平江必能與常犄角常猶戰不屈公其有不能乎二州戮力勢或可支即不能支亦當背城死戰元兵不敢長驅臨安得徐爲之備不至倉卒旁皇一旦猝而爲辱也其後公過吳門感念悽悽遺民聞公至無不垂涕者於此見公之惓惓於吳吳人之不能忘公也公旣死燕京盧陵皆祠而吳獨缺太僕少卿文君森其先自盧陵徙衡山自衡來吳蓋公之裔冑也子斗願以其地作廟世守其祀巡按御史謝君琛以聞詔可賜其廟曰忠烈有司春秋饗祀如禮正德十年夏廟成請予紀其事于石以詔來裔焉銘曰嘻吳故墟有巍

新宮祀爲誰丞相信公崎嶇嶺海百死無二者死於燕卓哉正氣公身可殺公志莫折於萬斯年其志烈烈撐拄乾坤昭揭日月惟忠惟義萃士嚮之況茲吳門公所素治公治于吳不能百日公惠在吳終古不沒公嗣公遺後復吳居作廟揭虔帝命日俞綱常民彝弗渝弗墜享祀千秋爲世臣礪

無錫縣重建太伯廟記

太伯文王皆以至德稱於孔子皆可爲而不爲文王之時殷命既訖紂惡日稔人心歸周如水赴壑猶率之以事紂是謂可爲不爲若夫太王逃熏鬻之難邑於岐焉作周計其世猶當虞辛庚丁之際是時商道猶盛太王安得遽有翦商之志孟子曰天下歸殷久矣久則難變也泰伯雖聖當商未衰亦安能朝諸侯有天下乎蓋文王之生夙有聖德太王知周家之業當於是興故欲傳國及之泰伯知之遂與仲雍逃去其後周之有天下雖在文武之世而實肇于太王之明泰伯之讓是所謂翦商所謂肇基王迹所謂以天下讓也豈非然哉而世罔及知是所謂至德者乎初吳之先文身斷髮混於龍蛇泰伯之來端委治之始風俗丕變至于今人

文財賦遂爲天下甲蓋所從來遠矣無錫之板村有丘隆焉相傳曰泰伯之墓也按漢劉昭云無錫縣東皇山有泰伯冢皇覽云泰伯墓在吳縣北梅里叢其說不同吳地記云吳築城梅李平墟吳越春秋亦云泰伯之墓在焉梅李之平墟則非山明也今板村正居吳縣北去梅李不一里而近敗屋頹垣芻牧不禁予嘗過而傷之弘治十三年南昌姜侯文魁來知無錫予曰邑有聖人之墓而蕪焉令之恥也姜曰諾甫下車則議復之且捐俸倡民於是富者輸財壯者効力期年廟成殿寢門堂圭潔靚深石表對峨過者悚息春秋獻享永永無怠姜侯屬予文于碑以示後銘曰蠢茲勾吳俗本文身孰始居之爰有至人至人謂誰有周泰伯讓國而來乃以有國嗚呼孰知世教日隤兄弟爭力父子相夷我思至人生也孔晚無得而稱其稱則遠藐藐新廟姜侯所作千秋萬年過者必式

范文穆公祠說

昔在有宋吾蘇入參大政者有兩范范公文正當仁宗時開天章閣求治更張庶政將大有爲未一年以小人不悅罷文穆當孝宗朝在政府兩月未及有爲以言者罷前

宋之治莫盛仁宗南渡後莫盛孝宗皆銳意太平
二公皆以身許國可謂千載之遇而皆不能少試
其志嗚呼忠艮不容于時自昔已然獨二公乎哉
文正子孫在吳中最盛所謂歲寒堂者有司春秋
享祀不絶而文穆之后無聞焉觀其使金爭受書
之儀舉朝皆慄有蘇子卿嚼雪之操繳還閤門張
說詞頭有陽城裂麻之忠奏罷明州海物之獻葢
與孔戡之政同其在成都閱兵築成樊鄙名節間
與陸務觀諸人賡唱風流餘蘊漸被岷峨而吳中
民風土俗人情物態纖悉備見其詩用世之具素
講於胷中而時莫之用非其君不用而小人尼之
嗚呼其可惜矣吳城西南十里有浸曰石湖山曰
吳山湖山之間廢壘隱然郎所謂越城也文穆之
別墅在焉其境最勝周益公謂天閟絶景以其人
而數世之後求其彷彿不復得所謂壽櫟天鏡閣
玉雪坡皆已湮於荒烟野蔓之中過者傷之而孝
宗宸翰碑石巍然獨存御史盧君雍家越來溪上
少時數過其地與其弟約曰他日且將俎豆文穆
於斯及爲御史始克如志正德庚辰六月廟成肖
公像于中移阜陵手書宥置壁間以辟風日歲時

享祀如儀方屬予記其事

五湖記　吳郡之西南有巨浸焉廣三萬六千頃中有山七十二襟帶三州東南之水皆歸焉其最大者二一自寧國建康等處入溧陽迤邐至長塘并潤州金壇延陵丹陽諸水會于宜興以入一自宣歙天目諸山下杭之臨安餘杭湖之安吉武康長興以入而皆由吳江分流以入海一名震澤書所謂震澤底定是也一名具區周禮職方揚州之藪曰具區山海經浮玉之山北望具區是也一名笠澤左傳越伐吳吳子禦之笠澤是也一名五湖范蠡乘舟出五湖口太史公登姑蘇臺望五湖是也五湖者張勃吳錄云周行五百里故名虞仲翔云太湖東通長洲淞江南通烏程霅溪西通宜興荆溪北通晉陵滆湖東連嘉興韭溪水凡五道故謂之五湖陸魯望云太湖咸池五車之氣故一水五名然今湖中亦自有五湖曰菱湖莫湖游湖貢湖胥湖莫釐之東周三十餘里曰菱湖其西北周五十里曰莫湖長山之東周五十里曰游湖淞無錫老岸周一百九十里曰貢湖胥山之西南

周六十里曰胥湖外又有三小湖夫椒山之東曰梅里湖杜圻之西魚查之東曰金鼎湖林屋之東曰東皐里湖而吳人稱謂則惟曰太湖云爾

七十二峰記

太湖之山發自天目迤邐至宜興入太湖融爲諸山湖之西北爲山十有四馬蹟最大又東爲山四十有一西洞庭最大又東爲山十有七東洞庭最大馬蹟兩洞庭望之渺然世外郎之茂林平野閭巷井舍仙宮梵宇星布碁列馬蹟之北津里夫椒爲大夫差敗越處也西洞庭之東禹期黿山其北北橫山陰山葉余長沙山爲大長沙之西衡山漫爲大東洞庭之東武山北則餘山西南三山厥山澤山爲大此上有居人數百家或數十家馬蹟兩洞庭分峙湖中其餘諸山或遠或近若浮若沉隱見出沒于波之間馬蹟之西北有若積錢者曰錢堆稍東曰大叽小叽與錫山若連而斷舟行其中曰獨山有若二島相向者曰東鴨西鴨中爲三峰稍南大墮小墮與夫椒相對而差小爲小椒爲杜圻范蠡所嘗止也

顧璘息園記

東橋子築園居室之後袤五十武廣半損之中取纖徑蒔芳卉美草期四時可娛于常日疊山欝栁負物性而損天趣故絶意不爲中亭曰愛日本奉先驗封公曰天乎今無及矣處窗靜几宜飲宜讀西有謀道齋三楹置諸孫讀書于中呫嗶可悅耳作載酒亭以待問奇來憩者東有小軒曰促膝諸故人至解帶容坐談農圃醫藥之事恒至移日相向爲率室居則掩息納視存吾元和起則觀童子理圖史寄雅抱命之曰息園其南有廣圃數十餘頃頗雜池沼屋廬其中達於青溪非盡顧氏有按志當爲謝尚江總故宅今廢爲墟而齊民業之闤闠間所絶無也檉榆蒲葦掩映森蔚風靜鳥鳴音變巧慧夏鶯好飛往來擇蔭暫息倏爾逝去鷺散立青蒼中皎若積雪時驚起飛翔下上久乃復下居人多蒔蔬養魚雜治生業或星散居皆有徑可往吾園開戸向之籠取其勝時與二三子曳履周遊無異深林窮谷之趣此又鄉鄰所以息我者與夫息之義止也生也形貴止神貴生動而不止形乃日敗靜而不撓神乃日生一止一生壽乃長久則息也者寶形養神

之道具是矣故造化遺我以年先人遺我以地鄰里助我以勝我顧料纏外物而不知形神之爲貴殆莊生所爲倒置之民乎

吳寬重修鎭江府學記

鎭江之爲府距江濵海地險且固自國初用武多所資結當時恩詔下頒惓惓焉優恤之故其府賦税薄而田里不困百餘年來朝廷以江南要地自牧守叅佐莫不愼擇其人敦厚之政旣洽于下故其民衣食足而俗不奢夫不困則其中自樂不奢則其餘無慕于是士皆可教長材美質之人誦詩讀書以儒爲業而游乎學校者蔚然可觀及其出而爲四方之士較藝乎場屋之間往往有首冠乎科第者此非其明驗乎居上者以其人果不負乎教也益惟以學校加之意蓋府之有學自宋歷元在府治之南國朝景泰間知府張侯以其地勢卑隘始東遷之至今五十年矣而頹壞已甚未有能脩之者今兹鄭侯傑自大理寺丞來又得前兵部主事高君鑑等爲叅佐好文重士始相協謀以脩學事移于巡撫都御史四明朱公公曰吾奉天子命

以養民財固所當惜然以學校槩視是不知務者耶報使舉行侯又以董其事者當擇也得承事郎曹貴委之貴勤敏而公財不妄費功成規制宏美觀者稱歎於是教授董宗道等具脩學始末使諸生達晁蕭杲來請文刻石蓋學之設立古制也自三代以至今日上下數千年其間雖有失道之主未有能廢之者以聖賢之道不可廢而道明於此也然所以明于此者非明於學校之地明于游學校之人則其人之寄亦重矣哉孟子曰君子不下帶而道存焉故廟而祀之洋洋乎如在其上如在其左右者非夫人也聖賢也聖賢者道之所在也誦其言求其道用於鄉使習俗丕變于一時用於世使德業大行于百世然後稱乎游於此者此固朝廷崇儒之美意而有司之所奉行而不敢廢者也彼科第云者特假之以致吾身之階耳果凡以爲士于望哉故因記學之成而及之學之制堂齋以下爲間百有十廟自殿廡以下爲間四十八周垣爲堵四百十經始於弘治乙卯八月至明年九月而功

既云

徐階脩築無爲州城記

無爲州故有城周若干丈其始不知所由築及元末而圮今復城之者監察御史吳君百朋也嘉靖辛亥壬子間倭賊竊寇海上州人布政叅議劉君崙以侍御憂居言於同知今按察僉事許君用中請城以爲之備而無爲去海遠衆相與迂之不聽後三年倭寇益肆致焚燒郡縣劫守吏而取其藏天子詔有司各得爲城自保於時許君已去州之吏無能任其事者明年丙辰奉命按江北會寇犯淮陽遠近洶洶君歎曰是尚可不亟圖哉乃進州守何寵條公帑之羨得若干緡使具諸費而召其民告語之使出力以供諸役民胥應無後始事于七月八日凡爲日九十城成寇聞不敢犯州父老子弟相與樂其生而頌君之功于是劉君走書京師請予記按誌無爲隸廬州廬在曹魏南宋蓋南北之界而攻守者所必先也想其時高城固門百倍他郡而民之苦于兵革亦有甚焉者矣逮我朝混一區宇列聖相繼禮教明法令一寇賊奸宄無所容其間而廬又于天下爲中土其吏民晏然無復戰爭之慮故城之遺址坐視其没於荒榛野草之

中無復以爲省者夫豈非治平之徵而臣民之大幸與然君子之爲政未嘗不以其身其天下之樂亦未嘗不以其心先天下之憂城郭溝池所以設險而守國者蓋不俟患之既至乃爲之圖也若玆城之久而復没也又豈非有司之失職而論政者所深慨與自江南用兵以來戰守之務取倉卒以致喪敗者多矣彼其心非盡不知患之當備惟夫計迂習惰而僥倖免諸其身故備之弗豫也無爲今巨州寇所窺也非賴吳君殆不免於焚刦然國家之制吏率以九載乃得去其官惟御史之出按則一年而代計吳君之日宜易以僥倖無事而獨汲汲乎備以脫州人於兵火之中此其賢於世之君子遠矣予故爲記其事以告爲政者使知勸焉

貝瓊筆議軒記

瓊從鐵崖楊公在錢塘時公讀遼金宋三史慨然有志取朱子義例作宋史綱目且命瓊曰宋南北三百年間載籍視前代猶繁爾及諸門生當與吾共成之瓊因告曰孔子作春秋雖據舊史而十二公之事有得於見聞及傳聞之辭故筆削褒貶一斷於心而垂法萬

世今生百年之後而欲竄定百年之前不易也昔歐陽子居史館嘗論本朝之史有可書而不得書有欲書而不得書史館務修前事不及詳於見聞而趙元昊自僭叛至稱臣一事不書他可知矣由是觀之當時君臣善惡功過廢置有事關大體者舉不得直書爲世戒乃據以定褒貶惡敢犯天下不韙之罪哉公以爲然且曰考之書質之人當必爲之尋值兵變流離散處閱十五年復會於雲間公又曰吾宋史綱目已有成書中又有可論者未敢出也嗚呼公之學上下古今貫穿百家其論事直而不詭足以遠追遷董而其愼重如此一日彭溪彭宗璉氏過瓊淸江讀書所求記所謂筆議軒者而公且以宋太祖之禍爲趙普之罪高宗不復中原爲張浚之罪以至韓通李筠李重進以下凡五十餘人悉授之俾有所論焉因觀所著則皆祖於龍川水心而其言鑿鑿合於人心天理之正使死者復生亦不爲過可見其爲有識之士而權衡素定於胸中故敢爲予之所不敢爲也龍川論唐己未庚申之變太宗忍於同氣此天實爲之而非其過可謂曲文其短而弔於誼宗璉於建隆二年

杜后疾革一事不特誅后私其所出且誅太祖不知公義趙普無忠告之言君子固無以易之俟其全書盡出獲盡觀前古得失之太義豈非幸歟雖然天禍人刑亦作史者所畏蓋必有如歐陽子所陳者宗廸其戒之哉故樂爲之記而首舉其與公前所言者云

祝鑾考定三忠位次記

忠臣祠舊在慶城橋之東景泰間始遷於太平府治之西乃我國初勅祀本府知府許公行樞密院判花公王公者也迄今許王二公祠如初而花公不預焉嘉靖癸未郡守傅公鑰乃因其後之請增公之像而祀之位次尚未考定明年禮科右給事中底公蘊握符來守是郡謂國家之事莫大於祀人臣之義莫先於忠爰稽郡志及皇明開國功臣錄宋學士景濂文集諸書得三公事蹟始末爲悉乃定其位以許公文臣且地主也宜居其中花王二公俱武將而花之功爲最宜居左王宜居右皆南面焉於是祀典正而神靈妥矣二守冷公宗元邢公褒向公正通守林公希範陳公淳推官朱公孔暘邑侯丁公洪聞而韙之値鑾歸自浙遂以記屬

辭弗獲則受簡而次第之按詳公諱瑗字粟夫饒之樂平人元至正中兩以易經舉於鄉皆第一歲戊戌冬我太祖取婺州公以儒士晉謁首說以收攬英雄掃除僭亂以平定天下太祖俞其言授博士留參謀帷幄中尋命守太平則勵士卒修城池撫黎庶而民以安焉花公諱雲懷遠人元季兵亂公仗劍謁太祖於臨濠奇其才而用之將兵畧地所向有功丙申六月立行樞密院於太平以雲爲院判階安遠將軍王公諱鼎儀眞人趙忠之養子也忠從太祖渡江征伐有功授行樞密院判鎮池州趙普勝寇池州忠死之鼎襲其職復姓王俾守太平焉庚子閏五月丙辰僞漢陳友諒率舟師圍太平許公偕花王二公以兵三千拒戰友諒攻城三日不下引巨舟泊城西南士卒緣舟尾攀堞而登城遂陷三公被執不屈死之後五年甲辰追封許公大中大夫高陽郡侯花公安遠大將軍安丘郡侯王公昭毅大將軍太原郡侯立忠臣祠於太平命有司歲時致祭嗚呼太平根本之地也得太平而後天下響應焉此有商之亳四方之極也惟我太祖知之故委之股肱之臣而托以保障之任

既而各以忠死正所以報太祖國士之遇也豈他覬邪顧乃哀忠之典即舉於戎馬倥偬之餘首以爲天下人臣勸非睿謨遠識灼知先務何以能此由是天下文臣武將聞風激衷各獻其能效其藎共成鴻業復帝王所自立之地其在茲乎奈何歲久典訛乃至遺花公位次而弗之祀豈當時別有廟耶抑亦有他故耶不可知已頃者傅公既增入其像底公復考定其位而諸公皆贊成之側皆得書也故既叙其事畧復繫以詩俾刻于石庶來者足徵云其辭曰於皇聖祖秉鉞東駕風鞭霆乘飛龍海寓豪俊蓊雲從偉哉太守與將軍展也允武復允文控制上游淨妖氛長江浩浩天塹成屹然萬里金爲城仁綏義正僭亂平僞漢匪茹揚帆來鳴鉦擊鼓轟如雷我軍視之維嬰孩熊羆三千森若林旌旗蔽空白晝陰大戰三日同一心鉤援躡蹀力弗支執我不屈我死之飄然上征扣玉墀睢陽厲鬼今若符彭澤與帝爲先驅舳艫煨燼賊乃俘帝心追悼恩禮優金書煌煌封列侯爰始廟祀垂千秋歲時將享潔牲牢鼓我笙簧擊我鼗神不來兮心忉忉神之來兮駕虹霓祥烟氤氳風清淒

江濤不起無鯨鯢神之格兮儼寃裳綃符帶劒傾而長叕蘭羞兮飲瓊漿神之去兮靡少停流爲河海爛爲星蹇余延竚瞻儀型帝隆典禮維勸忠匪忠匪臣曷以庸於赫我公昭無窮

張淮置祭器田記

禮器之制尚矣籩籩以竹俎豆以木簠簋登鉶以陶鼎爵尊罍之屬或以玉或以金或以木各有其義與所宜也自遭秦滅學之後禮經殘缺器亦就敝而先王之制度蕩然不復存矣後世禮圖如簠簋犧象尊與爵之形制不無可議近世有以陶爲之者則一于瓦範銅爲之者則一于銅而古之以竹以木以金以陶者畧無差別僅存其名號而已噫制度之精微雖老師宿儒猶莫知焉可慨也夫太祖皇帝誕膺天命大興文教制作之盛度越千古列聖相承益隆聖道肆我皇上尤注意焉詔加籩豆增樂器尊崇之典曠古所無於戲盛哉成化丁酉冬十有二月朔淮來知蕪湖縣事越明年戊戌春二月將有事于上丁先期詣學宮徧閱所藏器類皆以陶而銅錫亦間用之苦窳闕裂率不可用心竊病焉既而謀諸丞陸璃教諭胡直訓導趙贇王綸欲攻

古今之制而新之乃走王生倣於南雍歷訪形制并購博古圖歸每退食之頃反覆詳考參以詩書之圖質以先儒之言復得李生贊相與討論之似有得其一二其疑而不决者則質諸胡公焉如是者久之然後乃敢命工編竹爲籩篚斵木爲俎豆範金爲鼎釜屈木爲爵斗陶瓦爲簠簋登鉶尊罍他如盛牲有匣滌牲有桶供薦有盤盥洗有器蠟炬有臺而毛血亦有盤焉秋八月上丁復有事焉籩豆靜嘉牲牷肥腯凡在祭與奔走者莫不有乎顒若有神人胥悅之意于禮敬而將之以物則以器而其器又足以感人如此則器亦大矣哉胡公欲圖其形制與目于麗牲之石以示永久且慮敝或觀圖爲之則倣不敝矣亦盛心也復謂淮宜記以弁諸首淮既有說各識于器之下矣復何言哉竊謂禮有本有文無本不立無文不行恭敬辭遜其本也節文度數其文也器則節文度數所存而本亦寓焉者何也有本以將其器則天神格人鬼享一禮之所爲也孔子嘗聞俎豆學瑚簋蓋以此耳有器而無其本則亦虛文而已安在其爲禮也孔子曰禮云禮云玉帛云乎哉豈無謂歟學者觀

斯圖察斯斯器習斯斯事求斯斯禮藏焉修焉息焉游焉而敬恭焉則聖學成始成終之要亦可以得之於此而三代之禮固由是可興矣則斯器斯圖之作顧不可數否則器焉圖焉而已非淮所知也是爲記

錢溥同善堂記

善原於天而繼於人者無不同也然人有氣稟之不齊又流於習尚之或異於是有不善者焉易之同人傳曰二人同心其利斷金善之謂也春秋書同盟十有六傳曰志同欲也所欲之事有不同故又曰同心爲善善必成同心爲惡惡必成也然則同心而爲善也雖有不善不能免同心爲不善雖有善者莫能爲予故取易與春秋傳之言合而名吾堂曰同善蓋欲自吾而子子而孫孫而復子皆同此心而爲善也善非吾始也吾始祖宥一將仕公自浙徙南橋居四世爲編民艮吾父奉直府君南畝而孤長徙城東與吾母宜人趙益務本宗義搆迎薰書樓以教子子致吾以文學起家列官于朝食指既衆乃命長子岡於三里汀東營宅一區墾田百畝給廬浚池

居二十年而本益茂地益闢屋室益完好吾適自嶺南蒙恩歸復於家藉此棲吾身悅吾志有林泉之幽□無□□之誚襍付功名利達于塵外杳然如一夢覺向雖遭讒被黜若不容世而斯堂實容焉悠悠然神閒氣定聞一善言見一善行尚俛焉日有孳孳而不懈也於是名吾前廳曰迎涇一曲志其所也迎薰不忘先也而終以同善名此正寢之堂見此者肯堂肯構以成吾室肯播肯穫以力吾菑非善同於吾乎子同於吾即同於祖也同於祖即同於天之所自賦也吾父祖繼百餘年間皆清苦刻厲以力於善而始發於吾今吾子孫有屋可居有書可讀有田可耕有池可魚有山可樵有餘可以及人負此六可而不相與爲善可乎吾故書此爲同善堂記應吾子孫繩祖父啓後人而各知其善之所當勉云

松江水利記

書云三江既入震澤底定然水至吾淞則又分二道而入海蓋西北窪下則自太湖入澱山湖吳淞江入海東北高仰則受杭禾之水達黃浦以入海高下既殊旱潦交病然

旱爲東北受病其患小未岡西北列郡無所歸洩
其患大吳淞江自勝國末湮塞迨今逾百年與言
修濬非無其人然或沮於浮議或撓於鉅費因循
歲月卒莫能舉稍遇淫雨即成一壑國賦虧而民
艱食矣天順二年都憲崔公奉勅巡撫東南首詢
水患以淞爲尤甚乃舉府判洪侯景德暨二縣尹
楊昕李紋治之侯等相視以爲江之故道雖浚必
合莫若從新地鑿之力易爲而功不壞起自大盈
浦東至吳淞江巡司計二萬二千丈又自新涇西
南至浦匯入江計四千丈闊皆一十四丈深皆二
丈而低鄉之潦可洩東北則自曹家河平地鑿及
新塢計三萬餘丈深闊皆與江同又新華涇塘六
磊塘嬰竇湖烏泥涇入浦而高鄉之旱亦免大小
聯絡無不通貫噫亦勤矣哉用工總三萬五千餘
沿江耆老相與鼓舞而言曰茲江之湮爲吾民病
久矣曩時字人者雖廉得利害而訖無成功寧知
物有通否必待其人耶是役也程工而授計口而
食民雖勞而不怨則國本垂永之計孰愈於此哉
溥淞人也且職
史事故請書之

王璵常州府重建犇牛閘記

距毗陵城西三十里爲犇牛堰泝堰水西行百八十里歷雲陽達京口爲運河其地勢東傾堰不足以時蓄洩也嘗於京口呂城奔牛爲三閘皆莫詳其剏始按史記載舟徒水道自六朝千百年通吳會隋初有詔浚治則是此閘在齊梁前已有之矣自大業之後此閘當與河相爲廢興而竝不一書至元符嘉泰始兩書修復我國初洪武已西間閘廢後更導其支流東北出於堰爲壩自是而運河不復通重載漕舟多出孟瀆河濟江而江行險遠歲不能無覆溺之患天順己卯冢宰崔公克讓爲都御史巡撫江南爲言於朝請復建閘營度適宜委畀得人曾無幾何而五閘告成其在常境者奔牛下閘是也成化戊子都御史邢公克寬來繼謂奔牛猶有上閘其遺址尚存盍亦修建俾互爲啓閉遂以其事付之常守卓君天錫而以武進邑丞宋瑛董役事給費於公務役民於農隙其經畫之良成功之速與下閘等夫自堰廢爲閘閘廢爲壩言水利者時有訾病今閘與壩兩存之春夏水溢則由閘秋冬水涸則由壩壩可瀦而閘無

壅也根遺跡簽成算以開承圖夫豈藥因循而好自用者所能彷彿哉

揚州府重修白塔河記

維揚郡治東北兩舍許宜陵鎮側有河名白塔蓋古運河支流以南屬於江北達於淮者也皇明宣德王子平江伯陳公瑄疏濬舊道建新開大橋潘家江口四閘以蓄洩水以便江南漕運歷歲滋久中多壅閼舟既不通閘亦隨毀乃者成化癸巳冬巡河郎中郭君昇上其事於總漕都御史李公裕以詢於衆得修河事宜以屬郭君而總其成焉郭君於是名集旁近兵民二萬人疏舊河二十里築東西捍水堤四十里建通江大同二閘其大橋新開閘之故存者咸修復之又增建土壩三夏月潮漲則由閘冬月水涸則由壩又建減水閘五以防泛濫淺鋪五以備疏瀹至於蒞事有廳享神有祠保障有巡檢司凡有益於河者無不爲之經始於丁酉三月以是年六月畢工通判鮑克寬具事顛末來請記予嘗考之吳城邗溝昉於左傳渠通江湖載之遷史唐漕江淮撤閘置堰宋至紹興易堰以閘則漕河出於揚境者最爲切要漕法之講於先

儒者最爲詳備漕數之給於縣官者最爲豐溢大抵建國於西北爲不抜之基取材於東南供不貲之費由今視昔初無少異與事勸功有待於人此白塔之所爲濬理於今日也雖然古人嘗以潤州北距瓜步沙尾紆匯六十里舟多敗溺遂涉漕路由京口埭沿伊婁渠以達楊子歲無覆舟且減運錢數萬今京口埭既淤淺不勝重載則由常州孟瀆河入江遡流而趨伊婁回還百八十里視六十里既兩倍之而大江風濤之險漂溺之患月所不免又非但歲中見之而已也斯河既成則江南漕舟出孟瀆者可徑投斷腰洪入夾江三十里入河又四十里而達楊境脫不測之淵以即安流忘盜竊之虞而游樂土蒸徒懽呼無事轉挽篙工柁師枕臥而至其爲省費又奚翅數萬而已也使非李公之經畧郭君之籌畫而欲望其力排羣議茂纘成績施加當時敷被後世如此役者庸可得乎

王夔復通濟閘記

儀真縣城東南自成化甲午提河工部郎中郭君昇疏言於朝置閘曰臨江曰通濟曰響水曰裏河口而通濟當其中方其置閘也閭閻魁儈之家狃於規利生往

浮言喧騰謂有洩水過鹽之患若無事於置閘然
者及閘成僅於兩紀而通濟遂廢甚置之既不協
於其心則廢之適墮其計雖有訏謨遠識知其不
可廢亦漫無諫正聽其廢焉而已矣夫通濟之所
以不可廢者何也潮之至也不踰時而遽退船之
羣次於閘也銜艫接軸無慮二三百數以無慮二
三百數之船而當倏退之潮苟無通濟紆匯瀦蓄
有以逗其勢過其衝將使跬步隔於千里頃刻淹
於旦暮前嚮水而勿及後臨江而已遠其不貽淺
涸損壞之患者幾希癸亥之厄可監也故臨江諸
閘不可無而通濟尤不可無則尤不可廢也廢之
者私智也縱其廢之者私意也夫事不更變曷見
其的於是南京工部分司署員外郎何君自於漕
運都御史張公公韙其議檄通判揚州府事韓侯
知儀真縣事馬侯協力起廢而主簿唐侯遲義官
許晟夏麟耆民柳瓚夏償盛清臧如張綸共蒞厥
事肇事於弘治乙丑正月朏四閱月訖工凡用物
以株計松杉榆木三百七以斤計黃白檾蔴八百
五十生熟鐵八百軟篾油灰各二百炭千二百以
石計秋米七十灰千二百二十五總費白金二百

四十二兩有奇閘高一丈五尺南北堤燕尾共長三十一丈甃石五百八十三丈五尺襯石千七百四十九丈雖閘址仍舊而規制加壯適提河工部郎中張君至涓吉啓閘飛艘舞艦與潮下上蒸徒稱便無復淺涸損壞之涸其慮焉侯以予縣人請書前賢置閘之難後人廢閘之易而復之者之有光於置之者焉且俾嗣今修飭毋鶩私效尤貽患於無窮

楊一清新建攔潮閘記

弘治辛酉春二月二十四日儀真縣新建攔潮閘成便漕也儀真爲漕河自前代已然我國家定都北方歲漕東南粟以供京師多由此道葢喉襟最要地也顧漕河之水至是當入江高卑勢殊河易洩且涸宋嘉定閘守臣建白置三閘爲蓄水計尋再舉廢國朝洪武辛亥始即其地築而壩之舟之下上必車壩乃達不盡剝載則不敢以舉力稍不齊舟輒壞由是儀眞之地舸艦雲接販鬻喧闐罔利之徒萃聚而蟻附居貨食力惟壩是便閘不復講矣成化甲午巡河郎中郭君昇建議置閘四爲東關爲響水爲中閘爲羅四閘以通於江一時稱便

獨妨固利者得為洩水之說任耳者和之閘遂不
用弘治戊申朝廷用言者下工部撥郎中施君恕
相所宜復東關羅四二閘廢嚮水中閘而新之前
復通利焉然江濱無閘潮無所潴上閘啓注不可
遏於是復起洩水之議漕運總戎郭公鋐嘗欲增
置濱江攔潮閘或謂江濱多浮沙不果弘治己未
冬都御史張公敷華奉勅爲巡撫總漕事有以攔
潮之策獻者公詢於衆揚州府同知葉君元進曰
元嘗承檄董濬河濬及江濱深七尺上黄壤無沙
閘必可置公曰然遂以聞卽得旨乃會郭公檄葉
君任其事君受命惟謹會籍程物卜以庚申十月
八日始事度地勢定造閘之規高一丈八尺中廣
二尺八寸袤三丈翼而東西亘加袤之二爰琢爰
甃犬牙相入磨礱劀礎厓削砥平疊石數重以固
其涯松椿櫛比以固其底凡用物石段八千七百
九十木五千四百七十株板四百九十片鐵二千
九百八十斤蘇一千六百七十斤篾六百十斤桐
油一百石灰二千一百三十担粳米四百八十秫
米三十三石諸備售所取直得先年濬河羨餘銀
千兩有奇不費辦於有司故工鉅而官不知費故

事集而人不告勞距今始之期纔四閱月耳馮君謂閘啓閉宜有定規乃會劉君議視河盈縮及潮之長落啓閉傳檄有司遵行之是歲江河會通舟無留行揚旗伐鼓通數十百艘於飲食談笑之頃比秋霖潦決旬潮水大漲得以時洩不橫決爲隄堰害亦惟是閘賴焉所省漕士之費歲當若何民船商舶所省又當若何以歲繼歲吁其不可量也

倪謙江山好處亭記

太平爲郡在南京之南百里而遠右枕江有山焉曰采石下有磯曰牛渚江自西南來合沅湘漢沔之水直走磯下姑孰之溪則自東折西而橫入於江驚湍駭浪晝夜衝齧有聲磯之南直走天門東西二梁中束一水蒼翠修聳宛若蛾眉舊嘗爲亭磯上以占其勝矣去蛾眉之左下坡數級地勢頗卑而坦迤幽曠山益近而奇江益近而駛其地尤勝有非蛾眉所得而擅者舊亦爲亭於此名江山好處元監府弘吉剌氏易名觀瀾歲久傾毁景泰三年豐城李侯若虚來守是郡政平訟理民安物阜嘗者尋遺蹤以爲是亭乃郡之絶景自昔騷人韻士者

晉溫嶠袁宏謝尚唐李白崔宗之諸賢皆嘗於此登眺而吟嘯者也豈惟吾輩政餘可以藉是消煩而適意邪人歲時亦得以遂遊觀之樂也容可坐視其廢乎乃與同知任能讓通判陳清推官何泉捐俸貲爲倡命廣濟寺僧修惠募材重建今成諸公與客携酒餚登而落之憑高遠望則烟嵐之杳靄雲濤之洶湧風帆沙鳥之往來長鯨巨黿之出沒仙梵之廬漁樵之居畢接於欄檻之外千態萬貌景象無窮有以使人心開目明而神爽飛越於是揚袂引觴曰樂哉斯亭因復其名曰江山好處徵記於予予以花鳥本乎時可娛之物也然感時恨別者見之適足以驚心而飛淚郡之江山信可樂矣使爲守者政未能敷於下爲民者政未能安於上外有責於人內有媿於巳則登亭也觸物興懷無非悲傷感慨之境孰見其爲可樂哉今諸公涵煦休養措斯民於衽席而民親愛之不翅父母上下之間心孚惠洽蓋無適而非可樂者況日當江山之好處哉是宜樂其樂而使民同其樂也亭之復古詎不宜乎

薛應旂方遜志祠記余嘗讀易至革之彖曰湯武革命順乎天而應乎人未嘗不歎聖人之克相上帝勤恤民隱至以身冒死而不顧也及觀魯論之稱彝齊也曰求仁得仁又何怨則又歎曰嗚呼仲尼之意深矣稱湯武以立生民之命仁彝齊以正君臣之義化裁達變貞固立本夫固各有攸當而不可以執一論也噫彝齊遠矣詎謂千百世之下如先生之所值者乎先生姓方氏諱孝孺字希直遜志其别號也居緱城里人又稱爲緱城先生父諱克勤從事聖賢之學先生實其仲子淵源所漸日擴而大其出處本末則耆儒父老往往能言其事然亦有傳其遺事有尊鄉錄有補國史之議有春秋俎豆之請夫旣或述之矣吾獨悲夫先生之所值者彝齊之時所執者彝齊之見而獨無太公爲之一引援其死獨慘於彝齊也昔武王觀兵孟津諸侯不期而會者八百君子篚厥元黃小人壺漿簞食凡紹王而見休者蓋已盡乎天下之人矣孤竹二子獨爲叩馬之諫至謂之不仁不孝維師尚父時爲鷹揚血流漂杵前途倒戈何有於二子哉而顧扶而去之俾弗罹於

左右之兵也蓋武王義兵也二子義士也太公之
扶亦各從其義也周家卜世三十歷年八百雖至
叔季之微猶爲天下共主而方伯之强諸侯之僭
環視而不敢誰何者夫亦以名義所在等於天地
明於日月威於雷霆凛於鬼神洋洋乎鼓舞羣動
整齊六合制御八荒攝伏庶愿俾夫漁者萃離者
合强梁者沮狂詐者息而如綫之緒猶得維持於
數十年而不壞者謂非彝齊之諫太公之扶有以
爲之耶然首陽之卧采薇之歌慷慨之士至今扼
腕史遷亦謂其積仁潔行深悲不得其所而有感
於天道之報施其歎息痛憾之意蓋直浮於言外
矣使其視先生之死吾又不知其當何如以立言
也然彝齊得夫子而名益彰先生附彝齊而義益
烈千百世而下猶凛凛有生氣則先生之於彝齊
均爲不死者矣寧海舊建祠於緱城里祀先生父
子嘉靖丙申懷遠楊君時季令兹邑謂緱城舊祠
規制未愜無以昭示前修興起後學遂進諸生楊
天倫輩議毀卧龍山三官祠改建請諸廵按御史
張君景允其議凡爲堂若干楹最外爲牌門一其
碑亭二則又在牌門之外幾越月而工告成楊君

與余同舉進士至是又同官畱都且以余嘗知慈溪而與聞斯舉也因屬爲文勒諸石余敬次數語而繫以迎神送神之歌歌曰坎其擊鼓卧龍之陽牲牷蕩滌蕭合馨香神之來思英風載揚恍惚及交陟降在堂光騰烈日凛肅嚴霜歌以迎神於豆於觴又歌曰紛再拜兮廢徹趨蹌禮成焚瘞感激衷腸靈之往矣旋駕洪茲於彼於此無體無方河嶽流峙列宿寒芒歌以送神地久天長

畱禮夏鎮新河工成記

嘉靖四十四年秋七月黃河大水異常淤塞龐家屯從華山入飛雲橋分七股奔趨沽沛自谷亭至境山舊運河數百里遍成巨浸漕輓梗阻仰厪世宗軫憂知大司寇鎮山朱公可任特改大司空兼都御史總理河漕至則水勢瀰漫無處著足集河道撫按及司道等官僉議上源既難分導沽沛一帶又湮没不能施工獨南陽至畱城在昭陽湖南地高黃水之患可免先年上納司寇胡端敏公建議勅都御史盛公應期開鑿以異議中止其遺跡人力可施具疏下工部題準改鑿接舊河於時不便己私者騰謗仰荷聖明洞察勅給諫何君起鳴相

詔何備奏舊河躋復利去害存新河工尤可嘉尚
小利々吉下凡鄉丹道會議僉同公感激殫心思
不計晝夜經晝築堤建閘竟底績凡一百四十一
里餘復修理留城至境山凡五十三里又因薛沙
二水爲患各開支河以殺其勢築大壩以障其流
凡所以爲新河久遠計者纖悉備至即今漕艘通
行無滯害去利集人以是服公用意之遠云予告
老南行備閱河工水部郎淵等同兗州太守張文
淵以予贊成於內宜記其事予聞善治水者莫如
禹禹疏九河不過順水之性而已三代以降惟漢
賈讓有云不與水爭咫尺之地宋歐陽修有云河
流已棄之故道難復蓋誠通達事體者也我國家
治河欲資其利通漕非昔比而河徙不常自古爲
然即如嘉靖以來衝決凡八處矣而紛紛持異議
者乃欲疏上源復舊河是賈讓不與爭者而欲爭
之歐陽修稱難復者而欲復之寧無鑿乎禹智耶
況沽沛低下黃水自西而東越閘河奔入昭陽湖
水去沙停旋挑旋淤則難與爭利復故道較然可
睹而端敏公之初議與公之成豈漫無遠慮者哉
夫睹河者思禹績又安烝民萬世永賴也公貞亮

秉節自信爲國家建不朽遠猷遭逢世宗乾斷於
上不惑浮議使輔臣與予亦得以贊公於成變魚
鱉之區爲菽粟之場萬年漕餉亦永賴之是皆公
心禹之心能置異議不阻大禹神靈豈無黙相於
其間乎書云勸之以九歌俾勿壞是
豈紀功敘遺後來者所以嗣守云

寧國府題名記

寧國本吳越之地自故鄣啓郡郡籍
屬中夏孫氏開基屹爲重鎮江左
以還聞人秉麾相嬗彬彬稱盛美矣明興定鼎金
陵登列畿輔列聖又建極於上匡飭郡吏以君天
下者百八十餘年流風善政洋洋乎渢渢乎至今
爲烈其宦於斯皆邦之良也苟有休德詎不爲依
乃歲次己亥南岡曹公繼符謹身祗行務廣衆益
於是陟陵陽眺敬亭歷覽崢嶸而謝李之跡猶多
存者俛仰而歎曰美哉江山弗改世代遷矣其稽
俗哉既而深喟曰官不有績譽罔攸垂心不尚友
風罔攸勸考則宪慮吾茲試哉乃繙故牒蒐已施
之宜利加決擇焉因彙收守以下銜名邑里歲久
近與所終鐫之於石屬雷子曰盍志國之典也是
古今之槩也政德共紀矣夫彰往則來鏡古詔今

凡以宅心立準也東郊之治周公毖殷始之君陳有容中之畢公不彔終之雖政由俗革而道若晝一其心協也故圖治有幾弗狃則通基化有要弗倚則裕于太叔代子產服如猛之訓謝方明不易前政義在必更務秘其跡茲諸先達前後異時行事殊轍苟監戒昭而勸懲繫焉孰非吾師也哉且君子爲不可朽者而已今勸懲所在榮辱判然諸冢日懼矣乎鳳岡暨諸冢日懼矣志之哉

顧清周文襄年譜後記

鄉父老間暇時往往相聚談前朝事有陸翁者嘗言周文襄爲侍郎巡撫十九年爲尚書巡撫又二年百姓不知有凶荒朝廷不知有缺乏或問故曰當時濟農倉米常數十萬一遇水旱即據實奏聞免糧奏上無不准所免之數即以濟農倉米補完所以民不知凶荒朝廷不知有缺乏也問當時何處得此米曰此有二項其一奏改南京公侯祿米於各府關支省下運耗十五萬其一奉例勸分得米又六萬每歲兌軍起運畢令催糧里甲運此二十一萬米入濟農倉賑濟補災之外歲有寬餘皆積於此此米之所以多也米積既多每臘月徵糧畢

折正十五以後即有文書來放糧曰此是百姓納
與朝廷餘賸數今還百姓喫種朝廷田秋間又納
朝廷稅也所放米每戶率二石或三石不曾有放
一石時文書雖曰抵斗還官其實多不取先祖因
言吾家嘗一次於黃渡倉支黃荳六石後升合不
曾追也每歲折糧銀布以正月半後開局曰百姓
冬間納了米留些須與過年畜養牲口至二月可
賣以納銀絹紡綿紗至三月可織以納布四月起
解於朝廷事亦不可悞也各處糧運過江遭風損
失者有司申上公皆已先知人以爲異久之乃知
公於金焦二山各委一僧使日具風水報二僧者
皆薄有資給又各與數健力給其使令人感其誠
無不爲盡力其思慮周詳而計算審密雖處一家
者亦恐不能然也又曰公巡撫時官司猶未有座
船往來皆乘驛站行時糧長常以一小舟隨其後
遇村庄僻處或乘以微行詢訪民瘼五保有王槐
雲者夏月於林下乘凉公至與並說田里間事甚
悉俄而從者至始知巡撫叩頭請罪公笑而撫之
且畢其說而去予家與陸翁比鄰平日所聞如此
類者尚多不能悉記亦不知其實何如後來每舉

一端鄉之老人無弗知者且與諸公所撰相出入而槐雲之事孫婿劉文瑞亦嘗言之於是知陸翁之言爲信而公之遺愛其入於人者深矣陸翁名瓚錢太史與謙之外祖惇重不妄人也淸謹記

湛若水胡安定祠堂記

諭人者以其異域善孰與以其鄉族善曰善鄉鄉爲近示人者以其言善孰與以其像善曰善像像爲切近則人習服切則人易知人習服故易從人易知故有親有親則感易從則化是故異域使人敬鄉族使人信言則入人耳像則入人心故先生之法鄉大夫令術司徒之教行魏像立而治法昭今夫號於人曰必若而鄉某君子乎必若而鄉某義士乎則聞者莫不悅相語曰彼固非遠引乃云吾鄉某也某也誠義士君子也斯不亦以鄉而近習服而易從乎今夫斲木而像之葺椽而屋之肅乎若有著乎風神儼乎若有見乎其容聲則過者莫不敬畏相語曰彼乃吾鄉之義士也君子也吾等可自棄爲不義歟爲小人歟斯不亦以像而切易知而親乎南昌王君公弼以進士來守泰州名士垙咸造於庭曰吾守茲土實兼教養凡爾士庶盍同

于予善爾弗我徵盍稽于爾鄉之先哲式追於前文人若爾安定胡先生者爾豈不知而慕之乎哉與孫明復石守道藏修泰山其義行篤於躬化於家孚於而鄉教授於蘇湖振歷代詞華之沉迷復往古敦樸之實行師教升於國學聲實達於朝廷式法播於天下一時多士靡然從之爲之一變不問可知其爲安定門人若是者爾之士庶其亦有意乎有則吾爲爾祠而新之以爲爾仰止之地不亦可乎皆欣然曰諾乃白於撫按卜城東南之隙地以州之贖金撤官之閒屋而顧鈹之義助半焉凡三月而落成爲堂者三楹外爲大門內爲寢室視堂之數弗有殺焉前臨大池後館諸生旁亭顏學亭週之池水使士講聖賢之學於其間選胡氏子弟二人寄學習禮捐官田五十畝共其祀事而復徭焉是故東南法長養也前週池昭澄心也後學館示步武也亭顏學示的也是故巍焉肅焉示像也於是士皆懽悅過其祠者皆相語曰吾等兵防水利農算之學有若安定治事齋之教乎五經異論文藝理勝之學有若安定馴馴雅飭之化乎於是王君聞之曰安定之學豈但若是巳乎乃遣

其門弟林春王棟之京問甘泉子甘泉子曰應善
如王子之問也善如王子之問也安定之學之教
人失其真傳也而貳於孔子久矣豈直今也哉夫
孔門之教同於求仁仁人心也天理也四科之列
惟顔閔雍耕諸人得其宗餘則因材成就者耳而
謂有四焉豈聖人無類之教哉若安定先生當聲
律浮華之弊已極毅然而起以變化士習爲已任
以開濂洛之傳必其精神心術之微有不言而信
者行乎其間觀其顔學之試道德仁義之教有足
徵者至於經義治事之科條乃其因材而成者耳
以爲先生之道盡在是矣豈不惑哉夫聖人之學
心學也故經所以明其心也治事所以明其心之
用以達諸事者也體用一原也而可以貳乎哉此
或先生立教之本意而人失其傳矣乎若非人失
其傳則先生之學之教荒矣予幸得於百世之下
故爲其鄉人士推言之庶幾不終貳於先生之教
焉王君曰命之
矣幸爲記諸石

神交亭記

池陽有高士古源李子者謝太學隱居
小丘山十餘年不出志聖賢之道聞甘

泉子而慕焉然而未嘗識面甘泉亦未嘗識其面而知之賢而敬之曰神交矣或曰面不相識何謂神交甘泉子曰夫人皆識面淺者也而謂上下萬年識堯舜禹湯文武周孔是何面目而若相知之深焉神交也故孔子夢周公高宗夢傳說舜夢拜平丞黃帝夢遊華胥見堯羹牆皆心也神也神也者心之所爲也故心之神也交通也通天而天通地而地通萬物而萬物通堯舜禹湯文武周孔而堯舜禹湯文武周孔感而通之一氣也氣也者通宇宙而一者也是故一體也一體故氤氳相通痛癢相關不交而交矣嘉靖丙午八月甘泉子過池陽登九華之山古源子出迓焉或曰子十年不爲彼卿士大夫出矣不爲郡大夫出矣而爲甘泉子出何耶曰吾爲道出也非爲甘泉公也相見而懽若平生交焉若魚水不足也執弟子禮而學焉虔心以相孚神以相授不待口之相語也深矣何則神交至焉傾蓋次焉故知神之所爲者可以盡心矣知心之所爲者可以知性矣知心神之所爲者可以以語道矣盡心知性而存養之可與語學矣盡之矣古源子退而作神交亭甘泉子爲次第其語作

亭記甘泉子喟然嘆曰於乎時　子而知神交之道則斯亭斯記可兩忘矣

陸樹聲適園自記

循城之址而東南百步得棄地焉疏抉叢穢就其下者爲池亭於池之上纍石以當其前亭之左折爲樓樓四達以望遠樹竹木其間飾堂之舊者以待賓客屋於其旁者爲茶寮總之曰適園園之始余自南雍謝病歸會以其地售者余適有之以其地之湫隘棄於時故易售而余方倦遊思去煩以息靜也故得之若以爲適者然以余之苦於驅疾病以事奔走也既休吏歎返初服以便居息則求以愉懌心志寄耳目之適者實藉是焉故余每憩是也於泉石之渟結雲物往來花木喬秀禽魚之下上飛泳者日與之接耳目所寓皆樂其爲已有也凡余之所爲適者若此而余因是以觀造物者所有若泉石雲物花木禽魚所爲麗於兩間挾光景而與之遊衍者物各有以自適而我人於是託之以寄其適焉如是者固日久於前人有以取之不禁也則不惟余去煩息靜者之所宜有蓋自造物者之有是也而我與物之所共適非一屬於已可耑而有之

也則余於是將不有超然而自適者乎如是則余園雖小而余之所託以適焉者大矣是不可以不記

何良俊四友齋自記

四友齋者何子宴息處也四友者維摩詰莊子白樂天與何子而四也蓋何子之與此三人者友也何子始家東海上去而官得南京翰林院孔目儻屋住青溪之傍既三年罷去時海上居火於兵何子不能歸旅寓者又五年蓋始於癸丑十月至辛酉八月徙於蘇得元覺寺故地居焉幾一年所歸省家弟病家弟亡去時吳興堯山臧公為郡太守勸何子歸撫其孤親舊亦皆慫恿何子歸尚無居先買得楊氏園去府治南僅百武計在委巷中舊有通梁小堂三間無別室因築丙舍以處妻孥架小樓儲書壬戌冬自蘇州來居之何子性放曠每日挾一冊命童子提胡床坐樹下飄蒼頭鋤地種蔬則一日快暢何子為文章有一題目循水數十次行且行且思皆候其自來思偶不屬輒置去不欲竭思竭思則氣索也明日復循水行候有成文在腹遂

操觚書之未嘗即據案占綴故在南京與蘇州甫入宅即鑿池種蔬城內居雖有喬木數章前疊石爲山比士大夫家甲第不能百之一然頗幽適但無隙地可池可蔬何子弗樂也癸亥春買城南一區得五畝上有破屋數楹撤而新之餘隙地約三畝羸以一畝鑿方池畜魚數百頭爲循行地以二畝稍劣列蒔諸蔬池上植枸杞數十本每晨起乘露氣手摘枸杞苗與園蔬作供人以酒食召者何子不時往何子始若有定居矣夫何子自海上歷南京姑蘇以有今日之居凡五易所而宴息之處皆以四友名者居雖易而此四友不易也何子少疵賤志業無可取貴勢人不肯與爲友其齷齪猥瑣者何子又不肯與爲友則吾四人者適可以爲友古稱同志者友忘形者友心莫逆者友以吾之知此三人則知此三人者之必知吾安得不與吾友故定爲四友吾在南都時嘗舉似朱子价子价樂甚以爲此吾之心子先得之矣黃淳父爲作記其文甚麗而辯子价云文雖佳未能發公之意吾當爲公更作一記未發子价遷九江太守去記不克成甲子歲避暑郊外乃書之齋壁以俟知吾四

人者
告之

邵寶時雨亭記

南察院後有亭題曰時雨正德王申夏都御史蘭州彭澤提兵勦流寇駐節潁州兵備孫磐爲作亭避暑時方旱亭成即雨因名焉亦以其兵如時雨云戶部左侍郎常郡邵寶銘有序○今年春二月都御史彭公奉命勦河南流寇越四月賊平復命移師殪東賊之逋於南者公至潁州飭戎僉憲孫君伯堅即察院以館公榜之曰都臺維時大暑遂開其寢之北壁除地爲庭且亭焉公坐以籌體舒神暢伯堅請名公名之曰時雨蓋謂師出天王其神速如此伯堅以公命使來請銘初公祖命將行予方在朝數與餞燕嘗擬功成之日爲詩頌之今而果然吾聞古之能詩者維貞以吉維威以濟惟全以勝惟豫以立而濟之以機成之以斷公通儒也知用是道焉王師將克成厥功且不自居而歸之於上亭名時雨不亦宜乎伯堅素著風裁於是師與有勞焉銘曰有鎮斯州宿我重兵有屹斯臺有翼斯亭孰亭臺中而時雨是名吁嗟偉哉彭公中丞中丞有文中

丞有武鉞秉節持自天子所拯我人斯殲彼豺虎中原既汎遂指南土民則大和式歌且舞維此歌舞中丞之功中丞曰吁帝載天工公贊神算桓桓我師譬彼大旱雨來孔時人亦有言王師時雨公維雨師既雨既處侃侃憲使從公於征廼後廼先駕風鞭霆有楞孔昭上對天日大田既膏嘉穀既實江漢滔滔河汴湯湯以蘇以潤雨流孔長公以雨來斯焉戾止猗雨時暘其自今始人視亭只如棠斯陰公像弗留尙留留公心

惠山浚泉記

正德五年春三月錫人浚惠山之泉秋八月功成先是正統間巡撫周文襄公嘗浚之後屢葺屢壞至是而極縉紳諸君子方圖再浚而寶歸自澧臺適與聞焉爰求士之敏而義者董厥工作泉以屬龔泰時亨楊蒙正甫莫鉛利卿乃與匠石左右達觀究厥敝原爲新功始詢謀僉同用書告諸望族而後卽事凡爲渠二爲池二爲亭爲堂各一而尊賢之堂及留題閣守視之廬又其餘功也縣大夫講助以甾故謝焉至是凡五閱月而泉之流行猶夫前日也諸君子既觀

歟成則以記命寶寶嘗觀惠之爲泉以石池漫流爲天下高品尚矣然其來同源而異穴或氾焉或濫焉上池淵然中池瑩然下池浩然其爲觀不同於是有石渠貫而通之約濫節迅以成泉德古之爲是者可謂得水之道矣故自陸子品嘗之後觀且飲者日衆甚至驛長安夫豈徒然乎哉雖然時而浚之則存乎人譬之天道有變理之功人事有更化之義是以君子重圖焉今是役也以渠通以池蓄以亭若堂爲之觀無後無廢克協於舊其規畫所兢論者以爲邑有人焉寶不敏謹以歲月勒之於碑復爲詩以歌之總其費爲白金若干兩其助之者之名具於碑陰凡若干人爲書者吳憲大章而往來宣勤則潘緒繼芳及住山僧圓顯定昌云其詩曰遂彼源泉茲山之下維僧若水肇浚自古謂配中泠允哉其五我錫彼金有子維母孰不來飲孰不來觀贊嘆咏歌井冽以寒孰闕我流石崩木蠹匪泉則敝敝以是故人亦有言淸斯濯纓棄而弗滌豈泉之情吉日維子與我浚功變極乃通維雲蒸蒸維石齒齒泉流其間終古弗止有德匪泉則我之耻我詩於碑以頌其成泉哉泉哉與

時偕
清

秦紘漢高祖廟記

世傳漢高祖豐生沛長按本記亦云高帝起於沛豐則世傳未爲無據也豐縣舊有原廟志云創自五代正統八年典史劉勉重修自是而後日就頽敝弘治十一年于侯來尹縣視篆越三日遍謁神廟至此惻然乃謂僚屬曰禮有功德於民者祀之漢高帝生於是邦提三尺劍誅無道秦拯生民於水火開四百餘年王業澤被當時功垂後世是以我朝於京都建歷代帝王廟歲時祭享高帝與焉葢取其功德之在民也豐縣有廟乃重其所自出之地今廟貌如斯固不足以竭虔妥靈亦豈體承聖朝崇重古先哲王之盛意乎慨然興修爲已任縣丞宋溥典史查俊教諭陳讓訓導吳轍鄭發暨諸耆民亦皆樂從乃選委官陳達壽官李禎督工修建于侯心恐煩民力役借於農間財用出自區畫經始於弘治巳未四月落成於弘治庚申三月民不告勞事得就緒正殿三間中像龍顔隆準望之儼然兩廡六間前闢大門三間繚高垣百堵輪奐完美規模

攷觀其廟堂在城內東北隅延袤共七百步有奇既訖事凡百供祀器用無一不備所乏者花罍耳求之惟艱翌日治廟旁隙地於內掘獲白磁二罍制度奇古非近代物也人皆以爲神昭靈貺是固不偶然矣于侯乃求予爲記予惟高帝功德具載漢史固不容喙但以史稱高帝不好儒術高帝嘗自謂安事詩書此則不可不辨夫非高帝不事詩書也秦法偶語詩書者棄市是以當世之人劫於威虐以詩書爲刀碪滔滔者皆是也高帝既爲秦之民焉能抗秦法乎其後暴秦雖滅高帝已錮於積習矣不事詩書無怪其然也亦非不好儒也世無真儒若酈生者當時一庸流耳冒餙儒冠掉三寸舌以干諸侯其視席珍待聘者有間矣惡在其爲儒也高帝果不好儒耶何爲過魯以太牢祀孔子乎是禮前此未有帝無因襲而首爲是望可見高帝非真不好儒所不好者酈生輩僞儒中世人不諒其心遂以不好儒短之噫高帝之受誣多矣其亦不幸也哉予因侯之請既述建廟歲月而復言此以爲高帝辨于侯名讓滑縣人守已愛民循良吏也其他善政不暇悉書云

王廷相贛榆廳事記

正德九年正月廷相以罪謫丞贛榆時尹以事被逮因署

事明年八月乃有廳事之建先是縣治燬於流賊公堂公解靡有遺者官吏露幕視事久矣廳事之建乃不獲已之政也儲財蓄食既備乃興工旬而舉之落成丞乃告其民曰嗚呼營繕之役勞民費財非所以安輯也茲豈得已哉夫縣有廳所以休上治下宣德流化之道也是故坐而弗治露棲草處邑大夫無容也堂委於廉叢而呼叢而趨上下雜揉民之無瞻也風雨寒燠弗蔽屢輟於公庶事之曠也事曠則民慢民慢則政疲謂邑尚有人乎尚有法乎廳事之建乃不獲已之政也勞靡財力豈其所欲哉父老再拜稽首曰茲毗何力財亦何所靡哉事集四境不聞毗且將喜之矣大夫之良計也丞曰豈其然乎豈其然乎凡務非所急不如且已否則乖於安順之政雖財力不與於民而猶將議之矣況出於民乎此民情好惡之大端也今也謂務非所急與父老復稽首以謝不敏是役也凡棟梁榱桷之屬六千有奇咸令置之礎礪之屬四十有五乃舊之遺焉徒役五百有奇人各役二

日工匠之屬五千有奇鍛者役五日礪者役五日畫工役旬有五日圬者二旬梓人五旬贛榆縣縣丞歷陞兵部尚書太子太保掌都察院事儀封王廷相撰

倪岳瑞梓記

梓以瑞名志孝也夫孝之大足以動天地感鬼神小之格鳥獸孚草木古則然矣然究之天地鬼神小之格鳥獸以其情或可以一致至於草木無知之物於是乎有難言者矣然苟可萌栢可以枯則根著於土生生之理固在也若夫不根之物斧斤斬伐之餘其不至於朽腐擯棄者鮮矣而或者發生意於既死續華滋於已絶則古所未有而今僅見之其人之孝之所感何如哉宜興之荆溪有著姓曰蹇氏其子律以景泰甲戌喪厥妣葬祭一秉家禮斤斤然稱孝於其鄉之賢者嘗言葬師削梓木爲簡椽之墓兆之隙蓋習於鎮安八風以妥其神之説雖不經見而孝子之不忍其親者恒勉强行之既葬歲且旱他草木多槁死獨二梓者忽焉復生鬱然競榮以交蔭乎新塋觀者駭於聲聞者動於情律之孝亦誠矣哉鄉之人異之目之爲瑞而請記於余因詢之其

友戶部主事邵文敬而益信遂爲之書嗚呼無知者可感也況於有知者哉已絕者可續也況蓄者哉由是而知蹇氏之世著孝義於一鄉延門祚於弗替皆於是梓乎占矣

宋儀望文信國忠烈祠記

今上萬曆二載予奉命鎭撫南畿以十有一月行部宣州宣守若令具言宋丞相信國公文山先生以咸淳五年差知宣郡旣下車諸所罷舉咸切民隱春和省耕作爲農謠令歌之以勸旣得代猶惓惓與父老子弟陳說教化百姓戴之去之日爭醵錢立祠以志不忘今宋亡且三百年父老子弟每言丞相事輒泣下顧祠廟遺缺無以慰邦人之思守土之謂何是用早夜經營擇地於宛陵驛故址諏日興工棟宇維宜寢堂旣列烝嘗咸備越七月祠乃告成以不佞爲公鄉人考先哲舉廢祀獎忠烈又撫臣職也守若令相率頓首願有記以示久遠予喟然歎曰公之忠大矣海隅荒服聞其名猶知敬慕況過化之區乎孺子懦夫一及當時事怒髮豎指涕洟沾襟況冠裳之儒乎按祀典以勞定國以死勤事法施於民捍大患興大利備此均

者宜莫如公是宜饗有廟食贈有爵秩褒有號謚茲舉也於法爲崇報於義爲勸忠雖予之不文將焉辭之嗟乎自宋之季世文武忠藎謀度罔庸奸黨憸邪但間輒售二者相乘竟至滅亡予嘗考其終始公自寳祐登第即慨然以國家自任宦者董宋臣用事上書乞斬之既又極言其罪皆不報賈似道當國屢抑公不用年未逮强遂抗章致仕去咸淳間稍遷提刑尋知贛州當德祐之際勢凛凛矣公以羇旅孤臣倡義起兵勤王詔下輒提師入援夫以新合之衆當乘勝之師値危亡之運爲扶危之計不俟智者辨之矣國存與存國亾與亾公之心何心也既至臨安即又上書乞斬呂師孟尋陳言大計分天下兵爲四鎮置都督以統御之使敵分而間我乃可制此其計明甚執政陳宜中諸人猶扼公所言不得用既知平江極力經營軍聲稍振會獨松關破亟名公援臨安三吳委城降假令公不去吳堅守大郡以固藩籬敵雖張必恐我乘其後乃又趣公以去門庭不戒堂室以危天之所廢誰能違之嗚呼悲矣論者謂公早年勇退投閒自放有謝安石之達慷慨上書乞斬宋臣師孟

有朱雲之勇孤軍赴援力謀社稷真州之脫牢坑之敗會州之執艱危萬狀誓死不悔有顏魯公之節燕京被留從容義命顧問慇懃應對如禮有箕子之貞旣趣柴市南嚮再拜臨刑自若有比干之義蓋公之志可以塞宇宙公之忠可以貫日月史臣謂公一死收宋室三百年養士之效豈不然哉予因撰次公事而述厥赫赫者以昭示後來亦宣人之志也郡守以下咸書名左方以見祠所由始云

役田碑記

往歲戊申予奉命來知吳邑其冬十月抵任問邑之故而罷行時方審稅長役次故事悉以已意揣摩其間使民不得曉識上意以故民多鬻緣幸免予乃致衆于庭詢其高下而加斟酌焉然民猶若有戚色者問之父老云先周文襄公欲令邑各置役田以助運[illegible]之費其事甚便于民然卒廢閣不行會當道有牒[illegible]諸司條陳時政得失予因採摭衆議列爲四事以請其一全所議役田是也于是羣邑人又以其事愬于撫臺撫臺下其事于邑予乃歷詢于父老博謀于士大

夫經營籌度以考厥所繇始故首言建置夫事有經有權權役田田之歛議以百抽五而時盈縮焉故次權歛徵夫田莫慎經界經界不正久而滋弊故次明經界老子有言有餘者損之不足者補之故次聽勸助昔子產之議政也立鄉校辨都鄙秩廬井次示民之有守也故次立公田有田則有徭有戶則有役役田則利均而無專戶故次免徭役夫事莫先于便衆法莫病於擾民故次弭訐查然又慮差解之不均也稅長之妄費也經理之不得其人也故次慎差解又次防冒費又次謹佃種終焉議既定乃以報于諸當道諸當道咸善之然後播之于民斷而行之又明年役田告成予惟古者有公田以供貢賦有私田以贍百姓是以上下咸有定業而民無獨累後世令民自相買田多者連阡陌少者無立錐公上之需悉取於民然使當其時海內寧謐無兵革之擾又或上之人不欲紛更制作與斯民休養生息則賦役猶有定額而民力亦能自支嗟乎亦難言矣明朝歷國百九十餘年海內晏然無事有國政者又多持重老成無有如前所云云宜乎國有餘藏而民可暇豫也比者兵革之議

方動大司農遽告絀竭江南逋負動至數百萬其在蘇吳居首邑部使者更至無寧歲邇又添置藩司專督逋稅徵斂之議蓋蝟毛而起矣夫令所以庇民也民之不恤其何能令頃年以來多逋亡之戶積拋荒之產稅長包賠日甚一日南北解運遼遠涉踰時又有風波盜賊之虞舟車轉遞之苦加以內府供應需求滋甚窮鄉編氓心怔目駭任其刻削橐窮計盡則負勢豪之貲以救目前行役者尚未抵家而悍僕已索償於庭矣惟茲役田僅以贍差解補逃虛耳固非所以宏利而裕施也後之君子循而行之拓而大之使田額日增而稅役有賴則茲民也其或將有瘳乎是役也爲區几三十六爲田各有差共計一萬三千餘畝歲收租一萬三千五百石有奇董其事者皆區之良民能急公家者其勤爲可紀也咸列之碑陰

凌相奏革無田屯種碑記

屯田昉於古其即寓兵於農之意乎我國家既設衛所莫不有屯田焉蓋田以人授租以田賦使兵得自食其力而民惟上之供茲維良哉昔趙克

國之田金城韓重華之田振武是道也故饋餉恒足居逸待勞而收全勝之功未聞無田而賦者無田而賦其惟通泰二所乎當建所之時通以境上屢臨民罕隙地故屯田之軍制以什一實寬恤之恩也英廟初中丞軒公輗撫臨適軍餉告匱公覈無羸土乃以丁代田以庸代租籍伍之餘者削其役而徵其粟名曰新增無田子粒是舉也說者謂公一時權宜而不知其貽患至此也夫有田而賦其遇霪暵螟蝝之災猶得以恩免或蠲半焉無田則無患而亦無免也厥後因無空丁正役者帶納七八十年之間因此而死亡逋逃者無算其害可勝言哉嘉靖甲午清屯侍御須君灝乃稽故牘集羣議爲之敷陳利害馳疏以請命下大司徒可否之司徒以其事核其詞切亟爲議覆制曰可於是百年之患一旦掃除而二所之儆伍始獲生全於時父老喜動顏色咸舉手加額曰須公真吾父母也奚啻出湯火而即之衽席乎予聞之曰士大夫苟長民之責或有其才而無其心者或有其心而無其力者三者缺一不足以濟天下之事而成天下之善須君其兼而有之矣是宜天子嘉納大臣

告從而人之戴之如此哉夫須君之在南臺也名聲徽揚見諸稱述者固不止此一事而於此獨炳炳烺烺以樹無前之績抑豈無所自耶聞侍御何君宏嘗署州學事其於是所疾苦之狀耳目之所睹記舊矣則夫諮議之餘指畫時艱能無一言及之君子有志以成事功者不必身親爲之而後見也則何君之功其亦不可誣也夫予因尸侯之請故爲記之俾二君竝垂不朽云

朱曰藩中鹾領鹽碑記

瀕海之郡鹽所産也而通其一焉國初立法凡無引而鬻鹽者治之以法著爲令甲惟在奉行者推其意而權宜之俾上不廢法下不厲民斯善矣近年鹾院以他州例令此邦鋪戶盡赴眞州領鹽以鬻土人檄下鋪戶率皆罷市離去本業寖爲地方之患歲丙辰夏豫章喻侯南嶽被薦移守於通政暇選諸生校輯郡志中載領鹽事乃進鋪戶於庭備詢之咸泣以愬侯曰噫是誠在我于是手創顛末白之鹾院以爲通產鹽之鄉法嘗禁其舟車之販今民竈比屋而居民之不能爲鹽猶竈之不能爲五穀也彼此相易習以成俗今欲土民盡食商引

之鹽雖家置緝兵戶列邏者其勢必不給矣縱使得禁民不鹵食其患小竈不粒食其患大吾恐枵腹待斃者不免也竈丁亾則國課虧善奉法者固如是乎況引鹽始由本郡載至真州今復自真州返之本郡往復千里勞費不貲以故出於官者價百出於竈者價十夫人趨利以就便情也誰肯舍比鄰之賤以就官販之貴哉然則鋪戶不惟有飛輓之艱抑且有包賠消折之苦矣說者謂通不宜獨食私產固也殊不知郡中捕獲私販歲不下三四十萬並令鋪戶鬻之反浮於所領引鹽之數則鋪戶未嘗不溢價於公小民未嘗不仰官而食也今又重之以此則前所捕獲者將令鋪戶輸貨於商人行鹽之地可乎或者又謂此特輔商人之不及爾不知富商之貨動逾鉅萬而小民所領太倉之稊米也則益於富商者甚微而病於小民者不少經國者能無動念乎狀上鹺院崔使君棟悉其誠懇遂允其請且於捕獲者減其價二十之半一方之積患以除無何騐侯有駕部之命瀕行鋪戶朱相等以爲侯之惠在通人當沒世不忘不有以紀之非所以垂諸遠也乃僉謀乞言庸紀之石以

永其恩詑江子一山以請于謂鹽莢之利博矣三代時斧其職貢故其利在民漢以下制官厲禁故其利在上夫利旣歸於上而顧使害貽諸下寬大之朝爲之牧者坐視民隱而不知鄭烏在其爲民父母也通郡領鹽之患聣然矣前此未聞有蠲之者其或念及乎此而才不足以副其所爲才可爲矣而信不足以孚其上祇見其難就也今喻侯當倭患荼毒之後推亡固存薄征厚卹固足以繫民之思而復以餘力袪郡中數十年之患非其才有餘而德足以信上者能之乎程子曰一命之士苟存心於利物於人必有所濟況百里之守以潤澤生民爲心者乎是宜致通民繹思於旣去之後至欲其子孫世肅其報於不忘也余家接壤於通艷公之德風多矣故因其請而樂道之以慰通民之心云

邵庶陽山魯公堤記

按周禮司險掌山林川澤之阻達道路設溝涂樹之林以爲阻衛夫非以其關國家利患哉寧惟天下邑亦宜然我休山多土瘠平原沃野屈指可窮則民實

利之西去邑治五里許山曰陽山云下多古墓厥
田平曠蕭梁以來故有寺即以山名寺松蘿障其
北黟江帶其南故抱鳳凰山而東宋邑治於焉頃
歲江流右遷從石人落石南下故道漸爲桑田山
戶有橋曰蕃桂以滙衆流山灣有亭曰紫陽以記
田賦四方來遊白嶽必經於斯且爲池陽豫章孔
道嘉靖間邑成城埏埴者利一時便宜陶茲道側
後遂爲所據山川形勝歆然失色見者莫不四顧
而嗟世遠相沿膏壤幾盡以故潦水汎濫道路傾
頹輿不得方軌馬不得並轡行人重足而步指爲
畏途凡四方攝屩擔簦乘軒策杖而來者趦趄道
隅履崎嶇而過邑侯魯公下車令民修築東補西
崩未戒厥害城西兩太學汪生以先世封樹在懼
其浸潰靡所底止於是帥子弟上書言爲害狀越
月侯親事西郊目之所擊果符上書狀太息久之
令下陶者遠徙兩太學喻侯德意疏請修築自蓄
徒橋迄紫陽亭丈五五百有奇鳩工采石監者廣險
者坦踰二年而堤成平若砥長若虹蜿若遊龍堤
畔崇壇爲亭以憇行者東西相距屹然中立明年
種桃植柳夾岸皆春緣樹扶疎清風披拂遂成我

休負郭勝槩徵獨耕不失畔而若輿若筳若跣若
徒若負擔若摑載若乞靈而登封繹繹乎熙熙乎
如登春臺而遊康莊矣行者色喜而呼曰魯公堤
魯公堤識侯之再造也侯治績最著今入爲司農
郎兩太學與予結姻家好屬予紀顛末勒之石以
志不忘予惟是役也五美具焉以蘇地脉以障水
患以復田疇以利行人以增形勝司險氏所必稽
而實民牧所宜有事也質之古昔若楚則孫叔敖
之起芍陂漢則名信臣之約南陽唐則李襲之築
雷陂朱則范希文之堤同泰要之皆是役也魯侯
不狃於苟安不難於積蠹一旦毅然與民更新即
謂古名臣舉事誰曰不然嗟夫天下事大都始乎
一綫卒乎滔天始乎徐徐卒乎夌替而不復振隳
於隨而成於斷獨一焜然乎哉侯保障吾休隨處
安堵茲上奉內召桑土綢繆素所樹耳奚侯不佞
溢美爲乃蔽芾穠陰吾民永賴斯堤也洵侯之甘
棠也夫侯名點字予與別號樂同爲楚南漳人司
予登進士兩太學仲名應時季名應邸以尚義世
其家法得備書見堤
所由成與所由名云

吳節江寧貢院碑記

貢舉有院乃外通制也南京應天府爲天下貢院首其制度亦爲四方所取法自設科以來其地凡四易洪武初以北城演武場爲之永樂中移於郡學之東墀正統間復徙武學之講堂後士多地隘非闢廡毁垣不足容景泰初府尹馬諒將修述職之典於朝乃進耆宿而咨之咸曰秦淮之陽有地廓如前武臣没入廢宅也鞠爲蛝隸之圃久矣若葺而理之可辦也公曰諾即具本以聞詔禮部勘覆如其所言遂與府丞陳宜首任經費而寮寀之良亦各捐俸爲助乃鳩工市材募力啓土盡撤其舊而新之中爲至公堂監臨侍御與知貢舉官居之左右夾室則封檢對謄之所也後爲內簾寢室翰林正考主之東西有廂則同考師儒較讐之處也堂之前地平而勢整甲乙相向可爲席三千有奇所以待士也由南而入則重門縈紆護之以棘所以防搜檢而嚴更僕也與凡庖湢之房餼廩之庫亦有位次而什物之需几案之用又皆因時而爲之者也工畢適歲癸酉大比届期合成均與畿甸之士奉試如式比撤棘而得人加多乃相與列宴於新

堂之上時鹿鳴興歌籩豆有踐流觀煥彩文物交并京闈科貢之盛於斯爲備矣天順改元恭逢聖君蒞祚首降恩詔切於求賢於是京府長寮以爲文運方隆平昔而是院更新宜有所記乃具始末來徵文將刻諸石竊惟進士之科始於成周盛於漢唐宋而最盛於胡蓋士君子入仕之顯階至公之通道也然儀必當物禮不虛隆故敷納之訓式燕之雅具於經而賓興之典與計偕之令又於禮制有足徵焉然此皆上之所以待士也若夫功業相尚以致君澤民爲心所以掀揭天地而宣昭古今則又在乎士之慎重何如耳不然則賢能之書奚以表見於當世耶節忝斯文嘗執筆於此不敢以菲薄辭謹述具造之由以彰昭代人文之盛美尹丞締構之功兼以諗夫豪傑之士各勉魁擢於後日云

呂兆熊總督漕運兼巡撫題名碑記

明興之創箋河[illegible][illegible][illegible]唐順始也其卒開今運河北即元會通河自濟寧達之通州南即宋沙河疏刋溝通江淮達之濟寧也

自尚書宋公禮平江伯陳公瑄始也其遂開府淮
揚總兹漕務用支運罷海運也亦自陳公瑄始也
其以總憲文臣代之用總漕兼鎮撫也則自王公
竑始也其兼提督軍務也則自胡公植始也維
社之咽喉軍民之命脉實於是焉樞紐故底績傚
落除拜氏名畧見國史然多佚而不屬正德四年
郜文莊公寶來莅兹土懼其久而遂湮不可考也
始搗王公竑而下至文莊公凡二十四人爵里鐫
之石而自爲文以記之併及漕事大都焉自文莊
迄今又百十餘年所迨熊又六十二人中多入爲
名公卿熊不敏竊常嚮往之今一旦以薄劣代匱
得厠名諸君子末豈不甚幸然舊石已不勝載自
王公紀而後遂闕焉未書所以更礱貞珉續文莊
之舉使後有考者責實在余其何以不文辭然余
因是而有慨於天下之事難於識難於任也轉漕
之利無踰水浮禹貢紀州從來尚矣秦漢迄唐歷
歷可鏡砥柱三門其覆溺之險鑿輓之勞人徒之
費至一舟百日乃能上何啻百倍今之海運問或
用車用馱厥難益鉅當時有斗錢運斗米之苦穆
供禁膳然不能爲他策者其都關之勢然也宋以

四河通運處地平曠歲入至七百餘萬石憂不在食漕渠之劾亦較可睹矣元之都燕固即今日之京師也雖去江南轉漕甚遠遠然無三門砥柱爲之隔絶彝考其當日運道初則涉江入淮逆黃河至中灤站陸輓至淇入御河逹京師不便也又開濟州泗河縣大淸入海旋以海口沙壅復從東阿陸輓至臨淸入御河不便也又開膠萊河道通海勞費久之訖無成劾後始專用海運矣然風濤不測盜賊出沒剽刼覆亡相因至有非我族類擠衣裳以㒃介鱗之疑而京師常苦食不繼何其置今濟寧河道至易且利者不講而日爲海與陸之紛紛也則伯顏張瑄之識所爲不逮宋公禮陳公瑄也豈天特留之以成今日一代豐亨豫泰之盛哉恭襄業開此萬世之利矣其儲設安山南旺馬塲昭陽諸湖名爲水櫃以時潴洩東控泰山諸泉南引邵伯高郵寶應諸湖北會汶衛白牟陽城洸浮滹沱桑乾諸河以廓委輸雖廞淤時有供億頻[illegible]不無民實勞止斯乃善崩之患然[illegible]事[illegible]利[illegible]循巳事軌則導流培斯功易易耳[illegible]之隨颺霹靂之白勃與人畜踣蹷之道做勞迄難易省費爲何

如而議海議陸議膠萊者日蒽芯焉且其說曰防意外開別門亦有深意見爲不可殳假當曹河之初開能無撓道謀哉卽恭襄當茲世非可少皇之廟斷毅然爲之主持而黃牛繞揮白簡御至非常之原黎民懼焉安保無一二道路蜚語而遂創百代之未有開萬世之永利耶漕河其昭昭有形埒可見者也况萬里外之機宜百年後之推測彼此互執是非勢然之難知利害且十百此者乎故余因是役而重有慨於天下事之難於識難於任也其在今日又且無暇論於漕之外矣東之邊西南之脊安屢天下以赴之軍餽外廷財力內屈則漕不易爲也北二三千里則病旱南二三千里則病水足民足國固自不能左畫方右畫圓則漕而撫又不易爲也淮揚綰轂南北最天下要地鎖鑰十萬之衆豈曰虛擁無事則引漕有事則應援今天下非無事也馬窮則逸鄰縣其徵見者也一旦內訌外侮淮揚其首受之矣則漕而提督軍務尤不易爲也此皆余今日事總非識與任不可而余非其人也余滋懼矣何暇言天下事石既成次其說而書之以自警且以俟後之君子

卷終

江南通志卷之第七十一

藝文

記

明王守仁應天府修學記

應天爲京兆其學蓋東南教本也在國初以爲太學至洪武辛酉而始改創再修於宣德之己酉自是而後浸以敝圮正德壬申府尹張公崇厚始議新之未幾而遷中丞以去今中丞白公輔之相繼爲尹乃克易朽與頹大完其所未備而又自以其俸餘增置石欄若干楹於櫺星門之外於是府丞趙公時憲亦協心賛畫歛數十年之廢一旦修舉煥然改觀師模士氣亦皆鼓動興起與廟學一新敎授張雲龍訓導戴章陳義黃森何奎邢越與合學之士二百有若干人撰叙二公之績徵予文爲記予既不獲辭則謂之曰多師多士若知二公修學之爲功矣亦知自修其學以成二公之功者乎夫立之師儒區其齋廟昭其儀物具其廩庖是

有國者之立學也緝其敝壞新其朽墁給其匱乏
警其墮弛是有司者之修學也而非士之修學也
士之學也以學爲聖賢聖賢之學心學也道德以
爲之地忠信以爲之基仁以爲宅義以爲路禮以
爲門廉恥以爲垣六經以爲戶牖四子以爲階梯
求之於心而無暇於財費也其事不亦易乎修之
於身而無暇於雕飾也其功不亦簡乎措之於行
而無不該也其用不亦大乎三代之學皆此矣我
國家雖以科目取士而立學之意亦寧與三代異
學之弗立有國者之責也弗修焉有司者之責也
立矣修矣而居於其地弗立弗修是師之咎士之
恥也二公之修學既盡有司之職矣多師多士毋
亦相與自修其學以遠於咎恥者乎無亦擴乃地
厚乃基安乃宅闢乃門戶固乃垣墉學成而用大
之則以庇天下次之則以庇一省一郡下之亦以
庇其鄉閭家族庶亦無負於國家立學之意有司
修學之心哉若乃曠安宅舍正路虵基頹垣倚聖
賢之門戶以爲奸是學校之爲萃藪也則是朝廷
立之而爲士者傾之有司修之而爲士者毀之亦
獨何心哉應天爲首善之地豪傑俊[illegible]後先相望

其文采之炳蔚才藝甲科之盛多乃六所素餘有不屑於言者故吾因新學之舉嘉多師多士欣然有維新之志而將進之以

聖賢之學也於是乎書

楊愼白洛原草堂記

洛原白氏貞夫草堂奚取夫洛白之先洛産也遷於毘陵里於三渦築於菱港自宋迨今世踰數十康敏公昌以大之中丞公克以繼之自他有耀明德遠矣而洛之懷弗忘也故以名堂楊子曰白氏亦猶行古之道也國於郡邑有與立焉是故楚都所至命曰郢晉都所至命曰絳家於郡邑有與立焉是故虞封越江猶曰北虞鄭氏而徙猶曰南鄭也夫白氏亦猶行古之道也貞夫曰吾先子之所命也訓我後人勿忘其先也先子之所不敢吾亦不敢忘也楊子曰訓不違先孝也稱必稽祖仁也仁且孝可進於道矣滎河溫洛羲圖姒書道則此其源也文則此其源也道以經往文以緯來經往道之林也緯來業之基也仁孝以躬之德業以克之遠耀以融之不怠以終之其庶幾乎詩云無念爾祖聿修厥德是子先人之覆露子也自求多福在子而

巳貞夫鞠躬還席曰是先子之蘊也微夫子發之吾不知烱戒之昭昭也其曷敢以忘敬籍之楹矣

呂柟遊燕子磯記

巳丑二月王子崇邀陸伯載及予同遊燕子磯登弘濟寺寺西則觀音巖也怪石礌垂蒼黛參差上接雲霄而大江自龍江關西來直過其下觀音閣亦倚巖下就江滸築基上又豎九柱皆丹柱上棚棧構閣閣三面皆欄杆環之瞰江若在樓船頂立也是時晴見萬里日映碧流江豚吹浪上下西望定山如蛾眉東指瓜步如丘垤他山皆閃閃寘寘如落鴈蹲鴻不可辨矣昔子在解州嘗遊龍門眺底柱登流丹亭汲河烹茶以弔禹蹟至此乃勃然興懷將天下奇觀尚有過斯二者乎閣東崖有白巖喬公篆書刻石上而子崇伯載至乃復同升閣上流覽嘆賞列席懸巖上對江而酌酒肴既行卒爵欲往遊燕子磯乃招二篙師泛舟行至觀音港登壽亭侯廟先至永雲亭其扁為予友景前溪書精采如神乃面江小坐遂上謁壽亭侯祠左有大觀亭亦前溪書至此看江日隱斷雲烟霧霏微蒼茫無際矣遂攀松捫蘿以上燕子磯磯皆巉石壘起水圍三面

其石鏬猶見江轉磯底可以高覽八極也乃坐中
磯道士曰五七年前江衝磯前深不可測自立關
廟後木頗遠磯而去今南徙磯東數百家矣二君
皆補和前詩予崇又命行酌典酣北望泰山東瞰
滄海灝氣縈迴靈光掩映
不知此身之在天地間也

喬宇游攝山記

出都北經蔣山廟東行出姚坊門三十里入山後有田疇平野度石
橋而東復入石山古檜長松連抱夾路至棲霞寺
寺扁乃宋人書志云仁宗賜金寶牌額熙寧間取
寄華藏寺恐此額非也外叢篁中一碑乃貞觀所
刻字法右軍尚完寺殿宇皆古制殿後有石浮圖
數丈極精巧所鐫石像於上寸許者眉髮皆具前
有二石佛丈餘露立有吳道子筆法左入山嶺嶺
之旁有泉縈迴其聲漱石泠泠可聽山千巖盤繞
隨處皆鑿釋像於中飾以金碧頂上俱有火燄歲
久剝落深隱者其飾猶存身皆有孔云當時有纓
絡罩其上大者數丈小者盈尺望之如蜂房燕壘
皆有徑可到名千佛嶺志云齊明僧紹故宅捨為
寺釋佛皆齊文惠太子所鑿畫工巧之妙今佛頭

皆斷而復續巖中有沈傳師徐鉉張稚圭王雱題名由嶺而北登攝山山多藥草可以攝生故名山之頂極衆山之高下視江水如帶左龍江右龍潭前瓜步眞州金焦二山如塊石在江中江南登臨奇壯之勝叢林之古無踰於此乃題名而歸

游幕府山記

予每游梅花水水在崇化寺後石竇隱隱而出注於池其寺之山蜿蜒起伏背向相望地頗幽邃蓋出都城北十餘里後聞幕府山即去寺二里許實相連屬癸酉仲秋出游從李子岡西行與梅花水之路實岐於此乃緣山之二里許山之闕見寺之殿脊由徑廻曲度石橋入寺寺荒落頗幽後一室有石榻云吳王所棲又有蘆數枝云古僧達磨渡江折於此此其所遺也皆漫無可考出寺一徑登山至一絕壑但見江水洶湧於前崎嶇不可行復折南至山脊平曠處趺坐云此地即晉王導迎瑯琊王東渡建幕之處山名取此又登至巔見江流浩渺蒹葭楊柳田疇沙渚相帶遠近征帆漁艇輕鷗飛鷹歷亂於前時草黃落路滑兩人掖之而下緣山曲爪足向北行至

一巖空洞窿起下臨江流云達磨嘗息於此予繇題達磨洞三字并識歲月與同遊者姓名兩峰相夾處有小城堞蓋都之外郭阻山帶江者也其峰名夾騾亦釋氏家之說相傳至今

都穆游牛首山記

金陵多佳山牛首爲最山據城之南初名牛頭以雙峰並峙若牛角然佛書所謂江表牛頭是也晉王丞相導嘗指曰此天闕也後又名天闕山云丁卯七月二十有三日吏部主事顧華玉與予約客戶部員外郎王子和朱升之國學士陳魯南而予兒元翁侍焉遂共出鳳臺門南行十五里至塘灣又南行十里度嶺又三里抵山舍西且二里達弘覺寺門內二井其左曰白龜池右曰虎跑泉後僧以其險更甃爲井而虎泉尤清冽寺衆汲於此躋石級庭中銀杏一株圍可二丈午食畢登浮圖至其巔有聯句詩經修廊東行緣石魚貫上登觀音閣凴闌俯視第見浮圖之尖再上闢有捨身臺及辟支佛足跡以峻險不及觀下至兜率巖空洞上突出如屋入之至文殊洞前有屋一楹泉復聯詩書壁上既而登山之脊觀蕭那明飲馬池徑可丈餘冬夏不涸

下而西至辟支洞廣差勝文殊石浮圖立其前辟支舍利所藏處也老僧言少嘗見舍利放光今數十年矣浮圖有石刻二其一宋皇祐二年記不著撰人中載誌公答宋明帝語云昔辟支佛冬居於此其一乃如愚居士詞字絕類黄太史居士殆隱逸之儔與西下經禪堂旁室闔其門有竅如錢日光射浮圖影倒掛佛案紙上不可曉也夜燕方丈予以倦睡去衆作詩韻險至鷄號乃罷二十四日早出寺而南山路極峻馬屢前却時雲霧四興遥視山足則日光在田禾黍映之綠黄縈碧如僧伽黎予笑語三君不知身之在人間世也五里至獻華巖石益奇麗中虛深可十步儼若堂宇相傳唐高僧嬾融嘗居其中有百鳥獻華之異巖因以名山故有幽棲寺今廢成化間山東僧道興至堅坐不動有財者樂爲之施寺由是復興今名華巖巖之南曰屯雲亭又南曰芙蓉閣閣嵌巖石登其上羣峰攢簇在目睫山之最佳處也衆共飲焉北下僧廬其扁曰無邊風月可坐眺遠又下有軒曰無塵仍飲賦詩又二里出山是爲記

許宗道過後湖記

天下版籍盡載貯後湖南京戶部官率歲一往磨勘正德壬申秋予叨職寄斯役自八月至十月始訖事凡過湖必出太平門命舟行可七八里許一望渺漫光映上下微風播揚文漪聿興蕩漾瀾波之上莫不情暢神爽若遊仙焉予閒立顧其嵯峩霄漢之表王氣鬱葱而峙乎東南者鍾山也疊連如屏如幃在西北者幕府山也縈嶺偃蹇盤伏於地而松森其上者覆舟山也挺拔而凸出城頭殿角參差浮圖聳空者雞鳴山也山東西一帶列如懸榜者世傳臺城也峻嶒冒水而出者島嶼也傍視三法司隱隱錯落雲水之湄重岡疊阜遥連於其外巋然而鸞鳳峙騰然而蛟龍走矣其中遠近芳洲相聚如五星紅紫烟花畢絢如匹錦鷗鷺鳧鴻載飛載鳴鯈鱨鰋鯉以潛以泳則已目飫而心怡矣忽驚風暴作洪濤舂撞篙人惶懼挐舟艤岸而行經敗荷間香氣猶襲人浮藻亂荇牽舟綴楫已乃引人曲渚兩岸沓蔚須臾抵小陂遂捨舟以陟焉命隸翦荆分莽排霧穿雲逶迤而進見數處頹垣廢址意前朝遺跡令人慨歎而叢林蒙翳追探前路尚空

衆亦憊焉或藉草坐茵箕踞少憩復乃望一高丘隸指曰此相傳郭仙墩也衆狙猱以上四圍樹林蔽日復下故道向新建冊庫過石橋延佇其上騁望雲水洸洸淸飈颯颯遂相與攜手入舊庫之洲攝齊而升元武廳則黃門趙君惟賢巳先渡見予輩殊訝旣而聞述所遇則又曰是何奇也予往返數矣而未有若諸君所遇者衆亦相與慰喜以爲非因風之故則誰使之一探此奇哉凡以人事至及暮而歸則見日光射水晚霞相蕩回視湖上諸宇在蒼烟杳靄間不啻蓬萊閬苑然豈不信爲勝地哉昔歐文忠公以金陵錢塘山川人物之盛各爲一都會錢塘莫美於西湖金陵莫美於後湖固遊冶之所趨也我皇祖奮出江表收天下版籍建庫而儲之於此特設科部官司之禁非公遣不得至則凡好遊者雖慕幽遐瑰瑋之觀無所可及而吾儕今獲因公而至而又探奇於無心之會豈非至幸哉

吳節明道祠記　宋明道程先生諱顥字伯淳河南人嘉祐中爲江寧上元簿郡志載

其惠政著聞者數事宋初上元田稅不均近府膏腴地多爲豪家厚僧薄其稅買之小民苟一時之利久則不勝其獘先生爲令畫法民不擾而一邑大均會令罷去先生攝典劇邑訟牒月不下二百處之有方不閱月民訟遂簡江圩稻田賴陂塘以溉盛夏塘堤大決非千夫計不可塞法當言之府府言於漕司然後計功調役非月餘不能集先生曰比如此則苗槁久矣民將何食遂發民塞之歲則大熟江寧當水運之衝舟卒病者則留之爲營以處歲不下數百人至者輒死先生察其由蓋計留然後請於府給券乃得食比有司文具餓已數日矣先生乃白漕司給米貯營中至者卽與之食自是生全者大半仁宗登遐遺制官吏成服三日而除及釋服之朝先生進於府尹曰三日除服遵遺詔也若朝而除之止二日爾尹怒先生曰公自除之顯非至夜不敢釋也一府相視無敢除者茅山有龍池產龍如蜥蜴祥符中中使取二龍至途中奏云一龍飛空而去鄉人嚴奉以爲神物先生令捕而脯之使人不驚至邑之初見人持竿竹以粘飛鳥者因取其竿折之敎之使勿爲及罷官艤

舟郊外有數人共語曰自主簿折竿鄉民之子弟不敢畜禽鳥此蓋善政存心之槩傳頌於人而不忘者及考宋史止載茅山脯龍事乃知當時國史採錄或有未備不若邑民思念深切故錄之爲加詳也然先生之賢豈待史傳而後傳哉剛健中正存乎中純白光輝著於外事君以至誠仁愛爲本持巳以主敬行恕爲要其敎人則由灑掃應對以致於窮理盡性其著述則表章學庸傳註周易以開性理之原其道學之傳孟子之後一人而已豈待史傳而後傳哉上元舊有先生書院廢弛巳久景泰初三衢姜君德政爲令於茲其治民制事一以先生爲法久而民大和會遂經治廨宇莫不煥然念先生遺愛不可泯也乃卽故址爲祠以祀先生請於府尹馬公諒府丞陳公安與邑之僚屬以爲然遂畚土於癸酉冬迨甲戌秋季而是祠以成謂節忝與斯文宜有紀述於是爲書先生之政績與是祠創構之由於石俾邑民歲時瞻視焉工畢落成敬奠以詩曰相古聖賢爲政以仁仁行職修無論卑尊惟程先生以大賢之學不恤薄佐來蒞上元仁漸義洽惠及飛鳥詎曰黎民由宋元迄今

三百餘載而譽望愈新有茂宰恍慕啓廸作祠繪像用彰示乎人人俾進禮棖臬宛瞻玉石像如彼祥雲思先生之道德邈不可及謹書賢跡勒之琬琰與宇宙而俱存

胡儼閱耕軒記

余昔忝華亭學官嘗從郡邑長吏祀神海上竣事旋艫泖滄波道遙溪而返時維仲春風日暄淑景物妍麗乃捨舟攜二三冠者散步於垂楊芳草之間有頎一翁貌古而顛白衣冠甚都命童挐載稼器指畫程督心舒日閒閱耕於東皐南畝之上余異之揖而問曰翁沮溺之儔歟遭逢聖治不可以忘世也其鹿門之龐歟翁曰咈哉古者無不授田之家衣食足則教化行後於先王之教貿貿焉莫知所從矣故蘇秦之言曰使我有負郭田二頃豈能佩六國相印夫秦以口舌揣摩捭闔諸侯取不義之富貴猶蛣蜣之摶臭腐醯雞之集甕盂曾不知恥反意得志滿使當時之人波流風靡辯詐以相高僥倖而不顧先王仁義之道不絕如綫其爲害豈細故哉跡其所由無恒業故耳使秦有恒業必知自守縱不得爲智士仁人之所爲亦豈甘心於妾婦穿窬之行

耶吾老矣幸遇不干戈不饑饉不疾疫得以優游亨夫雍熙之樂故亦不沮溺不龐公惟以求吾自適而已余聞翁之言顧謂冠者曰眞長者子其識之他日陳景祺氏適予手一卷而請曰家嚴閒耕軒願子記之余惕然而悟閒耕家瑶溪因以疇昔所遇衣冠狀貌詢之曰得非尊公乎景祺笑曰然於是述余昔之所遇并翁之所言錄爲一通以寄景祺

張寶臣熙園記

昔勝國時玉峯顧仲瑛氏園池甲天下至今人能追其桃溪金粟菊田之室之美宛在眉睫則鐵史如椽之記存焉爾吾松顧氏熙園膾炙海內凡結綺宦遊攜筇雲集者靡不載酒相過恣情蒐討以爲江左之麗矚遐壤之夸談今秋觀潮浦口適集茲園得詳覽焉遂爲之記園距東郭三里許面水而門門以內爲四美亭啓左扉而北落落長杉蕭蕭疎竹夾植徑中行數十武而危樓翼然榜曰熙園是園之啓途也東入山徑蒼苔碧蘚似武陵道中折而北俯仰盤旋陡入深壑嵌空中時聞淙淙聲疑山背有龍湫焉復折而南踰峻嶺下層巒劃然天門開則流觴

曲水在其下為聽鶯橋花時趺坐晛睆盈耳可當
數部鼓吹倚橋面南而臨者芝雲堂也其陽則疏
峯萬疊古樹千章蒼菸雲際而下則華沼一曲荷
香十里不減太液池頭好事者每欲窮其幽致則
入西麓出東隅如登九折坂入五溪洞怪石巃嵸
林薄陰翳幽崖晦谷隔離天日自午達晡始得穿竇出客外坐方饑疲欲卧而出者爭目眩汗浹魂
搖搖不能吐一語也噫觀奇哉其陰則囷閣葯房
霓連雲蔓複道相屬行者每失故道商周之鼎彝
唐宋之圖畫紛披闐駢其中不可更僕數則主人
安神思道之所非酌霞枕香之友弗能到也凴樓
西眺旋臺飛觀隱隱樹杪間冠以玉樹瓊花罨映
下方令人可望不可即堂之左為長廊響屧隔岸
土阜蜿蜒礫植梅杏桃李春華爛發白雪紅霞彌
望極目又疑身在衆香國矣繞廊而北度飛虹橋
橋平廣滑澤可坐而邀月大士閣兀立橋畔題曰
水月如來稍東為池上亭又東度板橋為與清軒
前臨廣池灝溔瀇瀁繡尾銀鱗出沒無算巨者賁
浪飛涎客至舉網擊鮮稱快事遙睇南岸皓壁綺
疏隱現綠楊碧藻中其壺瀛宮闕幻落塵界乎緜

是陂彼北山平岡透迤高梧修竹蔭蔽左右西達齊青閣北望平疇綠淨款乃四起又疑下有朱陳村第少鳴鷄吠犬耳閣前迴繞廣除可馳駿足對面翠屏壁立峭嶂鬱盤羽裳之容斑衣之友時游娭其上累數級下依水而屋雕闌繡楹虹飛霞屬歌聲時出簾箔中則小秦淮也南遵廻廊數十盤鼻間微聞栴檀氣則羅漢堂峙焉堂供簿伽像三旁列五百應眞金碧莊嚴鐘梵具設堂後小閣三楹藏貝葉書甚富時倩高緇繙閱鐸聲琅琅出牖外儼然古招提也堂前一巨石高十丈許四面玲瓏眞襄陽諸中物初得是石未有磐載至洲壓舟覆石沉牽挽而出先得磐次乃得石合之其舊偶也珠還劍合豈獨神千古哉構堂時掘地得古鐵缸大可容十斛今以作焚爐亦異物也堂左經關壯繆祠度濯錦梁並步虛廊尋石竇而出則爲芝雲堂之右曠然廣庭而園之觀止矣是園也石第一水第二亭臺花木橋梁之屬第三梓澤平泉遐哉邈矣以余耳目所覩記如婁水之王錫山之鄒江都之兪燕臺之米皆近代名區頗有其鉅麗者不必有其閒曠有其清秘者不必有其廣平蓋青

守先生擲數十萬金錢收兩邑廢庾其共鞠久眞可
吞雲夢八九故規模位置軼前哲無兩而副君屬
之文孫元慶大雅亢宗又皆以繪事擅長臆間具
有丘壑其增修點綴與從虎頭筆端摩詰句中出
之宜其勝絕一代也余不揣蕪陋聊
述梗概如此豈能若鐵史之鋪颺乎

朱希周吳縣學啓聖公祠記

凡建學必立孔子廟而以顏曾思孟爲配其餘孔門諸賢皆列於從祀此國朝定制而因乎前代者也至嘉靖九年輔臣張璁建議詔顏曾思孟四子配享廟堂之上而四子之父乃從祀廡下有乖倫理宜別立一祠祀孔子之父啓聖公而以顏路曾晳孔鯉孟孫氏配享若二程之父珦朱子之父松及蔡元定宜寘諸從祀之列上從之令天下學宮皆通祀焉惟蘇之吳縣有學學故有詠歸亭遂以亭爲祀而設神位于其中顧前臨池沼承祭者必越水序列且其地淺隘僅容一班恒以局趣爲病蓋因仍十餘年矣頃御史楊君宜奉命董學至則首檄修舉會張侯道來知縣事加意于學歎祠之苟簡慨然欲圖改建乃白于知府王君廷

轉白侍御君君曰建祠于亭非禮也其亟改之侯
旣承命爰相廟左之隙地築室三楹以爲祠髹漆
丹雘華采煥然而翼以東西室爲庖宰之所于是
門庭深邃規制端整當享祀之際始得列班展禮
對越神靈洋洋如在而尊崇之意斯其稱矣祠之
建爲嘉靖壬寅肇工于仲夏落成于孟秋先是訓
導鄧君璿嘗與張侯共議其事厥後教諭許君贊
訓導陳君宋相與協力成之鄧君乃具述其實夫
啓聖孔子所自出則孔子之功固啓聖之遺澤也
夫以聖門弟子凡名氏之見于家語者皆得與祀
典而況聖人之所自出乎且聖人有言敬其父則
子悅人子尊親之心固如是也然則啓聖之祠葢
亦推聖人尊親之意而爲之所謂禮雖先王未之
有而可以義起者不其然乎至若三賢之加于父
上固靈爽所未安者其數百年之失一旦爲之釐
正崇父祀而安子位于是乎兩全矣論者謂是舉
也有根本之義焉有明倫之禮焉聖天子之創制
信乎可謂萬世法也若夫祠宇籩豆之事則繫乎
有司者之奉行耳今侍御君暨守令師儒所以祗
承德意而致隆于祀事者可謂盡其心矣侍御葉

學于茲振作士類政教一新若名宦鄉賢之祀悉皆修舉是惟尊賢勵俗之意有關于風化者并及之

瞿景淳文學書院記

永嘉王公治常熟之二年乙丑政修民和百廢具興學宮之左有吳公祠公既展謁因嘆曰嗟乎茲固先賢吳公之鄉也國家方以文學造士今僅有祠而書院不立造士之制無乃缺諸且嵩陽嶽麓類有書院剏茲爲吳公之鄉而獨缺焉固有司之事也乃相地于邑治之西得廢圃一區介兩憲院間西枕山麓顧瞻則吳公之墓在焉公曰可矣乃白之按院溫公溫公極是之首發贖金若干助其役公乃度基址計丈尺具材用卜日興工其地南阻民居乃東闢爲書院門門內稍虛其南爲垣途北折爲門表曰南方精華言南方文學肇吳公也門內爲池樹以棹楔表曰洙泗淵源言吳公之道本洙泗也又進爲學道堂揭示遺訓俾士民知所興也堂北爲祠門中建祠宇旁翼以亭自非瞻禮門不輕啓明有敬也堂之左右稍北則對立書樓稍南則

對立號舍各蔽以墻出入有門升降有階士之肄業其中而升堂問難者有過廊冀士或得霑時雨之教也既成以復溫公且具圖示余俾余記之余淺陋何能爲役然余有感焉自吳公興起斯文俾吾濱海之民皆獲與知夫子之道絃誦之聲與鄒魯並真有大造于學者吳公故有專祠然僅容俎豆而不足以聚生徒則崇教之道未備也今書院之立奉祀有祠講道有堂藏書有樓肄業有舍規制宏敞真足以報吳公之德而慰吾人景行之思矣余獨念今之以文學名者或有異于吳公也吳公之在孔門進退以禮深達先王制禮之微一時若曾子子夏咸推之試用于武城絃歌之風洋洋焉夫子至爲莞爾而笑吳公之文學蓋篤其實非徒飾空言者也若今之以文學名者徒飾空言爲于祿之資耳無乃有異于吳公乎夫宗其道則思祀其人者吾人之情也傳其學必思篤其實者吾人之分也世有豪傑之士必有不安于科舉之習而以操履爲重者剏至吳公之鄉而依其門墻可徒浮華是競以忝吳公乎是可以省矣不然吾邑故有學校豈不足以造士而司教化者必勤勤于

書院之立哉是役也成于王公而溫公實主之溫公憲體振肅事之害財者雖小必革獨善王公此役首助成之其表章名德風勵人心可想見焉王公復濟以精敏役興典興而民不知勞事節而民不知費使千年曠典新于
一旦蓋均可書云

顧原魯先生祠堂記

顧原魯先生者蘇之崑山人也先生元末天下兵起學士大夫爭竄山澤亡棄故時業先生獨抱墳籍隱居海上誦讀不輟學者稱爲原魯先生弘治中先生所居鄉分隷太倉祀太倉州學迨先生四世孫封給諫海隱公徙長洲復立專祠于郡城故復迎先生主妥新祠扁曰濂洛遺儒云太史氏曰余嘗觀古今人物雖公卿侍從以功業著者亦相望於世而儒之醇者則曠世不數見豈非儒之難其人哉孔孟之後數千年而得周子河洛二程復羽翼之斯道始明說者謂有以接孟氏之傳迄今復數百年接濂洛之傳者考亭朱子之外不多見道在人心不容終亡元末乃得原魯先生余竊有感焉方
高皇帝之初一新文命招選儒碩共定朝章先生

嘗一至京師訪所延儒生復遯迹海濱不應有司
貢舉嘗聞之故老先生讀書必正冠服終日端坐
更寒暑無惰容所憑几兩肱迹入木寸許其觀經
史多所箋釋不泥成說今所著述不可復見蓋散
逸多矣嘉靖初年詔錄所在野史有司從故老言
乃舉祀州學後郡守金公城復斥吳縣臥佛寺東
隙地建專祠蓋以風勵來學且使先生子孫家吳
城者得便瞻謁云給諫君考論世德每恨于文籍
之無徵然先生去今餘二百年故老稱篤學好禮
者猶必曰原魯先生則先生之所養可想也余嘗
病漢初去古未遠先生之教猶未息漢之儒者乃
僅得張良叔孫通其人豈秦人坑焚之後世果無
真儒亦有之而深藏不出焉言論風旨不槩聞于
後也乃今以原魯先生推之世固有默會道真不
求人知者矣先生殆其一也謂朱子之後濂洛之
學不傳是斯道有滅息之時而重誣吾人也可乎
哉今給諫君復講學不息顧多君子于斯道重有賴
矣先生諱愚封給諫海隱公諱啓明海隱公淳厚
博雅亦祀郡學今祔先生祠給諫君名存仁堂成
于某年月日行吳縣給帖錮差者督糧參政餘姚

翁公大立云

王世貞太平府修城記

太平古金陵支邑也後稍進爲郡郡與金陵俱倚天塹而固自金陵之爲帝者都而太平之人民田土兵衛不能當其十之一然實據其上游爲之儲胥禦圉而制其命如古所謂左馮翊者當天下之劇而且合北不得太平不可以窺金陵南不得太平金陵不可以守夫以太平之重若此而自明與二百餘年以來守土者安于平治之形而不暇省其城低庳使弱者憑二尋之袴不必羽而登也所甃僅表而毋及裏陿不容軌土惡善潰不必淫霖而隳也萬曆辛巳壬午間莆田林侯來爲守恤民隱搜吏弊與士風諸所以稱塞守狀艮悉頓以時周行睥睨間而憂之謂卒有不虞如柙犢何即不縠狃前人苟簡及瓜以俟後之君子彼復狃我將縣官何所賴哉而會治兵使者程公按部來與林侯策合乃上侯議督撫中丞孫公江防中丞呂公巡按侍御陳公得報可爲具疏聞之上下大司馬大司徒議報可下中丞侍御巳復下程公程公下侯所

與倅陳某當塗令楊某規度所增築爲柴者三千
七百六十而嬴其崇二丈三尺而嬴裹垣之崇一
丈六尺而嬴厚一丈七尺而嬴迴遭爲丈一千六
百六十而嬴所改飾爲麗譙者五爲津關者三爲
戍廬者三百而嬴許直爲中金一萬七千七百九
十而縮謀之帑不足則請諸郡減卒直入千四百
四十餘金爲之幹不足則陳公以千金益之程公
再以千金益之孫公以五百金益之又不足林侯
與楊令復率贖鍰千金益之又不足則爲勇爵賜
級以勸郡人某某及三千餘金益之林侯乃率厲
其屬與士卒分功於版築間蓄不閱歲而城成以
書屬余俾記其事余嘗憶易曰王公設險以守其
國未已而又曰重門擊柝以待暴客蓋取諸豫夫
以大聖人而當取卦尚象時夫豈有暴客之足慮
而制爲重門擊柝彼所以待暴預變之計周且遠
也故曰繻有衣袽終日戒又曰其亾其亾繫于苞
桑若世宗朝寧不亦重熙累洽哉一旦島寇卒起
而大江以南佳麗之地其無城者城而庳且薄者
悉其子女玉帛以餧寇三里之垣苟不至潰老弱
荷檐而立乘高下瞰賊目飽氣盡而走耳城之不

可以已也如是今幸臺察監司諸大夫與林侯合筴而固太平不至大損縣官帑雖日齊民之力而善用之說以先民民忘其勞咸相率赴事不歲而成百歲之偉功且因以爲金陵上游衛其事豈淺小哉雖然所謂有形險也無形之險在黔首心林侯圖已僥得之矣請以是風倖令及後之君子毋忽諸則永
永有賴哉

菉竹堂記

故吏部侍郎崑山葉文莊公以學行政術爲世名士生平無他嗜好顧獨篤于書手抄讐至數萬卷將爲堂以藏之以取衛風淇澳問學自修之義名之曰菉竹而公故廉潔鮮羙裝足潤又家於官以殁公之諸子孫會教諭郡丞某輩雖代習公書至稱聞人有官秩而守公之清白力不能搆天下之士因公書而望公之堂比於魯孔氏之壁其菉竹比於名公之蔭特想其爽塏窈窱青葱峭蒨之狀流潤含碧於笈縢湘素間而不知公之所謂堂與菉竹固無有也葢公殁逾百年而其元孫鄉進士伯寅乃始因故地而拓其右爲堂以居公之書用公舊署以榜之獨所謂竹者

尚未及樹而前軒後廡其陽可以承日其陰可以蔽風雨蓋至是公之所遺書始翼然得其職而不辱於帷房側扁之地伯寅益旁購古文奇帙得數百千卷以副之意未已也諸與伯寅善登公堂而親於其所謂爽塏窈窕者其青葱峭蒨雖不可遽得然覩榜署而思勁節讀其所遺書則又未嘗不若承公之謦欬而窺其奇也公覩裴晉公李太尉不知其名德所軒輊年位小輕耳晉公之堂曰綠野者太尉之花木竹石於平泉者其宏麗奇壯瑰怪甲天下亦何嘗不欲其爲兩家守然不再易世而堂冒他氏花木竹石不歷而趨於貴人之垣而卒不能有也伯寅所構堂毋論視晉公十一其竹之直與否亦毋論若平泉之花木遺書百年而愈益拓其副所居堂歷五世而愈益顯固爲後世之才而賢毋亦公不盡取天地之有以使可繼不遽爲一時之滿以使可加益耶予深有慨焉故不辭伯寅之請而爲之記若夫顧名思義以進武公比德之旨是在伯寅矣是在伯寅矣

歸有光吳山圖記

吳長洲二縣在郡治所分境而治而郡西諸山皆在吳縣其最

高者穹窿陽山鄧尉西脊銅井而靈巖吳之故宫在焉尚有西子之遺跡若虎丘劒池及天平上方支硎皆勝地也而太湖汪洋三萬六千頃七十二峰沉浸其間則海内之奇觀矣余同年友魏君用晦爲吳縣未及三年以高第名入爲給事中君之爲縣有惠愛百姓扳留之不能得而君亦不忍於其民由是好事者繪吳山圖以爲贈夫令之於民誠重矣令誠賢也其地之山川草木亦被其澤而有榮也令誠不賢也其地之山川草木亦被其殃而有辱也君於吳之山川蓋增重矣異時吾民將擇勝於巖巒之間尸祝於浮屠老子之宫也固宜而君則亦既去矣何復惓惓於此山哉昔蘇子瞻稱韓魏公去黃州四十餘年而思之不忘至以爲思黃州詩子瞻爲黃人刻之於石然後知賢者於其所至不獨使其人之不忍忘而已亦不能自忘於其人也君今去縣已三年矣一日與余同在内庭出示此圖展玩太息因命余記之噫君之於吾吳有情如此如之何能使吾民能忘之也

滄浪亭記

浮圖文瑛居大雲庵環水即蘇子美滄浪亭之地也亟求余作滄浪亭記曰昔

子美之記記亭之勝也請子記吾所以爲亭者余日昔吳越有國時廣陵王鎮吳中治南園於子城之西南其外戚孫承佑亦治園於其偏迨淮海納土此園不廢蘇子美始建滄浪亭最後禪者居之此滄浪亭爲大雲菴也有菴以來二百年文瑛尋古遺事復子美之構於荒殘滅没之餘此大雲菴爲滄浪亭也夫古今之變朝市改易嘗登姑蘇之臺望五湖之渺茫羣山之蒼翠太伯虞仲之所建闔閭夫差之所爭子胥種蠡之所經營今皆無有矣菴與亭何爲者哉雖然錢鏐因亂攘竊保有吳越國富兵强垂及四世諸子姻戚乘時奢僭宫館苑囿極一時之盛而子美之亭乃爲釋子所欽重如此可以見士之欲垂名於千載之後不與其澌然而俱盡者則有在矣文瑛讀書喜詩與吾徒游呼之爲滄浪僧云

汪道昆修紫陽書院記　郡中特建紫陽書院祠事徽國文公其地屢遷遞有興廢其一在縣儒學之右文公裳衣在焉建自國初西向成化庚子郡丞張公改而南向面紫陽山

正德壬申郡守熊公遷廢寺以都形勝增置堂廡齋舍凡若干楹爲臺爲池莫不備具乃榜七校之士講業其中一時人文益斌矣歲久一切就圮迄今垂五十年嘉靖丙寅縣大夫林公由進士領縣事始謁祠下周視而歎曰元立閩人也閩之俎豆文公者視闕里有差至盛矣此中蓋文公父母之國而祠事不治謂有司何乃鳩工程材葺其舊者咸若更始復度臺前餘地增置講堂堂外爲垣樹桃李若竹箭垣之南爲亭奉世宗皇帝敬一箴堂之東爲門揭宋理宗皇帝賜額其興事自十一月至于正月其財用出公帑若干緡工不告勞民不知役都人莫不欣欣焉喜也縣文學徐君來告成事屬道昆勒石紀之在令甲有司主率廟祀先師博士諸生咸在學舍法久寖廢學舍曠而不居當事者則又崇祀其鄉先生爲之尸祝而誘之進魯人之陟岱必先東山吳人之涉滄溟必先震澤其觀法也近則其用力也專是亦一道也且也國之養賢猶農之樹稼一夫而受十畝歲入幾何第令程工而相土之宜其獲過當乃今養士日廣視疇昔且什倍之使必程督而後行日不暇給及旣釋

業而仕緩急將有賴焉卒然試之所養或非所用何以故失養故也教之必因其材居之必擇其地善養者慎諸此乃亦有秋是又一道也文公以經術明聖人之道若揭日月而行世儒斤斤循或求多於訓詁要以篤行君子較然與古爲徒故其遺書至今誦之弗絶當世以經術論士舍文公奚適哉使徒挾經術爲取士之資直優孟之抵掌耳尚安事養必也躬行爲本出入不倍所聞是則文公之徒也由此嚮用則其所養可知都人士後文公而興觀法不遠即有事於海岱夫非東山震澤之類與今天子改元士蒸蒸嚮用視文公尼於有宋何論徑庭都人士資適逢時顧自養何如耳語曰良田無晩歲膏澤多豐年此縣大夫意也道毘不佞敬爲都人士申之

黄金孝肅書院記

包孝肅公宋之名臣也其精忠直諫可比漢之汲長孺而過之視唐魏鄭公出處尤正其廉節冠一時趙清獻而下不論也其載諸宋史者炳炳與日月爭光其傳與天地相爲悠久卓乎不可尚已弟公爲廬人生於廬者往往以簿書期會爲心求能表章先賢以

風後進則寥乎未之有聞監察御史陽城宋君克明來守是邦未踰年六事漸舉百廢具興謂公乃鄉賢顧可漫不加之意乎郡城有河河之中有洲舊爲浮圖氏之教所據太守至是撤而去之因相其地庀材陶瓦鳩工事事南面建屋五間中坐公之像東西翼以夾室植竹木於四圍而環之以墻前建大門其地峻疊石爲梯數十級登焉題其額曰包公書院新傑壯偉過者爲之改觀撑庠俊張福輩十餘人讀書其中而公二十四世孫大章亦與焉太守嘗於祭畢謂諸生曰士學宜師聖賢若公乃表表焉百世可師者也吾欲爾曹居家行已則師公之孝立朝事君則師公之忠庶不負建新院之意福輩奉教惟謹問以書來屬予記之嗚呼爲政貴識大體不務末節嚴先生祠堂范仲淹構之韓昌黎潮州廟王滌新之以其所關者大也孝肅之風足以廉貪立儒其有功於名教大矣不此之重而務其他可乎太守善敎乃及於是有以激人心而勸風化可謂得其大體與况其所費悉出自規畫一無所取於民其才之長又有過人者繼自今廬之士氣丕振或以直諫顯或以廉節著忠

臣孝子之門上絡先賢之芳躅未必不由此舉基之是太守亦有大功於名教也於是乎書

胡袞六貞祠記

考於潁得貞婦六焉其一曰范母子孟博也慨然澄清其死如飴而母能勉之以正臨決數語凜然不以考壽易令名可謂知所擇矣夫是之謂貞次時銓妻李氏方銓之沒李甫年十四四越月而生孤用則紡績以撫用既長而娶生鯨而用夫婦又相繼逝矣七十二年艱難百狀卒撫鯨以永時祀次周雨妻韓氏年十七歸雨歸二年而雨卒韓守志五十九年如一日雖父母不能奪次張恭女年十七適魏隆甫四月而逆七犯潁在擄劇罵不辱而死夫是四者皆貞也次曰劉氏舍餘李深妻也其寡之年視韓其志與其壽視時李氏加三齡焉雖未亡而墓木拱矣是亦貞也於是陳州之陳海妻李氏潁州人也夫卒辛勤事病姑以孝稱教子以祿養終焉雖没於陳州而自出則潁也夫春秋魯史也宋共姬紀伯姬之賢大書不一書內女也因以著教焉然則李之宜傳於潁無疑矣夫節義在天地間如水行流地未嘗一日息潁六貞據今日所見聞乃得其

五遡元而上僅一人而已豈貞烈之婦不必聞於時或雖聞而無爲之傳者世久人湮與其聲而俱泯邪嗣今不傳則六貞者將久而泯泯如所云亦未可知也修飭先生既祠三忠妥神有日矣三忠之南數十步有祠不載祀典則撤之而加新焉其制如三忠其工費可相彷扁其坊曰六貞祠成郡人士咸喜風教之振忠貞之氣將益昌矣爭礱石於祠俾袞爲之記袞既與有風教責敢不詳志以示勸哉

梅守德宣州釐革坊役記

縣之在城爲坊者六故事凡諸行臺使館暨官司公用器皿類皆取給焉邑附郭而繁費且不貲凡應役一年輒破產廢家存者莫能什一嘉靖戊申間當道梢議蘇之時以計畫未周尋復如故坊民雖苦不堪罔敢有言者隆慶辛未春郡司理眞與定王侯藻來視邑事會臺使者以侯能勤民檄委均平賦役侯盡心經畫洞悉民隱凡諸病苦咸與民釐革大都寧官任其勞毋寧俾民受累遂議以公用器皿約計費合若干徵銀在公咸備供應秋

毫不以煩民其收貯之所典守之人修造之期皆經畫得宜上下相安可以經久不易諮於郡長古滕王公嘉賓韙而行之坊人百年積敝一旦獨洗既相稱慶猶以更代不常復滋宿弊爲將來慮遹請於二公勒碑垂後永爲令典二公可之坊之博士弟子爲其父兄乞予記言予惟天下有治人無治法古語信然然君子爲政講求立法必思所以利民者若苟簡從事取辦目前惡在其爲民父母也且得民之道有所欲與聚所惡勿施爲人上者孰不願以得民而蹈襲故常因循積弊損下奉上分固宜爾馴至咈人以從已之欲亦比比矣今既以身利民而立爲便宜之法又以同志屬望於後而思永其利於無疆此仁人愛民無已之心也是不可以無記

程嶒仰止堂記

仰止者何仰宋丞相陸公也何仰陸公也仰其盡臣職也公爲宋丞相播遷閩關卒至成仁取義以收宋室三百年養士之功無愧爲人臣矣是故仰陸公之盡臣職也或曰古人願爲良臣無爲忠臣公值時不幸凡爲人臣者非之願也噫治亂者時也忠臣者心也時

有幸有不幸心則一也是故治者都俞過則諫諍難則死義臣職當如是也故曰忠臣一道也李侍講云天下治則談禮樂以陶吾民一有不幸當仗大節爲臣死忠爲子死孝嗟夫此公之心也此公臣職之盡也夫宋遷碙州時事可危乃奉立衛王此公存而宋存也乃厓山之急公曰陛下不可再辱遂負帝同溺是公亡而宋亡矣嗚呼社稷莫重乎君臣而公之存亡以之孰不於公而敬仰哉予讀宋史郎公行事而知其心焉夫行宫正笏者曰敬泣感左右者曰誠曰講大學者曰正外酬軍旅内調工役而綜理周密者曰才潮州之謫空中之意也而無所芥蔕於中曰量若公者可爲萬世相天下者之法豈獨鄉邦後生小子之所當仰巳哉雖然傳曰事君能致其身公之妻孥先溺獨身乎哉然則爲人臣子無崇卑無遠近爲終身謀爲兒女子計哉視公靦顔否予因作堂於公祠之前聚徒講學因名仰止又爲之記

倪從蟂磯靈澤夫人廟記

記典崇四瀆江居其一庶人不得與祭然江流

綿亘萬里風濤不測以故或麗江上廟得賜額而通祀者必其初有捍災禦患之功也時有因革迹有廢興往往稽神之姓字始末證焉惟蟂磯山廟神靈澤夫人孫氏世世相傳大帝妹蜀先主之配還省其母居於濡江聞先主崩以哀慕殞絶今之廟蓋藏所也蕪湖縣治一望而近兀然卷石江之心而廟據其境凡雨暘愆期必於是而禱焉其感未嘗不應舟之往來卒遇風險莫不叫呼委命於神其幸而濟者曰神之休也有宋賜今廟額封號而神益以貴顯信於觀聽矣廟燬於兵未幾道士謝德仙捐力起廢始爲正殿設李老君諸天神象以尊其教置别室位夫人於中前爲門後爲樓而祀神女於傍募和陽邑民翁氏衆施田四百二十餘畝資香燈供祀之費辛勤三十年始復其舊而有加焉乃紀實介其友廬山周君静請記京師余稽諸漢史建安十四年大帝資先主荆州之地而妻以妹先主入蜀大帝以舟楫迎妹南歸與世相傳畧同又謂其材捷剛猛有諸兄風婢百餘人皆持刀侍立以先主之雄材大畧猶凛凛敬畏之夫有所敬畏則晏安内寵之患何自而生鼎峙之業其

或有助焉不然則其所存者詎能與江流相爲無窮哉余嘗舟過其下舟人莫不瞻仰致敬悚然而有所修省孰知明威降鑒近在咫尺而平陸之險有甚於疾風巨浪者苟內視無狃雖駕溟渤若偃吾榻焉又奚外求哉雖然聖人以神道設教則廟位之立其或一助歟書以遺君靜歸祀諸石

王褘漂母祀記

吾觀漂母飯信一念根於天眞觸發無所爲而然信乃曰吾必重報母此以祖儈之見量漂母宜逆其怒而正言以敎之而信死猶不脩餽歸擲於不用蒯生言重爲天下笑何哉嗟乎吾哀王孫而進食豈望報乎此言奚獨信所宜從假令天下後世之爲人臣爲人子爲人兄弟夫婦朋友者皆盡吾分之所當爲而無望人之必吾報則天下可以無事而何但足以保身吾謚信漂母之言爲至敎淵然太上貴德之旨孰謂草澤之中乃有不學而能如母者耶惜其姓名不傳遂與圯上老人同一自秘使人歎服於百世之下若鬼神然或曰以德報德夫子何以有是言無德不報武公何爲以自儆曰此以自待云爾非以望人是故信酬千金於漂母則是而歎戱於

漢則非也淮舊城闉故有祠蓋知敬其人矣而其言教由太史公來未有能闡之者予偕發其義鐫於石用質諸謂漂母者

汪薇虹井亭記

虹井亭者記闕里虹井亭也記井甃自開邑而有虹則自朱晦菴父子始自井有虹而發之文明闢宇宙之文明實闢今之宇宙揭聖經於中天而垂漢爲昭者誰之功與語有之天降時雨山川出雲夫雨也而雲先則文明也而虹兆理又奚疑載考之占尼父制孝經既成而告備於北斗有赤虹自天而下化爲黃玉尼父拜而受之大孝經何與於北斗而天之降精若是其與春秋成而麟出同一禎應乃或者謂麟出爲非時故仲尼春秋因之以作又謂尼父以爲吾道不行之兆因之絶二百四十二年之筆獨胡氏以河出圖洛出書及簫韶作而鳳凰儀當之謂其先後天弗違其說始章明而有據正大而非誇彼欲逃之乎禎應之說者蓋皆求其故而不得者也若然則一聖一賢其生關乎天地共立言也關乎禨祥毋惑乎集大成者先後

若同堂也井在故宅之右氣潛與龍井相通可供
千家之汲寒冽氷齒人多啜不噎又能已疾龍井
之間龍嘗噓氣盤結如雲其深不可測此則垂綆
不驗二仞往來井井其坎嘗盈自虹出而泉日減
蓋精騰於天而氣竭於地理無足怪然人不敢以
爲舊爲泥棄之必曰此瑞井也宣德九年錢塘陳
侯以太學高等選爲婺源縣令晉謁闕里拜瞻遺
像以爲仲尼之後一人因用其學爲政數成而百
廢具舉修學宮葺書閣文公之祠因以次及祀者
修之敧者揩之朽者新之徘徊於虹井之上懼其
久而污也爲亭以覆護以甃垣平以文石垣爲四
戶限其流之旁入者俾污潦屏而寒泉注顏其楣
曰虹井亭人之過而瞻者於以知晦翁之上應天
精下稟地靈而侯且命敬曰子盍爲記之使後人
葺俾勿壞敬因復曰雖渙之水錯繡若麗壺頭之
泉淑蘭成氣漱英噴華呈祥表異聖道汪洋如水
行地前有河洛後有洙泗淵淵虹泉同源共瀆我
侯濬之澤存萬世侯曰其然庶無甕甃敝乃寵貞石
而刻
之

蔡羽銷夏灣記

山以水襲爲奇水以山襲尤奇也再襲之以木又襲之以山中函池沼寬周二十里舉天下之所無奇之又奇銷夏灣是也灣去郡城且百二十里春秋時吳王常從避暑因名銷夏自吳迄今垂二千年遊而顯者不過三五輩其不爲凡俗所有可知巳湖之山莫大於包山山之峯莫大於縹緲峯高不知其幾里袤伍十里有奇峯之南水道三十里爲茗溪其弗能與茗溪參者諸巒抱其外也茗之舟北行三十以求縹緲峯其弗能與縹緲峯直者亦諸巒爲之拒也四面峯巒交萃獨以一面受太湖其中虛如抱甕其南列門闕焉由門闕東西盼西爲龍頭山其次爲小洞庭爲石蛇爲舍爲燕爲鼠闕之石不得而名焉東則大小明月灣爲石公爲澤爲蕨爲三山不得而名焉明月之灣其背爲梭山厥土墳壚厥產林檎鴨脚櫻桃柚柿梨棗龍頭之背爲圻村厥土白礫厥產玉石盧橘當銷夏之腹印浮其上乍有乍無爲衆安之洲帆落洲上則四面環合爲屏爲翰聳妍效譎以與縹緲相拱峯之巔有草無木其麓多木無草丹宮梵室蒙蔽林藹鐘鳴鼓應然

後知仙釋之盧魚行鳥過形影交徹帆翔其上而莫之知避也夫地既異而處其僻信乎遊者之難至矣向使移而置之附郭則挈壺鶴秣車馬者日不暇給豈獨爲吾灣哉人將憔乎劬負以趨萬物失所矣夫造化無意者也設是灣如有意鬼神之能不得而與非冥契其事孰能樂之嗚呼非惟世之人不得而樂灣之人亦莫得而樂也余世居灣上有所獨得私志之

陳楝淮郡鎮海金神廟記

常讀書夾石碣石之貢與諸浮濟浮淮並入則運道非一也今燕都譬之古關中阻三面而以一面制天下也然史稱秦河渭漕輓復積粟起汶山循江而下以制六千里之楚則運道非一也孔明入蜀蘇洵病之觀其初意未始棄荊州也若曰吾北出關中東連吳會即此不至而彼至之說也有以輔之也今燕都仰會通河已爾國初仍元未始棄海運也交相輔焉不數年罷海運而專仰會通河一線之流譬之處關中者棄蜀處蜀者專向關中無以輔之非完計也夫一線之流若孤處之軍也脫無事時可保也自徐沛南引黃河之水以接

淮議者目之借寇兵也歲決歲築又復決即無事時不可保也海大瀆水所歸無虞衝決無勞隄築譬之廣壑之垠林林總總用衆者籍也夫用寡難也而光寇之不可保也岌岌乎今之運也先生下檄曰會通河於海運如車之有輔也車之踰險也未有棄其輔者也距勝國二百年來勢窮則變而譚者輒眩吐夫挈瓶之智難以言大膠柱之議難以通變龍之莫測於水也舟之虞於風也漕海者所畏也然龍於五行屬乙洎巽風皆木也木畏金吾從其畏厭之可無患於是乎剏鎮海金神廟筮日度基鳩工聚材範金鑄像奕奕焉燿燿焉運且發先生奉牲玉以禱舟翩翩焉無盲飆蘢蜿蜿焉有攸處鉦鼓鏜鎝漕卒不駭而習昔大禹乘水道旣通聚九牧金而鑄之鼎使民知神姦以故民入山澤不逆不若聖人知鬼神之情狀意又使民習之乎先生其使民習之矣夫水旱災則禜山川雪霜風雨災則禜日月星辰五行之官各有司海汗漫亦水官司也於是乎禦其災則鎮海金神禜焉嗚呼非博物君子其孰辨諸先生其辨之矣余聞善用兵者取旺相之辰以應敵守即壘者稱神歸

以約束先生殆非常情淺近窺也林臥蕭然踰十稔淵默雷聲其注曆辦也故海運利害抵掌可覆焉先生忠信蒞事通於神明祝史之言信也故海神如響荅焉先生盟斯民自筮仕北部郎至督學大夫洊歷藩伯三十餘年家僅數椽然後知儒者之不虚即細民賤卒有孚也故攻華徵吉無咎焉術家謂六十子數窮則復而天道多在西北今都北漕政蠹壞天將啓之二百年來海運之復其在今乎易曰天之所助者順也黄龍負舟尋亦就馴天無烈風海不揚波主上接千聖之統四靈至五風調也天且不違況於神乎海運其無患矣

申時行堯峯景賢祠記

吳郡城西二十里許峯巒林壑幽奇瓌麗之觀不可勝數吳山最勝從吳山折而南衡岡叠巘蜿蜒峯崒者不可勝數堯峯最勝堯峯有寺曰資慶蓋宋建云或曰在晉爲免水院故堯時民避水處云寺據山巔俯瞰笠澤縹緲莫釐諸峯在襟帶閒懸崖乃徑清泉秀石蓋堯峯之勝盡在於是然歳久荒落去城闉絶遠冠蓋屐履之遊不至即至不數數

也余友周公瑕氏遊憩山中酌寶雲泉而甘之將作亭其上未果久之覩一像廡間黯黯不辨類非神佛者怪之以問寺僧僧曰嘻此故宗伯吳文定公像也往公讀書結社於此登朝乃去寺且圮矣賴公垣之而新故肖貌爲祠以報而祠竟燬獨遺像存焉然莫能復也公瑕則慨然曰吁有是哉曩吾師衡山先生嘗及公門其言論風旨相似推本言之公吾師之師也且夫復廢宇還舊觀以景先哲報德舉意庶其在此吾力能成之乃出貲貿材涓辰庀役旣成則奉文定公像居其中以衡山先生配而買田若干畝畀寺僧掌之曰令世世香火之奉與茲山俱永毋絕也公瑕遊京師語余請顔其祠余命之曰景賢且記其事語曰高山仰止景行行止雖不能至然心嚮往之曩文定公匏庵先生以耆宿任公卿至貴重然恭謹無與比與人言未嘗不推轂當世之賢士衡山先生聲滿天下兒童婦女莫不知名而退焉若無能者其奬後進游揚薦達惟恐不及蓋先輩之典型如是當是時吳俗斌斌乎可觀矣自二先生往而吳俗凡幾變垂紳側弁之士斷斷如也繇斯以觀二先生之系世

道豈淺鮮哉然二先生者不獨薦紳家稱之而遺民故老能傳其事不獨俎豆學宮之上而深山窮谷能妥其靈不獨邦居大夫尚知禮於其廬而及門私淑之士至於尸而祝之低回瞻戀而不能去則以見二先生之賢而景仰之在人心無窮已也有能惕然追慕二先生之風而曠然一變乎頹俗豈不亦世道之幸與此殆公瑕建祠之意不獨報其私巳也書以俟之

湖防公署記

吳水國也而震澤匯其中洪流巨浸襟帶三州漸洳數百里所產魚蝦螺蛤薪芰果木之饒民衣食之網罟於是斧斤於是故稱利藪然而洲渚盤互島嶼紆迴逋逃亾命椎剽之奸亦竄宅於是故稱盜藪有司者蓋嘗憂之然自國家經畧以來沿江置戎歲時操閱海上備倭壁壘相望其防最嚴密而獨太湖之防闕如曰斯內地無動爲安爾而頃年多盜閭閻村塢之間抉關胠篋越人於貨者所在竊發官司逐捕逸之太湖風檣浪舶騰踔出沒於烟波浩渺之中莫可蹤蹟蓋防之爲尤難都御史曹公時聘來撫東南周視四封與修百度江介海壖防禦既飭則計所

以防湖者乃籍兵壯治舟楫嚴追捕謹哨巡遴屬弁中廉勇有幹局者爲總練官已復念曰湖去郡治遠而兵水宿野次觸風濤犯不測爲難遠者耳目不加而難者易規避是使爭爲偷惰而相欺謾也計莫如扼要害審便宜列營建署蒞而守之可以經久乃相地得黿山之麓鳩工伐材剏立廨宇凡爲屋若干楹前堂後寢翼以廊廡繚以周垣樹纛建牙規制悉備工始萬曆辛丑十月訖壬寅四月而成費取諸省存盧胥爲錢若干緡則兵使鄒公墀郡守周侯一梧實規畫而曹公允行之者也署成屬余記余曩在政地所司嘗以湖盜聞請遣兵搜獮經歲無所得始失之張皇終失之疎畧豈獨以地險故哉夫事至而備孰若未事而備之爲慮遠也患生而防孰若未患而防之爲謀豫也今余皇既具組練既集公署既設上有所申令下有所稟仰若立標而示望的而趨體統以正運畫以肅履斯地任斯職者盍亦趯然深思孜孜戶牖之圖而永絕萑苻之釁也乎是役也海防貳守貴侯甲英董其役立并書之

唐順之華氏義田記

義田者其古道之遺乎其起於古道之廢乎古有之大宗者收族者也義田者其大宗之遺乎雖然有大宗則無義田故義田者其起於大宗之廢乎因族而立之宗族人有餘財則歸之宗不給也則資之宗是以舉族無甚貧甚富之家而天下之爲族者莫不有宗是以天下無甚貧甚富之人其井所謂人人親其親而天下平者哉井田廢也而始有以資甲於鄉宗法廢也而始有以資甲於族甚則有童僕厮隸肉而族人操瓢者仁人君子惻然隱之於是以其力之所及爲之義田以贍其族蓋猶有大宗之遺焉然義田立而大宗之名益隱矣要之義田非甚厚有力之人不可以爲而宗法則百金之產亦可以相通義田非仁人與族爲體者不能以相公而宗法雖纖嗇鄙行之嗣亦不得而相吝是以義田之爲制也狹而偏大宗之爲制也均而溥然仁人君子其知既足以及乎此矣卒莫有推而及乎彼者豈以義田出於分之可以自爲而宗法非上人爲之制則固莫能相聯屬耶吾友無錫華君從龍積學好古之士也晚舉進士不數年遂請

歸乃割近郭田千畝爲義田推其遠冑自十一世祖錄事君而下之子孫皆籍之其不能自業者給口食其婚娶棺瘗給各有差畧如范氏故事自十二世祖而上其族疎人衆則惟是其窶甚不能就塾與過時不能嫁者娶者棺者瘗者則量助之其管鑰以付錄事君宗子而惟擇族人之賢者一二人專理其事不稱則易其人君之爲此可謂仁人君子之用心又能寓宗子法於其間豈不猶爲近古乎余是以本宗法義田與麻之說而爲之記

楊懋魁梅劉義門記

余鄉先生見素林公甞謂六安有孝友三謂都憲汪公潤

夫郡守楊公節夫夫其弟光祿載夫也又作孝友堂記以美之且傷棠棣角弓之什無聞而德色誶語者相踵焉今去先生時又百年矣余來六安訪其所謂孝友堂者已不可復睹嘗以孝弟風多士庶幾有所感發毋令三公得專美於前則得孝行者若干人而同居友睦又有梅劉二君子云梅標與其弟核杼子姪百戶應魁諸生應時應節應陽等數十人三世同居及標卒而核總其政門內雍然

和睦子應玉應元從余游傳衣而衣傳器而食余頗異之旣而聞其家長幼卑尊皆然無間也噫使梅氏世世守之豈論張公藝九世哉劉懷民宜民者亦諸生也與從弟仁民亦同居問其故則二世矣其父奎與弟本郎仁民父也同居無異財篤念同氣奉所生母不欲離膝下故不樂仕進所奉旨甘必與共故食指雖繁猶然同牢食也晚年本就選主爵無何以疾卒京師其鄉人咸相與惜之有泣下者曰是孝友人也爲具棺槨衣衾如禮斂而歸之奎匍匐走數百里外迎其喪歸葬焉旣奎喪諸子泣相謂曰吾二父生平一人也惟是春秋窀穸之事安可令其隔隴頭壟耶竟亦合葬以成其志今令諸子尙同居門內無間言則以二父故也余哀世之人以貨財私其妻子而同胞之人如秦越焉則未明乎同氣之誼者也善乎蘇子曰今之相視爲路人者其初兄弟也兄弟其初一人之身也噫誠知其爲一人之身則友吾之兄弟者固所以孝吾之父母也恩安得不加厚情安可令相間耶詩曰宜爾室家樂爾妻孥子曰父母其順矣乎爲兄弟者可以深長思矣六俗故長厚前此爲見素

公之所美不止三人而三人其著者也今爲余之所見不止二家而二家其最者也尚有聞其風而興起者余且欣然而爲之傳

李春芳崇儒祠記

心齋王先生崛起海濱毅然以希聖爲學少聞老萊子舞斑故事卽衣斑襴日戲父母側父母訝而止之于是言笑不苟跬步不亂聞文成王公講學洪都不遠數千里就之直入坐上坐縱談移晷不屈及出公語門弟子曰此載道器也明日又見復縱論始屈拜公拂弟子禮公始授以致良知之學相與切劘講究者歲餘歸而盡以所聞告之鄉里後學於是東海始彬彬多文學之士矣予初不知學于留都始晤先生于徐氏東園時文成文簡二公門人各持師說以求勝予質之先生先生曰豈有異哉天理者良知也隨處體認天理者致良知也後造先生廬請益月餘見鄉中人若農若賈暮必群來論學予惟天下之治忽係人心人心之邪正係學術學術不明人心不正欲望天下治安難矣故學之不講孔子恒以爲憂當其時問學洙泗之濱者踵相

接也然孔子雖憂學之不講尤恥躬之不逮教人以文行忠信於謹言慎行三致意焉至於性與天道子貢猶嘆其不可得聞況其下者乎先生之學始于篤行終于心悟非徒滋口說者雖鮮所著述如樂學歌大成歌諸作天趣灑然悉出胸中所自得至評論夸齊二人武王伐紂等事皆精微至論罔有蹈襲足垂千古君臣之鑒嗟乎若先生者豈非一代大儒哉先生修軀古貌兩掌心肉珠微起左一右二有握乾把坤之相天之生德夫豈偶然俎豆於其鄉誠非過也中丞耿公定向督學南畿時欲專祠先生不果迺抵書海防程憲副命學博建祠州中祠先生俾後學有所觀感而興起肇工萬曆乙亥十一月丙子二月工成祠宇三楹門垣整飭足垂永久大中丞王公宗沐吳公桂芳爲置祭田二十畝屬先生仲子璧管業以其租供祀事有餘以給四方來學者璧篤實高明予嘗辱先生之教因爲紀

其事如左

陳應芳濬丁溪海口記長江以北長淮以南爲廣陵郡其隸高寶邵伯之間

水滙爲湖者延袤可百里而遥號澤國焉東則沮洳千有餘里蓋高寶興泰四邑田賦鹺利所從出地環其中國初平江伯陳公瑄因故道而疆理之北築高堰以障淮之南徙使合河入海東築長堤以障湖之東注使南流入江是爲東南轉漕咽喉而堤以内四郡邑之水各循其地形高下派分之以達於海泰州故海陵郡昔稱吳陵若今丁溪場龍開港則縮轂海陵之口而淤溪泰潼西溪寧鄉及東臺河梁串場河之水所由以宣泄者猶興化之有白駒鹽城之有廟灣也正德己卯而後稍稍就堙塞然故不爲害迨先皇帝己巳之歲河決而南淮受之高堰堤遂圮以灌湖而汪洋萬頃不復辨疆邑即故太史公宋濂所謂防一決千里爲壑者是已今皇帝御極赫然下明詔遣重臣經畧其地修平江伯故事而兩堤復還其舊然水平沙積湖之高幾與堤埒而減水之議從起矣由淮陰達邵伯就堤爲閘者四十有奇湖水自是歲歲減而東注而興與泰視高寶更若釜然内窪以下外昂而高其來也日積其去也日壅而膏腴陝衍之壤蕩而爲萑葦瀦澤之鄉者垂一十二年老稚轉於

溝壑壯者散之四方其不即死且徙者日困欲輸恨不能委而去之蓋幾無民矣歲壬午按御史貴溪姚君士觀兼督學行部至士民遮道往訴而以開海口請狀纍百千計御史下其事於海防兵備參政通城舒君大猶而以屬泰州及高寶興化郡邑各守若令議已民有豪舉而狡黠者居鹽場數盤據善因緣爲奸則詭言於鹺御史曰是不可創而開也開之將不利於竈若商且啓海寇窺伺心而鹺御史芮城任君養心行郡縣歲遍當代去不果勘異議者益危言以恫疑恐喝而衆論洶洶事遂寢是年秋黃岡李君裕銜命而來他務未遑首毅然屬其耆老而告之曰州賦歲六萬石佐縣官費而民不有田又安所從賦也事急矣議築舍無成守土者其謂何脫不幸有他請以身任之即日駕小舸涉海上周覽而咨度焉至丁溪之東由姚家口迄蔣家壩里四十測之水可五尺由蔣家壩迄馮家堰里方十測之水可三尺則嘆曰此不入海故道乎而何云創始也由壩而下五里許是爲龍開港其勢漸下其望彌遠測之不下百數十里而民竈田在范堤内遠不相涉則又嘆曰此豈海

潮所能至乎而何虞醶淡交以侵也誠自前五十里濬而探之即煑海者得不負戴而舟也其利豈在民後哉且若能不田而食也港而下不越一線之河止矣非有汪洋開拓之勢又安能受餘皇使浮海而入乎即入矣四野水也掠之何從今而知所以筴矣矣無巳則下流施品椿以杜舟楫之往來而馮壩以上建石閘司啓閉使蓄水者過四尺而泄則慮且萬全儻亦杞人之計哉於是詢之民民莫不曰善詢之竈又莫不曰善夫役與于創爲者則人情駭事艱于兼利者則人情貳今濬河也非閘泄也爲民也亦爲竈也奈何勘議者不察而徒曰海口海口使不塞者藉以駭貳人也歸而具其事於牘娓娓百言辨析甚剴切上之按御史按御史色且動謂將親按部則以三月發廣陵道府及運司而下皆從至則凡所議建置具如李君指而亞卿兼中丞衡水傅公希摯來漕撫公故備兵海防居吳陵久且目擊巳巳之災者也曰嗚呼是惟余所理賦乃以勤二三子於是會疏以丁溪白駒工並列以請而具李君文於奏中不遺一言及丁大司空議而大司空覆議所建置亦具如李君指

詔曰可其下之守若令於是兩郡畫地而治之經始於今皇帝之十一年秋七月凡三閱月而竣濬四尺者丈七千二百有奇濬三尺者丈二千七百有奇夫應募者三千有奇食若今六千一百有奇石閒一品椿四食若金二百五十有奇皆取給一二贖鍰及倉糧之備賑者而自駒工在典化亦同時報成事矣蓋水自是以海爲壑而阡陌溝洫井井也報聞賞賚各有差時不佞芳備員蘭省爲桑梓有生色焉無何貢生曹君文魁至函學博蔡君可遠陳君軫季君學程書列庠弟子李呈華周嘉魚等州父老時茂夏華等數十百人名拜而請曰惟是州田不耕藉者十二年所矣歲癸未而歛十之三歲甲申而歛十之七今乙酉而播穀者盡畦也其皆李侯之貺乎與造物者均矣子其一言以志永永余嘗考覽載籍凡有民竈者能修陂渠之政正德巳卯去今六十年未甚遠也治水者用故事而修舉之猶然茲多戶繼自今歲改時移屬有讒人交亂其間則安知後之視今不猶今之視昔也乎余故特爲詳其事使後之治水者有所考也無難與也無遊戶也而系之以銘銘曰淮南之墟

衆水所趨其勢回旋滙而爲湖轉漕是資通彼貢賦崇隄障之毋俾東赴孰列之東州郡四豐千里環帶泒分其龍曰維吳陵丁溪蹉阜龍開宣洩海以爲注天子曰咨下民其憫爰命冬師來疏其梗冬師有言沙積爾原水不減焉隄何爾坦乃闢其門石欄星布遊者潺湲不舍晝夜況茲海津越歳久湮百川來奔盈滿民町膏腴沮洳十年不觔徒日號呼土毛何穫控於臺使黎元烝烝訛言僉興憂心伻伻李侯仁人不畏強禦力抗讒氛昌言排痼剪其荆蓁波其陸塵來自湖濱入於海泯阡陌謐寧平如其几禾黍有美以耘以耔頻歳遘害此年屢登拊巳而思曰誰之功功在不刊非文莫紀詳而叙之

敢告惇史

畢鏘新建褒忠祠記

黄侍中先生舊附郡城雙忠祠至今二百餘年未特祀也

萬曆丙申西蜀巡撫都御史趙公巡按御史龔公同蒞畿南振揚風紀治具畢張吏修其職民安其業乃於吾池廉得侍中先生實事於是會議具疏請於朝曰先臣侍中觀與其妻女忠節萃於一門

宜建祠特祀詔下禮部覆議以聞先是今上登極
頒有革除間諸臣褒表忠魂之詔故撫按遵奉具
題云夫先生之甘赴羅汶及夫人翁氏與其二女
相攜以溺而死盡言之嗚咽無容贅矣獨念綱常
在天地間萬古勿毀故忠孝必盡于臣子貞節必
矢于婦女未之有改也帝王之孳孳立人極扶世
教以培植將來國祚于長久亦恃有此道存焉爾
昔在周武王時夷齊叩馬以諫仁孝數語周家八
百年之命脈于此倚基先生之志與夷齊同然先
生膺夔契之重任夷齊爲海濱之漁父是以或采
薇以終身或蹈江流而勿顧所處不同而同歸于
忠也當其時武王能容夷齊之切直而勿之罪故
國祚以長先生與諸臣赴義激烈而幸蒙皇上之
褒恤鑒忠魂于生前錫寵光于没後則我鴻圖之
亨有千萬年而勿替者不俟卜而可知矣二公之
請特祀也所以表幽潛樹臣紀而勵風俗也其有
裨于國家甚大豈但吾地之人士瞻仰山川增色
而已哉祠建于淩雲閣之旁正堂五楹後亦如之
奉夫人二女于其中門房坊牌俱備糾財度工則
適有澤水漂來大木足資材用盡忠義感動天人

協贊如此君子謂斯舉也見崇賢之道焉見好德之公焉見爲政之綱焉見謀國之遠焉一事而衆善具矣工始于六月至九月落成是舉也備兵副使張君天德首倡之督修者知府張君堯文同知傅君國才通判胡君嘉賓推官王君紀也

李默　靖獻祠記

昔我高皇帝締造家邦每以扶植綱常培養士氣爲務故雖勝國黨桀吠堯猶必曲宥之以示萬世人臣之義固以奠安元元非此此道無由也厥後懿文太子薨高皇已有倦勤之意永惟付託重計深懷隱憂左顧右却賴有二三藎臣爲之羽翼既而靖難師興鍾簴不移市朝安堵則文皇帝有再安宗社之力然齊黃諸人自以身受國恩不敢懷二騈首就戮宣城陳公廸與焉予時讀公事狀未嘗不掩卷而悲也按公以洪武乙卯舉京闈辟本郡學訓導嘗爲郡草萬壽賀表上覽而異之召拜翰林編修累遷雲南左布政後徵爲禮部尚書同受顧命時兵起國勢孤危公等力陳計畫南北相持者五年事既弗就公益抗節不遜遂并其子丹山等磔東市臨刑猶

作五噫并詩至今讀之使人潸然淚下豈其忠憤
所感思以頑民自待者也予糾之難忽死而仲請
因人固各有志不能以彼易此文皇曰彼食其祿
自盡其心又曰使予寧尚在朕當用之聖人所以
扶植培養之者寧有已時哉公死之日子孫孑無
噍類百餘年來宣人頗諱其事成化間郡守涂君
觀稍祀公于故里尋卽湮廢使英爽之氣飄溢而
無所依予甚悼焉嘉靖壬辰予以吏部郎謫判是
邦亟求其後得公五世從孫太學生大林者而問
之故乃謀諸前守餘姚郡君畢具以狀白于巡按
督學兩御史請復置祠春秋薦享如大司馬溧水
齊公故事二公嘉許大林亦奉地來獻地當郡學
之東公少讀書處也予更旁購他地益之中爲正
堂奉公像以居又北爲浩然堂各翼以兩廂浩然
北有方塘塘畔爲水央亭其東爲井最前爲大門
門東十餘步爲宛陵大節坊凡餼彝庖湢几榻百
物畢備歲給掃除一人維祠據高臨曠宏麗瑰傑
繼今而往庶幾其無速壞云爾祠成郡中學者咸
嘻吁慕歎相與致私愛于公而謚之曰靖獻先生
遂因以名祠會予有持憲廣東之命乃大會郡僚

卿大夫羣執事以中牢詣祠寧神而告成事嗚呼殷有三仁其志不同其心安也不然死者復生生者愧矣由是以觀諸公情事夫又何疑乎是役也肇於甲午冬十一月甲申訖于明年夏六月辛亥其費與力並給于有司不以煩民而綜理出納則悉委諸邑民貢汝舟吳孟學二人者恪勤靡懈又使太平吳琪佐之大林周旋其間多所規畫是用能集事以昭丕績均可謂勞也已矣

潘楨汪學士祠記

汪公名立信其先新安人也曾大父智愛六安山水因居焉公生長此地登淳祐六年進士第理宗見立信狀貌雄偉顧侍臣曰此閫帥才也嘗充湖南安撫使知潭州至官公付之物悉置官庫所積錢連歲代納潭民夏稅典學校士習爲之變知江陵府時襄陽被圍甚急公上疏請益六安屯兵凡邊戍皆不宜抽減移書似道謂今日之計其策有三似道得書大怒辱罵以危法廢斥之咸祐十年元兵大舉伐宋似道督諸軍出次江上以公爲端明殿學士沿江制置使江淮招討使俾就建康府募軍以援江上諸郡公受詔不辭即日上道以妻託愛將金明

執其手曰我不負國家一爾亦必不負我遂行與似
道過蕪湖似道撫公背哭曰不用公言以至于斯
既至建康守兵悉潰四面皆北軍公之事不可成
歎曰吾生爲宋臣死爲宋鬼終爲國一死率所部
數千人至高郵欲控引淮漢以爲後援已而聞似
道師潰蕪湖江漢守臣皆望風降遁歎曰吾今日
猶得死于宋地乃置酒召賓佐與飲爲表起居三
宮與從子書屬以家事夜分起步庭中慷慨悲歌
揮拳撫膺者三呃吭而卒遺表聞贈太傅金明以
公之喪歸葬丹陽厥子麟内書寫機宜文字在建
康不肯從衆降崎嶇走閩以死弘治己酉廷議毀
天下滛祠而六安不湖寺亦在𢉩中會大中丞仁
和李公昂適駐節兹土乃進父老而問之故因歎
曰按禮以勞定國以勤死事則祀之能禦大災能
卹大患則祀之先生忠誠貫日月使其策果行宋
之爲宋未可知也是豈可湮没也哉乃撤撤佛廬
之座而貌先生之像于中額曰宋端明殿大學士
汪公祠命有司歲時致祭焉噫表前哲勵後人厚
俗之道也是
不可以不紀

徐獻忠紫岡草堂記

紫岡草堂者董大理恬之別墅在沙竹二岡之中大理公自少釣游其間晚歲解官歸不植便利產仍舊所規畫稍樹竹石果蔬與二三高尚士歌嘯爲歡因自號中岡居士其子子元以紫岡名其堂且以寄閒寂使清川茂林之在海上永有所托也徐子曰楊子雲云知元知默守道之極世有好遊之士攬長途涉要津以縈列爲長命至白髮猶忘歸其所守顧不異斯言哉一旦收聲藏熱不知守其德宅徒芬麗穠郁植厚樹豐日蹈壑谷而不悟聞公之風不大慙恧哉然有子世其業使其名迹不沉堙於荒煙野草間守道元默之明著亦無尚諸此矣

馮敏功開復邳河記

隆慶庚午秋八月秋河決于睢寧之白浪淺既而白浪淺淤復決青羊淺又既而青羊淺淤河益分裂潰決決而南爲王家口張擺渡口馬家淺口曲頭集口決而北爲曹家口其小口在辛安左右者七于是河流悉繇決口南趨睢寧平地爲湖漂没軍民田廬無筭輕舟從此出小河口其支分而北者出直河而正河故道自曹家口至祁之直河九十里皆

爲平陸淤運艘九百三十隻糧四十餘萬石官民船又數百自曹家口而上至曲頭直河而下至宿遷又九十里河身淤淺不能通舟雖民昏墊運道阻絶於是起大中丞歸安潘公于家俾治之公至博訪群情時議多以爲故道不可復有欲因睢寧決勢而利導之者公謂河源盤折數萬里水夾泥沙急則沙隨水滚稍緩則水漫沙停比年因水勢散漫沙墊底高容受漸少每一泛溢輒便爲患今舊河廣且百餘丈深且不測若仍復舊河中開小渠引水衝刷兩堤夾束使不散漫則水勢歸漕淤淺漸去河身自可復舊若就新衝水勢散漫湖波平淺不能復深工力所及能有幾何伏秋水至必壅不下徐邳之間將成魚鱉此必不可群議乃定於是度遠邇議工役具畚築計餱糧大發淮揚徐及盧鳳山東河南夫併徑淺各夫分司道官爲五工統之公指示方略畫地課工以隆慶五年春正月十有六日肇役浚築群工齊奮至二月二十日渠成二十三日縱水歸渠淤沙漸刷河流乃通凡舊淤糧艘及官民船皆繇渠出時築決之工張擺渡曹家二口已完而曲頭馬淺王家三大口亦已

有緒公方且調集椿草益急群下或言急此何爲但笑而不言翌日風雨驟作不止兼以黄河桃花水漲會山東諸泉併至乃季春朔日水復大溢瀰漫淹浸莫辨湖河新舊堤防潰決殆盡復決閻家口油房口曲頭舊口之東王家舊口之西房家口青羊口白浪淺口與諸小口凡四十三處群情大駭役夫懼且潰公時患背疽乃裹瘡而出撫慰勞來身自督率示以必成衆志復定晝夜率作工料踵集隨用輒濟於是諸口漸合而縷水之堤亦漸成四月七日麥黄水又大至狂風挾水勢復衝決閻家口之西及半戈山之左右公督率益勵新守築口六月三日諸築塞之工咸畢先是淤河多淖沙人立輒陷工不得施公命以木橫沙面掘半灑水左右互倒水盡沙乾工乃得施決口懸溜數尺噴沫成雷負土入水輒隨消去公命以大埽截流緘以巨纜旁植巨衝其衝之處湍猛溜急椿折埽滚勢難猝就乃復相視緩急偃仰合度卒復壓以厚土勢若岡陵衝乃克定築堤捍水浮沙既不能堅而實土又爲比年流沙所壓必深掘至尋丈及遠取于民間空基與隔河運取山土往來力役竟

日不能數筐公命囊土程衡唱籌課役土功乃集於是兩岸屹然河流受束濬刷淤沙深廣如舊四百萬漕糧飛帆直上雖伏秋水三至懷襄徐城而曲頭以下凡公經理之地皆得安流如故矣是役也用夫五萬人興工五閱月決口築塞者五十有八浚河以丈計者三萬二千四百築堤以丈計者七萬五千有零椿草椰葦以株束捆計者二十萬有零麻觔以斤計者八萬四千有零所用河漕財積撫按贓贖徐淮商稅及淮徐糧米總計僅十一萬金有奇視初請未及三分之二而決口增築堤工高厚倍于原題者三葢公之經畫素定而復以身先故群工率作罔敢不竭心力事半功倍其成之速如此此既成之後公又為之計久遠乃併修徐呂靈璧之堤以束上流復梨林房村之壩以防衡備禦其善後之圖又如此使當首事之初非公堅持復故群議方且猶豫安能專意挑濬受役之始非公指受方畧則河工多未閱歷安能悉協機宜垂成之際非公先事預備則臨時且將無措安能隨用取辦復決之時非公鎮定親督則衆心方在

搖惑安能堅忍有成成功之後非公長計遠慮則人情方在懈弛又安能思及久遠而爲之善圖其後哉繼自今拯徐淮數十萬之民命於旣溺通國家數百年之運道於旣湮而俾之勿壞者公之明德顯功遠矣哉

章綸重修褒忠廟記

宋忠州刺史兼山東路忠義軍都統制知楚州州魏公勝及金徒單克寧戰于淮陽無援死之詔贈保寧軍節度使謚忠壯立廟于鎭江府京口鎭錫號褒忠官其二子重死節也年代旣久廟乃隳本朝正統中群守郭濟乃重創而歲祭之天順壬午郡守四明姚堂見是廟復壞乃捐俸倡募經始于是年秋八月甲子落成于冬十一月癸巳於是規模氣象煥然可觀將立石爲碑走書徵予記而銘之以垂永久余按宋史列傳魏公勝字彥威淮南宿遷人也當二帝北狩高宗嗣位張韓劉岳諸將竭忠報國公生于此時多智勇善騎射居山陽紹興三十一年金人南侵將籍諸路民爲兵公躍日此其時也乃經畫市易課酒榷鹽勸糶聚義士三百北渡淮

取漣水軍諭以忠義遂復海州擒其郡守高文富
權知州事自兼都統制而朐山懷仁沭陽東海諸
縣皆定乃蠲租稅釋罪囚發倉廩犒戰士紀律明
肅如宿將益募忠義圖收復遠近響應得兵數千
取沂州殺其守降其衆三千得器甲數萬金遣蒙
恬鎮國以兵萬餘攻海州公出兵迎戰於新橋大
敗之殺鎮國軍聲益振傳檄山東招諭結集以待
王師之至沂州民壁蒼山者數十萬被金人圍告
月餘衆告急公提兵往救陣于山下遇金人伏發
以五百騎圍數重公單騎以大刀馳突肆擊陣開
復合移時被創冒刃出圍馬蹄步而入皆無敢當
者皆中絕水公默禱而雨作又度金兵必復攻海
州乃間出皆趨城中金兵果來兵出戰皆捷爲矢
所中自鼻貫齒不能食督戰益力金主亮舉兵渡
淮分軍攻海州公與沿海制置使李寶師舟師邀
擊於膠西之唐島又獲金兵之在舟中者殺其將
鄭家僕等旣還爲捍禦固守計金兵又來攻公拒
却之始奏公授閤門祇候知海州兼山東路都統
制招集山東忠義激勵士卒竭力捍禦金兵至望
見魏字旗卽走又厚遇金諜者及恩惠來歸人自

山東河北歸附日衆金遣山東路都總管以兵十萬攻海州公率衆合李寶軍大破之金又遣五斤太師發諸路兵二十餘萬來攻海州公捍悍士三千餘騎拒於石闥堰鏖戰殺數千人拒却其圍城之兵又大戰斬首不可勝計轉閤門宣贊舍人充山東路忠義軍都統制兼鎮江路前軍統制仍知海州後被讒于督府罷其職既而知其誣復之仍遣還海州鎮撫改忠州刺史公在軍未嘗一日懈弛築城浚隍塞隘恒如冦至又自創如意戰車數百輛砲車數十輛乘戰輜重行止禦敵進退俱利上其製于朝詔諸軍遵其式造焉孝宗皇帝隆興二年以議和撤海州戍命公知楚州時和議未決金兵乘其懈以舟載器甲糗糧詐稱運糧往泗州自清河口出欲入淮公覘知之身率忠義士拒于清河口勝負未決金徒單克寧帥生兵至公與之力戰告急于都統制劉寶寶不之救公矢盡謂士卒曰我當死此遂中矢墜馬卒年四十五事聞詔加贈謚立廟祀之又官其二子郊忠州刺史昌承信郎於乎臣子負忠勇之氣報君父之讐不幸失援而罹死難若魏公者人豈以死視之哉將事之

如長生焉何也以其負正氣全正理於死生之際雖死猶不死也而其忠憤痛切之心天理民彝之懿足以感動後人錫之廟祀雖至于千萬世之遠事之如一日此人心之所以不死也於乎其烈矣哉銘曰忠臣奮勇剏義興兵敵王所愾恢復邊城遠近響應赫赫厥聲招降救難莫之敢膺屢敗厥寇爲其背盟戰弗顧身竭力摧誠屹爲保障長城可名議和中沮猶力戰爭不幸無援死于忠貞綱常正理于此不傾天經地義金石是銘贈謚立廟世祀其靈一時之死萬古之生

周洪謨鎮江府學禮器樂器記

聖朝兩京國子監及天下郡縣皆廟祀孔子其肖像冕十二旒衣十二章祭器十籩十豆樂舞六佾今天子特命籩豆增爲十二六佾增爲八佾始用天子禮樂以其制通行天下歷代以來尊崇孔子未有盛於今日者也然諸郡禮器則全而樂器或未備惟鎮江府學禮樂器俱完禮器千餘皆範銅爲之乃元至正十一年總管李中教授黃鏞所鑄豆二百七十二其蓋數亦如之爵一百三十九奠盤如爵之數簠一百二十其蓋一

百一十六簋一百十九其蓋一百十五犧尊六象
尊六常尊三龍杓三揩花之瓶大小八爇香之爐
大小十六盥洗盆三毛血盤二諸器既完惟籩皆
失舊常以豆之蓋代之今知府熊侯佑乃鑄銅爲
籩二百二十其蓋亦如其數竊惟古者祭器以竹
以木以陶但竹木者易剝陶者易損故代之銅而
圖其堅久也予往歲爲南監祭酒始謁廟釋菜而
見磁爵之缺者甚多不勝悚懼遂遣人赴饒州製
補之夫以太學奉帝命以行禮者其器尚如此況
諸郡縣乎用銅雖非古制而李中丞所鑄歷百三
十餘年之久皆無少缺其視抗陶之剝損者則美
惡判矣樂器亦當時所製銅鐘二十一石磬十六
琴十瑟四以及笙管柷敔之類靡不畢備熊侯與
其僚同知伍侯琇商搉以謂前人所製固美恐其
久而或忘乃寓書來求予筆諸石以防疎虞且約
典守者必嚴出納教授訓導但一秩滿者雖素不
司管鑰必白于郡會諸師生審驗之而後去於乎
誦遺經以出身者感聖恩如天地且愧不能報稱
於區區祭器儻不能守又何顏入禮殿乎雖然此
禮樂之器耳而行斯禮必本之敬奏斯樂必本之

和故孔子嘗曰禮云禮云玉帛云乎哉樂云樂云鐘鼓云乎哉異時承祀之頃肅肅雍雍儀節不爽音律克諧仰瞻聖賢之靈如在其上如在其左右則必來格而歆享矣抑禮樂本之心體之身者豈但感乎神而已雖達之以道家國天下而無不理焉則凡爲治者其可不務禮樂之本而推之用乎

胡希舜築鹽城石⿰石達口記

出鹽城東門一里許有石⿰石達口故有木橋以便往來者久之海溢橋壞萬曆丙子鹽城令杜君善教以興化鉅公主議濬河建牐河通潮大至壞牐水澎湃震盪盡没民田一時居民溺死者無算於是鹽城父老子弟鼓喙而爭言塞石⿰石達口矣庚辰歲楊令瑞雲言之巡鹽御史姜公璧是年題請塞石⿰石達口倣宋丞相范文正捍海故堤而命楊令董其役自是海潮不得奪堤而上鹽人永永無海患矣乃隣縣興化歲歲被水顧籍藉咎石⿰石達口塞之非便請于當事者固欲開石⿰石達口當事者屢遣諸縣令率丁夫至石⿰石達口名爲相視實令遂開之楊令以死拒之曰鹽城萬民之命皆懸石⿰石達口今懸諸君諸君如遂開變隨手至矣諸君何以謝鹽城則

又借箸畫地形曰夫地形若鬴興化則鬴腹也鹽地高如鬴邊鬴邊既張其口安能洩鬴腹中水哉爲我謝興化相公若諸父老子弟諸縣令遂皆負空手而去於是石䃗口卒不開楊令居恒語人曰雲令鹽城數年去矣顧如鹽城百年何蓋不敢賣鹽城以狥當事者意鹽城士民則徵余紀述石䃗口之始末且以諗諸來者示無改也論曰隆萬以來河淮南徙淮楊諸郡縣歲蒙水患自項築高堰陣水不來然非大開海口莫能洩也孰知諸海口可開石䃗口則不可開何者石䃗口薄城所憂不獨在田也昔人守疆土欲康利其民率講水利酌通塞而用之鄭則西門豹史起南陽則召父杜母竝以開導爲利蜀之石犀沛之鄭陂兗之石堰咸障水以豐民也夫操治水之策者顧可拘方而道哉剏范堤之築本以捍海潮今者塞石䃗口築長堤最符范公始謀曰然范公堤外多民居每受海患楊公則遷其堤包民居于堤內功德鉅矣昔翟方進壞汝南陂怨者歌曰壞陂誰翟子威飯我豆食羹芋魁嗣來者幸無令鹽人興汝南之歌哉

王宗沐淮郡二堤記隆慶五年歲在辛未河大溢壞漕舟以千數天子念大計不以沐爲不肖授璽書使董漕計拔自藩轄異數也奉命感遇不敢不竭力報稱乃申法更規萬艘肅集完歸大農遂復祖宗之舊踰年淮父老詣余而泣曰郡地專受淮故稱淮安勢自西南歷清河而東與湖南僅隔一抔土故高家堰有堤不治而淮輒入海幾受其半淮揚兩郡皆困終不治則且妨漕余惕焉按之信然乃檄守陳文燭以軍餉六千餘金致鄉先生周君胡君築焉又明年癸酉五月淮水溢平地高三丈餘而以堤故不溢入湖郡之南鄉與揚皆無恙然勢掠郡西合黃河折而經北城下安東則洶湧幾嚙西橋奪漕河而出余爲之不寢者三夕幸而勢稍殺則又以其泛濫四溢數道出禮信壩及缽池山民在巨浸中至八月而始涸余以災請幸天子仁聖捐米八萬石賑之而又允折漕糧是時幸淮獨漲使稍遲半月與黃河并發則事不可支矣是年冬余再檄于同知時保以賑之餘米一萬石募夫築郡西長堤焉高家堰堤北自武家墩起至石家莊止計三十里而遥爲丈

五千四百堤面廣五丈底廣三之而其高則沿地形高下大都俱不下一丈許而又於大澗小澗具溝舊漕河六安溝諸處築龍尾埽以遏奔衝堤內自澗口以達張家莊濬舊河以泄湖水使不侵齧工凡五五十日而畢郡西長堤自淸江浦藥王廟起東歷大花巷由西橋相家灣直抵新城過金神廟止柳鋪灣六十里而近為丈八千七百九十八堤面廣四丈底廣三之高可七尺餘蜿蜒如長虹以障郡城之北工凡三月而畢余按淮安郡三城在淮與漕河夾中自嘉靖中年以來無歲不被水而其最甚則己巳癸酉極矣鞠為大澤不見水端民之棲樹巢塚以救旦夕即余疏中所道蓋其十之三四也而今二堤並峙高家堰獨抗淮於西南而西長堤又障河於西北蓋至是而居者田者皆有寧處可望生全無昔昏墊矣余不才且旦夕乞去然使來者慎守而時護視之無至壞以永為障使吾民得粒食育子抱孫則大幸也顧淮水高於郡勢若建瓴而下使其發時與河並則為慮尤巨且西長堤能障溢水而其從下齧而崩者不能却河故去城數十里而今乃在城下是其大勢漸侵而

南可觀也開草灣以分河勢通澗河以防溢流余心耿耿焉而力已詘民亦告病姑少休之以待之燭楚之浙陽人時保浙之嘉與人而是時同相一役者郭同知大綸王通判弘化諸推官大綸山陽縣縣丞談嘉謨也

丁士美高家堰記

山陽舊有高家堰達郡城西南四十里許而圮廢久矣其最關水利害者則大澗口也先是堰屢決屢築工皆不鉅邇者決益甚工益鉅當事者始難之矣按堰迤西當淮泗二水合流之衝二水東北與黃河會胥入於海比歲河流衝決則淮泗汎溢勢必由澗口建瓴下注淮於津湖甚者穿漕隄入射陽湖而山陽鹽瀆之間以及海陵諸地通為巨浸茫無際涯已間者黃河亦為牽引而漕渠日就湮淤是其害不直在民生而且移之國計也爰攷郡乘獨不之載故欲拯民之溺者無徵焉先後議築者凡逾二紀而喙喙紛如大都唯者十一否者十九其唯者率如前指曰築之便否者輒稱財詘至有執道旁之見上不便狀者故屢議屢罷不果行茲郡守陳

公治淮之明年諸墜具修特因士民之請親至其地用中而荒度之已而慨然曰淮之休戚將是焉在可弗圖乎是余之責也夫是余之責也夫顧民力竭矣難重勞也夙夜籌之不置將有待而舉者會督撫王公至灌輸之暇廉堰狀愕然曰淮之休戚將是焉在可緩圖乎彼稱不便者職時詘爾余能以官帑成之遂發帑金萬二千有奇令募民築之以其事屬諸陳公然公計此已甚稔矣公因肩其事乃以其役屬諸致政周君予德等曰惟茲堰事盡爲余往董之惟桑梓是念勿我辭也周君等唯唯承指惟謹相與環堰而寢處焉是時饑者載道聞募而至者七千有奇其扶攜老稚而就食者又倍蓰不啻也工始於隆慶六年九月訖於萬曆元年春正凡五閱月而堰成云堰隨地之高下其高者約一丈許面濶五丈底濶十五丈濶口水深一丈實土與之等濶三十七丈堰築於其上外爲偃月隄長三百丈高六尺水小至或能禦之大至雖勢能襄隄比至堰力已殺矣其其具溝六安溝舊漕河等口皆爲月堤以護之其崇如墉又導壞內湖淵諸水自華溝入西湖數十里皆爲膏腴可

樹可藝云堰延袤五千四百丈用帑金六千有奇
民不勞而事就緒皆督撫之石畫郡守之經理也
淮人請刻石以垂永久屬余記之聞之語云非常
之原黎民懼焉民之難與慮始也自昔然矣其堰
之謂與余嘗觀宋天聖中海潮漫爲鹹鹵范文正
公時監泰州西溪倉議築捍海堰于通泰海三州
之境長數百里以衛田逾年而役堰成民享其利
三州之民生祠之又元祐中杭之西湖多葑田六
井幾廢蘇文忠公時守杭遂浚茅山鹽橋二河復
完六井又取葑田積湖中南北經三十里爲長堤
以通行者杭人名蘇公堤家有畫像飲食必禱于
公今茲堰之舉視文正文忠又奚異也淮民之尸
祝二公也無疑矣世嘗謂古
今人不相及非然哉非然哉

劉覲文張氏賑饑記

今上御極之十六年江南守臣以奇荒告江湖水溢千里
洪流而高岸赤壤三時失雨寸草不苗斗米一環
男婦僵仆者日以數百計天子惻然下詔蠲本年
本折色錢糧若干特遣省垣臣賫帑金散賑又允
計臣議開事例以勸好義出粟至三千石者予兩

殿中書千石者予署丞及兩司幕官仍令有司旌其門吾邑則紹南張公首應詔爲厰于城西之四區其地距城百里許近三茅之峯素稱山瘠人尤曠野易爲非公請于令曰不亟賑且爲盜幸有餘粒當傾庋以安此一方不煩公慮也時值仲冬陸運米千石以往費倍于他地而一切薪火工役鍾釜杓箸之需又皆手自區畫朝夕拮据如經家事婦女孩稚别置一厰先於男子疾病爲具醫藥無衣者爲製絮棉凡五閱月至庚寅之夏麥登場而後告止公之倉廩如洗矣計所出不下三千緡公默默不以告人郡邑覈賑數公遜謝曰吾儕自爲桑梓謀敢言功乎令廉知其事歎息曰君自爲德于冥冥不必章服相報也然子路拯溺而不受報夫子曰自此魯無拯溺者矣亟以千石聞撫按彙題遥授公布政司經歷凡諸知交爭爲詩以詠歌其盛余竊惟周禮遺人之職自邦國以及鄉里門關郊里野鄙縣都皆歲有委積以待用後世遺人失職而歲多薦饑至虛郡國倉廩以賑贍貧困猶且不給漢武時因下令募豪富人相假貸小始中又令吏民以義收食貧民視所給多寡爲賜爵差

等於是勸民輸粟之事洽爲令甲矣夫不懸爵賞以鼓舞天下雖有義舉莫爲之倡今張公罄家貲以存活千百人而有德不市辭榮如遺其植善嚮義豈區區鬻名利者所可同日語乎公名栢字汝憲萬曆庚寅六月記

蘇宇庶重建蕪湖倉記

是旌德縣官倉也其在蕪湖何也邑芻輓之役至是有所遞受之也其未有所遞受之也必有貯焉倉而後有貯也古有之非自今昉也古有也而不可以貯何也址當河下流陽侯之所激射也歲久傾圮邑輸長以芻輓至者苟措諸地覆之用茅而已矣風雨至大則漂流小則朽腐卒于輸長取盈焉累良苦也蓋今所修者塡其土高三尺矣是可以無爲陽侯之所激射以不易傾圮粟有所貯以不漂流朽腐輸長可不苦賠累也稱百世利焉昔之君子之莫與斯役何也嗚呼此其故余難言之矣勿論世之君子秦越其民卽使蒿目憂之欲爲之計度非得三百金不可是將于公帑乎取耶耶縣官方搜羸索孔鰓鰓焉銖積寸累不暇何暇作一錢

事哉不倖之得與斯役何也異時徵于里者不輸于倉輸于倉者不徵于里歲乙未而更其制合徵輸焉則或逮于輸或不逮于輸也逮于輸者相率詣余自令不逮輸者各出金修倉以均前累而與役利則諸不逮輸者唯唯聽焉余乃按其賦區斂之得金二百八十就令所爲倉矣是役也其逮輸者不倖因議焉其不逮輸者不倖因財焉諸父老之力也余何力之有倉既成余迺爲之記其歲月規制焉

焦竑重修明道書院記

明道先生爲宋儒理學之宗往主上元傳流風善政藹然被於鍾山淮水間至今謳思之不忘淳熙劉公珙祀之學宮朱子爲之記久之改築學使者廨西楚耿公定向嘗大修葺之後若干年圮而不治頃萬曆壬子熊公廷弼至覩其湫隘弗稱尊賢造士之意謀于司空丁公賓納言吳公達可輩捐貲創爲之不三時告成且以學使者孫公鼎至耿公定向九人者附焉齋祭有所講誦有堂俎豆有虔賓位有序皆因耿公之舊而拓之巖巖翼翼壯偉

宏麗于是縉紳逢掖來遊來歌歡喜道說以得學其中爲快而熊公乃使予記之予惟學者求復乎天理而已而載籍罕言之獨樂記曰人生而靜天之性也感于物而動性之欲也物至而人化物不能反躬天理滅矣予謂反躬者反乎人生而靜之初也先生獨契于此嘗曰天理二字吾體驗而自得之而推以教人必曰觀未發之中嗚呼微矣夫人之四肢百骸人倫庶物皆天也人知人之人而不知人之天故欲肆而理微知人之天斯能知性善斯能誠意正心修其身而天下治非治天下之難動以天之難也先生正已率物惟天之師故所至安其正而樂從之游郎新法之爭舉朝爲忤而天子亮其忠用事者感其誠斯非學之驗與先生于上元均田賦興水利簡獄訟導良拒淫爲惠澤甚渥予嘗行湖大浸茫然而獨稱程子圩者亘數十里無少歉食土之毛者蓋六百年而若新君子之盡心民事如此豈自待者厚而所垂者遠歟抑誠之之所爲不自知其然者歟不可及已九先生之爲人不必同其修已教人無愧于先生可知也熊公慕伯子之風而襲九先生之遺跡其志之所存

抑又可知也祠之建置不足爲數公之有無然後之人徘徊企仰有緬焉不可及之嘆則于世教不爲無助九先生行事載京學志不具論熊公戊戌進士楚之江夏人方以功名鵲起未艾云

王陽明祠記

孔孟之學至近世而大明如日之中天非無目者未嘗不知而仰之則陽明先生力也先生自謂其學凡數變蓋從萬死一生中得之是可以易易言哉今先生之說盛行于世而尸祝之者幾遍宇內獨金陵京師首善之地先生爲太僕鴻臚卿于此者且六年都人士沐浴膏澤者不少矣而顧無專祠以祠之非缺事歟頃歲紹興周海門公以符卿攝京兆士大夫摳衣問學者無虛日其所推明闡繹率先生意也爰念居遊無所而瞻嚮靡從乃擇高敞燕閒之處而大葺之經體面勢不大變徙而祠適成當是時京兆黃公繼至尤嘉公意而相其所營於是斲削丹雘之飾煥然以富而士以得學其中爲樂相約而詣余請記易曰形而上者謂之道形而下者謂之器余觀先生之始也其爲慮深嘗示人以器而畧于道俾守其矩矱而不爲深微之所眩然使終于此而

已學者將苦其無所從入而道隱矣乃遴一二俊乂時以上焉者開之如所謂無善無惡者是已至今昧者未隱于心而大以爲先生病孔子不云乎我則異于是無可無不可可不可者卽善與惡之云也究且舉意必固我而絕之則空洞之中纖微不立而善之可言乎無美者天下之真美也無善者天下之至善也是非都捐泯絕無寄而變化兆焉此道之窾係而名曰大本者也不此之求而噭噭然枝葉之辨譬於執糟粕而棄醇醪惡足以與於道哉夫爲學而致道猶掘井而及泉泉之弗及卽九仞何爲也先生起於學絕道廢之餘處困居常矢志必得以彼磨礱鍛鍊如木生巖巖奇蹇之隈欲透復縮而非干霄摩雲則弗止宜乎明旣晦而續不傳其所成之偉如此也學者有志於先生之爲人不可不求諸學有志於先生之學不可不求諸道苟其以語上爲諱而安於日用不知之民甚非先生之意而亦非符卿所望於諸君子者矣

仙源貞烈祠記

天地有大經得之則生失之則死如水火菽粟然不可一日廢者三

綱是已故臣叛其君爲不忠子道其父爲不孝婦二其夫爲失節三者廢則彝倫斁而國家隨之豈可輕也哉晚近教化不行于内德尤闕而不講其時有捐生殉義與矢死不二者挺然如松栢獨立于霜雪沍寒之中而不一改柯易葉此殆天地之間氣所鍾非偶然也仙源寧國屬邑也先後以節烈著者未可縷數自萬暦甲申迄今無幾何時乃自羅迄趙烈烈而死者已得十餘人何其盛也豈禀賦之固然有出於其類者歟抑父母兄弟所訓誨得之漸涵濡染而然歟仙源在萬山之中土瘠而民醇冠蓋文繡之所不衝大賈重裝之所不奏芬華盛麗之誘微貞一淳固之習勝蓋士大夫談道而嗜義者彬彬也豈其婦人女子亦有所聞而興起者歟鄉之賢者請南壇隙地釀錢爲祠相與俎豆於其中而名曰節烈無非爲起弊維風之計而非爲名譽地說者乃謂禮一與之醮終身不改第能無喪其婦節以合於不二適之義斯已矣而必一死以自快不亦過乎嗟乎是固然矣士君子於君父之難掉臂不顧而舍而事讐者有之勢利方薰塞乎宇宙以婦人女子乃能毅然自斷不知

軀命爲可惜又可苛責之耶禮之有經聖人以爲衆人範至於絕出奇偉之人非尋常法度所能圍而亦不必以是律之已

張鳳翼樂志園記

郡城之南有戴氏之圃二一歸之遂庵楊少師造待隱園西崖崆峒諸公俱有詩一歸之戒庵蔣少傳歲久不治荒塘數畝老樹欹崎去余家不一牛鳴地余每過之愛其幽曠輒作濠濮間觀癸未首夏靳氏以屬於余余乃誅茅鋤薉雜藝花木數百章爲亭三楹顏之曰心遠亭外枕水爲臺砌以文石覆以朱欄池下蓄五色玳瑁魚數千頭亭右爲曲廊十餘間取所藏晉唐以來墨蹟鈎塡入石懸壁間署曰翰墨林廊前則爲陶眞室南北相望碧桃紫竹森蔚堦砌于牽兩兒講書處也廊後精舍以奉大士爲雪珂庵庵中一几一蒲團一鉢一磬佛書數卷雪浪及吾家道蔭兩師時居之陶眞室傍出爲來爽閣池之東新月初升竹樹隱蔽水中荇藻相亂憑閣以望心遠亭咫尺有縹渺莫釐想閣外有松一株是數百年物虬枝龍幹覆蓋畝許風起濤鳴泠

冷然空山幽澗余製聽濤亭以賞之松下磐石質理奇古修廣幾丈長曰手談足以忘世雪浪師爲作長松磐石二銘刻石亭中會許晉安自吳門來許故畸人有巧思善設假山爲余選太湖石之佳者於池中梯巖架壑横嶺側峯徑度參差洞穴窈窕層折而上其絕頂爲臺可布席坐十客城外諸山若鴻鶴若磨笄若天福若五洲環回帶椎烟嵐變現毎冬雪初晴余與客振衣其間遠近一色池之東倣大癡皴法爲峭壁數丈猙獰崛兀奇鬼搏人上建文昌閣下立一亭與峭壁正相對落成時友人陳從訓曰此冷泉亭看飛來峯者也當名爲飛來亭靳浮玉曰此天下山萬笏朝天處也當名爲萬笏亭兩尹辨難肆出郭五游據石梁攀藤枝而笑曰二君且憇矣未聞李伯時西園圖中有此雅閧余曰請爲二君解名之且憇可乎三人各大笑而起心遠亭之後屏則爲飛翠堂凡五楹頗弘厰南軒北牖喬木陰森深夏不受隙日後爲牡丹臺花時爛若張錦游人藉茵携酒不禁也堂之左客用孫知微法畫水滿壁驚瀾蹴波中夜有聲出左壁則爲虛和室曲房小構綠蔭垂簷下有盆榭

三十本長不盈尺而蒼蘚離奇態不一狀北向而間以短垣則爲桐廬中製地爐堂之右爲余菊圃長廊翼之名曰寄傲軒圃中有海棠數株花時頗妨種菊有議他徙者余謂美人與高士氣韵正不相妨耳客游吾園者類有詩余和之共成一册冠以乩仙曰樂志園彙集藏其板於寄傲軒中客有問余者曰子志存五嶽學在先憂乎泉草木之戒午橋松嶺之悲莫不啞爲大惑有異迹觀今沾沾一園之樂也將無泉石膏肓乎哉予曰唯唯否否以吾園之泉石不足當弇山愚谷之培塿而謂足膏肓我乎然我見高厦飛樓凌雲凝霧者矣問其主人棲金門遲玉漏乖白不見者豈少哉郎以楊邃庵之曠也林居幾何時銀州命下冒暑西行耋歲綸扇中讒委頓有待而隱豈能隱隱乎余以天縱之閒借諸酒人詞伯杖履相從春朝與朝秋夕與夕核字析疑賡句闘險繼以浮白獻秤徵歌度曲不自覺其露晞而星没也三十年矣手種之樹已合抱而干霄出胎之雛已唳風而展翮天與吾曹以不爭之福也豈偶然哉且子不聞倪雲林之清暉閣顧仲瑛之玉山草堂乎高人韵士原宜置一

丘一壑間而兵燹倉皇竄身避地寄食黃冠以老又吾郡襟江控海六朝以降北府建鎮金戈鐵馬錯置三山間誰能輿歟飛蹶張其晨夕乎今天下承平累葉四裔賓貢扶杖之老不識鼓聲而廟堂禁疏網濶萬物熙然夜行無醉尉之訶狂吟絕詩案之獄其去雲林仲瑛何可以道里計是吾儕所際千百年未有之一日也此而不樂誰當樂者若夫園林逆旅過眼雲烟短簿割虎丘別業以造寺子瞻付東坡雪堂於賈耘老兄弟物理應然貪痴何有于身後頗作判斷安能下峴山之泣為後人笑也哉客曰噫嘻子真見道人也謂此園為莊生逍遙之遊可矣

戴重修忠烈廟記

有宋開禧二年北兵渡江圍和州州守周公力戰却之其三年州人德公而祠焉嘉定元年祠成知歷陽縣謝德與為之記記攻守狀甚詳時公已移諭去紹定二年轉和州防禦使會卒淳祐七年謚忠惠賜廟額曰忠烈仍生祠而為之其北堂則以祀公母感義郡太夫人勅辭具于石廟在橫江門內敞壯且麗後二百餘年蓋未有新之者及我嘉靖之六年秋

州易公鸞乃廢涺祠于城西之麓徙廟其地而祠賢母于左壖舁二巨碑立廟下自書忠烈廟榜筆力古勁垂且百年又告圮矣諸生王之節亟言于有司名工取材少易朽壞而謂重曰和州南北之爭地也竊觀天下之勢遠則三十年近則十年必有大亂亂則和必先之而今之士者不崇忠孝之教不習智勇之術亂至吾知其無能爲矣若周公以孤城龐卒抗忠致命摧敵保邦誠社稷之功也節與子願仰師之以有此役厲我國人工雖不克終不可不記其事嘗讀宋史記開禧和州之圍頗不載公殲敵之績惟帝紀中一署名耳豈侂胄怒丘崇之斥已因以抑公與他日有事于宋史列傳愼無闕也重璧其言書之于版并錄祠記永垂祀典云爾

葉向高重修鄭一拂祠記

一拂先生者宋熙寧中上流民圖鄭公俠也罷官歸只餘一拂故稱一拂先生先生吾邑人其祠於此者以嘗從其父監稅江寧讀書清涼寺後人卽其地祠焉嘉定中易先生名爲介今祠名仍稱一拂者以此邦人習焉不欲改也祠久圮廢金陵

太史焦公重新之余謂先生聲名在天壤忠義在
簡編魂魄在名山俎豆在郡國既已千秋無斁矣
然讀先生傳及謚議而不能不嘆世之人淺窺乎
先生也彼以流民一圖爲先生重耳而不知先生
力拒權相之招至陷以美官而不顧屢觸羣姦之
怒至中以危禍而不辭汲汲皇皇爲萬姓請命此
其人豈僅以敢言慷慨自表見者銀臺之疏一上
能令人主感嘆咨嗟徬徨不寐舉平日君臣間講
求振古之事業一旦而幾于盡格雖當時元老大
臣如富韓諸公力爭而不得而先生以監門小吏
乃能得之其精誠力量爲何如乎先生一爭于安
石而勝再爭于惠卿輩而不勝新法之行而罷罷
而復行先生之竄而歸歸而復竄以卒成元豐紹
聖之禍焉此天也非先生之所能爲也吾讀先生
前後疏皆忠憤激烈至于用兵之利害羣小之姦
反覆開陳無所顧忌千載而下猶足寒心宜其感
人主之心而動其聽使世之臣人者皆如先生天
下豈有不可爲之事哉先生之志雖不售而精忠
勁節已足暴於天下萬世無所復憾獨惜元祐彙
征之時僅以廣文一秩置先生於遠郡而無能推

數同升以究先生之用則司馬諸賢亦有不能辭其責者後之議先生謚者曰介然特立于衆小人之中猶可及也介然特立於衆君子之中不可及也斯其爲知先生矣夫金陵自六代來奇跡者不知其幾皆湮沒無聞而先生讀書一片地經今五六百年草木猶香廟祀勿絶回視半山之亭不啻霄壤然則監門小吏其所得固已多矣

淩義渠四賢祠碑記

滁界江淮間賦役繁重累歲不登黎民半菽不飽當事每歷蒿目憂盖以金精動宿石鼓鳴山塞上風烟羽書旁午縣官左右手畫而大江以北尤屬騷劇歲辛巳津撫忽檄名買改運一時奉到咨移滁人當三空四盡之餘不啻燔溺逼矣催檄再下蒸民輾轉流離不忍聞見中丞金公時司喉舌滁民山城不通水道一疏獲封入准以麥抵解淮重負雖稺强半而外加未豁廷尉李公以南冏賫覲述所經歷及所耳目者上之陳滁人力困不支之狀最悉金公隨具滁和冦荒已極一疏力請蠲豁更及馬價忽增南之九府四州概爲蠲新而北直山東河

南荒殘處所並荷恩免皇仁所播固不獨滁於時滁之黃童白叟無不舉手加額以歌誦曰維休維吉君子萬年初寇猖獗飄忽楚豫烽燧尚未及滁壬午夏近在金斗兵賊雜沓滁且有震驚恐劉肯凶也先是浙東馮公以滁陽爲金陵門戶牧伯鼎轄題設環山營兵統以守備屏蔽江干西蜀高公繼至慮徒手之卒不能袒裼行間枵腹之官不能奮揚營壘制械設俸所以綢繆者畢至關中王公以謫丞佐計日固圉之所憑者神器神器之所憑者硝黃爲之捐俸以倡義勸助以裕資勤教習人知衝敵人知規方而滁賴保障矣夫兵之大計人心不宿飽則立解不羽衛則立耗此夫子論政兢兢於足食足兵之爲先也西蜀關中丞小馮君之後籌兵籌食實爲國家留心根本重地而滁人獲邀鞏固中丞廷尉惓念凋敝遺黎脫彼燔溺之危於一時迄今咸沐輕徭之樂得遂畎畝之安民信於此而立所貽於滁人者不更延之有永也哉四先生爲國家計長久爲民生計安全不獨爲滁人計也而安全之澤滁人實先受之滁人食夫安全之澤圖所以不忘夫澤者相與卜築於豐山之阿

俎豆於九賢之左意與文聡文定京兆贊皇諸公後先晤語也俾蒞兹土者公餘覽勝生兹土者服日尋芳顧兹山高水清仰四先生之風其有所興起也夫主其事者則署州守孔君尚則學博士沈君鍾秀也監督視事則州別駕夏君觀署捕炤磨王推巳及鄉縉紳諸庠也工竣余乃推衆之意執筆以識曰滁人之戴四公者如石於是衆皆坐臥其下而不能去四公李名一鵬號滄盤浙江慈谿人乙丑科進士辛巳任南太僕寺卿高名倬號枝樓四川忠州人乙丑科進士壬午任南太僕寺卿王名聚奎號聯珠陝西郿縣人戊辰科進士壬午任南太僕寺寺丞金名光辰號天樞一號雙巖全椒縣人戊辰科進士壬午任都察院左僉都御史前任通政司右通政

錢龍錫石塘記

余家濱海不百里聞父老言每夏秋交颶發水湧俗謂之海嘯先時吳嘗患此則就舊塘增卑培薄官帑廢而民力瘏及嘉禾鹽官沿海平沙沙性融散不可搏萬里風濤以一堤為培壘而堤土猶客土也水浸淫潛衍而人狂飈翼之郎比閭列廛可剎那陷則海塘之

關係我吳抑尤重且亟已漴闕者吳郡漁舟入海採捕處也其外漁舫鱗次併護沙漁人緣堤上下如蟻附然春夏百賈蝟集勢家搆闤闠爲居停萬趾交錯上既不膠而蹂躪無虛刻空堤之獨此善潰矣考誌萬曆初年曾潰潰而築猶土堤也費逾千金崇禎六年季夏望大潰至中秋望季冬朔再潰也七年元旦與六月幾望又連潰海潮洶湧與內河合沿河數百千頃鹹濤出沒禾多淹死邪人大恐適郡侯禹修方公自覲歸偕邑侯張公調鼎博謀於衆僉謂今堤必以石如鹽官設仍以土是歲以千金抵海也或又謂海勢不可與爭空徙而之內俟熟計海趨沙挾河益橫即內徙何能支且腴壤淪而賦不辦非守臣所敢任也定議塘必以石必仍外貫顧石費十倍土公請讀鍰風商民好義者簿記士民之樂輸者二萬有奇金具矣安所得諳練倜儻不避勞怨毅然以其身仔肩者得吾友孝廉繩如吳君力强數四乃可繩如已受事則籲神靖志野處倡勞酷暑沍寒不憚重趼措置規綜纖悉具備如分段編號以授工也則勤惰稽矣濬河通舟以裝石也則搬運省矣近採海山以佐

匱也則備用裕矣先築患口以防秋也則急病醫矣石必停匀木必壯植則基本固矣通行有石級之搆延接有簡便塘之附則輔理屬而防衛嚴矣繩如往覆條議朝報夕可候寂駕一艇親行勸課海上人不知太守來也役者俱好義富民獎勞逾格迄終事無嘸呵所需金錢主者同心給發無後期繩如嚼然飲冰其鼓舞諸役宛家督而菜雖不私也則至誠感人深矣工始甲戌仲冬竣乙亥季冬纔逾浹歲所建石塘凡二百八十九丈有奇海若効靈雨暘時若無霖潦滂沱之苦無風波覆溺之虞羣心悅豫溟渤晏如謂非天人桴鼓之應可乎哉故諾鄉父老之請而僭爲記之捐鍰者爲巡撫張公國維巡按王公一鶚巡鹽張公任學肩茲役者爲曹家駒錢鼎新等凡十七人例得並書載

陰

碑

汪偉建德縣重修儒學記

監察御史吳公奉命巡南畿諸郡甲戌冬又十一月六日按節於池之建德再閱日謁先聖於文廟已登明倫堂坐諸生執經以次講已起觀射諸

生攝弓矢耦進射已乃周覽棟宇顧瞻後前還坐於堂進師生而言曰兹學敝甚不修何以稱育賢之典且吾觀堂東地最勝今所建處偏而後虛殆首事者之不審乎不改爲何以發山川之奇教諭李淮對曰此淮之夙心也非直淮也邑之士暨凡蒞于兹者咸病之顧力弗贍耳君乃令會一堂兩齋及門之費凡若干先勸邑中好義者捐貲以助得百金餘繼出行臺贖刑之金又二百餘乃掄才鳩工卜日興事益市鄰堂民居隙地以廣基議既定乃撤其故作之去舊堂東十丈許後枕象山之雄前揖玉峯之秀四閱月而堂齋暨門告成地勝材良頓異舊觀民不知勞如神之輸諸士朝揖于堂而退修于齋中雍雍于于心目爲舒皆充然若有得也於是教諭淮具事本末走南雍請記且曰願一言爲吾士告予作而嘆曰盛哉兹舉也觀諸此可以知爲學矣夫聖人之道本自中正而光明其偏邪曠蝕非道之弊也爲道者之過也恥者不知習而安焉者有矣其知而不能改改而不能大有所振拔皆過也不猶兹堂之舊乎一旦翻然覺悟舍其舊而新是圖以趣于中正光明之域回視

向之所處始惕然而懼赧然以懟不猶茲堂之今日乎矧士之為學不費材力方寸轉移之間而得失相懸奚翅千里又有易于堂之為者亦何憚而久不為此也諸士觀茲堂之成既有所感發矣當益堅乃志益勵乃行勤以聖賢為標準以修諸身而達諸政俾國家收多士之效鄉邑有多賢之稱推原厥功知有所歸庶幾不負諸君子今日惓惓之心也君名鉞字肅威江西臨川人承委而協力相其成者郡守何侯紹正節推王用賢邑令周希黙及教諭李淮也好義者邑民路鎮等也文廟仍其舊前此典修自有記茲不及云

江南通志卷之第七十一 終

江南通志卷之第七十二

藝文

記

皇清馬國柱總督部院題名記

自武鄉侯以虎踞龍盤據鍾阜石頭之勝嗣六朝相繼升中而明季亦賓此以爲遙陪豐鎬之雒矣我
皇上龍飛漠北定鼎域中念山河兩戒之大勢南憑吳會北拱燕京於是
御極之二年
特命　豫王爲征南大將軍萬馬渡江悉收牛女之區編爲版土經營半載隨以內院洪公出任招撫之事兼領節制之權越四年而公撤蒙
皇上舉兩江兩河之草昧畀余以總督行是三省之有督臣自余始矣夫用　親王宰相荷任於前而以渺智樗才力肩於後壘瘁層憂但恐有鰥職分
朝區夕畫敢不恪奉

睿謨惟
皇上綜吏治余謹勅貪墨惟
皇上釐民命余謹撫痌瘝惟
皇上誅不庭余謹芟大逆惟
皇上嘉悔罪余謹貸革心至於清正供於額內嚴紀
律於行間明副
簡書默抒
宸慮撮百念於一畀之中實務繁而操約矣迄八年
兩河弛擔而兩江亦漸就敉寧雖責任如新奈此
時序屢易幸紀綱麤定其如心血全枯瀕古人致
政之年感
仁主恤衰之眷糜骨酬
恩心難究竟貞珉紀氏事屬權輿雖然余懷職此爾
湀矣何也昔文武造周旦奭分陝雖治內治外之
各異而泰定底績要以化行江漢爲卜年卜世三
十八百之基故刪詩而風首二南以成周之化自
周召始而周召行王化以漸被四方又自南國始
也稽方域志兩江皆江漢故地而江南尤古今財
賦重地圄
朝廷之元氣資兵馬之餉騰養士大夫之廉耻奉

天地
祖宗之烝嘗胥於財賦是出然財賦充足本於人民乂安人民乂安本於守令廉謹守令廉謹本於監司清公監司清公本於督撫靜正築蓋公之堂須務與民休息建方相之表自能辨日傾斜由周以來四方之王化自南國始今尤自節制之重臣始矣然則延霸下以負豐碑飭安民而鐫姓字名流從此接至如川乃必令兩江之人民歌吟碑下太息無窮人涕峴山之德世思交趾之功則余所惓然期於後賢當倍有激於自期者矣

燕子磯關帝廟記

金陵古都會地大江北亘為形勝之區往者南北割據每劃江而守以曹丕氣吞吳會見波濤洶湧輒斂軍而去惟一統之朝車書萬里江若襟帶於其中涉江者若身履平地幾不知蛟風鱷雨之可憂矣非惟忽其可憂也把酒臨江挾侶賦詩幾以江為選勝登臨之地而不知古人一遊一豫俱有深情即臺榭之所築將以明要害之所係為綢繆禦侮之防非曰娛目遺典而已也余讀郡誌有所為燕子磯者在觀音山之下江流迅急而巨石當其衝竦身張

翅如起如伏形若燕子故以爲名觀其水石相薄回波曲折行旅至此大都戒心動色惴惴然有意外之虞由此言之長江天險此亦其要害處也余

奉

簡書駐節江南寇孽將時蠢動整軍經武日夜不休幸豫章底定而六霍之盜亦除春明稍暇余偕藩臬諸司來登此磯徘徊瞻眺水天一色滔滔漭漭足稱大觀余顧謂諸君子曰諸大夫亦知今日之遊樂乎幸而風恬日霽桴鼓不驚沙鷗江雁翔舞自如荻筏漁舟往來各適而吾輩亦得以機務之宴閑攜壺觴而來止樂莫樂於此矣回念曩日小梗未靖江干戒嚴人盡枕戈士皆坐甲吾輩雖欲駕言出遊酌此旨酒其可得乎古人居安思危圖有備以保無患易稱衣袽詩歌桑土非無謂也磯

上固有漢壽亭侯廟歲久傾圮廟貌失觀余爲倡率而更新之臨磯復搆一亭虛敞一望無際使來遊者具悉長江形勢而凡有執事於茲土者不可不朝夕儆懼職思其居云爾且侯固爲蜀將未嘗涉江東下也而此方之相與尸而祝之蓋千餘年不衰豈非以其精忠大節有足以塞天地而光日

月者乎夫以千餘年以上之人未嘗身至茲土而其立身行已能使人敬畏崇奉久而不忘乃有捍其地食其祿而悠悠泄泄曾無經久之圖爲扞禦一方之計使人去而不思且復以爲詬厲者倘登此磯而拜於侯之祠下有不泚然汗出者非情已予今日虔葺侯廟亦庶幾歛侯之庇竭誠努力稍效尺寸即不敢希侯萬一亦望日後稍免於詬厲云爾

靳輔重建安慶府學記

自四代之學典而辟雍之典盛尊三老五更則圜橋而觀聽者以億萬計增庠序學舍則雲集而升皐比者至八千上猗歟盛哉然辟雍而外厥有泮宮其在詩曰思樂泮水薄采其芹蓋儲棟梁而育英才歷代莫與易焉越吾

皇清龍興五十八年以來擴清海內雅意右文今

皇上御極之八載化洽政治遠人來庭爰咨宗伯以舉臨雍之典徵衍聖於闕里闡乾元於司成於時負笈擔簦觀光而戾止者薄海內外僉曰乃聖乃神乃武乃文將六五帝而四三王亦何有於漢唐以古作人之典誠莫有盛於斯者也予於辛亥秋

恭承
簡命來撫茲土下車之次循舊典以謁先師顧瞻廟
貌有圮其容爰仰榱題亦隕其輿詢之郡守與學
博則曰茲學創於洪武之紀拓大於正統之年自
茲以後年遠寖弛周文襄而後益未能復臨觀之
義云予曰人存政舉宮牆之事曷可緩乎予因首
倡其義而姚守則力肩其事於是庀材鳩工先以
僚屬之捐俸繼以紳士之赴義經營於壬子之冬
落成於癸丑之秋凡為殿為堂為廡為門為閣為
廨為墉者必堅必緻莫不煥然一新繼自今春秋
養老飲射讀法於其中者賢有司之事也考鐘伐
鼓橫經論道於其中者嚴師長之職也歌詩習禮
則古昔稱先王周旋揖讓於其中者羣弟子之業
也夫道之在人猶水之在地無地而不有水則無
人而不具道凡爾多士既入是禮門由是義路當
念人既具道而身又在名教之中即當以天地萬
物為已任以君親師友嚴立身大而敦倫明道致
君澤民精而窮理盡性格致誠正高而立德立言
立功以垂不朽曠而仰觀俯察參贊以降守待則
達而在上為龔黃為卓魯為燕許事功亦本之道

德徽而在下或著書立說或紹先開後或輔經翼傳文藻亦本之性功古人云通三才曰儒敷五教在寬是所望於師儒者惟日既勤垣墉惟其塗曁茨既勤樸斲惟其塗丹雘將學於斯絃誦於斯下學而上達亦如此泮宮而始基之矣若曰徒勤帖括以爲羔鴈之助博一第以爲身家之謀則攻其末而棄其本精之漓者物必窳諸士其當戒之哉姚郡守復進而請曰學宮成不可以無記也遂援筆而記其事以告來茲是役也贊其議者方伯徐國相觀察使佟國禎董其成者郡守姚琨協其謀者郡丞胡靖懷令段鼎臣身其勞者學博莊名弼側得並書至洪武初知府趙好德創建以後及順治間知府李士楨重修以前其爲建爲修者官不一其人人不一其事咸有功於聖賢不可諼也則又令掌故者紀其人紀其事於碑陰

興復書院碑記

書院之設何昉乎蓋不忘乎洙泗之意而宗仰之不衰也然歷稽往牒創不一其人建不一其地於以一道同風扶進學業非不有賴而豫章爲最著蓋文成事業在天

襲文章本理學而最有功於道統者則莫如提倡良知二字夫知或由於生或由於困或由於學而其終則歸功於格致乃格物一篇巳失其傳而所補之章先儒猶有徹上徹下之論則繼夫子而言知者誠莫如子輿氏之言良知爲最當矣雖然大學一書言誠言正言明德中庸一書言率性言盡性言擇善非皆求知之良乎非皆同功而一貫乎何以子輿氏獨尊良知而文成公獨提倡之也書曰惟天地萬物父母惟人萬物之靈命之之謂性率之之謂道所以道原於天知本於性試向庸人而語之曰某也若何忠某也若何孝則聞者必徵於色發於聲而喜其爲忠臣孝子也又語之曰某也若何不忠某也若何不孝則聞者又必徵於色發於聲而怒其不忠不孝也夫聞忠孝而喜聞不忠不孝而怒皆知也皆知之最良者也其意亦莫不誠也其心莫不正也則其德亦莫不明也其善亦莫不至也推此知而一貫無不貫也推此知而家國天下亦莫不齊治平也古人云不忽君謂之大臣不忽世不忽道謂之大儒亦皆謂知之不容巳也昔劉元城登進士不卽就選乃受學於司馬

溫公後乃得存誠之道所謂物物各具一實理人人各具一實心者卽此良知是也惟實固良惟良必實耳皖城東舊有書院是操撫李君培原所起也凡講堂齋舍門廡號房規制亦宏整乃沿習旣久曠廢不振予自下車以來每恐不能體

朝廷典賢育才之意爰於簿書之暇召集生徒月有課日有講告之七郡三州亦莫不舉行亦旣駸駸乎文會輔仁矣然衡文之際每勵師儒以倫常之道切實之義而推原於誠意正心以引發其良知爰更著其說以示多士則雖謂廣其說於天下而獨先伸其說於所及也亦何不可是爲記

重修余忠宣公祠記

從來忠義之氣上貫日星下鍾河嶽非細故也是以聿追大節者必崇廟貌而禋祀之豈僅日報此孤臣哉蓋秉彝之良人所固有苟以對越往哲而於瞻拜肅將之下輒多鼓動振起則禋祀之爲皇正所以維人心而培風教也皖固古舒州地自漢以來名賢之涖節兹土者未易更僕數逮有元忠宣余公以敦詩說禮之儒膺鎖鑰折衝之寄且當劇寇蜂

起勢若鼎沸公乃嬰孤城僅聯民兵數千大小三百餘戰每出其神智以摧敵鋒敵無不慴眙敗遁者嗚呼偉哉且儋儲枵然庚癸罔諾公又率凋疲之衆耔穫荆棘中即脫粟饗士士無不敵愾一當百者尤戛戛稱難焉及歷六閱載江淮鱗雉皆解甲應賊於是蟻附日益轂城中餉盡矢竭而陷公慷慨罵賊自刎賊義而瘞之嗚呼烈矣哉說者以公之奇畧純忠雖史乘不槩見謂惟睢陽張中丞可與頡頏者旨哉言乎及公既自靖而夫人蔣復率其子女視死如歸且一時麾下士憤激自殺者亦千餘人則又踪追岳鄂而氣軼田橫矣嗚呼異哉予撫皖六載每公餘按行公壁壘遺址慨然想見其爲人輒低徊留之不忍去於是考公廟祀之典實載於皖邇自元至正以迄於今歷三百餘年勿替皖人士多悲歌感慨者皆公遺澤也乃閱歷既久虎觀榱桷不無風雨飄搖者予念公忠義之氣既與日星河嶽同其奠麗豈必以廟貌之輪奐而後妥厥靈爽哉惟是人心之觀感實關俗尚之汚隆夫以公廟貌嵳峩使肅將瞻拜者咸激昂而知所勸其有裨於風聲不大且遠耶於是檄皖郡

劉守鳩工倡新之而好義樗應遂告竣於丁巳之季春劉守拂貞珉請予爲之記因灑筆而書之有如此

傳維鱗江寧府貢院題名記

南國鎖院舊有題名石故事闈試竣則書

典文者爵里姓名於石志盛也亦志愼也入我
皇清有事於鹿鳴者再而庶務創始豐碣未遑歲戊子予與同官梁史公來蒞南闈撤棘之暇徘徊堂序摩娑舊所立石爲明嘉靖戊子距今恰三周甲曆矣因喟然嘆息顧謂劉孫兩藩伯曰嗟乎斯文之在茲也譬日月之麗天江河之行地也雖凌替谷變斯文未喪斯石長在斯人亦長在何事萬山之巔萬川之淵而後有以記不朽也哉制科之興肇自宋代迄明而大盛懸一目以羅天下之奇材異能入其日者謂之中程不中程卽材若淵奇辯如愼屈不得躍冶以取福澤樹鴻駿故三載大比司衡者膺
帝簡而出濟濟多士拜成言而入肅若神聽嚴如聖師搏心戢志以聽一二人之去取夫懸一目以羅

奇材異能之流更舉億姓百族而受命於一二人之取舍舉得其人惟主者能舉非其人惟主者戾則此一二人者攸繫亦綦重矣况南國爲人文之奥區材智之神皐英賢消長與宇內治亂之氣相爲升降只此片碣所載出其門下者道德事業先後彪炳軒天壤而照汗青磊磊不知幾何矣然富貴而名湮滅者亦不可勝紀至今相傳曰是榜得人某某則某某所取士是科聞無聞人則某某所錄士嗟乎樹椅桐者成而庇人樹枳棘者成而刺人彼典文者謂是目前得失僅以榮桃李植門牆已爾旅旅而進旅旅而退禮官不能糾簡書不及問烏知百年而後薰蕕林立得失較著指斯石而曰某賢某不肖者若燭照筮計也哉然則旌子皮之動勵韓厥之報而陰以勵冬烘之魄者於石不爲無助今

聖主聿興稽古右文首隆賢書之獻五年之間南國貢士者三膺茲選者不攄纘文鼓噉翼以章卷阿車馬之盛譬之大廈雲興杞梓楩楠皆登於用而操繩選材之匠石猶爲莫紀豈古者問士官師之遺意乎劉公孫公兩人矍然起謝曰貢士予職也

有美不傳亦予職也乃伐石麗龜勒乙酉丙戌以來典闈者爵里姓名而爲文以記之歲自戊子始

吳正治平賊碑記

今天子御極之八年欽命大中丞麻公總督江南江西兩省文武軍務蒞治郎肅綱紀釐奸宄吏治澄清民風丕變而徽饒池寧山谷間賊氣未靖用我新安太守曹君議於冬十一月丙申命總鎮丘君率師進剿明年四月戊申凡百七十有四日而賊平顧賊之爲患也二十餘年於茲矣婺源以西萬山連屬斗崕深箐緜亙千餘里介二省四郡久爲盜賊巢窟自陳九思倡亂以來餘孽蔓延王跳鬼雄踞於三里都六公子跳梁於長降山何老二嘯聚於七里塘程德秀汪先生出没於銅坑黄連諸坑聯結楊大旗趙老大胡老三葉老大輩建旗幟製甲冑繕器械負山阻險往來飄忽遠近受其剽掠至奪人嬰孩以質而責贖其慘惡如此曹君曰此寇其可長哉且小盜者大盜之招也古來之亂未有不從養成者於是晝夜籌畫訪詢盜賊姓名居處秘之夾袋中值

公新蒞江南遂上條議撫剿並施公渙然之會安徽撫軍張公久切掃除之志亦移文咨公公乃決計搜剿專命總鎮丘君率督官兵授以方畧曰爾其爲我視師除惡務盡其間簡士選兵相機宜不中制分命四郡文武諸吏曰其協謀并力毋狥私毋忮功予將嘉爾績又申命丘君曰此行爲民除亂薙耳勿縱勿枉勿令一夫蒙冤俾予有疚志丘君拜命而行會提督江南梁公遣守備陳舉及江西鎮標都司白登雲以兵及期而集而撫軍張公偕江西撫軍董公各遣官軍前犒師江西總鎮趙公又親督官兵至倒湖軍聲大振先期曹君遣役張九招降賊黨程桐何昌齊詔等一十三人以爲向導以是盡得賊之曲折要害十有二月師進婺源遇賊於源頭塢賊悉銳禦我師有千總王龍者多膽力負氣先將士斫入賊營斬其僞高先鋒奪其大旗賊氣餒大潰丘君督兵追殺生擒胡老三葉老大等又斬楊大旗俘其子前被賊奪甲路張氏童子十一人至是俱得還歡聲震地而六公子奔浮梁矣明年正月師次浮梁時大雨雪道路阻塞賊竄山谷不虞官軍之至公悉其情形密檄丘

君乘時進剿丘君同各營將士衝寒冒雪日夜追捕擒獲甚多而渠魁王䠒鬼潛伏於三里都莫可踪跡丘君分五路搜於浮曹君徼三路扼於發攻愈力而賊衆屢敗䠒鬼度不可脫手刃其妻奮鬭突圍不克出乃就縛䠒鬼於衆賊中最驍勇善戰賊倚爲重至是被擒賊衆始薙髮奔逃六公子狡脫善遁忽水忽陸示人不測閏二月官兵自石埭從太平歷九華諸山追捕之又北渡江至湯家溝公又特命趙副將率兵追至儀眞前後緝獲賊黨無漏網者三月十二日投誠人何昌等手獲六公子於霍丘四月二十二日捕役張九等追捕緝趙老大於德興程德秀胡吉先等勢窮力竭遂赴徽州府投降起獲銃炮弓旗鎗無算而萑苻遺孽殲滅殆盡矣時在事武官其密受指示糾合各營馳驅勞瘁運籌措置不遺餘力者則總鎮丘君越也其奮身協力追逐擒剿者則督標中軍副將趙君應奎郭千總應華李把總天才江南提標陳守備舉李千總友福江西鎮標白都司登雲紅旗李榮徽州協守叅將李君惟傑陳守備正祿王千總龍虞千總士榮趙把總宗鼎饒州叅將楊君鳴鳳李

守備士友池州營遊擊楊君勝王守備福洪及隨剿官丘鴻任龔丘湛也在事文官其抒謀獨先招降投誠捐貲鼓勵始終任事竭力經營者則徽州府太守曹君鼎望也其同在軍前調集鄉兵及鼓舞偵緝者則徽州府郡丞高君倬別駕殷君基昌歙令孫君繼佳休令梁君士濟婺令劉君光宿祁令何君縉黟令曹君振邦績令劉君滋婺源縣尉胡僖饒州府太守王君澤洪郡丞劉君愈奇樂平令王君道隆德興令沈君兆奎浮梁令王君臨元池州府太守郭君世純郡丞宣君紹中石埭令姚君子莊也總鎮丘君馳捷報公并列有功各官以上公復傳檄獎諭微功必錄且屢頒犒賞至以良馬彩紵賜各將暨王龍龍感泣誓以死報其獎勵徽屬文武之用力爲特異以故人爭磨厲賊平後尚有餘勇云昔淮西之績謀自晉公貝州之勛成由潞國今以多年未靖之盜出師五月一旦肅清皆出我公之宏猷實德爲
國爲民故能與兩省撫軍提鎮諸公協心奏績也由是四封寧謐雞犬不驚我新安紳士童叟謳聲會徧乃謀篆貞珉以志不朽謂不佞正治曾侍公於

司寇屬爲記述曷敢以不文辭謹拜手稽首序而
系之以詩詩曰
皇帝八年迺顧南土保釐其難朕師疇撫僉曰我公
允文允武
帝曰欽哉往哉汝可西至彭蠡東盡海浦左右大江
自吳暨楚兆姓懷柔百工規矩庶績咸熙罔不式
序遠眺川原烽烟夕起婺州以西層嶂疊嶼蛇盤
蝸結戎伏於莽憑險成穴負深爲阻嶔巇寧池出
没無所二十餘年莫有靖者去則竄鼠來則哮虎
晝探赤丸宵戕青火吮血磨牙毋敢或侮破巢取
卵民不保聚唯我曹公周悉民苦上書言狀請師
進取我公曰然是誠在我撫軍張公謀協是舉布
信開誠選將振旅元帥其誰曰丘山甫劍佩甚都
雅歌容與銳師四集各宣力膂我公曰嘻折衝樽
俎毋傷民財毋擾民處賊亦我民歸則斯受義聲
飛騰降者接踵以賊攻賊師毋或拒冬十一月遇
賊源塢禪將王龍刀橫馬怒立斬渠魁奪纛而舞
鳥散獸駭賊乃西走天降寒威雨雪載道河凘斷
水山絕飛鳥我公曰嗟師無旋野進如風馳疾如
電掃官軍深入攙原剔藪死者懸梁生者係組蟻

穴梟巢殄於一鼓奏凱而旋獻馘俘醜優賚將士或組或馬我公曰吁赦其脅侶軍不再興治不易保愼爾在位綢繆牖戶昔我斯人夫不有婦今者賊平子依其父吾我斯人畊不安耦今者賊平假載南畝犂我山河活我童叟萬里桑麻千營楊柳自天申祥神鶴白羽觀者扶杖古未曾覩獻之
天子以篤遐祜天生我公爲弼爲輔天生我公爲父爲母我公之仁抱嬰餔耇我公之勇剪狂刮垢含弘萬物無細無鉅允矣公功可大可久展矣公德如岡如阜宋惟范韓晉有羊杜民亦有心民亦有口途吟巷歌纘風續雅天都之崖鐫字如手億萬斯年壽公不朽

蔣超重修延陵季子廟碑記

介丹陽金壇之交各五十里曰延陵有異君季子廟云自漢及今廟貌最古民間祈農望歲疾病禱祀遠近至者無虛日君亦惠風甘雨黙祐一方野蠶嘉穀穹龜大魚充溢於溪田巷陌之間其民樸而多壽豐財力穡而恥未富酉戌以來老幼熙恬寂然不見兵革之事君之佑民可謂至矣廟素弘麗亟修亟壞年來梁桷班剝蒲削級移不

能避燥濕修士吳嘉侯忠之安陽吳侯之鎮適幸於陽捐俸倡首屬蜀嘉侯董其事以君之靈克用有成嘉侯屬予記之欲以修建本末載廟石不可不一至其地孟夏之日乃肅衣冠過舊里西山逆青溪溜縈注高岡聳抱若阿若盤沸井流珠於右長橋虹貫於前廟門軒廠巍殿三重崇宮傑出雲表仰瞻儀像披衮衣列班斂肅然如坐露臺有奉夫予十字碑亭贔屭糺結丹紺耀日修廊蜿然環兩旁者九十餘楹廡後又有讓王樓翼以邑大夫齋宮無不畢具噫君之靈應與吳侯之勤民嘉侯之好義盡於此矣予獨思當春秋時志興王室者唯吾夫子耳君爲文武子孫備知三代禮樂又敘次當立以大聖人輔一賢侯足使東周復興生民被澤瞀然高蹈又處人倫骨肉之變此君之大痛亦吾夫子之憂天下之不幸也雖然自君以讓德顯天下被其教者無智愚貴賤皆知重倫義輕祿位以推梨讓棗爲足欽奪芻攘骨爲可恥由其道可以無爭無爭無刑無刑無兵君所造於後世者豈止療疾苦而禦饑凶也哉以此思愛廟食千萬世可也詩曰粵有太伯國以讓延壽夢象賢曰有季

存熠熠吳君惟義之躭腐鼠嚇鵷僩彼鴟頭當周之衰君為同姓誅亂定王姬可不以敝簪濁膠不救俗荒句茅之西延陵之里隹城鬱葱穹窿厥祀寘靈蕃育豐年大有溪溪魚肥土敦穀阜峩峩素王縞紵遺之赫赫穹碑蛟龍護之公孫嘉侯世奉君廟吳侯善刀登艮戢暴既惠吾民亦謹於神運會適符各滙其源靈堂歲久欒櫨漸傾乃命鼎新嘉侯董成風斤雨斲神輸鬼營鐵石犀壽髹彩晶瑩乃搆元辟用表休尚彝清惠和君聖之讓粒我蒸民既富且臧孝友睦婣以配神貺

劉漢祚布政司題名碑記

金陵為三國六朝都會至明而兩京並建六曹齊設

大清底定南服改江南省立諸司而藩為首轄十八府州出賦歲計五百萬有奇供大庾克協濟取資半過天下輸轂銜接徵給不遑仔肩厥任極繁且重前乎余者四載而三易其官獨余於順治五年仲秋之月來蒞迨今八載矣始拜撫閩之

命以行當其奉

上命以來也紛錯旁午覆餗是憂自惟受

聖天子特恩拔之儔衆中三命而有茲秩何所圖報惟有勤可補拙公可生明或可涓埃有効用是八年於茲未嘗敢有一介之私一刻之逸兢兢出納寧顧心手卒瘏是以若秦若楚若贛若兩粤八閩若轄內滿漢官兵咸得藉手而免癸庚焉他如纂全書立一代之章程嚴提調光三科之求籲冊修建助捐處拯濟以及黔苗闢荒剔奸懲奸庶務蝟毛何敢纖悉是遺然皆職所當爲有何可稱而一念之誠葸共爾位以無敢上負君父則天日臨之矣閩舟且發念官署題名前人未有立者及余而虛亦爲闕事爰命伐石樹堂左方而走筆記之後之君子才猷卓絕當有十倍余者詎敢謂此碌碌可告將來以見謭陋如余猶能翼翼小心勉於供職卽承乏八年之久亦獲無戾而去於是爲百爾君子恪盡職業之勸未必無微裨云

丁思孔重修長洲縣儒學記

古先王敷教以治天下自黨庠術序無非學校而其教之之人卽一鄉之賢士大夫習知其土俗性情因以簡其帥與不帥者而興之屛之則

人之淑慝咸相見而無所容其欺僞矯飾之情所以事勸而業成凡爲智能勇功之士爲國家建大猷肩大任者亦無不出於其中故自禪讓以還何代不以武功定天下及統緒甫集未有不汲汲於敷飭文教以爲永安長治之基者誠以其效雖緩而功可久也迨行之浸遠儒學與吏治旣分兩途一切理民經國皆以謂不必出於鄉三物之中而唯智能勇功之是騖舉凡古初厲世磨鈍之具率視爲迂濶無當之虛文相與掉臂而去之設有司其職者鰓鰓焉惟德教是憂反衆起而唾詘之其人苟非篤信而强力者亦且靡然置之而不敢復道於以求人心之敦茂而道德之發承也不綦難乎於此有人焉不顧時俗之浮言毅然立教以爲已任舉廢起衰以行之斯亦人之所難能矣夫善教者猶醫也攻疾在瞑眩之際則主在標養疾於平緩之日則探其本若是者良醫也不問緩急惟其疾之所至旋轉以相逐藥石彌進而痺痿顛仆隨之則亦庸醫而已矣今謀治於風俗頹蕩之餘而必審其端於教是蓋能探其本者也吾所謂效雖緩而功可久也且古今治法固有相沿未變者

矣古者鄉治其鄉國治其國無所嫌於私暱也後世防檢益嚴土著者不得仕於其鄉甚且立爲三互之法而唯詮補學官許不避其本籍是猶教之鄉而用其習知土俗性情之遺意也然因其土俗導其性情又有不可同日而論者今自大江以南若姑蘇固吳越之一大都會也承要離伍胥之流風而文以延陵季子辭讓之節其於慷慨憤烈之事或至滅頂刳膚而不暇惜豈非明於憂患而獨立不懼者哉然而儆化奢麗之虞抑已久矣司是教者就所長以正之因其敝而革之要厥觀摩必自學校始矣嘗考志乘在郡之儒學三而長洲學宮建置獨後創於宋之景定再立於元至正間而改設於明之嘉靖歷年滋多傾圮是患訓導王君受事典學喟焉嘆興捐貲以謀完葺度材庀工未幾而棟宇克新垣墉盡繕其所謂毅然已任者歟或猶謂立教之本在於人心學宮之建猶外飾也抑知社稷宗廟之中不施敬於民而民敬良以瞻仰游息爲觀感之所由興苟使儀容器物必淪委於狐鼪榛莽之域又何從端立教之本乎思孔不敏司會是邦慄慄焉唯教養無術之是懼王君修

學成而鄉先生暨學之諸弟子員咸造余而請爲之記且曰礱石以須久矣余嘉王君之志與余之見固有合也
今天子緝熙遜敏嚮意揆文凡中外明揚之典必察其有無與行教化以爲考課之殿最斯東吳人士將由茲學之振興知所以導民成俗其本必在乎是於以繄隆夫比閭黨族之化其亦將有合矣夫王君名玢安慶之桐城人康熙拾陸年歲貢生

沈荃重修五河縣文廟記

粵稽自古治平之隆咸以崇建學校爲重虞夏商周之世尚矣迄漢唐以來哲王代興其爲創爲守莫不投戈講道息馬論文臨雍有典釋奠有儀誠以學校者致治之原也風俗自茲鼓勵人才由以陶成國家務於學校建官不綦重歟然則居其位者必將以宣聖道明人倫端士習廸人心爲已任而後即安豈僅與兵刑錢穀日瑣瑣於簿書案牘間者遽云勝任哉乃或以秩卑祿薄鬱鬱不得志視學舍猶蘧廬然澤宮之茂草鞠矣函丈之講席賢焉雖心力不克有爲而曠瘝實甚惟荆溪周子世賢則不然甫擢掌五河文教見文廟傾頹即

留心聖域加意斯文自爲首倡更勸勉邑之賢士大夫經之營之相舊謀新鳩工庀材頹者葺之壞者繕之蠹朽易之廢缺建之丹之堊之樹之植之而厥功告成周于備以事郵書於荃而請爲記荃惟崇修聖廟振興學宮上稱

朝廷敷文育才之意下開士子朝茲暮誦之思甚盛事也荃未遑寧一藻爲榱桷助又曷記之足云無已請以一言交勗可乎聖人之宜尊也盡人而知之矣亦思所以尊之之實乎葢古今之尊聖人尊其道也尊其教也而道則源於五帝教則存乎六經是故尊其道必思由愛以盡仁由敬以盡義由恭讓以盡禮窮理格物以盡智閑邪存誠以盡信如是以尊之而修道爲不誣尊其教必思理性情通政事何以得之於詩書居安樂玩研幾極深何以得之於易建中和致立達何以得之於禮樂維倫立紀守經達權何以得之於春秋如是以尊之而奉教爲有據五河之紳士其勉之矣使父兄之教先而子弟之率謹勤修於學而業成於身吾知當世之論秀書升不問而推五河矣是聖人之道不私於五河而五河之服膺聖教者將獨隆於天

下也五邑之賢士大夫其共勗之而共奮之又寧有量哉況邑之父師殫心厥任湮廢具修誠知人才之興風俗之厚端由於學校而加意焉其所樹立者卓矣當世必有導揚之者且邑乘亦必備誌之以爲來茲法也又何俟於荃言然則荃言固不足重而立言之意或可與崇修學校之心相助而發明也庶幾以是記之已矣爰不揣而敬爲記

胡簡敬重修沭陽儒學記

昔程伯淳先生有言曰治天下以正風俗得賢才爲本然非興賢育才之有地則風俗何由而正哉故從古帝王嚴教胄之典陶淑及於民間重首善之制庠序遍乎州閭蓋無在而非設教之區亦無人而不從事於學是以眞儒輩出盛治聿彰其道不啻桴鼓之相應也我

國家崇儒右文尤卓越前軌虞庠鎬雍可謂再見於今日矣卽吾沭密邇東省泗水澤山之間術車轍馬跡而覽其盛者往返祇旬日爾去聖人之居若此之近瞻其宮闕之巍峩禮樂之隆備車服俎豆之霱霱煌煌宜有所觀感而興起是以吾沭學制

雖經遷改仍復故基考前者之經營其所爲巍峩
隆備與霱霱煌煌者亦差堪與鄒魯相望也自地
震爲害學宮惟聖殿僅存其他堂廡羣祠以及數
仞之牆皆蕩爲飛塵碎礫致殿階之下雜園蔬而
涸芻牧無復有藩籬之隔焉多士朔望拜父母師
長之側聽教誨考道而問業者不過露立須臾循
故事而散比春秋奉祀亦無所謂麗牲之石省濯
之房寥寥籩豆爵數器以一簣出納之及行鄉飲酒
禮主賓僎介草率拱揖於覆茆架木之下如此者
已多歷年所神聖賢哲之靈寧有顧我而居馨者
乎宜吾沐登賢書應公車者未易聯鑣並馳如前
此科目之盛也三韓張侯以癸丑春蒞任首謁拜
先師見文廟廢墜一至此極乃慨然集師儒多士
而謀之謂是一邑首善地忍聽其荒落弗飭則百
廢踵此而起百禮無藉而興其誰與華鶚音歌獻
誠也願捐吾俸以爲之先都人士共多方贊成於
是鳩工庀材經營之日即爲久遠之謀其所爲巍
峩隆備與霱霱煌煌之制皆似有神焉鬼車周廻
於泗水嶧山之間審其差等而著爲心畫者余是
以樂觀其成功而集吾鄉之列在博士弟子者進

一忠告曰侯之爲此豈特爲崇廟貌侑神饗哉深望犇業有地以聖人之所求乎已者求之多士爾夫至聖爲萬世帝王師廟祀隆重於天下究其生平未嘗於子臣弟友之外他有所求吾沭多士之爲子臣弟友有異於聖人之爲子臣弟友者乎聖人之求乎已而兢兢於孝弟忠信之未能亦豈有加於多士之爲子臣弟友者乎今張侯所著爲言行者皆孝弟忠信之事所奬誘而激勸者皆孝弟忠信之人而又於多士進德修業之地急先務而營之是以聖人之求乎已者求吾多士也其厚望吾多士爲何如哉凡列在博士弟子者其何以爲報乎亦惟修乎子臣弟友之實求不愧爲聖人之徒與張侯之賢子弟而已矣侯且月給薪槀豐酒膳以校士躬爲品題濡墨而手按戶授理則周程張朱法則王廟鼎新士子之工制業取科名又未嘗不於侯是賴侯作人之功食其報者將在天下國家矣至於治沐多卓異輿論歡騰開古召杜襲黃不足媲美姑先礱貞珉以紀侯治之大者

張英池州府重建儒學記池北隅期祀夫子宮疇多士者蓋已二百餘年

土木之工不三十年而輒毀以故旋圮旋葺前賢之官於此地者各與有勞勸裁在冊書不容湮滅而要未有若金州俞公今日建學之盛也何則今之時亦大異於昔之時矣期會簿書日不暇給非若向者之從容就理也職掌雖具然不關乎六計無操約以程也而且軍興旁午長吏多以時具茇[illegible]劬勞鞅掌非若向者之時乘農隙百廢具修也無怪乎郡若邑多委謝後來而自視蘧廬然矣俞公獨謂今

天子右文至意正以學宮爲人心根本之地余亦體

上意盡心焉已耳是以良畫夙具斷不道謀竭力捐俸錢而外更有事於募助令六邑之有力者助之貲而財可稱任矣鏟鑿畚鍤茨絡圬墁聚百工非有專官不能朝視而暮扶也於是遴府幕及吏胥之能者視作登記纖悉備載而力可稱任矣物力有餘故經費無逗撓趨作無怠媮自丁巳冬月經始至戊午六月爲夫子廟如制上可建三丈旗下可容千餘人巍堂堂焉可以憑鬼神廡下周還奐美兩兩如翼若啓聖祠若明倫堂文昌祠皆次第修舉不遺餘力戟門外窳地爲泮水其外爲一坊

顏之曰泮宮親書之史英日諭公知爲政夫士民之秀也規其地宜則易化示之象儀則易從昔文翁治蜀以教化而蜀中諸生比於鄒魯之鄉一時有長卿淵雲之屬蔚起焉宗澤官龍游興庠序延師儒而擢科者相繼彼其民皆未知學也別公乘昌期覩形勝而臨訓誨之有不追美於曩日也哉夫當以科日期人才固非教者之至意顧士不由之無由自見如靖難之陳公黃公皆是也余聞公於兩公祠宇皆加意營造公之所以勗池人士者深矣僅科名云爾乎哉或曰學之役不自公爲郡始也公以建德令遷監郡郎謀之於前太守周公洎六邑之令長而身任其事公之功懋哉余曰唯唯於時學博吳門陸君德元京口包君斌屬余同籍章孝廉書以屬予予乃爲之記

徐元文扶風書院記

江寧扶風書院創於順治之十三年而重修於今年之三月所以祀故總制潤南馬公也公諱鳴珮遼陽人以順治甲午自宣大總督晉大司馬開制府總大江西南而轄之是時天下承平未久窮荒餘孽猶有擁殘兵窺伺者公初至先問民所疾苦晨夕籌

剪除貪墨戢斗嚚之伍薄賦省徭停止爭訟覈民氣稍蘇息然後按士籍而貸其乏食者慎選將吏修築墩堡絕鄉導解黨與百叟具典士氣大作於是指授方畧大破賊衆於崇明陳復平陽等沙而渠盜面縛叩軍門請降者不絕自此人得安堵舉欣欣有樂生之心迄今餘二十年而遺德之在人猶歌思不衰此扶風書院之作與其所以廢而復興也公廉潔自持公事之暇焚香讀書黙然終日雖歷鎮名都功施烜赫而其塵視軒冕之意未嘗一日或忘迨莅吳不兩年抗辭解組民方藉公之庇而歸志已浩乎不可留矣公既歸京師予一見投契問日過從摘蔬命酌無聲伎玩好之奉而曲盡賓主之樂予時雖初列仕籍公絕不以新進相視所以期待之渥而將藉之切有至今不能釋然於懷者别公未幾而公已捐館又九年而予支殺公雄鎮以巡撫𢭏節粵西士民爭欲祀公巡撫上其事

特旨聽許是其父子之間所以宣力

國家者一以功名一以忠烈皆彪炳天壤而由文毅公以兩大司馬公生平庭訓洵有不偶然者夫以

予之交公者三世而又生長南國使不逃公之盛烈而道吾江南父老思慕之意於無窮則百世而下孰爲聞風而興起者乎遂不辭而爲之記

王弘祚江南賑饑記

粤稽三代而上有荒歲而無荒民堯湯水旱民鮮孑遺之嗟其時主聖臣良視民猶子補救備至故天不能爲之災繼至周禮荒政十二補救極其詳盡然行之後世者惟散利薄征最切夫散利即今之賑薄征即今之蠲二者皆善政也若通行於官民間以推屬德義莫亟於賑之一法也我

皇上御極以來如天好生加惠元元每聞四方水旱災傷倍歷宵旰庚戌歲淮揚大祲流莩載道時督撫諸公繪圖以奏

皇上惻然軫念

詔發帑金廩粟遣大臣會賑辛亥大旱復遣大臣截漕開賑嗣鳳屬旱蝗特甚又加賑焉匪惟蠲租緩徵而已且　允督撫麻公之請

聖主賢臣所以克全此災黎者亦既周且渥矣獨是江寧省會之地五方錯處米價湧貴加以遠近饑

民趨省丐食絡繹不絕遂至價益倍增會城貧窶皆成載道饑夫時事之可憂寧僅人滿已耶幸際麻公駐鎮兩江其善政及人更僕莫數大要以
朝廷愛民之心爲心遣茲啼饑修目請蠲既格乞賑嫌數賣穀然倡議賑粥有以費大難繼之說進者矣公弗顧惄如調饑之在躬而不能一刻緩也採輿論稱善士者敦禮之授以方畧俾董賑事一切薪米之資先爲措給懸示勸輸仁言諄懇維一時諸公憂患同心分猷襄事或罄捐積俸或易質裘馬或多方勸諭竭蹶急公勇義若渴爰訂十二月朔設一粥廠於城南之報恩寺設一粥廠於城內之神廟始就食者各以數千計日漸至二三萬因亟移城內一廠於城東之觀音閣增一廠於城北之靜海寺三廠日計口數萬人日需米數百石登計簿籍章章可覩第江南適年水旱頻仍人多匱乏之家鮮蓋藏自贍不給責捐輸於窮盡之日蓋難言矣乃令紳士商民無論見義者樂諭恐後馳至越界越疆聞風而效壺漿之惠且競推而爲泛舟之役也昔韓魏公爲廣惠倉應受米者三日一給人一升幼者半之陳文惠公知壽州遭歲大饑公

自爲粥以食餓者吏民以公故皆爭出粟以活數萬人富鄭公移青州河朔大水民流江東勸民出粟得十五萬斛益以官廩凡活五十萬人此皆善行其賑者也麻公匹休古人授糜盈器因人爲善時於臨政之暇減從輕騎偕司府營協周視三厰稽執事之勤惰視治粥之精粗覩稠人之授受事益飭而民益親慈悲佛號所由作也藉微實有人饑已饑之至情幾何不秦越視之虛文應之泄泄焉付之胥吏之手以滋弊哉余過從觀賑糜汁濃膩散給應時男女別於途出入循其序董賑者奉命而各殫其勞就食者飽德而各遵其令聚數萬饑民於一所卒無擁擠顛蹶之虞聚數十萬饑民於一城并無穿窬盗賊之患儼若有韓富紀律部署其間化鳩鵠而成含哺鼓腹之氓荒政可弭盗賊不已陰寓於賑饑之內耶所謂有荒歲無荒民於今親見之依稀三代而上之風也事竣諸善士以公施賑四月有奇月全活數百萬生靈功德者有而慕義向風者亦爲近今罕見不可以無紀乃請余記以垂不朽余旅人也蒙

恩予告金陵調攝夙疾敬謝不文而躬逢其會聿觀

厥成誼不獲辭勉爲之記得以覽焉而有感也若夫急公助賑協力經營則織造曹公藩司徐公慕公臬司陳公糧道王公驛道王公學道簡公郡守張公城守張公郡佐魏公馮公楊公何公胡公暨上江二令也捐輸爲士民首倡則鄉紳佟鄧胡蔡徐葉黃張諸公分廠董賑不憚勞瘁者報恩則沈黃劉麗諸朱安楊觀音閣則黃龔錢高靜海則卞姜萬羅也例得備書

李天馥巡撫徐中丞賑饑救民記

戊午之歲余鄉大祲兩淮之民饑焉我撫臺兵部尚書大中丞徐公惻焉念之拜疏而告諸

當宁捐俸購粟活數十萬衆鳳郡之民得留孑遺者莫不感公之仁且尸祝公之德也蒙邑諸紳衿迺匯余門而請曰蒙民之感公如天而如地也賴公之生全千百世而弗能忘也君亦知公賑蒙之洪澤乎願君爲紀之余曰請聞其畧蒙人曰蒙之苦於旱無禾歲有書哀鴻日有告且累年於茲矣邑之守令欲安之而無其力邑之賢哲欲蘇之而無其具是以餓殍日積百里皆岌岌乎溝中之瘠也

迨巳未春絶粒旣久饑民羣聚萑苻有竊嘯之雄丁壯有揭竿之勢烽烟日告乘時多警非安之有其道禦之有其術立見其獸散土崩耳惟我撫臺徐公具如天之仁明敏之智剛斷之材衷此饑民迺曰是不可不亟賑以留此一方民也爰出橐中俸金購麥粟二千餘石運抵蒙邑不憚勞苦單騎星馳徧歷入蒙之境見蒙饑民鵠形不類人色父或棄其子夫或棄其偶公皆聚而親撫之諭以賑濟安全之意爰家給焉爰戸散焉旣周旣渥俾得延至麥熟民咸流泣叩首馬前曰公實生我倘遲旦夕不爲溝壑之白骨則爲綠林之利刃矣繼自今蒙人之得免其仳離安其邦土皆公之澤延及萬世也余曰公之弘慈救民如此皆可以記矣余昔讀宋史皇佑間青州大饑流民相聚富公弼能殫盡厥心賑濟周至全活數十萬人爲古今救荒之巨擘以爲千古而下無有並之者今我公之賑鳳郡也起鬼籙於再造安飛鴻於中澤人濟而家施焉全活不啻數十萬人不費太倉之粟不用泉府之金且解散盜萌而定禍亂德澤深厚勳業爛焉以視富公則加一等矣非所稱道濟天下之危

而不辭瘁力任天下之重而不言功者冊惟其仁足以周知足以濟才足以勷皆本於誠心布惠眞不愧古大臣爲國養民之義俾民皆安井疆而咏康寧宜乎蒙之人感德而嶢於岱華戴仁而並於蒼旻也哉爰詳書其事於石以爲史乘光

張九徵修金山寺記

金山之有寺始東晉時初名澤心梁天監中加修設焉宋元明以來屢有增建歲久漸傾圯邇年四隅有烽火之警加以荒旱相仍遂無有修復之者今以

聖天子威福遠方僭亂盡以削平時和年豐四民樂業居者無狗吠之警行者有萬里不持寸兵之安賈舶商帆蔽空而至此正熙熙攘攘歌咏太平之日也從來有大典作大修築非時不舉焉盍有事之時雖以城郭宮室之役而民力告詘君子亦以爲非苟其無事當從容宴安之際即浮屠老子之宮爲之庀材鳩工聳金碧之觀亦必以其所舉爲當然而有所不容已何也是皆時爲之也竊嘗遍攷宇內諸名山志見其所載與造年月皆屬太平無事之時而又有一時公卿之賢者爲之倡於是

其傳爲名山勝事以傳之不朽歲癸亥二月大司馬制府于公以公事適淮浦回棹過金山登覽之暇見其棟宇圮牖將有頽落之憂慨然有意修復因出猩猩氈衣一授郡守高公命爲之易價用倡修葺之舉高公以余爲郡人因謀之余余曰事莫大乎倡倡莫重於天下之大賢公以公忠清正大臣總制兩省兩省之人其戴公也淪肌膚浹夢寐今金山有公爲之倡吾民將踴躍以助其誰肯後者吾見大江湯湯定日有人焉操舟艋破巨浪奉金粟以至紛紛藉藉相踵相續以共贊茲舉經之營之不日成之矣余因請於高公願留此猩猩氈永鎮茲山比於蘇文忠楊文襄公留玉帶鎮金焦兩山故事云自此吾民羣相鼓舞樂効捐助增修前蹟頓復舊觀亭閣巍煥樓宇弘厰鏤朱錯彩之色下照江水其有來遊茲山者忻勝地之重新感精藍之復舊請觀公所留之衣盥手捧視燦如丹霞什襲以藏埀示有永山經水志艷爲異聞此眞太平之軼事名賢之盛舉爲可羨可傾者也按猩猩氈色殷紅於輿地志載在方物中最稱殊貴不易得公所留計身長若干尺寸袂長若干尺寸

王士禛重修文游臺記

古來風流文采魁梧奇傑之士其在當時或不遇或遇矣而以名高而取忌守道而叢謗至不得一日安其身於廟堂之上甚者播遷江湖嶺嶠之間而坎壈以老死然數千百年後學士大夫讀其書思慕其為人至於其所嘗游眺憩息之地必且披榛棘訪碑誌往往為之流連感激太息悲予於荒烟斷靄之中豈其遇有幸不幸歟抑豐於此則歉於彼天道之乘除固然歟昔蘇長公生宋盛時以文章名動天下試館閣為侍從之臣洊歷大藩天子至以宰相器之不可謂不遇矣然終以直道見尤謝景溫李定舒亶之屬繼肆其彈射卒至流離惠州儋耳窮海絕嶠之濱不究其用為天下惜至并所為文章亦禁錮之何其不幸也考公平生蹤跡多在江淮又嘗與孫莘老秦少游王定國輩游處最善而孫秦二君子者皆高郵人故郵樂得公而顯而文游臺在城東北里許即公與三君子所嘗游眺者也宋淳熙中王詞葺之嘉泰中吳鑄重新之其興廢之蹟大畧見於應公武王元凱二記自明正德迄今康熙又二百餘年矣余以順治十七

年四月來李廣陵文書之暇多泛小舠往來三十六湖之上因登是臺而弔之嗟其頹廢荒落謀諸州守吳君及州之士大夫思所以修葺而振起之者會吳君秩滿擢蜀之龍安守以去繼之者閩海曾君余復告之而曾君又以憂歸繼之者鐵嶺李君余告之如初葢始辛丑迄甲辰閱四歲三守而臺之工以成余因是慨然有感也方公泊三君子以直道不見容於世放跡湖海登是臺以嘯詠發舒其無聊不平之氣亦偶然耳豈嘗計及數百年之後後斯臺存歿與後之人爲之太息憑弔感激而流連者耶余生後公公且五六百載猶得登斯臺拜公祠宇恨不及四公當日同其游眺登臨之樂而親聆其音旨詩曰高山仰止景行行止斯臺也亦後之高山景行也自宋及今閱五六百載所謂僉壬者其人與骨皆已朽而斯臺巋然公之風流照耿於無窮然則公不可謂不幸也公嘗作太息一篇送少游之弟少章有感於孔北海之論盛孝章也其言曰英偉奇逸之士不容於世俗久矣雖然自今觀之孔北海盛孝章猶在世而向之譏評者與草木同腐嗟乎昔之視古不猶今之視昔乎臺

在泰山廟後有樓有亭皆可以望遠登其上則長湖淼漫風帆杳靄稻塍栁陌繡錯而棊布於髙秋密雪之時尤宜樓與亭皆不自名而從臺者存古也

廿二日自烏衣巷出聚寶門

遊金陵城南諸剎記

遂造報恩寺寺即古長干明金陵八大寺之一也龍象鉅麗甲諸剎登九級塔四望俯視金陵城闕旭日飛甍參差可見西瞰大江南望牛首祖堂如玉笏犀株東面蔣山紫雲冉巘出沒烟霧鬱作龍蟠近眺秦淮青溪三十六曲才若一線艇子如鶩蛺蝶儵忽往來大不盈尺雲逢逢起腋下鳥俯其背忽憶唐諸公詩塔勢如湧出連山若波濤所謂眼前有景道不得也僧言順治戊戌雷起塔中塔震壞有田姓兄弟四人張姓者一人不用一縴一木數日而工成於最高欄楯上步立游龍飛鳥無以過殆蒙莊所稱伯昏無人臨百仞之淵背逡巡足二分垂在外爲能外生死至人者耶天界寺在報恩東南人家沿溪居多以畧彴通出入數折得寺門松栝踈古篁竹幽邃後爲鳳山觀轉輪藏登毘盧閣閣前叢竹中有姚恭

靖公碑又二碑皆記明初賜田之數碧峯寺者即唐褚遂良翠靈寺以碧峯禪師易今名師嘗自言坐下嘗出三虎一彪葢榮公也洪武中師出使西洋今十八沉香羅漢猶是西域物萬曆中崇川顧氏竊其一以所嗣數見恠異還之乃已寺僧出正統十年賜藏經勑諭墨澤如新遂迤邐登高座寺秋草滿庭閒無人跡遐想王謝庾卞之風爲之慨然過梅將軍廟廟祀晉豫章內史梅賾賾字仲真嘗進孔傳尚書者拜方景二公祠方祠舊在上古木末亭側喬木數百章國初郃某者來作令盡伐之亭與祠並圮今亭祠皆徙而北雞松數株殊失古意按景公陝之真寧人靖難時十二族並死事最烈從叔霽者以畊釣寄真州得不絕如綫壁上陽羨朱君一詩頗奇今記於此慷慨誓死心不移欲死不死將何爲欲揮豫讓橋下劍欲操博浪沙中椎衣緋如火如衣衰懷刃如雪甘如飴疾行犯駕氣何壯千秋萬世當如斯誦之勃勃有生氣可以廉頑立懦也考革除之際以身殉國者自勛戚大臣下至樵夫門卒之流凡數百人人才之盛古今無與爲比雖功名如三楊不免射鈎之恥得

舉著公朽骨抔土爭千秋萬歲之名哉王稌者方
公之門人負骸骨塟聚寶山復輯公遺文爲侯城
集傳於代亦文
氏之王鼎翁云

金鎮揚州平山堂記

余涖揚值軍興伊始徵調旁午數月始得整理廢墜稍稍
就緒偕郡之賢士大夫觴咏蜀岡之上感平山堂
之毁爲僧寺與汪舍人蛟門暨同游諸君將謀復
之也既爲文述宋歐陽公治郡政績以其餘力創
爲是堂及今之既廢而宜復之意以語其涖兹土
者視舊址迤西又闢前後隙地二畝許益之度材
量費上自廵鹺侍御暨僚屬大夫其心同其言樂
以九月經始歲終迄成事木石堅緻黝堊鮮彩軒
檐既啓江山欲來五百年之壯觀一朝頓復適余
奉命視鄖政江寧喜其將去而落成也復偕諸
君子登山置酒而樂之郡之父老旣歡旣愉士女
奔奏攀崖捫級來觀者不絶是時適檇李曹司農
至首爲五十韻長句紀其事凡郡之搢紳學士及
四方名流無不摉宮徵敲金石效奇呈美於兹堂
之上論者謂與蘇王秦劉諸賢之倡和不相上下

而惜乎余非歐陽公其人也夫一堂之興復微耳然人情欣欣若以爲事之必不可少何也方今東南多事揚以四達之衢吾得與二三子保境休息於此里門晏開守望不事四方之結轂而至者指爲樂土此非大幸耶當此之時而使前賢之名跡缺焉湮沒至廢爲梵鐘燈火之場而不恤既非所以稱爲民父母之意揆之人情亦必有鬱然不樂者也以余之德薄所以能使一時之爭勸其事而歡樂其成功者凡以順人情之所欲爲而已然爲此於萬難倥偬之際比之前人創建之日其勢尤有不易者非諸君子之協力交贊卽予何能藉手以告成哉是皆不可以無記也

汪琬遊馬駕山記

馬駕山在光福鎮西與銅井並峙山中人率樹梅藝茶條桑爲業梅五之茶三之桑視茶而又減其一號爲光福幽麗奇絶處也予入山與諸子循鄧尉之陰前行數十步輒有平原曲澗迴流倒影澄澈見底心稍稍喜於時遊人輿者騎者屣而從者不絶於道既至山麓則其境益奇界以短畦藩以叢竹陰森蔚薈裁通小徑不能受輿騎率皆捨而徒步矣前後

梅花多至百許樹香氣蓊勃落英繽紛人其中者迷不知出稍北折而上望見山半纍石數十或偃或仰小者可几大者可席蓋爾雅所謂礐也於是遂往列坐其地俯窺傍矚濛然靄然曳若長練凝若積雪綿谷跨嶺無一不佳又有微雲弄白輕烟繚青左澄湖以爲境右崇嶂以爲屏水天浩渺蒼翠錯互然則極鄧尉元墓之觀孰有尚於茲山者耶惜乎地深且遠莫有治廬其址者故不能信宿於此以窮其幽盡其變此則予之恨也

馬駕山不載郡志或又謂之朱華山云

曾超重修方正學祠堂記

方正學先生生於台之臨海殉節於金陵而松故有祠則以先生之子孫在松故也先生生當成祖靖難時衰麻慟哭誓死不屈以是觸成祖怒刑及九族先生幼子德宗在台年甫九歲刑部尚書魏澤時謫寧海尉受部檄捕憐而匿之有天台秀才余學夔者佯乞食於市口鳴鳴唱歌以諷澤澤心動越二日塗遇復唱歌如前澤心知爲義士乃密以德宗託之學夔挾德宗遁至松江歷青村諸鎮以織網貿米得活學夔又潛入郡屬祠部郎俞允

共爲營護而先生門人任勉者爲參政家居聞之就見德宗因妻以養女德宗由此冒姓俞氏後恐以同姓買禍復改姓余轉遷白沙鄉德宗生三子友直友諒友竹子孫繁衍世家於松至萬曆間督學侍御楊公廷筠詢訪得實檄郡建祠命其子孫復故姓夫成祖之時忠義之士戮滅無遺瓜蔓之抄禍延海內而罹禍之慘無如先生者至於種族門誅而怒猶未息東漢冦榮所謂張羅四海設罝萬里雖楚購伍員漢求季布無以復過者也以事勢言之雖有朱家之柳車孫嵩之複壁豈能容舍保藏存先生一綫之祀哉然而成祖之威至亢暴也能殺先生之身而終不能奪先生九死不移之節能赤先生之族而終不能斬先生萬世血食之嗣此不可謂非天也余魏諸公不憚滅族之誅奮身協力隱匿遺孤卒全先生之祀此皆有天焉相之而其至性高義同符古人雖程嬰之全趙孤士成之保李燮其蔑以過之矣予觀有明一代忠義之士一殲於靖難再殲於魏閹而至於甲申之難忠臣義士不屈於闖賊蹈白刃赴鼎鑊而死者猶不可勝數此固先生及黄練諸人忠義之節有以

倡之也然則如先生者上爲日星下爲河嶽足以立天柱而奠地維其繫於世道人心豈細故哉祠久毀不治予特爲飭而新之祠既成予爲設主豕之奠中奉先生而旁以余魏俞任四公祔焉俾方氏之子孫賢而有學行者世守其祀凡夫松郡之士及四方來遊者入先生之廟正容肅拜有典刑如在之思可以教忠焉觀余魏諸公棄家忘身保全忠裔有古人之節可以教義焉方氏之子孫世世相承烝嘗勿替當思所以不愧祖德而勉爲君子可以教孝焉所謂舉一事而三善備焉者其在此也因書之以爲記

俾鑱諸麗牲之石

重修夏忠靖周文襄祠堂記

國家大政莫重乎財賦而財賦出于農田農田由於水利賦額不定則取民無制而吏得因緣爲奸矣水利不修則旱潦無所資蓄洩無所備而田悉化爲汙萊矣故古之名臣皆於斯盡心焉如明之夏周二公是也明永樂二年蘇松諸郡大水夏公以戶部尚書奉命發浙西兵民數十萬疏決壅滯公上言嘉定之劉家港徑通大海常熟之

自茅港徑入大江宜浚吳淞江南北兩岸安亭等浦港以引太湖諸水入劉家白茅二港使之直注江海又松江大黃浦乃通吳淞要道今下流壅塞難卽疏濬傍有范家浜至南蹌浦口可徑達海宜濬令深闊上接大黃浦以達泖河之水相度地勢各置石牐以時啓閉每歲水涸之時修築圩岸以禦暴流如此則功可成奏上得旨允行水患乃息公布衣徒步晝夜經畫盛暑却蓋弗御又念歲荒民饑奏發廩三十餘萬石賑之所全活無筭民至今思之周公在明宣德間以工部侍郞巡撫江南時蘇松常三郡積欠糧以千萬計公廉知豪强有力者不出加耗貽累小民又糧長徵收斗斛無制取羨自由遂奏設管糧官定斗斛式立水次倉以秋糧正米爲則定爲加耗而以各戶應納之數置註由帖分授之俾戶自持帖輸納官倉里胥不得上下其手又令諸縣各立倉貯米以便賑貸名曰濟農復立交兌法使民免長運軍獲羨餘人皆稱便又松江賦額素重公奏請於朝得減稅糧三十餘萬又請極重官田極貧下戶並從輕折銀一兩折米四石布一疋折米一石計松江一郡得輕折

米四十八萬二千六百餘石民獲蘇息公蒞事勤敏時乘小艇駕輕輿出舍郊外與農夫野老款曲談語因得以周知利病在任凡十有八年至今言巡撫之有惠政者必首稱文襄公焉夫二公之功業在天下利澤在東南豈獨松之民被其德哉然松故有祠則以二公之功德所在尸祝而愛尤在於松也二公之去今二百餘年矣東南之水利日以淤塞田畝日以荒蕪而稅糧之額日以加重試得如二公者出不辭勞不畏罪有饑溺由己之思有憂樂同民之意則陂塘港浦之淤者可通田之蕪者可治民之困於賦役者可以少紓而東南饑饉流亾之患庶幾有瘳矣此民所以思二公之德至於今日愈久而愈不忘也祠久蕪沒僅存遺址予爲鳩工庀材復其舊觀既落成爲文以紀之夏公名原吉字維喆謚忠靖湖廣湘陰人周公名忱字恂如謚文襄江西吉水人其宅行治事實具載

國史不書書其有德於吳人者予既爲之作記又緣邦人思二公之意作詩二章以頌之曰暨暨夏公功在河渠布衣徒步周爰咨茹暑不張蓋勞不乘輿三江震澤實爲洪瀦劉港白茅澳彼尾閭溉

我田疇長我新畬公之不來室無峙糈公之旣來飯稻羹魚川伯順流老幼安居千載思公拜公堂除福我吳民黍稷與與於赫周公來何來宣公未蒞生民吁以虞賦斂無藝雀鼠蠹穿公援成畫則壤永編排闔上疏請折請蠲澤被八州惟松德徧息黔補剸拯溺解懸十有八載鴻恩覃延畢公君陳庶其比肩公殁歲久厥德不鐫雲車風馬精爽在天惠我人斯於萬斯年

姚文燮寶將軍祠記

皖撫標營寶公諱成蜀人也以勇烈聞身長七尺虬鬚若神在將軍廖應登麾下以死存桐邑邑人德之歲時伏臘俎豆不絕村氓小子平生不識公作何名何狀過必拜曰我寶公也及見公或稱之以其鬚曰寶某將軍云初逆賊張獻忠之掠江北也應登承命皖撫以兵三千防桐一日公從應登將百餘人之廬州道經舒城方解鞍憩息而賊遊騎卒至乘其無備刦之去賊挾應登抵桐俾招降桐人是時皖之諸縣大率皆破所存者唯懷寧及桐城而已而皖撫玩寇援師不出城中無蒭積軍民饑死者相枕賊騎益增四合如山人無固志賊謂應登

曰浹辛中有爲我招降守兵者乎以公對公謂新諸一無難邑陽陽如平常賊以公先回賊左右來之曲刃鈎之直兵推之公倪首徐行至城下忽仰而大呼曰我竇成也賊迫我招降汝汝輩但努力固守愼勿降賊連日穴城城山根活石不可穴也且火藥已盡言未卒賊大怒以刃碎其首支解之至死罵不絕口桐之守吏將聞之曰竇成小卒也猶不爲不義屈况在位食祿者乎乃幷力禦守時城守有林構者縋城下晝夜兼行數百里乞師於鳳陽總鎭黃公得功擲身於地哭不絕聲黃公義之星馳赴援賊敗走大軍追之獻忠馬蹶幾獲焉城之所以全者本公一死之力也賊既退臬使張公亮至桐泣祭建祠立主於桐之西書院曰竇公祠癸巳歲秋文學江君之漢爲之塑像勒石焉甲午春予至祠拜其像其長老爲言之若此嗚呼公小卒也而桐人皆公之豈非孔融所謂公者仁德之正號不必三事大夫哉然則聞公風雖遠逖足以自振况拜其像觀其容貌者乎乃爲之記

鄧旭江寧省城育嬰堂記

康熙二十二年六月己卯日江寧省育嬰堂成

其旁廬田土之詳當有記書之石以垂永久諸同
事者僉曰育嬰緣起旭嘗序之況舊承乏太史氏
記事之成職也旭不敢辭因颺言曰天下事不有
始之者曷啓其緒不有中之者曷恢其畧不有終
之者曷底厥成故余得竝書所以啓其緒而恢其
畧以底於成者用告於來茲先是
太皇太后有頒賜育嬰之典
世祖章皇帝有嚴飭溺棄赤子之旨
今上有故殺子女之禁於是大宗伯龔公鼎孳大司
寇姚公文然仰體
上意命僧慧心持書詣余囑爲堂以育江寧諸嬰之
不收者僧僧徒乾没其金僅建菴於天壇之東十餘
里湫隘荒遠人望而裹足會午未兩年江南大旱
民不聊生棄子女者盈路不忍見聞於是趙公采
岳見余與余謀卜地於三山門外爲堂以居諸嬰
旣惟墨食而鳩部王公子玠復同余請方伯今太
常正卿龔公捐輸竝代募推移凡七百三十金公
悉欣然許之此始事之經營也方公之始事也命
江寧三學生員白夢鼎姚若觀季鐸等同諸父老
具呈府縣遵部例上地價詳撫軍慕公又謂地第

宜屋朝廷無責地養民理共基雖定而工費浩繁
乃往請於上下江兩撫軍織造方伯臬憲糧儲驛
傳鹽法關司龍江蕪湖兩榷使及江寧太守府廳
上江兩縣督標城守諸公約共捐銀一千餘兩而
安徽臬長王公捐輸代募復得銀二百九十餘兩
合計前後當諸事暨諸紳衿所輸助共一千九百
餘兩而本堂之像設樓殿廊廡庖湢迄乳媪之房
舍百餘間越三月告成於是龔公延諸紳謂堂之
郛郭具而善後事宜奈何余與太守陳公計莫若
倣蘇州條例以人註月每月人助銀三錢以辛酉
季春朔日集諸人於堂中適得募金七十兩而龔
公許募三十兩以足百兩之數若謂暫時補苴則
可以爲久遠猶未也於是前督府阿公首輸銀三
百兩創佃房於虹橋龔公復合諸公佽助之計銀
九百餘兩爲新房六十五間舊房五十三間約每
月可得賃金二十兩有奇猶以爲未足於堂中舊
置太常寺田地七十五畝外別購新田賴方伯龔
公臬長金公太守于公糧廳朱公上元于公多方
曲成得上元神泉鄉田四百四十八畝令夏秋所
入盡納堂中視昔之饑者漸以充寒者漸以煖瘂

者漸以強稱者漸以長且多矣此中事之經營也然由前置房言之其一月之所獲尚未足供匝月之用由後置田言之其一歲之所入尚未足供卒歲之需能無望斷起之大君子哉今督府于公下車之始摘奸察吏百務備舉於壬戌初冬聞江寧育嬰堂初搆公戒徒隸節旌纛親臨西郊至止於堂乳媪負諸兒待命于公公慰勞有加先下檄曰製衣無後後時賜以贈布又竭本衙門租米九十餘石爲之食猶恐不給復令所司方伯龔公太守于公撥來安縣無礙田四百二十一坵計九百二十九畝有奇用供常餼公之下車堂之婦女告饑告寒公之旋施堂之婦女以宴以衎蓋得公之蒞止而克成厥終焉豈偶然哉堂既成其地址量畝若干堂宇間架若干堂中像設器用若干經費銀數目若干自經始至落成爲月日若干及實在嬰兒乳母簿籍若干堂去三山門半里而遥左夾鍾陵右瞰莫愁背負石城面浮雨花木末兌方而拔震勢秋位而擅春生是役也旭與子玠王公采岳趙公昆玉不過傾筐篚效倡始之謀共竭力佽助共襄盛舉者則自某某以下皆得書至於立法之詳

捐輸之數盡列於碑陰以垂不久爲今幸際江甯撫軍余公於子惠元元内尤加意育嬰屢頒圖妙觀禁約遠邇誦之則江甯育嬰堂中自荷慈斯幟前有加矣然旭猶有慮者旭冉冉以老子玠王公采岳趙公昆弟宦游京師行蹤無定此後事宜深有望於當事與紳衿諸先生擇有德望者使身任其事以無負　令甲恤孤之意與各當事曁諸公始事之勞可也謹記

宋琬溧水縣中山祠記

溧水之東南有阜崔然林木蔽虧土人呼曰中山云往時歲取兔頴輸官以供筆材即其地或曰非也中山乃在眞定之靈壽是爲樂羊子之所封不宜在江南境土或曰徐魏國贈中山王由此得名未知何據山椒有祠以祀女神玉璫翬翟冠帔如后土夫人嬪嬙侍立廟貌崇嚴凡邑人之祈子者有禱必應男女雜沓歲時伏臘無虛日問誰鼎新則北平馮侯實經營之稽古高禖之祀自三代已肇行之降及後世承訛襲謬於是道家之誥籙遝及列眞巫覡之附會謡稱神怪顧其名雖不經而英爽赫奕豈神之受命上天各有方隅疆界之殊遷

乎其地則盻饗弗靈而爵秩名號非下民之所得而知也歟昔西門豹爲鄴令投三老巫覡於河衛人思之至今茲山之有此祠非太常之所隸也牲牷俎豆非其秩宗之所頒也侯顧孳孳焉丹楹刻桷不懈益虔其意何居蓋君子之爲政也不矯情以違俗河伯娶婦厲民之最者也故除之錫我祚胤順民之願者也故崇之充侯之心殆將使四境之內戶口滋殖無有烝嘗乏絕悲伯道而歎若敖之餒者然後快則自今以始凡溧人之舉子者雖曰神之貺哉皆當蒙侯之姓如新息人之稱賈父矣仁人之利豈不遠哉夫爲吏之道幽則能事鬼神而明則爲百姓長子孫皆可書也因揭之石以示溧人雖千百世俾勿諼焉

陳世祉九日游皇山謁泰伯墓記

戊申秋九月之五日浦君明其過湖上偶爲予言其居之西爲古皇山有讓皇墓又其後爲梁鴻葬處復名鴻山山之北爲嵩山山雖卑以巍然是數者可憑而弔也九日仝友人輕舟遡流十餘里過浦氏草堂餉罷緣山而南山童

多亂石越鐵山寺復南行至讓皇墓還問所爲要離塚及伯鸞葬處則已過而不及登矣讓皇墓不甚高封土二尺許草蔓生寒烟凄風牧人方樵其上墓南有碑碑陰高宗憲記嘗攷南徐記及里賢冢墓誌皆言泰伯墓在皇山與梅里相望去邑城五十五里山麓有祠宇今盡廢不存余因伏謁而悲之夫信陵君俠客耳而有守冢之戶吳越王一方之霸而有忠表之觀讓皇以大聖人遜迹南國數千年來顧獨使道無列樹隧無饗室甚則墓前不數武亂塚纍纍然至使田夫野老過而傷嗟不亦大可異哉或曰泰伯嘗其身讓天下而不有何況皇山咫尺地嗟夫泰伯則何事於此獨是治吳而爲良師帥居吳爲賢士大夫將欲遡源端委爲教於天下後世者獨不當敬共而封樹之乎墓周八十餘步履之足音跫然蓋其下有隧道云已復尋嵩山寺殿閣壯敞較讓皇墓侈矣然非吾道之廢興所關不宜載寺中有姚恭靖碑文或傳恭靖嘗往來寺中嗟乎恭靖南望皇山豈不憬然知向慕而顧導文皇以靖難之爭何哉醉與浦君論此并書爲記

張大治天妃宮記　按古江海合流聚而成沙乃有崇明四環負海如黑子之著面蓋水窟也然浮址幻立久而弗改斷鰲立極疑有神明焉以呵護之則所稱天妃娘娘是矣自唐武德中分姚劉二沙遂廟以祀迄今邑凡五遷隨遷而建廟則神之血食一方又非一日矣萬曆初城徙於長沙之地以施迴河爲津口守令張世臣卜地於西郊更新其廟殆百餘年廟貌蝕於風雨兼以寇氛蹂躪益復頹廢予來鎮海土且四年驚濤不驚此

聖天子之福諸將之用力亦海若之效靈至是每留心乎古訪邑之遺規急濟寺爲祝釐之所也馬王廟騶虞星所屬也文宣宮爲諸生菁莪地也皆捐俸鳩工聿觀厥成今年遷城之龍王廟於津左其右則天妃宮之舊址也爰割祿俸之餘視故址稍廓之前臺後沼繚以周垣寶殿層巍煥然一新矣是役也王中權督之諸營將士以佐之始於五月朔竣於七月望廟既成朱樓碧尾與中流相掩映予召諸將落成之餘因有感矣聞神係閩中莆田林氏女見其父溺海亟投海負父屍而出雖精衞

之塡石曹娥之投江不是過焉
上帝憫其孝遂封爲海神使主沿海舟楫之事夫神
一孱弱女子耳正氣所激勇於赴義若此别具昂
藏七尺之軀鬚眉如戟且受朝廷寵賚大恩可不
矢忠矢孝砥礪名節令名
垂青史也哉諸將士勉之

趙吉士放生潭記

大鄣麗萬山之中漸水帶於前湖流而上者危湍激瀨勢若驚雷其平流而深菁者匯而爲潭然亦時有變遷焉若萬歲山之放生潭則自有印石始也山去邑五里許綿亘崒嵂一方之地脉藉以奠安其若蹲若踞於道左者則爲御山文昌閣據其上松籟際天棟雲映日尤稱偉觀焉丁亥季夏御山之椒忽崩一石於潭中其高潤約徑丈餘形類印然父老扶筇往觀咸嘖嘖稱異曰此印浮水面之祥也因名曰印石維時水勢南趨石之傍粼粼汩汩耳無何而水環石下不逾時石僅露其頂渟泓若深深且不測自此乃有潭之稱矣年來巨魚驟集洋洋石畔如適樂郊父老益嘖嘖稱異因相與謀曰羣鱗方依以爲生顧令網罟之藥毒之多方恣捕之非

以遂物性也且水之利溥矣何在不足以展其業乃必於樂生之地而肆其虐公禁之議於是乎起矣然猶慮人心之不協也詢諸通都之人通都之人曰是宜禁徵諸邑中之紳士邑中之紳士曰是宜禁則聞諸郡邑之大夫郡邑之大夫亦曰是宜禁然後知好生之心有同然蓋亦山川之靈有以啓其機也因念忽有石忽有潭又忽有魚此造物適然之生機當爲造物留之如領取未潭未魚之先殺念從何而萌亦可以惻然動翻然返矣況更煩諸當事之鰓鰓然顧慮也哉因題其上曰放生潭屬余記其事以

其家於潭之上云

高拱乾新建三台閣記　天官書斗魁戴匡六星曰文昌宮魁下六星兩兩相比者名曰三台蓋斗爲帝車運於中央魁爲璇璣揚天紀以輔弼太微者也桐泗隸古丹陽入斗十六度魁星第三主丹陽正當星紀之首是宜專祀魁斗以應天象予承乏是州拜瞻文廟晉接諸生多俊上之姿乃年來科目晨星詢之輿論僉謂學宮巽隅風氣疏洩無以翕聚秀靈爰建巍樓三級

以輔其左額曰三台峯嶒之勢插漢凌霄遥盼星壁之東鬱鬱五雲靉靆升樓而挹溪山之秀紫霄千嵐碧泓一渺遠樹涵烟禾黍芊離宛在瑯琊豐樂間於是援周天列星之義奉文昌伏應二聖金容而敬事焉予惟文明之代天人一氣斗北極也而尊之爲貴相爲上將取斗四星圖繪其象而謂之魁此聖人所以神道設教者也古稱文昌之府光玆下屬人世而海內精英奇傑之士應之誦梓潼化書主於陰隲力行積功累善與聖門文行之教相符其爲張翼之精司文章之命無疑矣關夫子秉忠孝大義騎箕尾以衛宸極握招搖而捧紫極神武耀靈弘恢天網又有合者然而星之照臨神之佑助天象也氣之凝聚勢之欒結地形也夫士受命於天乎受命於地乎天與地咸逢其吉而修人事以應之寧一其視聽澡祓其心志游精八極取材百代摛天藻而敷國華爲景星爲慶雲其應三台也大矣多士其勗之無負予所願之衷可也

陳瑚吳行人伍公廟記 吾郡東洞庭山楊灣里有伍公子胥祠焉公之廟食

茲土也久矣當夫差之賜死浮之於江吳人憐之立祠江上名之曰胥山今去郡西三十里地入太湖名胥口者即其處祠尚存而祠前古墓松檜參差相傳以爲公葬其下楊灣之祠則里人奉爲土神有事禱焉而又稱之曰胥王廟王爵之封始於宋高宗南渡時後人由此遂仍其號云壬子夏出中士周宗魯述其建祠本末屬予記之伐石以俟今天下佛老子宮所在都有國家禁令扞格不得行而吾吳習俗楞伽之山無少長男女舟車鼓吹奉牲醴以徼福者春秋無間日至於聰明正直而爲神者則或黍稷不馨廟貌不治淪落於荒烟蔓草之中嗚呼不有君子何以反其俗也唐狄梁公廢江南淫祠而公之廟獨與大禹泰伯季札並垂天壤者何哉予嘗考公之爲人其始也出萬死一生忍怨數十年而卒行其志其既也竭心於所事犯言强諫被讒殺其身而不悔由前言之則爲孝子由後言之則爲忠臣豈非砥柱人倫而爭光日月者哉往者巡撫大臣治舟師習水戰大閱於胥口祠中必祭告然後入萬曆間某巡撫不禮公坐少頃若有撻其背者嘔血歸竟死一武弁守洞庭

矢渡公墓旁入舟狂吼不驗時亦死乙酉秋黃蜚兵泊太湖將不利於洞庭夜見神火滿山疑有備也不敢動蓋其靈異如此嗚呼公之精誠氣節足以感人者赫赫在天地之間豈其與山魈澤怪較長短爭有無而喑啞叱咤以禍福驚動恐懼人以食其土然匹夫匹婦多好以此稱公予故不得而畧也於是書其事而系之銘曰烈哉伍公萬夫之雄以子則孝以臣則忠沒爲明神簡在蒼穹楊灣之里洞庭之東波濤喧豗草木蒙戎其來如雲其去如風神所憑依環堵幽宮孑孑周生卽鹿林中震不於鄰而於其躬卜告於廟後吉先凶信而有徵神誘其衷乃樹斯碑酬德報功於千萬年廟食

攸

崇

新劉河記

弘治初割三邑壤建州治維時德寓天覆陰陽交和生息涵煦百五十年物盛而衰蠹生其中百務庋閣農政不理旣丁變革綱維縱弛狠貪鼠竊因緣盤踞民怨作讎國有大恐忽一日白公登明至廉而不劌仁而有體櫛垢爬癢與民更始凡舊令之不如古者悉罷之首清徭

賦歲省里甲金以萬計鈎致大憝殲之於市月朝十五縣法鄉遂申孝弟之教立保甲興社學風俗丕變頌聲大作公以爲未足乃名諸生而諏之曰予奉職守土幸無獲戾於父老子弟雖然田賦重吳生蹙辛苦墊隘無所控告其無乃有慚德且聞之地廣大荒而不治此亦士之辱也於是顧君士璉披圖考志畫策進曰水利者農田之本劉河者三江之一劉河之議且數十年然役大力艱不潰於成竊謂東有朱涇可以代之厥便相埒公然其言即以其任任之令甫下難者蠭起公不爲動乃鳩聚徒衆立表刻期授之以法罔有掛漏公單騎周巡賞罰其用命不用命者踰月而報績濬河五十里廣爲丈者五深一丈有五尺用民工三十六萬有奇謂之新劉河云此一役也蓋公之真實心誠信於國人又知人而善使之故能調一州之夫建百世之利拯鄰邦之溺成全吳之安非偶然而已也嗚呼民命至重帝德好生雖時有升降俗有因革而吏能養人謂之勝任野多曠土是爲溺職亘古迄今未之或易當夫有明之盛也夏忠靖周文襄諸公絡繹道途問民疾苦疏滌三江百川歸

盤及其衰也朝廷以水利為閑官有司以治農為迂務災祲疊告膏澤不通烟火蕭條公私交凋其以治亂之故縱口天命要有人事焉俛仰今昔可為嗁泣者也是用作詩銘之永久不獨賢湯仁政亦俾後之為牧者急所先務而毋替前人之功也其辭曰夏周既徂水道湮塞潦則為魚暵乃龜拆農愁于原婦歎于澤不謀同辭劉河是亟設官授民財又誰出三年不成道旁築室賢哉我公獨有憂之政通人和與衆諏之諸生士連抱圖來前劉河之北朱涇在焉東迎潮汐西釃湖川疏以代之其利百年惟斷乃成毋惑衆言乃相形勢乃定猷晝世業出資稿人出力歡聲雷動畚鍤雲集湯湯者流浸潤衍溢用民之勞二十五日公心如水公才如龍昔漢本始亦有白公穿渠溉田人頌其功以今況古詎曰不同婁人苦饑公始飫之婁人苦寒公始被之既富方穀以禮溢之

鄭敷教宋丞相信國公祠記

大宋養士三百年國以死事之臣甚烈文丞相信國公實首稱焉百世而下祀公於所生之鄉所死之地所經歷之境幾徧方域矣其勑建於

吳中也自正德六年辛未始也公昔勤王之師常開閶門平江旣係燕獄有集杜詩二百首如自作年譜其敘蘇州云予領兵赴闕時陳宜中歸永嘉留丞相夢炎當國夢炎意不相樂出予以制閫守平江尋以獨松事急趣還宿衛予行未幾姑蘇陷哀哉公蓋一日不能忘姑蘇而蘇州之人心百世不能忘公有以也其奉勅改建於學宮自嘉靖二十年辛丑長洲縣學旣遷之後也公後人待詔公徵明書正氣歌於堂之壁生氣凜然惟公之學一歸於孔孟殺身成仁舍生取義以公衣帶中所藏立公位於孔氏之庭豈曰時會使然蓋亦至聖大賢精英有以相盪也自辛丑至萬曆乙卯歷七十餘年而祠宇日圮邑宰胡公士容謀于公後人孝廉震孟重修之後孝廉亦以狀元位至相國風節義槩能繩其武云自乙卯至今庚戌又五十餘年而傾圮者鞠爲草莽矣其裔孫世光謀助於一時好義之人心則顧考功予咸實首倡之濱死以屬其後人而堂宇重新焉蓋予讀宋史至信國公事及井中心史所載文丞相序未嘗不骨顫魂搖有甚於謝翶之慟哭也公嘗謂大宋三百年宗廟社稷

爲賈似道一人所破壞於乎何后世似道接迹而如信國公者盧無人信國公之靈其必有恫乎不寧倍於昔日者乎祠之始建再建聞於朝重修也輸於官今煢煢與起於不振之子孫與夫好義之人心是可悲也已雖然今日而猶可與起也即人心爲足恃而我公日星河嶽之精英爲不磨也夫

汪懋麟唐寅高士圖記

吴趨唐寅畫高士圖一卷一人背笠倚牛負牽而立一人指地顧牽者曰巢父許由一人髯古貌衣鹿皮荷薪而趨曰善卷一老道服以一指指口若有言一老傴而聽言者商容傴者老聃也二人執鋤一戴笠一禿其首一人皇皇似岐路者沮溺與仲由一人跣而杖一人拱郎由與荷蓧丈人一老一婦負田器書卷筐筥之屬偕而行曰老萊子一人曳杖與盛衣冠者傲而言則原憲子貢地上有甕一人指甕對一人語爲漢陰丈人黄冠野服側面叉手向一人語者爲壺丘子林席地一老與一人對膝坐曰老商眉長竿釣緡翩然行者曰莊周袖手掉頭若不屑顧者曰段干木幅巾把筆據短案坐地上若將書者黔婁先生少年短褐揖於前白

衣持卷隨於後中有偉然法服者則顏曾之與孔子也并側一人坐癯然有饑色者陳仲子一拄杖一羽扇一把卷一採芝髮皆皤皤然知其爲四皓一人跪一老授跪者書黃石公之與子房乎一人朝衣冠跪爲一老繫襪王生之與張公乎前三白羊一人席地焚香撫琴則宋勝之旁置書卷硯筆開卷南面坐一人執如意北面一坐張仲蔚之與景卿也幅巾坐於牀著蓍草於瓶一人坐而問嚴君平之與子雲也袖一掩其鬚若掉臂去者彭城父老二人捧元黃於前一人搖手不屑就者爲韓順圖止此高士凡二十有九與高士俱者凡十有五高士各有贊寅書牛一羊三囊一瓶一井一牀一几一簞二琴一鋤鋪杖笠書卷筐筥雜物各隨其人纖悉入妙可謂極繪圖之能事爲寅真蹟無疑也昔寅生當文物之盛抱異才取巍科使其得時有爲當必有以自見卒遭挫辱擯棄使不得奮力於功名致放浪不羈寄情藻繪若寅者亦可哀也已今觀其所畫高士圖多不以類或儒或老或隱或怪寅皆以高士貌之者亦從其所尚而已若繩之以道則不可寅殆所謂狂士也歟是卷寶於浙西

沈孝廉爾燝之家有年矣孝廉貧不能有將鬻之而以示余余心愛之爲之晨玩竟夕傾酒一斗因爲之記不知其終爲誰氏有也康熙壬子臘月十有九日

玉勾洞天記

幽渺怪異不經之事君子之所不道以其不可知即不可信卒亦不得而傳也若既傳矣卽可信可知雖欲不信使其終無傳也亦不可得也揚州有玉勾洞天載於郡誌在蕃釐觀後相傳唐時有道士持畫爲帥守字皆雲章鳥篆不可識守異之使人跡其後則入后土祠井中因以囚入覘見屋宇森然額曰玉勾洞天復入水漫不可見矣今瓊花觀即古蕃釐觀所以祠后土者井故在雖其事有無不可知而相傳既久井上有亭順治初遭毀弁鎮揚牧馬於此亭遂覆井亦隨塞余過此每徘徊歎息思修復未能也會壽州御史夏公人佺來修醮於觀招轉運王公維新郡守金公鎮及予周覽殿廡相與尋玉勾遺址得其故處突然窪然惟土一丘東汚潦西民廬北徒爲道路荒榛敗瓦充塞滿目因共謀濬井築亭御史公曰城社疆土郡守責也復厥舊基惟金公

鳩工庀材轉運事也用厥材力惟王公執筆而記之使傳於久永舍人其何辭予曰諸從來言神仙者多不可信而道書所紀大小洞天以百數十計其中可喜可怪之事往往而有大抵皆高人達士善人君子始可與神仙之徒而市俗無行之人不可語諸此也後之來遊於斯者尚其自省而勿泥其見於井中乎

韓菼樸園記　樸園者孝昌熊敬修先生別墅也在石城清涼山側中有修竹千竿老梅數十本風景幽僻林木蒨茂隱然丘壑也園後即四望亭登高遠眺莫愁二水諸名勝如在几案間即江北諸山屏列如畫都彷彿望見焉去烏龍潭僅數武夏月荷香襲人蛙鼓喧闐可聽園之左右人家籬落蕭疏有武陵柴桑之致先生讀書論學其中扁其亭曰洗心曰尋孔顏樂處其齋曰藏密曰深造其室曰潛窩曰學易學者多從之遊時人比之武彝精舍云

孫錫蕃愚齋記　孝昌熊敬修先生自丙辰歲來寓秣陵遂卜築於城北之北門橋北

門橋者即所謂青溪也先生讀書之所曰愚齋老屋數間頹然叢篁古木中溪之上有樓巋然牕牖洞豁鍾阜烟雲如在簷際雞鳴寺塔如筍亦正矗牖前風來鈴鐸如語其聲不絕樓下榆柳參差夕陽晚照頃刻萬狀每夏初溪水泛漲環繞樓側時有小艇往還漁簑僧笠隱隱出沒烟雨中先生顏之曰活潑潑地蓋言察也樓之右偏有小亭二區額曰游息曰嘿嘿軒即先生共友人論學處也亭後野園數畝爲構書屋一楹藏所積書卷其中即所謂下學堂是也溯溪而北僅里許即上觀象臺金陵全勝可一覽而盡而沿溪一帶野花疎竹極林壑之美先生顧而樂之自以爲桃源洞裏不是過矣每當花晨月夕焚香澄坐尚友古人覺世間塵土不得而侵之或講論之餘間與二三子隨意散步弄月吟風兩兩三三並有舞雩沂水之樂夫先生之學固非淺衷所能窺測而即其杖履所及一觴一咏皆足以見至趣之流行殆所謂深造自得無之而非是者而先生顧自以爲愚夫愚者入德之階而造道之閫也回也庶幾以愚得之若無若虛氣象至今可想先生之愚亦若是而已矣是

爲

記

喻成龍池陽書院記

天下之所以弘道化美國俗立功名垂風澤者惟此人才而已矣而儲才先於養士養士先於勤學載考禮官天子辟雍諸侯澤宮以云學也下及鄉遂以三士三大夫卿主之而書院之設所以與辟雍澤宮六鄉六遂相爲贊治者也百年以來鮮有修舉予爲慨然思所以儲才養士以開一代之隆以豫國家之用則書院其始地也歷稽往牒自漢集諸集於白虎觀講五經同異鄭元馬融及隋王通皆廣集生徒共相授受然書院之名未立也名之立自唐始開元初建麗正書院以張說爲使代宗作蓬萊殿舍以李泌爲使憲宗創石鼓待四方學者以李寬爲使南唐昇元則嶽[illegible]也太平興國則鹿洞有建也嵩陽鶴山奏置院長建安麗澤掌以布衣而大元之太極天曆之橫渠隆慶天啓之靈濟首善又班班可數也於是鴻儒蔚興大業飈起猗云盛矣予綰組池陽有興教育才之任簿書之暇率寮寀進者碩訪八桂翠微遺趾湫隘曲側不

足當甲觀西山之選嗣於學宮西南有連厥舊基其地高廣軒豁登而望之遠岫平臨淸江環潮烟雲竹樹觸目琳瑯陟巘降原於茲爲勝爰剔榛莽畚砂礫測景植圭繪圖釐冊而後鳩工庀材焉經始於辛酉七月之初竣於壬戌春王之吉繚垣百堵丹艧千楹顏於門曰池陽書院誌地也堂曰經治志業也曰敬學誌學也東西序列匝廡周廊庖廩膏薪充庾盈室旣次第就裁區畫纖當因採購鴻文搜羅秘笈聖經國史諸子百家凡數千卷刊石紀編貯備觀覽徵郡學及六邑諸生升其孝秀英敏者讀書其中而以郡邑學博主之相與修業砥行爲國羽儀庶幾師禮官遺意而於前賢詎不望古遙集也哉若云文翁之倡化茂叔之講學以俟君子余方遜謝告不敏也是爲記

多弘安修築高堰堤工記

高堰在山陽縣之西南所恃以砥淮泗之衝流奠淮揚之墊溺者於是乎在蓋淮水自桐柏而下合汝蔡肥穎諸大川及淮南七十二山谿之水而抵泗盱匯洪澤出淸口以匯於黃歷安東雲梯關入于海苟任其水淸流疾保無壅決之患也惟黃

河挾數千里奔騰之勢其力足以過淮使淮少弱
則將抑流而東瀆高堰決淮揚勢所必至也淮既
旁趨獨流卽內灌裏河淤塞運道且黃乘淮後交
勢南趨則清口之流日緩海道之淤日積黃淮交
横干淮揚千里之間而運道遂茫然而不可問矣
是病淮而并以病運者莫如河而敵黃卽所以利
運者莫如淮故治淮乃治河治運之先務而治高
堰尤治淮之首圖吉人以高堰爲淮揚門戶職此
故也予以山盱堰壩同知受事於康熙十六年之
二月謝事於二十一年之六月凡竭蹷於河事者
五載有奇雖胼手胝足不敢言勞而述水勢紀成
功以告後之有事於斯堰者亦有司之職也於是
計其所施功之地曰武墩決口爲丈七十有七曰
高堰決口蓋爻一百八十有餘曰六安溝曰侯二
門曰孫家西北曰孫家西曰管家西曰小黃庄曰
小黃庄南曰宜興集曰鄧家馬頭曰周家馬頭門
周家西曰高梁澗曰楊家馬頭凡大小決口二十
爲丈者四百七十有三曰三壩南曰四壩北曰陳
家西曰畢家西曰六壩南曰朱家灣北曰周橋閘
朝後凡決口三十一爲丈者五百有八曰翟壩[illegible]

周橋以里計者二十有五皆與高堰相爲表裏之隄防也自清口至雲梯關數百里葭葦榛蕪此而不疏將高堰之隄防雖完而淮水之歸途猶阻恐終將旁溢而爲患耳況以黄流駕淮濁沙淤墊而淮出清口之故道如爛泥淺裴家厰皆壅塞成渠其何以疏達淮流於是乎核深計淺以治爛泥淺諸故道裏河爲漕運咽喉日久不濬則無以容淮流而致他變於是乎畫地分段算方刻期以治運河并修築兩岸及鴈翅諸工此又與治淮相爲終始之工役也溯其施工之時則十五年黄淮横溢衝決高堰三十四處并潰高寶運隄在予受事之先而予之始事於武墩次事於高堰在十六年皆三閲月而告竣次事于六安溝諸口自十六年仲夏至十七年春杪凡十月而告竣次事于翟壩周橋自十七年冬至明年八月而告竣蓋予五載之間其櫛風沐雨蒙霜冒暍搆葦水濵身行泥淖中者凡三載至十九年秋於是諸工次第告成二瀆順軌頓還舊觀回思當日波濤山立風雨怒號旁觀者鬼震霆驚面無人色予亦茲然未知所稅惟是殫心竭智大聲疾呼以與風浪爭衡于危急存

亾之際者固不憚以身狥之而其最烈者則十六年之秋淫雨不休西風大作十八年之冬久雨之後繼以大水忽發颶風狂煽五日之間水高冒堰一綫長隄危同懸縷予終日跣行驚濤過額氷結腰領間不知也事後思之曾何異强敵當前石矢交下而獲保無虞抑亦幸矣此其經晝指授則皆出自河憲靳公如武墩一口洶湧騰沸久無成績公甫視事即命于下流稍緩之處直築攔河大壩一道壩成再堵決口於是人力可施及水勢漸平遂獲奏功高堰之決也隄之內外湖波蕩漾畚築無所施公檄造土船數百給庸募夫葦木草束一時俱辦事賴以集又往時運口在甘露城旁尤屬淮黃交會之地故每值黃水盛或西北風起未免倒灌歲有閉埽築壩之煩公相度形勢命予酌改運口於爛泥淺之上挑河一道緊接淮水遠避黃流外築大隄以通牽輓又築撗隄以防河漲自此黃河無逆入之患而運河亦免歲挑之煩矣至翟壩以至周橋成河九道蓋明萬曆間有分黃導淮之議致淮之旁流愈多正流日弱刷沙無力黃流益横淤沮運道所由來也公於十六年冬命予加

築大隄于一帶湖陂又塞周橋高澗壩座仍于隄外增築坦坡以固隄址使清淮涓滴無所旁洩而蓄其全力以攻久墊之淤沙凡諸碩畫雖昔平江諸人不能過也予皆仰稟成算幸無隕越而至於惴惴小心夙夜不遑則不敢以不勉在工諸員大小不一予不以體勢相臨惟以情意職事交相勸厲共襄乃績他如挑土壓埽工多則費帑工少則廢事予每先期一日行諭村民每夫給銀四分以砲聲爲期畢集工所埽下即散故得不靡帑而事辦其有決口既多取土爲艱者予往來督視就水消土露之處令遠者以木爲橋度水挑運以濟舟運之窮稍近而水淺者令於水中填出土埂千餘道以濟橋木之窮至堵築肯綮尤在中泓合龍之際勢將收則水勢洶湧十倍於時下埽如兩軍對壘事爭毫髮苟或人料參差患在走埽一埽既動諸埽從之予惟先事而戒罔或弗備閉泓之日間值風雨則揮從却蓋露立水次不使有一夫之懈夜則倍其工食勤則加其犒賚故人役之效命蓋亦鑒其誠焉要皆

聖天子之庥福河憲之訏謨小臣獲告無罪不勝厚

幸謹記如左凡在工各員備著勞績並勒名碑陰以志共襄王事云

朱雯重建溧陽鳳凰雙橋記

古聖人制度之興凡以前民利用故城郭廬舍而外復有橋梁之制其來尚矣王政火覿道茀歲十一月徒杠成十二月輿梁成咸以濟民也其初始於架木後世或甃以石或浮以航惟因乎地之宜故周文造舟於渭秦公子鍼造舟於河迄今載之史傳不絫重哉溧陽爲金陵輔邑其東南多山若金鷄石屋盤白諸勝列如翠屏鬱然也獨西北皆陂池塘澤洪流巨浸集建平高淳諸道之水而滙於兹焉閻史水記曰溧陽之水東而南水之去道也西而北水之來道也蓋由固城五堰而下經昇平三塔會於溧水之曹姥山然後直達於雙橋即今所稱鳳凰橋者嗣是繞城分三流而入於荆瀨諸溪則兹橋其鎖鑰云地爲通衢往來所聚肩摩轂擊不能褰裳而往也明弘治初邑令新符公建雙橋跨其上以便行旅歲月奄曠橋制傾圮邑吏部史公復鳩工而新之沈青霞先生爲之記兹閱百年而屐跡上敝木蠹下囓不無爛湮解

拆之患壬戌冬予署篆茲邑覩舊制之將頽也慼然憂之曰橋梁之制王政先之凡以利民也昔陳少游爲觀察使設梁以禦虐水生民賴之至今呼爲大夫橋杜預造橋梁於平津衆論翕然以爲不可預力任之梁成而君賞其功民拜其惠千世誦之不衰豈非利民之事爲士君子所不可諉乎獨予貧吏不能勉力任事如兩公而輸民力以供興作又勞民傷財之是懼幸有善者同力而肇舉之以聚沙成塔之心成鞭石爲橋之果懸壑山伐木之僱募其力撥攢鑿撞秘之用庇其工具昇輦畚築之器備其用俾輸棟楹者若干輸磚爐者若干輸甓甃者若干版築具興材殖互飭將不日而告厥成焉將見二水中分夾綵虹而並跨雙橋齊峙駕明鏡以參差是固予之志也夫不然則時之涸寒民將胥溺亦鳩爾衆而備王政之一端歟

周疆重修東流縣儒學記

方今海宇昇平

聖天子敦崇文教銳意振興屬在庶賚承流宣化詎敢隕越以自外余佐治池陽甫至見池之文物衣

冠彬彬郁郁而兩庠歸麗書院崇弘知非有主持風教者以作興鼓舞於其間曷克臻此今年癸亥夏五月奉檄視篆東流恭謁文廟授講畢周視殿廊墻廡草創規模缺然有待爰與學博洪子景行倡捐修葺之紳衿耆舊亦樂爲附應圖度諮謀凡廢者舉之剝者補之以期周備於是由正殿以及啓聖祠向之鞠爲茂草者爲之設立圍墉潤飾甃砌偃者蝕者悉易去正配各主俱金碧焉余視事未兩月而經營區畫工役爭趨一望橋門朱炳丹煥坊表聯額各如制煌煌然幸改舊觀矣夫三代以來司樂司成專主教事周禮始竝屬之黨正州長即今之牧民長吏也以是爲政即以是爲教厥後政教判然士君子稱先則古未嘗不思得位行道及出身加民征賦雜其耳目刑賞搖其心志案牘交乘誇飾吏治以教民爲已任者幾人哉或曰孔子之道夫人而具之讀其書以法其行固有在此而不在彼者徒崇廟貌何爲乎雖然入廟思敬古誌之矣對越儼然羹墻如見相與警心觸目以培養夫忠信之原則人心因之以正學術由之以成處而砥行立名出而經邦弘化以副

朝廷雲漢天章之盛者又豈可量也哉宋儒葉適曰儒術不進天下無正學師道不立天下無善人相得益彰余更於洪于不無厚望云

薛熙重修虎丘寺廻廊記

吳會故多名勝之區而虎丘雲巖寺獨爲第一考其圖志得前人所爲序賦記等修其文辭紀遊則冬春無間量工則壞成不一而廻廊之頽圮又十數年於玆矣驛傳憲副金公登斯丘而樂之且曰斯廊之壞余懼夫勝地之將蕪也其可不葺乃命木工以易其欹者腐者撓折者命陶工以補其漏汚者缺者命瓦工漆工以墁治其赤白之漫漶不鮮者由殿階以北縱爲丈者若干南亦如之折而東又若干丈橫一丈有二尺皆仍其制工既訖功公遂檄其屬之縣大夫進諸生於學宮俾各爲之記以郵致之將定其甲乙拔其尤者鑱之石以垂之永久愚於是歎公之明德遠也先是公守廣陵時令簡民安百廢具興郡人到今歌思之今且以治一郡者治十有四郡郡政成於公庭咫尺之間而人共樂於江山千里之外斯廊所以志也而愚

更有望於公者今 國家仰給東南以區區一隅
供天下財賦之半迄於今民力彫盡中戶之家相
無擔石之儲而俗尚媮靡餙爲觀美庶人屋壁時
被文繡以及浮屠老氏之室皆極林壑之幽土木
之美而雲巖其尤著者也璧之於人其外則欣然
偉然飮食言語自若也而不知疾在腠理不治將
深其不爲秦越人見之而退走者幾何矣愚聞之
上醫醫國公醫國手也以民之疾苦告之
天子有以贊廟謨裨國計以重恤我江南之民則三
吳之富庶永保庶斯丘之名勝亦得以永長存矣
昔希文之記岳陽樓曰先天下之憂而憂後
天下之樂而樂愚於公亦云且以告來遊者

杜濙東山翼善禪寺重建大殿碑記

秣陵東山翼善禪寺者海
舟慈祖闢化地也羣峰鵲起安石垂台輔之功一
水龍奔太白著花月之詠風飈雲棟千載昭物外
之觀翠壁朱甍列代壯寰中之勢慈和尚泛桮舟
於法海普渡緑溪瑄大師藴片玉於溪山瑩光照
徹歷年旣久古殿餘芳草之碑闕世屢更法堂頽
花雨之址禪人共慨故老增悲有滁山慧者西蜀

名流東吳耆宿徧覓禪林於荆棘欣搜古塔之崇甍奉弘覺禪師卓錫南來剖一百八句之宗頭能點石承大咸本師折蘆東渡演四十九年之法笑比拈花建幢幡於鼠雀之餘續燈再熖振鐘鼓於煙雲之表法眼洪開建正殿則圭璧合日月以爭輝立三門亦丹雘偕雲霞而獻采金容寶相三身璀璨於中天白足赤髭四花照耀乎萬品誰謂喬皇翠殿姝當年禪誦之聲繚繞紺園非此日通霄之路也哉不佞曩者備員江左親禮浮圖兹當叅政中州遙聞法鼓試看旛王持果疇登白玉之臺還使稗子談經得踞青蓮之座一芹作獻侍曹溪三十七代之傳法證此菩提片楮達誠向臨濟七百餘年之正宗申其頂祝庶殿夌浮碧駕仙樓十二處處化城而道在精藍安寶座三千在在禪室云爾

附弘覺禪師道忞重建東山翼善寺疏

遥征來布塞孫綝勸景帝以亭驂張宴在東山玄石爲蒼生而起臥亂落一天華雨傳寶誌之弘宣開經幾度薔薇記青蓮之

冉至龍蟠虎踞地旣盡極南天鳳翥鸞翔人亦高齊北斗所以英標代有俊彥淸梵世擅名緇園林則東晉寔崇宮館則六朝最著金繩開覺路淨名借翼善同芳寶筏度迷川慈祖共瑄翁迭駕遡當年之壯麗奎煥天章問此日之傾頹栽傷舞馬然棄除相禪物有盛而必衰消長循環運無往而不復充國黃金墻現讖符正法當與合同船子歌還驗在機緣適轃欽承祖德仗庇佛光莖草拈來有是賢于之出手藏金傾布無非須達之興心重增自祉徽聲更起山川瑞色幸東吳勝事一日鼎新將江左淸風千秋不墜矣

江南通志卷之第七十二終

江南通志卷之第七十三

藝文

宋顏延之三月三日曲水詩序

夫方策既載皇王之迹以殊鐘石畢陳舞詠之情不一雖淵流遂往詳畧異聞然其宅天衷立民極莫不崇尚其道神明其位拓世貽統固萬葉而爲量者也有宋函夏帝圖弘遠高祖以聖武定鼎規同造物皇上以叡文承歷景屬宸居隆周之十既永宗漢之兆在焉正體毓德於少陽王宰宣哲於元輔晷緯昭應山瀆効靈五方雜遝四隩來暨選賢建戚則擇之於茂典施命發號必酌之於故實大予協樂上庠肆教章程明密品式周備國容眂令而動軍政象物而具箴闕記言校文講藝之官采遺於內輶車朱軒懷荒振遠之使論德於外顏莖素氂并柯共穗之瑞史不絶書棧山航海踰沙軼漠之貢府無虛月烈燧千城通驛

萬里是以異人慕嚮俊民聞出警蹕清彛表裏悅穆將徙縣中宇張樂岱郊增類帝之壇飭禮神之館塗歌邑誦以望屬車之塵者久矣日躔胃維月軌青陸皇祗發生之始后王布和之辰思對上靈之心以惠庶氓之類加以二王於邁出餞戒告有詔掌故爰命司歷獻洛飲之禮具上巳之儀南除輦道北清禁林左闕巖隥右梁潮源畧亭皐跨芝廛苑太液懷曾山松石峻峗葱翠陰烟游泳之所攢萃翔騄之所往還於是離宮設衛別殿周徼旌門洞立延帷接枑閱水環階引池分席春官聯事蒼靈奉塗然後升祕駕延緹騎摇玉鑾發流吹天動神移淵旋雲被以降於行所禮也既而帝暉臨幄百司定列鳳蓋俄軫虹旗委旆肴蔌芬藉觴醳泛浮妍歌妙舞之容銜組樹羽之器三奏四上之調六莖九成之曲競氣繁聲合變爭節龍文飾轡青翰侍御華裔殷至觀聽驚集揚袂風山舉袖陰澤靚裝藻野袨服縟川故以殷賑外區煥衍都會者矣上膺萬壽下禔百福市筵稟和閭堂依德情盤景遽歡洽日斜金駕總回聖儀載佇悵釣臺之未臨慨酆宮之不縣方且排鳳闕以高游開爵園

而廣宴並命在位展詩登志則
夫誦美有章陳信無愧者歟

〔齊〕王儉三月三日曲水詩序

臣聞出豫爲象鈞天之樂張焉時乘旣位
御氣之駕翔焉是以得一奉宸逍遙襄城之域體
元則大悵望姑射之阿然窅眇寂寥其獨適者已
至如夏侯雨龍載驅瑤臺之上穆滿八駿如舞瑤
水之陰亦有饗云固不與萬民共也我大齊之握
機創曆誕命建家接禮二宮考庸太室幽明獻期
雷風通饗昭華之珍旣徙延喜之玉攸歸革宋受
天保生萬國慶邑靜鹿丘之歎遷鼎息大坰之慙
紹清和於帝猷聯顯懿於王表駿發開其遠祥定
爾固其洪業皇帝體膺上聖運鍾下武冠五行之
秀氣邁三代之英風昭章雲漢暉麗日月牢籠天
地彈壓山川設神理以景俗敷文化以柔遠澤普
氾而無私法含弘而不殺猶且具明廢寢昃晷忘
餐念負重於春氷懷御奔於秋駕可謂巍巍弗與
蕩蕩誰名秉靈圖而非泰涉孟門其何險儲后睿
哲在躬妙善居質內積和順外發英華斧藻至德
琢磨令範言炳丹青道潤金璧出龍樓而問豎入

虎闈而齒胄愛敬盡於一人光耀究於四海若夫族茂麟趾宗固磐石跨躡呂姬韜軼炎漢元宰比肩於尚父中鉉繼踵乎周南分陝流勿翦之歡來仕允克施之譽莫不如珪如璋令問令望朱芾斯皇室家君王者也本枝之盛如此稽古之政如彼用能免羣生於湯火納百姓於休和草萊樂業守屏稱事引鏡皆明目臨池無洗耳沈冥之怨旣鈌薖軸之疾已消與廉舉孝歲時於外府署行議年日夕於中甸協律總章之司府倫正俗崇文成均之職導德齊禮摯壺宣夜辨氣朔於靈臺書笏珥彤紀言事於仙室褰帷斷裳危冠空履之吏彰挫武猛扛鼎揭旗之士勤恤民隱糾逖王慝射飛隼於高墉繳大風於長隧不仁者遠惟道斯行讒莠蔑聞攘爭掩息稀鳴桴於砥路鞠茂草於圓扉者年闤市井之游稚齒豐車馬之好宮隣昭泰荒憬清彜侮食來王左言入侍離身反踵之君髽首貫胸之長屈膝厥角請受纓縻文鈹碧砮之琛奇幹善芳之賦純牛露犬之玩乘黃茲白之駟盈衍儲邸克牣郊虞匭牘相尋鞮譯無曠一尉候於西東合車書於南北暢轂埋轔轔之轍綏旌卷悠悠之

旆四方無拂五重不距偃革㢸軒銜金罷戰天瑞降地符升澤馬來器車出紫陛華朱英秀傍披植曆草滋雲潤星暉風揚月至江海呈象龜龍載文方握河沈璧封山紀石邁三五而不追蹤八九之遼迹功既成矣世既貞矣信可以優游暇豫作樂崇德者歟于時靑鳥司開條風發歲粤上斯巳惟暮之春同律克和樹草自樂禊飲之日在茲風舞之情咸蕩去肅表乎時訓行慶動於天矚載懷平圃乃睠芳林芳林園者福地奧區之奏丹陵若水之舊殷殷均乎姚澤膴膴尚於周原依豐邑之未宏隨譙居之猶褊求中和而輕處揆景緯以裁基飛觀神行虛檐雲構離房乍設層樓間起負朝陽而抗殿跨靈沼而桴榮鏡文虹於綺疏浸蘭泉於玉砌幽幽叢薄秩秩斯干曲拂邅迴瀉渡㴔復新萍泛泛沚華桐發岫雜天采於柔荑亂嚶聲於縣羽禁軒承幸淸宮俟宴緹帷宿置帟幕宵懸既而滅宿澄霞登光辨色戒道執殳展軨郊駕徐鑾警節明鐘暢音七萃連鑣九斿齊軌建旗拂蜺揚旍振木魚甲烟聚貝冑星羅重英曲瑑之飾絶景追風之騎昭灼甄部驅駿函列虎視龍超雷駭電逝轟

轟隱隱紛紛軫軫羌難得而稱討爾乃迴輿駐罕嶽鎮淵停䠥容有穆賓儀式序設几肆筵因流波而成次蕙肴芳醴任激水而推移蓀俏陳階金匏在席威奏翹舞籥動邠詩名鳴鳥於弇州追伶倫於嶰谷發參差於王子傳妙靡於帝江清歌有闋羽觴無算上陳景福之賜下獻南山之壽信凱讌之在藻知和樂於食苹桑榆之陰不居草露之滋方渥有詔曰今日嘉會咸可賦詩凡四十有五人其辭

云爾

〔梁〕劉峻自序　峻字孝標平原人也生於秣陵縣朞月歸故鄉八歲遇桑梓顛覆身充僕圉齊永明四年二月逃還京師後爲崔豫州刑獄叅軍梁天監中詔峻東掌石渠閣以病乞骸骨隱東陽金華山余嘗自比馮敬通而有同之者三異之者四何則敬通雄才冠世志剛金石余雖不及之而節亮慷慨此一同也敬通値肇興聖君而終不試用余逢命世英主亦擯斥當年此二同也敬通有忌妻至於身操井臼余有悍室亦令家道轗軻此三同也敬通當更始之世手握兵符躍馬食

肉余自少迄長戚戚無歡此一異也敬通有子仲文宦成名立余禍同伯道永無血嗣此二異也敬通膂力剛強老而益壯余有犬馬之疾溘死無時此三異也敬通雖芝之殘蕙焚終填溝壑而爲名賢所慕其風流郁烈芬芳久而彌盛余聲塵寂寞世不吾知魂魄一去將同秋草此四異也所以力自爲序遺之

好事云

顧野王虎丘山序 夫少室作鎮以峻極而標奇太華神掌以削成而稱貴若茲山者高不槩雲深無藏影卑非培塿淺異踈林秀壁數尋被杜蘭與苔蘚椿枝千仞挂藤葛以懸蘿曲澗潺湲修篁蔭暎路若絶而復通石將頹而更綴抑巨麗之名山信大吳之勝壤若乃九功六義之興依永和聲之製志由興作情以詞宣形言諧于韶夏名文暢於鍾律由來尚矣未有登高能賦而韞斐麗之章入谷忘歸而忽鏗鏘之節故總轡齊鑣競雕蟲於山水雲合霧集爭歌頌于林泉於時風清邃谷景麗修巒蘭佩堪紉胡繩可索林花翻灑乍飄颺於蘭皋山禽囀響時弄聲於喬木班草

班荆坐磻石之上濯纓濯足就倉浪之水傾縹瓷
而酌旨酒剪綠葉而賦新詩肅肅若與三徑齊蹤
鏘鏘然似共九成諧韻盛矣
哉聊述時事寄之翰墨

陳江總陶貞白集序

昔劉向通古今之學馬融見
天下之書京房察風雨之占
裴楷曉陰陽之術子政傷於易簡季長傲於驕侈
君明逐不旋踵公矩纔免厥誅鮮有盡美之跡罕
有克終之譽若夫德行博敏孔室四科經術深長
鄭門六藝丹陽陶先生備斯矣至如紫臺青簡綠
帙丹經玉版秘文瑤壇怪牒靡不貫彼精微殫其
旨趣蓋非常之絕伎命世之異人焉文集缺亡未
有編錄門人補輯若逢遼東之本好事研搜如誦
河西之篋奉勑校之鉛槧緘以緹緗藏彼鴻都副
在延
閣

唐蕭穎士送劉太眞詩序

記有之尊道成德嚴師
其難哉故在三之禮極
乎君親而師也參焉無犯與隱義斯貫矣孔聖稱
顏子有視余猶父歎其至歟今吾於太眞也然乎

爾且後進而余師者自賈邑盧翼之後比歲舉進士登科名與實皆相望騰遷凡十數子其他自京畿太學踰于淮泗行束脩已上而未及門者亦云倍之余弗敏曷云當乎而莫之讓蓋有來學徵往教蒙匪余求若之何其拒哉噫爾之所以求我之所以誨學乎文乎學也者非云徵辯說撫文字以扇夫談端轢厥詞意其于識也必鄙而近矣所務乎憲章典法膏腴得義而已文也者非云尚形似牽比類必局夫儷偶放於奇辟其於言也必淺而乖矣所務乎激揚雅訓彰宣事實而已衆之言文學者或不然於戲彼以我爲僻爾以我爲正同聲相求爾後我先安得而不問哉問而教教而從從而達辭師也得乎孔門四科吾是以竊其一矣然夫德行政事非學不言言而無文行之不遠豈相異哉四者一夫正而已矣故曰詩三百一言以蔽之曰思無邪不正之謂也吾嘗謂門弟子有尹徵之學劉太真之文首其選焉今茲春連茹甲乙淑問侔闡爲時之冠浹旬有詔俾徵典校秘書且馳傳壠首領元戎書記之事四牡騑騑薄言旋歸聲動宇下浹于寰外而太真與元昆前已甲科太沖問

歲翩其連轝謂予不信豈其然乎夏五月廻棹京洛告歸江表岵兮屺兮歡旣萃矣兄矣弟矣榮斯繼矣縉紳之徒習禮聞詩者僉曰劉氏二子可謂立乎身先乎親蹈極致於人倫者矣上京餞別庭闈望歸從古以來未之聞也余覊宦此邑覩斯雲轝彼吳之丘曾是昔遊心乎往矣有懷伊阻行矣風帆載飛載揚爾思不及黯然以泣先歸孝悌謹信泛愛親仁餘力學文之訓爾其志之南條北固朱方舊里昔與太眞初會于兹余之門人有柳并者前是一歲亦嘗覲兹地其請業也必始乎此焉并也有尹之敏劉之工其少且病故莫之逮太眞亦嘗曰何敢望并并與眞難乎其相奪也緬彼江陰京皐是臨歸言念二子從予於此爾云過之其可忘諸同是餞者賦江有歸舟以寵夫嘉慶焉爾

李白趙公西候新亭序

惟十有四載皇帝以歲之驕陽秋五五不稔乃愼擇明牧恤南方凋枯伊四月孟夏自淮陰遷我天水趙公作藩于宛陵祗明命也惟公代秉天憲作程南臺洪柯大本聿生懿碩宏乎哉横風霜之秀氣鬱王霸之奇略初以鐵冠白筆佐我燕京威雄振肅

敵不敢視而後鳴琴二邦天下取則起草三省朝
端有聲天子識面宰衡動聽殷南山之雷剖赤縣
之劇强項不屈三州所居大化咸列碑頌至於是
邦也酌古以訓俗宣風以布和平心理人兵鎮唯
靜畫一千里時無莠言退公之暇清眺原隰以此
郡東塹巨海西襟長江咽三吳扼五嶺輶軒錯出
無旬時而息焉出自西郭蒼然古道道寬列樹行
無清陰至有疾雷破山狂飈震壑炎則爍野秋霖
灌途馬虺隤於谷口人周章於山頂亭候靡設逢
迎闕如自唐有天下作牧百數因循齷齪罔恢永
圖及公來思大革前弊實相此土陟降觀之壯其
廻岡龍盤沓嶺波起聲勢交至可以有作方農之
隙廓如是營遂鏟崖堙卑驅石剪棘創汚壞堦高
隅以門以墉乃棟乃宇儉則不陋麗而不奢森沉
閈閎爆灂有庇若鼇之湧如鵬斯騫縈流一鏡轉瀰
映池底納遠海之餘清瀉蓮峯之積翠倚一方雄
勝之郊五馬踟躕之地也長史齊公光乂人倫之
師表司馬武公幼成衣冠之髦彥錄事參軍吳鎮
宣城令崔欽令德之後良材間生縱風教之樂地
出人倫之高格卓絕映古清明在躬僉謀僝功不

日而就然是役也伊二公之力歟過客沈吟以稱嘆邦人聚舞以相賀僉曰我趙公之亭也羣寮獻議請因謠訟以名之則必與謝公北亭同不朽矣自以爲謝公德不及後世亭不留要衝無勿拜之言鮮登高之賦方之今日我則過矣敢詢耆老而作頌曰耽耽高亭趙公所營如鼇背突兀於太清如鵰翼開張而欲行趙公來翔有禮有章煌煌鏘鏘如文翁之堂清風洋洋永世不忘

陪司馬武公晏姑孰亭序

通驛公館南有水亭焉四甍翬飛巉絕蒲嶼葢有前攝令河東薛公棟而宇之今宰隴西李公明化開物成務又橫其梁而閣之晝鳴閒琴夕玩清月蓋爲接輶軒祖遠客之佳境也製置既久莫知何名司馬武公長材博古獨映方外因據胡床岸幘嘯詠而謂前長史李公及諸公曰此亭跨姑孰之水可稱爲姑孰亭焉嘉名勝槩自我作也且夫曹官紱冕者大賢處之若游青山臥白雲逍遙偃傲何適不可小才居之窘而自拘悄若桎梏則清風朗月河英嶽秀皆爲棄物安得稱焉所以司馬南隣當文章之旗鼓翰林客卿揮辭鋒以戰勝名

教樂地無非得俊之場也千載一時言詩紀志

餞副大使李藏用移軍廣陵序

夫功未足以蓋世威不可以震主必持此者持之安歸所以彭越醢于前韓信誅于後況權位不及于此者虛生危疑而潛包禍心小拒王命是以謀臣雄將喙以節鉞誘而烹之亦猶借洪濤于奔鯨膽生人于哮虎呼吸江海橫流百川左縈右拂千有餘郡國討未及誰當其鋒我副使李公勇冠三軍衆無一旅橫倚天之劍揮駐日之戈吟嘯四顧熊羆雨集蒙輪扛鼎之士杖于將而星羅上可以扶天雲下可以絕地維翕振虎旅赫張王師退如山立進若電逝轉戰百勝僵屍盈川水膏於滄溟陸血于原野一掃兇解洗清全吳可謂萬里長城橫斷楚塞不然五嶺之北盡餌于脩蛇勢盤地促不可圖也而功大用小天高路遠社稷雖定于劉璋封侯未施于李廣使慷慨之士長吁青雲且移軍廣陵恭把後命組練照雲樓船乘風簫鼓沸而三山動旌旗揚而九天轉艮牧出祖列將登筵歌酣易水之風氣振武安之兇海日夜

邑雲帆中流廓闢賦詩以壯三軍之事白也筆已老矣序何能爲

呂温地志圖序

廣陵李該博達之士也學無不通尤好地理患其書多門歷世浸廣文詞浩蕩學者疲老由是以獨見之明法先聖之制黜諸子之傳記述仲尼之耽方會源流考同異務該暢從體要卓然勒成一家之說猶懼其奧未足以昭啓後生乃裂素爲方據書而畫隨方面以區别擬形容之訓解命之曰地志圖觀其粉散百川黛凝羣山元氣剖判成乎筆端任土之毛有生之類大鈞變化不出其意然後列以城郭羅於陬落内自五侯九伯外洎要荒蠻蜑禹跡之所窮漢譯之所通五色相宣萬邦錯峙毫釐之差而下正乎封畧方寸之界而上通乎分野乾象坤勢焕焉可觀與夫聚米擬其端倪畫地陳乎梗槩固不可同年而語其詳畧也每虚室燕居薄帷晴褰普天之下盡在屋壁户納四海窓籠八極名山大川隨顧奔走殊方絶域率意而到高視華裔坐横古今觀帝王之疆理見宇宙之寥廓出避入幽曾不崇朝與夫役形神于歲月窮轍跡于區外又不可企

舉而論勞逸也且夫刪百代之弊綜羣言之首繁而不亂疎而不漏才識以潤之丹青以炳之使嗜學之徒未披文而見義不由戶而觀奧斯訓導之明也窮地而述舉世而載事極鴻纖理通皦昧混一家之文軌張大國之襟帶聚人物之虛美總山川之要會表皇威之有截明王道之無外斯乃功用之大也見蒼梧塗山則思舜禹恤民之艱覩窮荒大漠則思秦漢勞師之弊覽齊墟晉壤則想桓文勤王之霸觀洞庭荆門則知苗蜀恃險之敗王者于是明乎得失諸侯于是鑒乎興替斯又懲勸之遠也然則本之足以廣學流中之足以贊鴻業乖之可以示後世豈徒以近觀遠以智自樂爲室中之一物哉而將無知音道不虛行舉地無圖聞天無路此志士儒林所以爲之嘆息也某久從君遊辱命序述庶明作者之意俾好事君子知其所以然

李華蕭穎士文集序　蘭陵蕭穎士字茂挺梁國鄱陽忠烈王之後曾祖某官大父某官考諱某莒縣丞咸有位不尊至君七歲能誦數經背碑覆局十歲以文章知名十五譽滿天

下十九進士擢第歷金壇尉桂州參軍秘書正字河南參軍辭官避地江左永王修書請君逃遁不與相見淮南連帥表君爲揚州功曹相國奏遣租庸使第五琦請君爲介君以先世寄殯嵩濮因之遷祔終事至汝南而沒嗚呼春秋若干天下儒林爲之憔悴君爲金壇尉也會官不成爲揚州參軍也丁家難去官爲正字親故請君著書未終篇爲御史府以君爲慢官離局奏譴罷職爲河南參軍僚屬多嫉君文名上司以吏事責君君拂衣渡江遇天下有故其高節深識皎皎如此君謂六經之後有屈原宋玉文甚英壯而不能經後有賈誼文詞詳正近于理體枚乘司馬相如亦瓌麗才士然而不近風雅揚雄用意頗深班彪識理張衡宏曠曹植豐贍王粲超逸嵇康標舉此外皆金相玉質所尚或殊不能備舉左思詩賦有雅頌遺風于寶著論近于王化根源此外皆曼絕無文近日陳拾遺文體最正以此而言見君述作君以文章制度爲已任時人咸以此許之不幸沒于旅次有文十卷行于世其篇目雖存章句遺逸故所謂有其義而無其辭者也是後之爲文者取以爲法焉今海

內至廣人民至衆求君之長不可復得難乎哉習有子一人曰存爲蘇州常熟縣主簿雅有家風知名于世以華生平最深見託爲序力疾直書云爾

顔眞卿送劉太沖序

太沖彭城之華望也自開府再明于宋室澤州考績于國朝道素相承世傳儒雅尚矣其果行修潔斯文彪蔚鬱不晦乎棪華龍驤驥乎雲路則公山正禮策高足于前沖與太眞嗣家聲于後有日矣昔予作郡平原拒鈇鑕而請與從事長銓吏部第甲乙而超升等倫爾來蹉跎循屑卑位雖才不偶命而德其無隣故沖之西遊斯有望矣江月弦魄秦淮頂朝君行句溪正及春水暢哉之子道在何居魯郡顔眞卿序

柳宗元送寧國范明府詩序

近制凡得仕于王者歲登名于吏部必參等列分而合之率三十人以爲曹謂之甲名書爲三其一藏之有司其二藏之中書洎門下每大選置大考績必闔決會驗而覗其成有不合者下有司罷去甚衆由是吏得爲姦以立威賊智以弄權

詭竊寵易而莫示其實必求端慤而習于事辨達而勤于務者命之官而掌之居三年則又益其官而後去其職有范氏傳眞者始來京師近臣多言其美宰相聞之用以爲是職在門下甚獲休問初命京兆武功尉既有成績復于有司爲宣州寧國令人咸曰由邦畿而調者命東西部尉以爲美任范生曰不然夫仕之爲美利乎人之謂也與其給于供備孰若安于化導故求發吾所學者施于物而已矣夫爲吏者人役也役于人而食其力可無報耶今吾將致其慈愛禮節而去其欺僞凌暴以惠斯文而後有其祿庶可乎吾心而不愧于邑苟獲是焉足矣季弟爲殿中侍御史以是言也告于其寮咸悅而尚之故爲詩以贈其去而使予爲序

陸龜蒙幽居賦序

陸子居吳東距長洲故苑一里闤闠不通人事且欲吟咏情性曰燕居則仲尼有之矣曰卜居則屈原有之矣曰閒居則潘岳有之矣郊居則沈約有之矣既抱幽憂之疾復爲低下之居乃作幽居賦其序云余少學窮經早持堅白其生也懸贅附疣其材也戴瘿

衡瘤居無養拙之資出有倦遊之嘆初張蓬矢嘗逞志于四方未佩椒蘭敢違仁于一日雖家風未泯而世德全寂門等華平材兼魏邴激清芬而鎮俗追雅望于圖形荀勗乃天下表儀裴秀爲朝端領袖朱輪十乘紫誥千篇炳若星辰煥乎竹帛備覩圖牒謬辱孫謀亞鼎蕭條賜書零落漆工酒保幾欲沉淪故栗空桑屢嚬摧折劉起劉毅俱無擔石之儲許邁許詢但有山林之志思鑿坏而遁耶倚樹而吟師道氣于龜腸扣兵鈐于魚腹窮年學劍不遇白猿隔日伏雞未逢黃鵠止則茨墻艾席行則葛屨柴車仲宣方甑于碁枰叔夜還眠于鍛竈既已草知晦朔木讓榮枯因推墨別爲三始侔儒分至八何晏之言道德不及王生鄭元之注春秋才同伏氏初陳梗槩漸入精微探桓范之智囊掘張憑之理窟遺其耳目然後謂之聰明差若毫釐焉足言乎大小加以病惟鬭蟻力止截蟬簾幃非翡翠之榮鍾鼓豈鶢鶋所樂退惟衡泌聊以棲遲建一畝之宮忝稱儒者置十金之產雅叶中人晏子以囂塵可容曹公以泥水自蔽羅含宋玉常苦出于荊蠻蕭相武侯亦潛居于僻陋楊德祖家

惟弱柳殷仲文庭只枯槐馮列薑辛緊欽蕙碧安有稻名半夏藥號恆春長榆亦降星精修竹乃生雲母潘岳館裏常聞李素瓜甘庾信園中亦詰棗酸梨醉切觀留詠惟尚情風今古攸同聖賢何遠武仲遊于沛澤伊尹耕于有莘子欲無言回不願仕神交六位方爲賣卜之人歌動五噫始作賃舂之客況布縕綸帽尚足朝昏羽扇貂裘猶堪寒暑得以書抽虎僕射用牛蝓自理茶租閑披釣褐經稱小品還下二百籤賦謂名都畧點八十處下問得犂塗之義涂聽閑愬怒之詩既已逢原遂成摘翰非因授簡初擬遺編不能粉飾大猷且用元黃稗說貽于好事希從得意而傳責以壯夫甘受子雲之笑

皮日休五䚅詩序　毗陵處士魏君不琢氣眞而志放居毗陵凡二紀閉門窮學是乎里民不得以師之非乎里民不得以訾之用之不難進利之被人也舍之不難退辱非及已也隱古君子處乎進退而全者由此道乎伯夷之隘鄒下惠之不恭不能造于是也江南秋風時鱸肥而

難釣菰脆而易挽不過乘短艇載一瓻酒加以飲具由五瀉涇入震澤穿松陵抵杭越耳日休嘗聞道於不琢敢不求雅物成雅思乎於是買釣船一修二丈闊三尺施篷以蔽烟雨謂之五瀉舟天台杖一色黯而力遒謂之華頂杖有龜頭山疊石硯一高不二寸其仞數百謂之太湖硯有桐廬養和一怪形養踞坐若變去謂之烏龍養和有南海鸎魚殼樽一澀崒峯齾角內赤外黃謂之訶陵樽皆寄于不琢行以資雲水之興止以益琴籍之翫眞其古人之雅貺也因思乘韋之義不過于詞遂爲五篇目之曰五貺兼

請魯望同作

宋歐陽修思頳詩後序

皇祐元年春予自廣陵得請來頳愛其民淳訟簡而物產美土厚水甘而風氣和于時慨然已有終焉之意也爾來俛仰二十年間歷事三朝竊位二府寵榮已至而憂患隨之心志索然而筋骸憊矣其思頳之念未嘗少忘于心而意之所存亦時時見于文字也今者幸蒙寬恩獲解重任使得待罪于亳旣釋危機之慮而就閑曠之優其進退出處顧

無所繫於事矣謂可以償夙志者此其時哉因假道于潁蓋將謀決歸休之計也乃發舊藁得自南京以後詩十餘篇皆思潁之作以見予拳拳於潁者非一日也不類勸飛之鳥然後知還惟恐勒移之靈却回俗駕爾治平四年五月二日廬陵歐陽修序

續思潁詩序

皇祐二年余方留守南都已約梅聖俞買田於潁上其詩曰優遊琴酒逐魚釣上下林壑相攀躋及身彊健始爲樂莫待衰病須扶攜此蓋余之本志也時年四十有四其後丁家艱服除還朝遂入翰林爲學士忽忽七八年間歸潁之志雖未遂也然未嘗一日少忘焉故其詩曰乞身當及彊健時顧我蹉跎已衰老蓋歎前言之未踐也時年五十有二自是誤被選擢叨塵二府遂歷三朝蓋自嘉祐治平之間國家多事固非臣子敢自言其私時也而非才竊位謗咎已盈頼天子仁聖聰明辨察諡罔始終保全其出處俯仰十有二年今其年六十有四蓋自有蹉跎之嘆又復紀矣中間在亳幸遇朝廷無事中外晏然而身又不當責任以謂臣子可退無嫌之時遂養

以其私言天子側然問其年猶未也謂尙可以勉故奏封十上而六被詔諭未賜允俞今者蒙上哀憐察其實病且衰矣既不責其避事又曲從其便私免并得蔡俾以偷安此君父廓大度之寬仁遂萬物之所欲覆載含容養育之恩也而復蔡穎連疆因得以爲歸老之漸與少償其夙願茲又莫大之幸焉初陸子履以余自南都至在中書所作十有三篇爲思穎詩以刻于石今又得在亳及靑十有七篇以附之蓋自南都至中書十有八年而得十三篇在亳及靑三年而得十有七篇以見余之年益加老病益加衰其日漸短其心漸迫故其言愈多也庶幾覽者知余有志於强健之時而未償於衰老之後幸不失其踐言之晚也

熙寧三年九月七日六一居士序

梅聖俞詩集序

予聞世謂詩人少達而多窮夫豈然哉蓋世所傳詩者多出於古窮人之辭也凡士之蘊其所有而不得施於世者多喜自放於山巔水涯之外見蟲魚草木風雲鳥獸之狀類往往探其奇怪內有憂思感憤之鬱積其興於怨刺以道羈臣寡婦之所歎而寫人情之難

言蓋愈窮則愈工然則非詩之能窮人殆窮者而後工也予友梅聖俞少以蔭補爲吏累舉進士輒抑於有司困於州縣凡十餘年年今五十猶從辟書爲人之佐鬱其所畜不得奮見於事業其家宛陵幼學於詩自爲童子出語已驚其長老既長學乎六經仁義之說其爲文章簡古純粹不求苟說於世世之人徒知其詩而已然時無賢愚語詩者必求之聖俞聖俞亦自以其不得志者樂於詩而發之故其平生所作於詩尤多世既知之矣而未有薦於上者昔王文康公嘗見而歎曰二百年無此作矣雖知之深亦不果薦也若使其幸得用于朝廷作爲雅頌以歌詠大宋之功德薦之清廟而追商周魯頌之作者豈不偉歟奈何使其老不得志而爲窮者之詩乃徒發於蟲魚物類羈愁感歎之言世徒喜其工不知其窮之久而將老也可不惜哉聖俞詩既多不自收拾其妻之兄子謝景初懼其多而易失也取其自洛陽至于吳興以來所作次爲十卷予嘗嗜聖俞詩而患不能盡得之遽喜謝氏之能類次也輒序而藏之其後十五年聖俞以疾卒于京師余既哭而銘之因索於其家得

其遺藁千餘篇并舊所藏掇其尤者六百七十七篇爲一十五卷嗚呼吾於聖俞詩論之詳矣故不復云

蘇軾范文正公文集序

慶厯三年軾始總角入鄉校士有京師來者以魯人石守道所作慶厯聖德詩示鄉先生軾從旁竊觀則能誦習其詞問先生以所頌十一人者何人也先生曰童子何用知之軾曰此天人也耶則不敢知若亦人耳何爲其不可先生奇軾言盡以告之且曰韓范富歐陽此四人者人傑也時雖未盡了則巳私識之矣嘉祐二年始舉進士至京師則范公沒既葬而墓碑出讀之至流涕曰吾得其爲人蓋十有五年而不一見其面豈非命也歟是歲登第始見知於歐陽公因公以識韓富皆以國士待軾曰恨子不識范文正公其後三年過許始識公之仲子今丞相堯夫又六年始見其叔彝叟京師又十一年遂與其季德孺同僚於徐皆一見如舊且以公遺稿見屬爲序又十三年乃克爲之嗚呼公之功德蓋不待文而顯其文亦不待序而傳然

不敢辭者自以八歲知敬愛公今四十七年矣彼三傑者皆得從之遊而公獨不識以爲平生之恨若獲掛名其文字中以自托於門下士之末豈非疇昔之願也哉古之君子如伊尹太公管仲樂毅之流其王伯之畧皆定於畎畝中非仕而後學者也淮陰侯見高帝於漢中論劉項短長畫取三秦如指諸掌及佐帝定天下漢中之言無一不酧者諸葛孔明臥草廬中與先主論曹操孫權規取劉璋因蜀之資以爭天下終身不易其言此豈口傳耳受嘗試爲之而僥倖其或成者哉公在天聖中居火夫之憂則已有憂天下致太平之意故爲萬言書以遺宰相天下傳誦至用爲將擢爲執政考其平生所爲無出此書者今其集二十卷爲詩賦二百六十八爲文一百六十五其於仁義禮樂忠信孝弟蓋如饑渴之於飲食欲須臾忘而不可得如火之熱如水之濕蓋其天性有不得不然者雖弄翰戲語率然而作必歸於此故天下信其誠爭師尊之孔子曰有德者必有言非有言也德之發於口者也又曰我戰則克祭則受福非能戰也德之見於怒者也

秦觀揚州集序

揚州集者大夫鮮于公領州事之二年始命教授馬君希孟採諸家之集而次之又搜訪於境內簡編碑版亡缺之餘凡得古律詩選箴賦合二百二篇勒爲三卷號揚州集云按禹貢曰淮海惟揚州彭蠡既豬三江既入震澤底定而周禮職方氏亦稱東南曰揚州其山鎮曰會稽其澤藪曰具區江曰三江浸曰五湖則三代以前所謂揚州者西北距淮東南距海江湖之間盡其地自漢以來既置刺史於是稱揚州者往往指其刺史所治而已葢西漢刺史無常治東漢治歷陽或徙壽春又徙曲阿魏亦治壽春或徙合肥吳治建業西晉後魏後周皆因魏東晉宋齊梁陳皆因吳惟宋常以建業爲王畿而東揚州爲揚州東揚州者會稽也以後皆治廣陵由是言之凡稱揚州者東漢指歷陽或壽春或曲阿合肥自魏至周指壽春或合肥江左自吳至陳指建業或會稽隋唐五代乃指廣陵在二漢時嘗爲吳國江都國廣陵郡宋爲南兗州北齊爲東廣州後周爲吳州初亦爲邗州其爲揚州自隋始也由是言之凡稱吳國江都廣陵南兗東廣吳州邗州者皆

今之揚州也此集之作自魏文帝詩已在當時雖非揚州而實今之廣陵者皆取之其非廣陵而當時爲揚州者皆不復取至揚子雲箴本約禹貢爲辭則廣陵自在其中固不得而不錄也旣成公又屬觀推表廢興遷徙之跡而究其端使夫覽之者有考焉

李綱道鄉集序

文章以氣爲主如山川之有烟雲草木之有英華非淵源根柢所蓄深厚豈易致耶士之養氣剛大塞乎天壤忘利害而外生死胸中超然則發爲文章自其胸襟流出雖與日月爭光可也孟軻以是著書屈原以是作離騷經與夫十辯曲說絺章繪句以祈悅耳目者固不可同年而語矣唐韓愈文章號爲第一雖務去陳言不蹈襲以爲工要之操履正以養氣爲之本在德宗朝奏疏論宮市貶山陽令在憲宗朝上表論佛骨貶潮陽守進諫陳謀屢挫不屈皇皇仁義至老不衰宜乎高文大筆佐佑六經粹然一出於正使學者仰之如泰山北斗也道鄉鄒公自其少時處閭里遊庠序登仕途其節操風流已爲名識者之所推許至元符間職在諫省遇有擬房之

事抗章陳列危言鯁論聳動四方遠謫萬里及建中靖國間名還侍從又以直道不容於朝再謫嶺表而氣不爲之少挫遇赦得歸作知恩堂以居奉其母友其諸弟教訓其子姪欣然不知老之將至所養如此故其文章高明閎達溫厚深醇追古作者有黼黻之文有金石之聲有菽粟布帛之用信乎有德之必有言也其子柄栩集公平生所爲文得古律詩賦表章因大䃂著傳記序述及紫微制草合爲四十卷將鏤板以傳於世求序於綱義不得辭且爲之言曰國之治亂安危存乎言而已矣方嘉祐治平間上之所以求言聽納者既盡其道下之所所以獻言開陳者又中於理上下交而志通安乎協氣嘉生薰爲太平而不可跂及也其後朝廷議變新法言不便者接武竄逐朋黨之論浸興而士始以言爲諱自紹聖元符已來遂無言者當時臺諫具員然類皆毛舉細故以塞責甚者至於變亂白黑顛倒是非投時好以取世資雖謂之無可也獨公奮不顧身犯顏逆鱗論國事之大者於言路閉塞之時號鳳鳴朝陽然遷謫流離屢瀕死而任言責者益自懲艾不復激昂習熟見聞以緘

默爲當然至崇寧宣和間則又甚矣國之大故莫重於此臺諫孰視未嘗有一言及之使公是時猶存居可言之地其肯保位愛身不一開口爲社稷生靈之計雖三尺之童有以知其必不然也由是觀之公之文章垂於後世誦而讀之者想望風采其仰慕爲何如哉

呂頤浩攀轅臥轍圖序

仲謨梁君知武進擢判常郡之明年治有異績監司最其課天子嘉其能晉直秘閣提舉浙西轉運以行常之士民欲其留而悲其去也攀轅臥轍遮挽於道越三宿稍克行至錫山而攀號猶未已也君爲泣下慰諭再三諸父老猶戀戀不忍去嗟乎君何以得此於民哉降自中葉爲政者濟於舉錯而甘置其身於無聞則幸而不爲民之所賤詈者亦已鮮矣又其甚焉拂民之性而一切以苞苴徽纆從事則幸而不爲其民之所疾訟其瓦礫之所掊擊者又加鮮矣況能望其匍匐請留如失怙恃也歟若梁君者可謂加人一等已蓋君之知武進也築城浚濠相機設備鄰封多遭兵燹而武邑曾無一人罹鋒鏑之危此其爲恩何啻出水火而置諸

祗席之上哉蓋世處其常號民有司不遠撫字催科已爾爲守令者固易爲功而士民亦不必復其惠也惟不幸而遭搶攘陸離盤根錯節乃能内綏外禦俾民俱享安堵之樂此正君子立功之秋而士民所由愛戴之深者也君之爲政亦賢矣哉侍御張君名所者以言事被逐素與仲謨友善而日擊其事因屬名繪趙伯駒寫其狀曰攀轅臥轍圖而托余紀其事焉殆非一人之私好實與羣之公心也且聞梁君有卜居晉陵之志而士民將創生祠以祝其來則是圖也雖謂梁氏百世之甘棠可也嗚呼愼厥初惟厥終梁君之政則誠美矣使加以黽勉不怠之心而求造於西京循吏之上將浙人之感激益深朝廷之旌擢益至或外典巨鎭入掌要樞其名實不益乎而仕民澤物之功不益弘哉此贈言之意而亦君之素心所欲勉焉者也余於仲謨叨一日之長又有世講之雅故因其發軔之始以遠大期之不以頌而以規云

周必大孫尚書鴻慶集序　大凡文人才士少之時屈首受書未能多閲天

下之義理壯則從事四方志有所分及其老也血氣既衰聽明隨之雖有著述鮮克名家此古今之通患也其或軼羣邁往賦才獨異而復天假之年磨淬鍛鍊重之以湖山之助名章雋語少而成壯而益曉而愈精有若戶部尚書晉陵孫公蓋千萬人中時一遇焉公生於元豐辛酉當大觀政和間士惟王氏三經義字說是習而公博學篤志如韓退之謂禮部所試可無學而能者第進士冠詞科筆勢翩翩高出流輩將及知命靖康假攝爲執法爲詞臣旋出瑣闥歷吏戶長貳連守大邦其章疏制誥表奏往往如陸敬輿明辨駿發每一篇出世爭傳誦紹興而後遭値口語斥居象郡久之歸隱太湖上捨蠻蜑而狎鷗鷺去茅葦而友松菊於是繙北堂萬卷之鈔袖明光起草之手默觀物化吟詠情性烟波萬頃吐納胸次風雲變態日接於前如是二紀所得不可勝計毋怪乎筆端之滚滚也天門劃開詞章上達論撰次對璽書繼下年雖耄老親爲謝表至於宰執侍從臺諫則人致一啓各出新意其用事屬辭少壯所不逮又後十載當孝宗朝嘗命編類蔡京王黼等事實上之史官此與

伏生年九十餘詔太常往受尚書何異是豈可以他人老必常理論也哉沒既一世其子與國太守介宗以書謂某曰先君文稿中更兵燼存者無幾而閩蜀所刻復雜翟忠惠之文大懼不足傳信今定爲四十二卷其未備者方裒次外其爲我序之憶乾道丁亥遇公陽羨公八十有七矣論文之餘語及前朝舊事健論滔滔如洪河東注緒言纚纚如聚繭繅絲屢更僕不能休然後知公非特文鋒不可當而老如趙充國猶善爲兵也茲幸掛名集端因具列之近歲吏部侍郎葛公立方作韻語陽秋載東坡自海南歸公方髫齔坡命對衙門稚子璠璵器公應聲云翰苑仙人錦綉腸坡歎曰眞璠璵也以公早慧因應有此然坡北歸實靖國辛巳公年已二十一得非元豐乙丑自汴還常公纔五歲時乎所記訛耳鄉人旣戶傳亦不得而畧也公諱覲字仲益常以龍圖閣學士提舉南京鴻慶宮故自號鴻慶居士云

慶元五年十一月

朱熹婺源茶院朱氏世譜後序

熹聞之先君子太史吏部府君曰吾

家先世居歙州歙縣之黃墩相傳望出吳郡秋祭率用魚鼈唐天祐中陶雅爲歙州刺史初克婺源乃命吾祖領兵三千戍之是爲制置茶院府君卒塋連同子孫因家焉生三子事南唐補常侍丞其後亦有散居他郡者熹按今連同別有朱氏舊不通譜近年乃有自言爲茶院昆弟之後者猶有南唐補牒亦當時鎮戍將校也蓋其是非不可考矣先吏部於茶院爲八世孫宣和中始官建之政和而塋承事府君於其邑遂爲建人于今六十年而熹抱孫焉則居閩四世矣淳熙丙申熹還故里將展連同之墓則與方夫人十五公馮夫人之墓皆已失之因亟詢訪得連同兆域所在乃率族人言於有司而後得之其文據藏於家副在族弟然而三墓者則遂不可復見癸卯五月辛卯因閱舊譜感世次之易遠骨肉之易疎而墳墓之不易保也乃更爲序次定爲婺源茶院朱氏世譜而併書其後如此仍錄一通以示族人十一世以下來者未艾婺建二族自今每歲當以新收名數更相告語而附益之庶千里之外兩書如一傳之永遠有以不忘宗族之誼至於蘆村府君其墓益遠居故里

者尤當以時相率展省更力求訪三墓所在而表識之以塞子孫之責而熹之曾大父王橋府君無他子其墓在故里者恃有薄田於其下得以奉守不廢當質諸有司以爲祭田使後之子孫雖貧無得鬻云

曾肇潤州類集序

潤州春秋所書朱方也嬴氏鑿之因曰丹徒孫氏城之因曰京口晉人渡江僑立州郡至宋齊陳曰東海獨梁曰蘭陵而皆以徐州治之隋一天下始爲潤州唐謂建康諸縣屬之故更以丹陽郡名之又以浙江諸州屬之故加以鎭海軍額蓋朱方之重非一日也江山清絕襟吳帶楚芙蓉名樓甘露表寺幽賞麗觀不出城市水嬉則蕪盧裴巖相望于西江之中陸走則鶴嶺鹿泉映帶于南郭之外秦潭慶寺則暴君戾臣之可鑒戒謝堂許潤則輿人端士之可想像其遠若碑書千字泉沸四井則餘光遺烈風動千古青烏馬跡紫陽鶴馭則洞天福地事隔人境下至練塘諸湖荆溪簡瀆之類涵清蓄潤浸灌田畝或能吏之所建立或隱士之所棲息詩什爲

之感懷文人爲之銘載鈞綿綦布境內不可勝數則東南他州豈能過之國朝選守未嘗輕授歲在壬戌朝議許公來領州事公至之初歲荒民饑則躬爲之發廩歲凶則躬爲之發藥大抵以仁蒞政於是人悅氣和雨暘應之比其次年麥登于夏稻登于秋蠶者衍絲績者衍麻訟簡政成乃於暇日佳興賓僚共江山之勝登高賦詠以侑酒而又多識前人詩章吟諷之以爲樂乃謂暇日前世之徜徉于斯者不知幾人也其歡悲感發志見于言而磨滅之餘者猶在也可爲編次當刻諸牘暇乃採于諸家之集始自東漢終于南唐凡得歌詩賦贊五百餘篇釐爲十卷名之曰潤州類集竊謂先王之巡守也命太史陳詩以觀民風季子之歷聘也觀其詩而知其國考其燕享之禮登歌造賦而又可知其人之得失詩之不可廢如此則公今集之之意也然前編往載固亦多矣所集止此不能無遺當俟多聞補之異日類集既成公又命敗序其槩云

陸秀夫編正孝經刊誤後序　孝經一書古文不可得而考見矣所可考

者漢也藝文志顔氏劉氏司馬氏編次之文而已要之皆古文之舊也秀夫幼而讀之莫覺其非長而疑焉涉獵載籍罔非是是莫敢有所與既入仕監次西藏勾當得朱元晦刋誤一編而玩味之夫然後心目開朗欣欣然若有所得於是與在館諸同志因元晦之議從而删削次第之然不敢以栗綴已意妄有所參涉於其間以得罪於先正庶幾是經燦然可復而元晦刋正之功不泯聖世以孝治天下之化或不能無少助云陸秀夫識

元 脱脱木兒復修鄒忠公墓詩序

至正庚寅冬常之監郡太守卒僚屬祭道鄉先生鄒忠公之墓士君子莫不賦詩以頌休德俾予題其端予惟道鄉先生實故宋之忠臣當元符間正言極諫務去姦邪以清弊政而整綱常言弗見施譴黜不悔載諸史傳赫赫猶在人耳目萬世祀之不可泯也自元兵平宋迄今百餘年松楸淨盡地亦在村畦漁牧寒烟野草間獨遺塚存焉吁可憫也問之監守是郡者未嘗一至而訪其事日往月來其不没於耕犂者幾希矣今

二公以內朝之碩臣出蒞茲邦未逾年政平人和宄遁姦革旣底底於理而又崇學校之教訪前賢之迹百廢具興行前人之所未行於是郡人謝子蘭乃上郡事以請二公樂從之卽歸墓田籍於學至是具牲帛親詣郊以祭爲之伐穢榛剪輿草立華表以聳瞻視求斷碑而獲遺文則久荒之墓復蔚然於林莽矣及歸仍命搆祭亭樹松栢立石以記若二公者非有忠君之盛心惡能舉忠臣之墜典哉遂不辭而書其實用達於廊廟得人者

明宋濂洪武正韻序

人之生也則有聲聲出而七音具焉所謂七音者牙舌唇齒喉及舌齒各半是也智者察知之分其清濁之倫定爲角徵宮商羽以至於半商半徵而天下之音盡在是矣然則音者其韻書之權輿乎夫單出爲聲成文爲音音則自然協和不假勉强而後成虞廷之賡歌康衢之民謠姑未暇論至如國風雅頌四詩以位言之則上自王公下逮小夫賤隷莫不有作以人言之其所居有南北東西之殊故所發有剽疾重遲之異四方之音萬有不同孔子刪

詩皆堪被之絃歌者取其音之協也音之協其自然之謂乎不特此也楚漢以來離騷之辭郊祀安世之歌以及于魏晉諸作曷嘗拘于一律亦不過協比其音而已自梁之沈約拘以四聲八病始分爲平上去入號曰類譜大抵多吳音也及唐以詩賦設科益嚴律聲之禁因禮部之掌貢舉易名曰禮部韻畧遂至毫髮弗敢違背雖中經二三大儒且謂承襲之久不欲變更縱有患其不通者以不出於朝廷學者亦未能盡信唯武夷吳棫患之尤深乃稽易詩書而下逮於近世凡五十家以爲補韻新安朱熹據其說以協三百篇之音識者雖或信之而韻之行世者猶自若也嗚呼音韻之備莫踰於四詩詩乃孔子所删舍孔子弗之從而惟區區沈約之是信不幾於大惑歟恭惟皇上稽古右文萬機之暇親閱韻書其比類失倫聲音乖舛召詞臣諭之曰韻事起於江左殊失正音有獨用當併爲通用者如東冬淸靑之類亦有一韻當析爲二韻者如虞模麻遮之屬如斯之類不可枚舉卿等當廣詢通音韻者重刊定之於是翰林侍講學士臣樂韶鳳臣宋濂待制王僎修撰臣李叔允編

修臣朱右臣趙壎臣朱廉典簿臣瞿莊臣鄒孟達典籍臣孫蕡臣荅祿與權欽遵明詔研精覃思一以中原雅音爲定復恐拘於方言無以達於上下質正於左御史大夫臣汪廣洋右御史大夫臣陳寧御史中丞臣劉基湖廣行省參知政事臣陶凱凡六謄稿始克成編其音諧韻協者併之否則析之義同字同而兩見者合之舊避宋諱而不收者補之注釋則一依毛晃父子之舊勒成一十六卷計七十六韻共若干萬言書奏賜名曰洪武正韻勅臣濂爲之序臣濂竊惟司馬光有云備萬物之體用者莫過於字包衆字之形聲者莫過於韻所謂三才之道性命道德之奧禮樂刑政之原皆有繫於此誠不可不慎也古者之音唯取諧協故無不相通江左制韻之初但知縱有四聲而不知衡有七音故經緯不交而失立韻之原往往拘礙不相爲用宋之有司雖嘗通併僅稍異於類譜君子患之當今天下車同軌而書同文凡禮樂文物咸遵往聖赫然上繼唐虞之治至於韻書亦下詔詞臣隨音刊正以洗千古之陋習猗歟盛哉雖然旋音以七音爲均均言韻也有能推十二律以合八

十四調旋轉相交而大樂之和亦在是矣所可愧者臣濂等才識闇劣無以上承德音受命震惕罔知攸措謹拜手稽首序于篇端于以見聖
朝文治大興而音韻之律悉復於古云

王褘呂丹徒序

呂君敬夫由中書掾出爲丹徒令或有言者呂君醇厚恭謹之士也令若之何而爲令耶令之爲令者必其智足以籠民威足以箝民然後民從令而事功集也是故智以籠民近乎詐非恭謹者之所習威以箝民近乎猛非醇厚者之所務若之何敬夫而爲令耶予爲之言曰世道之變不同而民情之好惡無不同夫民之情無有不好善而惡惡好德而惡刑者也故長民者非得淳厚恭謹之士不足以從民好是故醇厚有以勝殘去殺而樂其生恭謹有以使民敦禮興讓而易其俗德以本之善以行之與民全其好而治功成矣然則醇厚恭謹之士固所以長民者也古之長民者何不皆然顧獨不可有爲于今世耶抑爲令于今世亦誠難也古之取民井田什一而已古之役民歲三日而已今也粟米力役之征蓋無藝也取之以非所產役之以非所能民力且

已竭矣民力既竭有不堪命而長民者徒以催科期會爲急於是籠之以智以愚之使不敢喘息箝之以威以讐之使不得怨嗟而民情益以蹙矣亦豈爲政者所樂爲哉詘于勢故也故曰爲令于今日亦誠難也雖然變而通之不存乎人乎夫苟崇德而好善使民得以樂其樂而利其利則民且尊君親上而樂于効死矣征催之重云乎哉傳有之平易近民民必親之平易之正非恭謹醇厚之士而孰爲之耶今在上之人知人惟明用人惟允敬夫素以文學名今特用爲丹徒者豈不以從政而尚智威武夫俗吏之所爲故擇醇原恭謹之士如吾敬夫者試嘗之以爲之兆耶嗚呼是殆未易與世俗道也余君炳文與敬夫爲僚友于其行屬予爲言書諸簡以贈敬夫予惟敬夫儒者也儒者之用不著于世久矣故因或者之言而推論之蓋望吾敬夫之益勉之也丹徒隸鎭江鎭江守曰楊君亦儒者予所友也敬夫往以予言質之其必以予言不佞矣夫

孝順詩序

宋之季年滁陽有篤行君子曰范讀西新字孟申文正公後裔也學者因其別

有號而稱之曰青山先生仕嘗贊閩幕教郡其純德懿行當世皆尊慕之其設教於鄉閭也患後生小子淩虛厲空而不省乎孝弟之寔乃爲詩三十篇以垂訓極言父母孕育鞠養教誨之劬勞與人子之所以孝順乎親者情切而理明義正而寔備質而不失于俚詳而不流于繁讀之使人孝弟之心油然而生誠可謂有補於世教者也三百篇之詩其言人之大倫至矣自當世閭閻女婦皆能習而知其義而後世雖老師宿儒猶不能通焉者則以去古逾遠弗達其辭故也先生此三十篇其於辭可謂達矣廣而傳之有弗習而通之者乎昔朱子之爲小學書也蓋嘗欲取近代之詩有關于世教者類而列之然弗果也嗚呼先生之詩殆成朱子之所欲爲者歟先生之孫嘗守姑孰將刻板以惠學者以予忝託斯文之雅俾爲序其首故予爲掇其大旨而書之

孝感錄序

傳曰孝弟之至通于神明天與人相去邈矣然人心者神明所舍而感應之機在焉當其至感之際有非智力所能及者今觀孝子孫庸之事得不爲之興慨乎庸滁人字允良昔

其父景和之行役也庸猶在母腹生始六月而父客死廣西之南寧甫三歲母氏見背鞠于祖父母未幾祖父母歿則依季父母弱冠俾壻于同郡朱氏毋痛失怙之早而未知所在與人言輒嗚咽不自休及季父卒歸承家祀乃得相其父屍單于故篋即大慟幾隕絕庸家素貧嚮往雖未克而其心未嘗一日不在南寧也正統巳未春忽夢至廳事有持公牒示之者上有父名旁書城西闗學邊五字既寤以爲神靈告我也遂與家人訣別日不得父骸骨誓不還乃服練茹淡草行露宿自冬徂春始至其境至城西闗詢問果有學宮故址往視之忽隔岸有鵲自草中驚噪而去于是結茆其側且刺血寫哀遍告載祠日夜號哭聞者爲之悲酸復披髪拖鞋環歷諸家尋有二老嫗來指瘞所即鵲起處遂白所司既得骸骨或謂當血滲之用其言信乃且櫝負之以歸卜地滁南旦于岡復廬墓三年郡大夫上其事于朝命未下而吾友太僕少卿王君希仁來自滁陽爲予道其事且以其姻屬謝敬氏所輯文詩曰孝感錄者需言序首簡嘗論自昔忠臣孝子方其平時不過循職守分以盡其在

已者而已豈有意干標奇立偉以驚世駭俗哉夫其臨危蹈變惟知尊在君父故其赫赫然之志霄激可凌也夢澤可吞也河海之大可以徒涉而虎兕之猛可以赤手而搏也寧知其有詩哉嗚呼若膚之焦形瘵思覩萬里天涯如在咫尺衆不堪其勞苦而神相天助以成其孝者其立志何如耶然則斯錄之傳宜與古人爭輝于不朽尚奚以予言爲哉

楊循吉贈畢吏部經吳序

吏部正郎濟南畢公奉使以巳事而旋也道於吳下覽其山川風土而嘉焉郡大夫相與謀曰公貴臣也今經于吳吳加重矣然公所好者山水所問者士是典高于今世而量同於古人者也有客若是曾無一言以志吳之幸非愧吳耶乃請石田沈處士圖之而屬予文之夫吳東海之僻郡也無高岳巨瀆以供偉人之游觀所以名者徒以前代諸鉅公按節而至不鄙其陋而飾之故有此耳然自近世以來山不改峰水不易流過吳之客日亦有之然而趨豚游賞曾不聞如往古之恒及也蓋高亭茂榭據空瀾而占奇秀者幾乎無有藏其

處矣何則誠好之者鮮也況於士乎士之嘗求也甚于山水其難知抑有由也山水嘗重於前人之目可以迹而求之若夫士恒在埋沒之中其志藏其功蓄苟無以試之則亦夫恒人耳非若山水之可以按圖得也不尤難哉山水不困人無以自顯士不遇人之知士亦棄矣今公至吳惟山水是好惟士是問非有雅量高興超乎今世而遠同古人豈能然哉此公所以爲賢也惜吳之山水與士多有聯沒棄置借公以爲重者公如不以一郡之不足而棄天下之有餘則山水與士幸矣

程敏政道一編序

朱陸二氏之學始異而終同見於書者可考也不知者往往尊朱而斥陸豈非以其早年未定之論而致夫終身不同之決惑於門人記錄之手而不取正於朱子親筆之書邪以今考之志同道合之語著於奠文反身入德之言見於義跋又屢自咎夫支離之失而盛稱其爲已之功於其高第弟子楊簡沈煥舒璘袁燮之流拳拳敬服俾學者往資之廓大公無我之心而未嘗有芥蒂異同之嫌茲其爲朱子而後學苟不能測識者與齋居之暇過不自揆取無

極七青鷟鳶湖三詩欽爲二卷用者其與同之始所謂蚤年未定之論也别取朱子書札有及於陸子者釐爲三卷而陸子之說附焉其初則誠若氷炭之相反其中則覺夫疑信之相半至於終則有若輔車之相倚且渙有取於孟子道性善收放心之兩言讀至此而後知朱子晚年所以推重陸子之學殆出於南軒東萊之右顧不攷者斥之爲異是固不知陸子而亦豈知朱子者哉此予編之不容已也編後附以虞氏鄭氏趙氏之說以爲於朱陸之學蓋得其眞若其餘之紛紛者殆不足錄亦不暇錄也因總命之曰道一編序而藏之

鄒守益喪祭禮要序

愛親敬長民之恒性也生而愛敬之殁則無所用其情矣故貴其體魄而藏之求其精爽而祀之所以引其愛敬之情懇切固結而不可解也然而有過焉有不及焉率無以協於中道是以聖人憂之制爲典禮以詔來世使賢智愚不肖者咸不爽其矩以各全其天地之性非直爲觀美而已西竺之地僻在要荒不獲覩先生之禮樂而其愛親敬長哀死慕

亡之情亦有所不能已於是有佛之徒者自以其智創爲科儀而其俗亦相與遵而行之其後寖淫以入於中華而中華之人反相率以變於佛而莫之省憂也辟諸深山窮谷未嘗得食五穀之美而採薇蕨拾橡栗以充其腹出而號於通都曰凡欲飽者從吾之教則世必閧然笑之矣以吾列聖典章文物之懿不啻稻粱菽稷而世顧舍之矣奔馳於薇蕨橡栗之求其智不亦傎乎東郭子敬譪來判廣德閔其俗之葬祭雜於佛氏而憪然於先王之禮也取文公家禮撮其要者倖而行之以誘其士民易於服習庶幾愼終追遠而無憾其用意之惻怛問閔然懼其饑餓而詔之以樹蓺之要方也凡廣德之士民其尚思耕之種之耨之穫之食之而肥庶其無負於模範之德乎

諭俗禮要序

禮也者體也人之有禮也猶其有是體也體不備不可以成人禮不備其得謂之人乎先王之世教明而化成上自王公大人而下至於比閭族黨無非禮樂之布濩忽然而有不由禮之人出於其閒則羣視而駭之故相鼠之詩曰人而無禮胡不遄死言其自絕於人道也

及教之衰禮俗廢壞士以詞藝爲學而吏以法律爲師相尚以鄙詐相便以易慢閒有讀先生之典則羣視而駭之者何其與古異也予嘗受學於陽明王先生獲見虞州之教聚童子數百而習以詩禮洋洋乎雅頌威儀之隆也竊嘆人性之善無不可教患上之未有以倡之耳比官廣德躬率諸士及童子習禮於學雖毀齒之童周旋進退彬彬可觀因益以自信復懼夫不能以家諭也鋟劉友肇袞王生仰酌四禮而刻之名曰諭俗禮要以頒於士民刻成觸而嘆曰是故貌人之形也晝師之貌人也耳目鼻口四肢百體毛髮爪甲儼然成人矣而精神命脈則晝之所載也仁也者人之精神命脈也古之君子無終食之間違仁造次於是顛沛於是舉富貴貧賤無所搖奪故所履中正而禮行所樂和平而樂生焉禮樂之文非自外至也由中出者也猶人之精神命脈完固而凝定則睟然見而盎背以施於四體無弗順正而充盈者矣故冠笄之禮所以重男女之婚也婚娶之禮所以謹夫婦之交也喪祭之禮所以愛親敬長也雅儀所以正家也鄉約所以睦鄉也皆仁之推也若徒以崇

其儀節肄其聲容而無忠信惻怛以主之是猶麻枯竭而肢體瓜髮徒存終亦必亡而已凡我士民相與反而成於身篤其實以充其華盡其人道以自別於禽獸吁可畏哉匪直爲觀美而已聖朝禮樂之化其庶有小補乎

屠應埈吳浙水政圖志序

屠應埈曰予觀游燕薊兗豫之間見中原之水河爲宗然其隳斷寘滅此殆有天意非人力所能制也江淮之南吳越之間三江五湖表裏襟帶沃壤斥原彌望而有其他陂山通道股引亭蓄河渠之數以億萬計也此皆有人力浚防水旱之備焉而地濱在東海夾障之費歲數千萬卽稍稍侵決吏不時緝輒有溢溢湛溺反壞之危又漁艘海賈往來其間小則剽竊甚則交東倭爲中國患故國制以臨馭之十二年詔有司若曰夫財用所以經國也水泉寖漑所以生五穀也比者東南數郡旱澇失序貨源堙沉而租秸甲他郡元元流移朕憫然無寧慮其令有司務舉才雋以行水懋利毋循故常於是銓曹具儀部郎朱君上乃擢按察僉事

以往君既至則行視諸山川形勢財用長久之宜物土均野博議利害裒爲圖志則間以示埈中覽而嘆曰嗟乎甚哉水之爲利害也禹之平揚州也厥田粗乃當天下十九軍國取給焉豈非工力底緝積勤勞之漸哉夫爲政者始未嘗不飭又後稍弛靡也而興利者苟浚民以給賦至言水政則曼視而哂耳是何異索夏冰而榮槀木也於國家何賴哉明興以來東西經理之臣夏忠靖周文襄其最矣楊廷獻之於鹽城民猶賴焉至白茆海堰之費其虛實於今如何也夫淪源厮流深汪時泄增埤益障三者水政之綱也是故揆川澤之原量輸納之宜順水性之所奔湊大川無防小水得入所以慮始也原隰殊勢山壤別位濬溝浚洫瀦瀉無壅旱不淤絕水不爲敗所以遵利也江南之地土疏水溢衝決爲患畎澮之間陂岸故設因頹舉廢倍薄就堅使游波迫而弗入至於捍海之役無取具文歲征楗石以漸集事不爲姦吏豪猾之所侵牟所以豫患也三者事便而易循民悅而永安勢無格弗行也而有司率怠弗事其憲臣亦復懷逸畏勞爲不一再行郡邑至水患淫澇須臾民效死

以恩赦援贈不得見其旌節他尚何望哉朱君者天子之所簡而使也予習與之游又何其疆毅不及君子也夫圖志之作辨原委具經畧論周而慮遠三者詳焉吳浙之利其將有興乎其將有興乎予故俟於朱君而并望於後之司水政者

霍韜王文恪公集序

文之傳三人品一也學力二也才格三也以人品者人爲世重者也以學力者學爲世師者也以才格者文繇才奇者也世之文繇才傳者吾見之矣合才與學者我未之見也合才與學蓋有之矣合人品與學與才我殆未之見也故曰文之傳也人品也學力也才格也三者具焉上也二具焉次也一焉又次也守溪先生早年詞氣如風檣駕濤如逕驥馳野如銀河注溟如長虹橫漢如電走列缺如駛颶之嘯六合可謂雄矣晚年脫枝落英尚淡崇質大羹不和大烹不割元酒不麴大音不絃古鍾石磬俚耳不諧蓋雄而古者也故曰公文可傳也才格也一也先生早學於蘇晚學於韓折衷於程朱是故觀怒懼箴知公於心學力矣觀慈湖記知公於

異端辨矣觀聯穆對觀尊親觀議知公於天倫明矣觀教太子知公慎天下大本矣觀講學觀親政觀邊事議知公康濟之懷矣觀歷代官制知公效古變通之識矣觀諸序記觀諸東書觀諸碑銘觀諸詩歌知公黜浮崇古之大略是可傳矣故日公之文可傳也學力也二也公於壽寧庚傳奄壽寧庚戚密椒宮大臣無恥者趨焉公自壽寧顯後不通姓字君子日公之介也武皇帝時璫權橫赫無恥者趨焉公浄去人日去去則忤璫或怒不測公日吾不得吾職則去禍福奚慮焉天下乃知有大臣之烈故公之出也人日瑞麟威鳳之游也公往也人日景星卿雲之見也公歸也人日雪冬松柏之秀也公沒也人日夏鼎周彝之藏也公也無忝名臣也已故日公文可傳也人品也三也又日才略也學力也人品也胥賴以成者也三善有一焉猶可名世況於公具焉或日公在孔門如何渭厓子日公若及孔門安列游夏之間性善之對則式孟氏人心道心之論則式程朱

歸有光送金郡守考績序

吳郡爲太伯建國秦置守而屬之會稽迄漢中

葉人物財賦甲於東南唐以降繁盛極矣今爲王畿千里甸服之地太守比古寰內諸侯尤號尊重星紀五野環以大海滙以具區原田沃美生物畢遂水陸之珍包匭筐篚之貢纖縞茶紵空方之輸三服官者不論也一歲中漕挽委輸至四百萬鄉邑之秀鳴珮執玉接武於天朝四方之賓奉符乘軺絡繹於傳舍名爲列郡儼然一大藩云是以任是職者必天下之選我金公以濟南名儒奮迹甲科爲材御史奉使持節風行閩嶠天子憂憫元元思維股肱之郡根本之寄疇咨在庭無踰於公俾以臨治焉歲在壬子當報政之期於時春風徐來騑駕初發州縣屬吏相率祖道於都亭公周覽閭閻之墟緬懷前政如葦應物自居易之風猷遠矣國家稽古爲治妙選良二千石二百年來鴻名大德媲美前古稱於父老之口代不乏人然當天下無事休養滋殖累世熙洽吏治寬緩節目疏略雖賦役繁重而蠲貸之政屢下是以爲郡者得優遊其間慕尚前史循良之治煦嫗覆育以遂其慈愛之心至於上計述職得與文學法從錫晏賦詩而璽書累下用周漢增秩進律之典焉今承平日久

吏治剡敝疆埸靡寧詔使旁午責數年之逋負於一時俗奢民貧災祲洊臻之餘寬之則廢上之供急之則傷民之命自非識時通變之材其於上下損益之際未能調劑之不失其宜也公於是時鎮以寬靜處以弘簡不震不竦能使上安而下服之可謂難矣某嘗有事郡中望公進止肅肅詩曰敬愼威儀維民之則又曰古訓是式威儀是力天子是若明命使賦公其有焉自維生長濟西去歷不二百里鄉里曉進仰止德聞非一日矣今承乏爲吏得與趨走之末瞻望德容每事依以爲師法誠恐此行用漢刺史入爲三公之例留之臺省則何以慰吾吏民之思哉是以與諸屬吏道其所以而書之以爲序

送嘉定丞曾侯序

吳之東南其屬爲崑山嘉定壤地相接界上之民往來兩縣間能道其官之賢與否或時各舉其令之長以相誇往年王侯侯儀尹嘉定王侯賢嘉定之民稱之崑山之民亦稱之余崑山人也嘗有按部者至余從諸生出侯郊外王侯亦至下馬與諸生揖讓儀觀偉

然輿馬奕奕諸生夾道讓行目屬王侯蓋賢者易以聞也然於令則然於丞則否豈丞之賢皆不若令哉勢位弗與令比也嘉定天下之壯縣著在圖籍地方八百里後割而為州猶存四之三蓋古方百大國之地其令視公侯其丞為之僚寀啻如古之上卿余觀春秋間列國之大夫往往以其名聞于諸侯雖至京師天子亦改容焉今為丞而賢亦不易及民雖及民而人亦不樂道之委任之勢使然也嘉定之丞魯侯將以考績去縣學生龔有成來徵予文以道其行予于侯無聞焉有成曰侯賢者也余知其為賢者也學生與丞不相涉有成又敦餙之士足未嘗履侯之堂而以其文請是重侯之去也先是吾邑丞方侯鋐者有史才後去為零陵令小民至今思焉余以語有成成不聞則予不聞侯之賢也固安銓曹方務得人苟格令所正奪而去之不顧其民之欲與否昔吾方侯之行也予曰是必復來已而立于境中望侯之車馬而不來矣今予之侯之行也予勿復言也子將立子之境中望侯之車馬而不來矣

海瑞政序

學者內以修身外以爲民爵位者所託以爲民之器也故服所以溫體也而以體溫服則愚爵位所以庇民也而以民庇爵位則悖古之人蓋有遺其身忘其家以急民者矣況所重不若身與家者乎爵位者物之寄者也身者生而有者也家者與身俱有也故爵位不若家與身身家重矣而古人爲民輕之何也爲有重於家與身者在也井民之獨重爲心之不可解者重也故曰君子不以其所以養人者害人故曰殺一不辜而得天下不爲也夫爵位者亦君子所藉以養人者也而持一身之爵位以比於天下若毫末之著馬體也今以爵位之故坐視吾民之困苦饑凍寃抑而不爲之所是以所以養人者害人殺無辜以爭馬體之一毫也豈不左計矣哉於彼有毫末之得而於此有丘山之失矣自古有官者未有不云守也不有攻者奚事於守今猶古也無不攻也而縣官者衆攻之所萃也故必有墨翟之守而後公輸之技窮然而守之無具者豈徒坐困且開門以延敵矣故欲守官者守具又不可不蚤圖也或曰困之云何曰堯舜之世天下無失所之民以守官

者處榮也桀紂之世天下無得所之民則守官者處辱也今上愛民之心宵旰勤恤綜名覈實獎良懲貪蓋孜孜兢兢矣未睹唐虞之民已見堯舜之君然則民之尚有失其所者有司未盡應也應之惟此時矣易曰比吉後夫凶譬彼脊令飛則鳴矣雲從龍風從虎亦各際其時也苐守汝官無患乎不榮此比吉之說也若夫襲故常而不變安宿習而不悟玩謨訓而不恤謂矯誣爲可試是首之所嚮而足不隨心之所欲而體不從非天道也蓋有隨之者矣蓋必有從之者矣吾愼夫比之不先而瞠乎爲之後也

胡華　毘陵忠義祠錄序

毘陵古常郡也而祠以忠義名天下所無也而吾常有焉常之忠義前此猶未顯也至宋之末始大顯焉忠義在人心固未嘗泯空無間於天下古今而獨歸于宋末者有說也蓋常有泰伯季子之遺風自古高節所與由克遜以立風俗君子尚義庸庶厚麗漢魏而降衣冠南渡禮義之俗寖盛迨至趙宋人以忠厚立國當時臣民咸有忠君愛國之心

而常之人才風俗愈甚獨異它郡處常守易敵無所見也時危事變節斯著焉方德祐初元師入境大江東西郡縣皆望風奔潰獨吾常知州姚公訔通判陳公炤與統制王安節等鼓舞忠義爲守禦計且誓與城同存亡卒之糧盡援絕義勇百萬同日被戮無一人降滿城忠義信古今天下所無而僅一見於吾常者也夫以常之忠義如此至今廟宇不崇祭享不及精忠大節幾於晦塞不有君子表而出之愈久而忘終歸泯沒何以勸激天下後世又何以顯常之忠義超絕古今也耶此吾葉君司節有所感發督合庠友而私祭所由與私祭與而新錄所由著也觀其於文丞相劉都統阮應得萬安僧則議其應祀劉溶則議其不當黜定位次有議人各有贊序列傳鑑志以著其出處詳畧祭有期有品有文立祠有碑與侵毀祠基宇有帖有狀君嘗乞祭于有司有呈古人感慨於忠義有詩一一收錄分爲上下卷後自爲序而列其目於卷首用心密矣旻兒輩俱出門下見而義之將爲鋟梓以廣其傳君因先期是書臬司俾余序焉余惟忠義之事惟忠義者知所崇重爲能表而出之以

勵風化昔孔北海表鄭公鄉而過者起敬文潞公題明道墓而學者知歸吾見斯錄一世而毘陵忠義之名益著忠義著而諸公之英聲偉烈震耀兩間人人知所景仰吾輩又當以君之錄達于朝行將立廟奉祀勒石頌功隆一代崇褒之典而大顯揚於時于以勵高風激頹俗匪直有勸于常抑有勸于天下後世是錄有關于忠義大矣

馬汝璋水利圖冊序

竊惟水道以運河爲主而衆流宗之大江遶我郡境西自京口分流歷丹陽貫郡城而東趨者運河也史記漢書註北江從毘陵縣東北入海者後廢而隋鑿之今於奔牛鎮置閘以節上水次則孟瀆烈塘諸河皆在本縣之西上波引江以通餫灌而綱頭丁堰以東諸港儿在本縣之東下流者皆自運河分泒北經無錫江陰之境而達之江舊志所沿江諸港皆自江而入後賢以爲創置源流蓋諸港旱則引江潮以供灌漑澇則由此而注之江此運河以北之水源也若運河以南自鶴溪鑫河諸水皆爲運河之支流雨則水下於滆湖從安興而東注塘

則水上而散入諸港自戚墅港而東諸水背北枕運河東南而入太湖腹裏河港千支萬派交流錯涯不外乎此此水源之大略也宋史載常州諸水敘運以北之水似也而謂金壇洮湖之水可通白鶴溪太湖之水可入蠡河又謂太湖震澤爲二水則謬戾汨陳矣若興修之利害本縣地形西南高而東北下下地澇則爲災利於洩上地旱則爲虐利於瀦下地水災猶幸圩堰河港有名在官而時有修築之功高田溝渠陂塘私雖有名官無籍記愚民樂於苟安是以積久不治蕪塞者多夏閒雨水無所受一遇亢旱江湖退縮則河港繼絕有功莫施矣所以其害爲尤慘也吾甞伏讀聖祖勅諭云凡天下陂塘湖堰可瀦蓄以備旱熯宣洩以防霖潦者皆因地勢修治之勿妄興工役掊尅吾民是高下皆勞聖慮也今之興役按田起丁非不均也夫田得利非不當也而吾民不免有怨咨者何也役高田之民疏洩水之渠故民有倒戈自刺之譬上有見牛未見羊之仁宜無惑乎吾民也本縣高鄉陂塘溝渠不下千數低鄉圩堰數或相當誠使陂塘時浚深濶如小旱足以供之小有霖潦足

以貯之上水既留下水自少又時修築隄防決排壅塞則高低兩利歲可常稔而國賦易足官省簿書追攝之煩民免子遺賠墊之苦其或恒雨恒暘則天也又當思所以濟之耳傳曰圩者圍也內以圍田外以圍水以圩名田低可知矣今載之圖冊者即此田也而有稍低又低極低低之差極低之田河高而田下不待久雨輒就渰沒之害又有早晚之殊澇於五六月之間水退之後尚有種穋可種庶獲少收澇於八九月之間禾稼垂成一旦委於洪流不過旬日化爲臭腐矣高田有三梁四五梁者所謂梁奠水車之基也梁而至四五高可知矣設令有水終日所灌幾許雨澤少愆收成遞減旱歷彌月悉就焦枯吾高下之民聆聆然終歲勤動而不得粒食者有矣假如有旱澇之年官司必須檢踏極高極低之地固全荒矣或地有稍高稍下有三分四分五分六分成熟者欲畝計而坵量則不勝其煩欲爲之差等則姦弊百出欲多蠲免則國有常賦固無施而可執荒之數田某鄉幾分某里幾分而不知全荒者乃某人之田差熟者又某人之田也差熟固僅得以輸稅而全荒者何措焉是

以吾民不免轉徙頓踣而終無息肩也古人重借民力故役必農隙而食實先之有司修圩錢糧盦於常平義倉撥借此宋紹興之詔也有曰募饑民修水利一舉而兩得此晦菴之說也有曰役日給米一升二升三升此宋太史紀修吳松江練湖水利之志也有曰開濬河道修築圩岸人夫之食者量支食用秋成撥還此周文襄濟農倉之條約也有曰令設役人夫出辦食費官爲收貯催倩專業土工包辦開挑官省程督民不失農再有不敷官爲轃助此姚水部之議也若夫瀾澤之則有望於公矣

周孔教重刻鄉射約序

孔子曰吾觀於鄉而知王道之易易也今吾觀於歸德公之鄉射一書而信王道之易於鄉也古者諸侯之射也必先行燕禮卿大夫士之射也必先行鄉飲酒之禮然則燕與鄉飲皆爲射設也今郡國遍行鄉飲酒而燕禮自上而下飲行之罷射禮不講何也豈以射爲鄙事而不足學乎易曰弧矢之利以威天下固以爲射者武事之尤大而威天下

守國家之具也故古者敎士以射御爲急其它技能則視其人才之所宜而後敎之其才之所不能則不强也至於射則爲男子之事人之生有疾則已苟無疾未有去射而不學者也有賓客之事則以射有祭祀之事則以射別士之行同能偶則以射於禮樂之事未嘗不寓以射而射亦未嘗不在於禮樂祭祀之間也居則以是習禮樂出則以是從戰伐士旣朝夕從士於此而能者衆則邊疆宿衛之任皆可擇而取也自儒者以文學名爲儒故用武者遂以不文名爲武而文武從此分矣或曰自文武之途分而千萬世之儒皆爲婦人此其言不無過激而要之平居所學非所用異日所用非所學而疆場宿衛之任不得不推之二三武夫甚至武夫且不好武思以文自見一旦聞鼙鼓而思將帥之臣跟蹡四顧往往乏人大可嘆也昔者田單火牛以破燕劉琨長嘯而却敵張許羅掘而待盡雖有幸有不幸大都郡邑無兵儲士民習於選愞如驅市人耳向使廩具積貯材官有射聲田單將必不棄人而用牛劉越石必不棄鼓鼙而用笳角南將軍又何苦噭噭然號咷賀蘭之師哉今天

下承平日久人不知兵狠虎窺藩燕雀處堂與日有急其不能以鄉飲酒之禮應干戈之衝明甚乃所重在彼所輕在此此天下鰓鰓然抱疆場之憂而有一日之虞也嗟夫虞允文一書生耳采石之捷史稱允文慷慨多大畧善騎射乃知其所習者豫也然則歸德公斯約也憂深哉其有綢繆未雨之思乎此固老成之先憂藎臣之用心也余故梓而廣之使天下之鄉皆如歸德之鄉則處處皆勝兵此固寓兵於農之意亦古人折衝樽俎意也

徐學謨改折漕糧書冊序

揚州厥土下下吾鄉居揚州之隅賦額特重歲供當天下之半然而民能勉力委輸猶幾幸不困者以下下則宜稻也嘉定瀕海磽瘠下下而高土不宜稻況潮汐四通則溝洫易淤颶風時作則蕩析爲虞余生七十年來所見全稔之秋猶未數數也民以農隙濬渠農時耕作計日占風廩廩望歲所産木棉蚕夜拮据以布易銀以銀易米而後以給賦稅歲之所入不及他邑之三而勞苦倍之每兌期將及則米價騰湧悍軍刁勒贈耗横加以二

石之費完一石之課猶懼不能民不堪命可知矣歲在庚辰以後旱澇頻仍民苦罄室瘠土更甚勢遂不支逋負者多漕事莫辦將逮一人一人亡命責之里胥里胥亦亡責之戚屬戚屬又亡甚且舉數區之民無一戶全者爾時有司政尚束濕袖手縮舌無可誰何乃貸他稅之入銀萬計以完漕事而漕病去者不樂其鄉去不遠歸出郭東西望極目蒿萊則來歲之漕又病兩臺適至目擊時艱詢民疾苦民以其情告謂惟漕折銀便事非上請不可父老瞿仁吳應麟封坊等蒲伏闕下大司農海豐楊公讀其狀惻然憐之下其事於兩臺兩臺稔知民情也僉以爲宜於是始奉命改折仍令三歲一請懼民之怙恩逋賦也今行之九年凡三得請而嘉民亾者復還蒿萊者漸闢矣顧久羸之民仆而難起久行之數未有已時漕折間有逋負者態俟蒞邑六載而以催科任倖之日十居其三蓋空釜索糜即巧婦安所措手哉俟慮積逋未清則改折難以再請漕既復則疲邑何以爲生欲宣隱情播之當[illegible]部院暨府先後文移及疏奏昔皆彙[illegible][illegible][illegible][illegible][illegible]余豈其爲桑梓之[illegible]

圖顧惟國家仰給東南以嘉定磽瘠不幸而賦與他邑等苟不曲加體恤槩徵漕糧民將不知所終矣語有之曰竭澤而漁明年無魚況涸轍爲魚幾何也當事者誠爲下邑計長久則改折似當永定不然而徒以困吏吏唯有與民俱困耳豈國家之福哉

郭正域建平縣舊志序

夫志史之一體也既曰志矣又有記焉又有傳焉又有表焉名實何居一體而淆衆體不亦枝指乎今爲郡邑書者習焉不察多之爲貴賣薪耶欲多乎一邑之中使人不勝讀郡國而上何窮之有文中子曰紀繁而志寡史之失也吾意爲志者第曰志識其大者而已志人才也非其有而借之志藝文也非待要而濫之志瑣屑也非其據而闕之忞忞靡靡不足書也往予志江夏盡以志名不盈一握而不識者以爲不富朱君志建平與予意合他體不混焉風土政事觀往察來燦然備矣朱君名家子先宗伯公在世廟時以文學政事表於朝宁朱君文雅士爲政廉平不墮家聲以宗伯之教教邑人民用以和風移俗易皆足述也建平民淳事簡

安於田畝昔人以爲江東道院朱君馴而習之作而新之行道有規條載道有成書矣漢皇帝所謂悃愊之吏日計不作月計有餘騰在璽書第日不煩耳夫事煩則民擾文煩則詞濫政事文章崎嶮邪遁日遂於實煩之故也朱君之爲治也與爲志也皆可謂不煩矣

李攀龍廣陵十先生傳序

人才之生雖地氣使然哉曷嘗不由應運而興者乎應運而興則地氣與人才相感以勸其成相感以勸其成然後關之不爲沮挫之不爲變也我

世宗肅皇帝以聖文神武治天下者且五十年乃廣陵有先生十人洪永之際於斯爲盛矣儲公之黜如皐令與王公之訊蕭敬景伯時趙叔鳴之忤逆瑾也朱升之之排顧開封與蔣子雲之諫南狩也會公之洶洶於遼左與桑子木之傾於骸骨之疏宗子相之忤楊太僕也所不羅者朱子价一人而已奈何十人而九闕之九挫之乎肅皇帝懲宦者煽亂而制奸臣之命斯運之所起也予往見歐君矯矯自史才而致意乎作者有鑒裁矣善乎傳所謂廣陵在漢時吳王好文辭而大山之作舊自

淮南彬彬哉明興二百年廣陵多文學之士乃今始有宗臣云今勿論其所得即自諸公已力圖復古推轂獻吉景明輩而伯時子雲叔鳴升之亦各以聲藝翱翔李何間矣子相後出相勸而成者乎翩翩孔璋之流也世方病文學之士無吏事登陴而守福州者誰與永安之捷與海防二三策豈一語不相合也而況馬政軍餉綏彝導河如儲王以下諸公所至有績者乎故闊之不爲沮挫之不爲變進則謀國家退則著文辭自董生而授經術之業有如十先生廣陵得以稱文獻之邦矣何應運而興而河套之議卒撓於讒而不得復國家二百年之疆圉設令子木之奏行而嚴氏者與三尙書並罷其有倖王之禍也豈廣陵地氣微不能運會而適至是乎以徵文獻則足矣其斯實錄云

王同祖東吳水利通攷序

昔者聖王作極觀文察理裁成體化以厚民生而平土之功昭矣是故水之爲民利溥哉治之得其道則澤流無窮功被萬物否則爲害矣可不愼乎今天下言水之爲民利害者其大有二北地則黃河數決徐沛之間弗寧居其所謂疏瀹決排以

治之者未易論也南方則三江五湖爲形制要區古今論三江者無慮數十家言人人殊乃悉舉衆說約異反同究其指歸作三江考太湖爲東南澤藪經傳所記名稱不一探源索流並彰其目作太湖攷東吳古稱澤國上下數千年間其興利安民者載在史冊班班可舉次其代系推其績緒揚搉終始統而論之作東吳水利攷東吳之田極膏腴衍沃自唐益賦以來率經野任地以興井牧迨宋爲倚我朝賦彌益所以治之者益愼且密也町原堰潴以止蓄務莫急焉作治田攷東吳之水皆滙於太湖洩於三江分流於澱浦以東入於海爲利害甚切古今治水咸著經權宣防釃分要領在焉作治水攷治法既興訾調兼舉量制章程以綏公私作工計攷善法存乎因材植功存乎專任爰稽令典以規成物菿作職官攷崑山處郡之中若聚盂轉轂江合湖流入海要道視他邑最區分遂别源委粲然作崑山導水源流攷圖十圖叙四並著於篇以俟經國者採焉

王錫爵蔡虛齋先生密箴後序今御史中丞詹汝欽氏既爲其鄉先

生蔡文莊公疏請得追謚因刻其密箴以傳而問
序不佞久之未得其說也一日忽記爲史官時少
保趙文肅先生間呼與講學而不應先生曰子薄
講學乎不佞謹對曰小子何敢然是故惡夫以氣
稟嗜欲駕學問而行顯密不相權者先生曰何謂
顯何謂密曰勝人之謂顯自勝之謂密語未終而
先生起躍然曰孺子可教已當時竊自喜年少見
一班驟而得先生肯語已涉學遊世迨今二十年
始大悟其向者言密之粗也夫密箴言自立言自
反言自愛不言自勝其條五十大抵皆獨坐獨卧
時以治心養氣去妄去矜爲默而寡過之行無勝
術也故汝湇自呼小人自詈嘵嘵嘐嘐自戒老自
悔傳自危知勝之爲害也蓋蔡先生沒而其行世
之書止於解經圖說爲後生嚆矢乃世鮮傳其密
箴而當時相與標立門戶縱辯自矜之士其書洸
洋可喜學者至今師宗之然此乃勝義非密義也
勝義可以屈君子密義可以愧小人而世之降而
趍也與其使君子屈不若使小人愧夫愧心生于
已之不勝知不勝乃可以言爲已而勝者非已也
少以用壯勝辯以禦訥勝躁以飾靜勝天下之事

一入勝郎不屬之已故自予小子之讀密箴也請終身不敢言勝人亦請終身不敢言自勝

顧清京口三山志序

山之有志本禹貢山海周禮職方氏而廣之宋范至能之桂山近代之石鐘皆是也北固金焦爲京口三名山其形勢之雄風物之美文人墨客之所品題皆足以勝于天下而未有爲之志如桂與石鐘者山之僧以是爲缺典也稍裒集其事各爲一編志於此濫觴矣然統紀未一篇帙舛訛間或失之蕃蕪溺于神怪而遺其大者亦有之乎平陽史宗道以名進士來爲其郡推官聽斷之暇覽而興焉乃謀諸郡人張君廷心彙而輯之合爲一書曰京口三山志既成不遠數百里走書雲間屬爲是正而後乃付之梓人廷心舉于鄉與予爲仝年史君傳雅好古又予所習知也意不可以虛辱而三山者近在吾鄉邑間舟航南北今老矣追維平生非居于程期則累于憂患雖攀蓬引領神爽飛越而巖巒磴蘚之側猶未有一跡焉每披圖按牒未嘗不悵然興懷意奇觀勝賞亦必造物者有以予之而昔人所謂意行所謂臥遊者特巧于自遣而終非其

本情也乃今因是編而得以盡窮其勝龍宮塔廟之外至于林谷之杳邃泉石之幽奇厓鐫木刻之瓌瑋譎怪之跡莫不羅列並進舉集施目前而無一隱遁異時肩輿徑造不問主人而所至皆爲熟境緇衣黃冠諸公亦不以予爲生客也則二君之貺不既多矣乎乃爲畧詮次其後先考訂其疑缺定爲若干卷而述

其大意以歸之

屠隆北灣橋序

州古桐汭地東接具區南通宣歙而西控九華秋浦以達于秣陵亦一山澤間名壤孔道城北相距里許有溪名北灣遶州後堪輿家謂實關州治發源靈山其流滙太湖以抵大江道通溧陽句曲稱境內一巨浸云每春夏之交洪流泛溢士庶褰裳則畏盤渦揚舲則戒駛湍病涉艮多正德間嘗建石梁不久而圮州刺史汝潁段侯以中原人豪來蒞茲郡興利剔蠹百務犂然士民以病涉告危夙駕往視太息曰王政先橋梁仁人貴利濟民病涉若此如司牧何於是首捐俸二百爲士民倡郡父老子弟悉先樂聽未及朞而大橋落成修十丈廣丈二矯弦規于卧

虹偃澄波于浹鏡雪簑雨笠漁樵暮歸雲壟烟脞耕夫曉出車輪馬蹄摩肩擊轂征衫遊屐連袂蹋歌與莫如之謳洽康哉之風橋之成也所關係匪細侯之功德千秋哉夫穆滿鼋鼉事涉荒唐端明萬安稍援神怪詎若侯杓運元德孚應黔首不神而神良足異矣嗟乎司牧者溺其職或浚膏膋以自潤或延歲月而待遷往往傳舍其土而秦越其民獨侯不然蓋眞焦心蒿目視下若子而營國如家焉苟可佐黔黎之急者無弗爲而無弗勤巳嘉政美績有口不勝頌而册不勝書者建橋則其一節耳不佞聞之鵲巢麗譙泉清潢瀆蓋德克之符人悅而神相之矣侯之部下若管侍御及諸文學生悉助工慕義爲力而後問記于不佞夫侯德自不朽烏俟不佞言而不朽乎

黃淳耀鄉兵議序

籍民爲兵其制尚矣唐之抱眞德裕能以節度使行之於一方宋之神宗安石不能以天子宰相行之于天下其故何也蓋抱眞德裕挾節鎮之權其勢非有司所能格而其臨民也近于天子宰相凡錙徭租絲弓矢弟能否一切有實意存焉故其法得行於澤潞

川蜀神宗安石之意未嘗不善也其去民蠧其所倚以行法者有司而已涑水氏所云比戶騷擾不下遺一家王巖叟所云覊縻之虐鞭笞之苦誅求之無已天子宰相皆不知也而團教未成卽又以番上因之故其法不得行于河北諸路今天下之言鄉兵者多矣其說皆原于抱眞德裕而度其既行之後當與安石不殊蓋亦幸而不見施行以得免于熙寧之擾也雖然寇盜交訌天下益亟練民兵以紓正兵留募兵之費以贍民兵豈非經武強兵之上策哉懲有宋之弊而謂此法必不可行是懲噎而廢食也吾友陸子履長著鄉兵議一卷大意以編甲定戶爲主八十家而出一人無唐世三丁稅一三戶擇一之苦每日輪赤瓜一二無宋世賫衣買弓之苦其他繁瑣縻密曲爲之制如貫繩畫局使人一望而曉雖今世無抱眞德裕其人吾知其斷斷可行也王新建有言弭盜所以安民而安民又爲弭盜之本故其開府虔州掃除羣盜一以嚴保甲爲先務保甲嚴而盜無所匿奇功克成夫但行保甲而其效已如此況以鄉兵寓保甲以守寓戰如陸子之說之精且變者哉語不云乎如有

用我舉而措之可也歟

侯岐曾保甲條議序

保甲之便民也夫人而知之撫使者檄屢下矣郡縣奉法淺數日踰矣然奸小弗之警遊手異言者覩昨不加少振臂奮發呼刼奪者無算賣酒舍客之家雖藏大盜弗以聞無患也甲長約長之名紛然所給版册輸半日暇記名姓而已過則懷而卷之戶口弗及稽也藏匿弗連坐也匝月弗上報也出入弗相知也保之義何居且如是則都圖里甲百年之名宛然無改吾民固有之耳何取乎保甲當事何取乎屢檄哉夫已弊之民紛張必亂而保甲特以已行之法重爲條貫非紛張也以一甲長而統十家以一保長而統十甲互相保恤互相簡察家與家爲隣甲與甲爲隣保長又與保長爲隣數萬之戶呼吸並應有米可賑可使之生無米可賑可使之死非使之死也能使之致死弗亂也古之善守國者雖强敵廹之於外其民食馬畜盡乃傑鼠豸磔鼠豸盡乃易子齕骨而不敢動今之民猶古之民也外無强寇之逼內無齕骨之慘而曰良法也

不可行大亂必不可止則何也愚故曰保甲固便民也尤便于今日之民蓋饑民雖死無奸亂之志亂民雖飽無樂生之情保甲一行能使亂民不爲之倡饑民束手待食而後官司得徐爲之所不然不必米盡也即多米亦亂不必歲凶也即歲熟亦亂不觀逆歲之事乎番鍾就畢穗首靑地矣百姓自紛然起耳且問向之行劫而被獲者其果楞然而羸者乎抑果然而强者乎富家簞籠廂稾暮夜懷挈而出者皆好語音美面目者也此豈食盡使然乎愚故知保甲不可不行而向之行保甲者非所謂行也若夫治亂之數往復不恒天災流行何代蔑有雖有保甲又如之何然寧綢其戶而宥其兩設其防而聽其潰萬不幸而遘其事諒吾賢士大夫不忍先以之處心也敢採昔賢成法及今都邑所已行而效者參定條例具目如左若夫勸之必行持之可久則有良司牧在

陳龍正治平三疏序

欲以利益歸君父者天理也欲以名義歸其身者人欲也何必樹私哉繇是辨理欲始足以正人心而其爲君父爲天下乃所謂無爲而爲矣若云導民不期

勸諫君不期聽行師不求勝用藥不求效則亦戾哉雲怡蔡公三疏大都闡理欲開治道之原其末一奏代述王言而申之以各見本心無容偏黨誠欲使堯舜爲皇虁之宗也旨哉深乎愚獨恐世人聞有爲無爲之說而不得其解反以利君父爲有爲而名義其身之爲無爲也則非我皇上襃述宋儒之意不自揆之曷自知之易云不獲其身人往往獲其身而自以爲天理矣

蔡懋德遇災陳言疏序

經生家覃精孔孟爲先資甫成進士則芻狗之若夫學孔孟之學而期致治平之用天下之大未可謂遂無其人也進士服官上之樹功名殫職業次則躐華顯溫飽妻孥若夫事堯舜之主而願救生民之苦天下之大亦未可謂遂無其人也懋德自釋褐來浮沉外寮廿有餘年未敢過自菲薄所恨賦質既弱具才復謭無能乘時報主而淑孔孟救生民一念嘗自耿耿不能寐也戊寅八月初九日皇上以屆災三見下詔省過與臣民共新懋德耿耿一念淳動且義與疆事共安危因深思本計立草法祖改過治平大道二疏入告至九月初三日始

得報發初九日銀臺轉奏首疏十一日銀臺轉奏第二疏而懋德耿耿一念猶未已復草天心立轉至易一疏于十八日拜發比草三疏時定未暇有第二念也是日前二疏皆得旨二十五日奏第三疏十月初一日得旨嗣是羽書調援貸餉禦敵倥傯無虛晷迨己卯初夏八城幸保安堵顧追維客秋三奏迂愚狂戇無當事機仰荷主聖高厚優容而懋德耿耿一念益跼蹐不能自寧尚敢予同心交相黽勉焉以孔孟之學事堯舜之主救生民而臻平治不亦休乎懋德孤迹小臣也爰明耿耿本念并紀疏發先後日月以質之天下後世耳矣

楊廷樞遜國忠紀序

臣在草莽伏讀高皇帝時事典學校育人材正風俗大哉王謨蓋行之三十年而忠臣義士駢肩疊跡自古未有若斯之盛者也漢唐宋之已事可睹已孝惠蚤世政出房闥易置諸侯王如反掌崛彊廷諍一安國侯耳元武門喋血夜半戳斧王魏朝射釣夕委贄姦普傳會金匱佐成廷美德昭之死悲夫此皆創業貽謀不及一世二世者也而艱難變故之

時忠義漸殲國如無人焉悲夫明興革除日月之
際元孫遜荒眞人踐祚不旣天與人歸乎乃諸臣
爭首陽之節趨死如飴決脰屠腸血肉狼籍肢體
斷續妻孥親戚皆反接貫五木絫絫牽就戮不以
瞬雖湛九族靡悔其從容絕命間關從亡卓犖可
紀者甚衆若湮沒不得稱者又不可勝數也顧遺
事異蹟進進復見於世學士好稱之何哉高皇帝
手提八紘於夔倫氓棼之日變醨養瘠堯釀舜薰
不及百年風移俗革大聖人作爲過化存神之妙
如此故以高皇帝之功則易世之後神器不當机
桯而再安以高皇帝之德則非變出非恒士爭死
義不足以見培養忠孝廉恥之報以高皇帝之智
不難舍伯邑考立武舍脣立術而不可失萬世立
嫡之正以文皇帝之仁不難赦斬祛之罪旌漆身
吞炭之忠而無以見曠古臣子之烈故臣謂諸臣
之忠高皇帝生之而文皇帝成之也生成之恩惟
君與父郎頌言無諱以明雨露霜雪之皆恩言之
者奚罪乎嗟乎中山開平之流純德元勳前代未
有四門已宣昭於鐘矣異以礪世磨鈍扶天綱植人
紀君子育賢於菁莪豚食德於豐鎬如方練耿鐵之

義又曷可少哉斯固有道君子之所欲揚扢也南都舊有忠節錄刻於太常而事久論愈定諸臣爲建文請編年爲諸忠請䘏請祀先後爭上書而南禮曹臣周鑣特請易名且將進而請建文廟號爲於是搜輯舊聞補所未備凡若干卷曰遜國忠紀藏之家塾以俟圖史而孝廉臣楊廷樞爲之序

江南通志卷之第七十三終

江南通志卷之第七十四

藝文

序

皇清郎廷佐重修二十一史序

春秋史也明王道紀人事是非二百四十年炳於日星孔子而後有論斷之才者簪筆而爲一代之書以自成一家言而其義皆本諸春秋春秋史之始也史春秋之繼也自漢以來如龍門諸史氏或紀數千百年或紀數百年或數代而爲紀或一代而爲一紀其間帝王君相古今得失興廢之由敘述甚詳且悉藏之名山傳之通邑大都殆可謂曠世而不易其言振古而不磨其蹟者乎是書也上之可以備君王之顧問下之可以資公卿大夫之謨謀與學人君子之觀感有人焉越山航海而外以當世之務則嗒然若喪有人焉足不出戶庭千載而上千載而下數其事跡如在目前則讀史與不讀史之故也雖諸儒家病史書之浩

瀚而節取之蒐集之多撮成一書髣髴古今大畧以裨學者之彊記然未覩全史終屬管中窺豹僅見一斑耳故登嵩華之高則丘陵不足觀也涉渤海之險則江河不足畏也得干霄之木則羣材不足用也讀歷代之史則諸家之成竹可委而棄也信乎讀史者之不可不讀全史也然傳之旣久不無漫漶殘闕之慮苟非輯其書之本使之常存而不毀令天下之博雅者有求而即得之亦不可明洪武間建大本堂羅二酉所藏書其中命諸名臣參考時宋濂王褘輩奉詔纂修畢窮年之力合成全史太祖親加較讐者再迺允刋定而貯於辟雍誠盛事也余舊階史館侍從東觀時與諸司成遊蓋嘗流覽其籍思有以新之而未逮今謬膺

宸命節度南邦謁　先師於雞鳴山陽咨之掌故郡廣文出其版以獻荒涼舊簡彊半屬蟫鼠之餘闕續遺編依稀無魯魚之辨余慨然曰是固天下萬世之書也而顧使其殘缺若此沿至積壞之後遂令將來不復有全史則典守者之責也別

今天子重道崇文修釋奠之文進經筵之講制禮作樂制

昭代之典章酌古準今微先朝之文獻即勝國之實錄悉取而裒益之獨是書以介在南服尚待修明又豈非大小臣工之責哉因畀廣文以輯治之任而一時寮寀諸大夫亦亮余心克襄余志爰授梓朝夕從事浹歲而告成焉汚者潔之缺者全之糢糊者昭著之久淹之故帙煥爲盛世之新書余顧而听然既而復慨然曰商彝周鼎重寶也而人不之見則不謂其重矣古今全史奇書也而人不之習則不謂其奇矣修而輯之吾黨之事也羣而習之則天下後世之事也余因願天下後世之顯而有位者於兵農錢穀之暇手是書而披閱之以獻替於

君父之前雖不作史而存史之心則無愧乎其作史者也天下後世之窮而在下者於易象詩書之外手是書而披閱之以實其聞見以開拓其心胸之未有雖不作史而佩史之言則亦無愧乎作史者也是則修之之意也詎可忽乎哉嗚呼史之作爲天下萬世作也則史之修亦爲天下萬世修也第厚物雖堅久則必腐百年以後安保其不復損如今日者乎繼此而修則更在後起之同志者

周亮工江寧府志序

國必有史所以紀朝廷之功實詳統馭之經權而各方英彦臣子經營無不盡歸誌載其外更有天官河渠藝文孝友逸民列女諸耑紀所以分端羅列闡悉天下之盛美者慮無無不具備矣然要以國家爲統紀而因之散見於方州不能盡十之三四若其勝跡遺烈不得不待區分疆畫者之各極其該詳其事雖分隸於各郡邑而掌之司牧繫之職業請之御史中丞其究同於國典非一人之私言也但其間方土有厚薄人才有衆寡不足盡光傳述而一時有其責者又未即爲賢士大夫號爲才學淹通者流以故雖多成書而未足備藝林採覽至金陵古稱龍蟠虎踞歷代帝王所都居山川宮闕之壯麗人物制度之風流往往甲於他方及考其紀載之書自六朝而後惟宋馬制使光祖景定建康志最稱詳洽今既不可得見而元張鉉金陵新志雖存膚蔓實無足觀前正德間府丞寇公天敘曾一修之書亦不傳至萬曆五年府尹汪公少泉復事重修紀事交稱簡確今所傳府志是也以今觀之山水人文猶未盡六朝之盛而萬曆以後其紀載

尚復鉄如
皇清興改都爲省其間沿革吏治懿烈貞芳足與史
乘相表裏者歷二十餘禩未見表章識者悼之以
金陵地勢攬勝中區而遺聞同乎若滅若沒其所
關文獻絶續豈細事而已哉太守大衍陳君蒞茲
土也惠我人斯以膏以雨乃於政成之日痛斯事
之將湮也慨然謀所以修舉之於是請之督公請
之撫公請之藩臬諸公僉曰允宜哉陳君則於退
食暇即手一編勤纂輯而一時博雅有聲者亦不
吝虛心諮訪得而參佐之適八閱月而志成因取
其書讀之闕者續畧者詳一時學士遺編故老傳
說莫不兼茹而精採不獨風土節烈聲名文物之
大足以昭示來許即其一二軼事可傳士林資談
佐者固將不勝其漁取於是知陳君之以著作之
才而託之一方見之當世殆有耀簡冊而彌光者
矣夫以天下之大職方所隷之多且廣合計其誌
載遺編當不啻繁星之麗天支山之亘地雖使窮
年孜矻莫能竟其疆域居平每作僻想安得好事
者流盡舉百國之方書芟繁亂而就統紀勒爲一
編藏之石室與七十二代之金函二十一家之載

筆並傳不朽豈非更爲極快而終不能苟學者忞意搜討但攬其一二最勝以蓋其餘如讀史者之先馬班獵百家者之首韓蘇歐柳則舍是編其何求豈徒孟堅兩京之作太冲三都之製爲各係方風腴文炫麗而已哉知後有作者僅能增其所未歷而莫能文其所已備也已予少遊金陵每愛此間名勝今復官江左得觀郡志之成因喜陳君芳烈有將與此志聲施無窮者遂因其請畧識始末以爲之序

錢謙益過嶺集序

讀孝升先生過嶺集者咸以蘇韓二公爲比余考其時世參而論之則亦有不盡同者今夫韓之於潮蘇之於儋皆以貶謫行衰病入隴負擔渡海鱷魚之與侶而桄榔之與居皆不勝旅人遷客放流憔悴之苦孝升之過嶺也奉尺一之節持英蕩之節州邑長吏負弩矢前驅元戎連帥帓首鞾袴俛立道左龍戶扶旌馬人挾轂此孝升之所有而韓蘇之所無也越三湘渡五嶺天水相圍颶風撞摔扶胥黃木僅批一髮蓋海旌幢連天觀

闕占規外星辰之磊落食章舉爽柱之瑰異此古今之所同而韓蘇與孝升之所偕有也韓子之詩莫奇於朧吏南食諸篇蘇子瞻海南諸篇子由謂馳騁從之常出其後孝升過嶺之詩亦然學富則使物皆靈才老則攬境即變山屬水屈則昌黎闢共界兀天容海色則眉山並其澄間此孝升與韓蘇之所同而世之騷人詞客刻畫盡氣不能追步其後塵者也然而有大不同者蘇子渡海在遲暮累蹪之後和陶之詩思以桑榆末景自託於淵明去買田陽羨蓋無幾矣韓子贈元協律自謂不知四罪地豈有再起辰潮州謝上之表至以封禪告成爲勸蓋其憂患熏心生平用壯邁往之氣僅有存者若吾孝升以地負海涵之才當日升川至之候風雨起於行間雲物生於字裏輶軒弔古軺車覽勝燈炧酒闌筆酣墨飽乾端坤倪軒豁呈露穹黿長魚距躍後先南海之百靈秘怪恍惚涌現於篇什之中蓋韓蘇之所乘者暮氣也孝升之所乘者朝氣也韓蘇晻曖濛汜之日也孝升扶桑禺中之日也才有壯老節有盈縮而詩之意匠聲律從之蓋有使之然者也後之君子讀過嶺之詩比量

古今同異之間淡思而自得之無以易我言矣孝升使事畢枉道曹溪致瓣香於憨大師肉身賦詩皈依願與子瞻同結南華之緣而淡以退之留衣大顛終老偪強爲可恨張燕公有言願寄無礙香隨心到南海余與孝升心期在是他時志曹溪者將有徵焉而兹固未能備焉

王貽上詩集序

神宗庚戌之歲偕余舉南宮者關西文太青新城王季木竟陵鍾伯敬皆雄駿君子掉鞅詞壇太青博而奧季木贍而肆踔厲風發大放厥詞太青贈季木曰元美吾兼愛空同爾獨師蓋其宗法如此而伯敬以幽閒隱秀之致標指詩歸竄易時人之耳目迄於今輇材諷說簸弄研削莫不援引鍾譚與王李徐袁分茅設蕝而關西新城之集孤行秦齊之間江表之士莫有過而問者三子之才力伯仲之間耳而身後之名飛沈迥絶殆亦有幸不幸焉千秋萬歲古人所以淡歎於寂寞也季木歿三十餘年從孫貽上復以詩名鵲起閩人林古度詮次其集推季木爲先河謂家學門風淵源有自新城之壇坫大振於聲銷灰燼之餘而竟陵之光燄熸矣余蓋爲之撫

卷太息知文苑之乘除有刼運參錯其間抑亦可以觀天咫也嗟夫詩道淪胥浮僞並作其大端有二學古而贗者影掠滄溟弇州之賸語尺寸比擬此屈步之虫尋條失枝者也師心而忘者懲創品彙詩歸之流弊眩運掉舉此牛羊之眼但見方隅者也之二人者其持論區以別矣不知古學之由來而勇於自是輕於侮昔則亦同歸於狂易而已貽上之詩文繁理富銜華佩實感時之作愴惻於杜陵緣情之什纏綿於義山其談藝四言曰典曰遠曰諧曰則沿波討源平原之遺則也截斷衆流杼山之微言也別裁僞體轉益多師草堂之金丹大藥也平心易氣耽思旁訊深知古學之繇來而於前二人者之爲皆能洮汰其癥結祓除其嘈雜思深哉小雅之復作也微斯人其誰與歸貽上以余爲孤行之老馬過而問道於余余遂趣舉其言以爲敘往余嘗與太青季木論文東闕下勸其追遡古學毋沿洄於今學而不知返太青喟然謂季木曰虞山之言是也顧我老不能用耳今二子墓木已拱聲塵蔑如余八十昏忘值貽上代興之日向之鏃礪知已用古學勸勉者今得於身親見之

豈不有厚幸哉書之以慶余之遭也

吳偉業江南巡撫韓中丞奏議序

御史中丞蒲坂韓公巡撫江南之五載
天子洊錫公命進秩司空公自以幸得備位維是地方之得失閭閻之利病分條其所以興及所以革之狀
當寧幸聽其言得奉行弗墜以少逭於闕失其副封與草藁具在手自裒輯得若干卷授其部民吳偉業序之偉業讀而嘆曰
上之加勞公與公之盡心厥職者其在斯乎其在斯乎昔我
世祖章皇帝聽覽之暇命儒臣采經撫傳以撰集羣書無亦以後之人制度文爲鑒於前王之成訓罔或遺漏故不厭其多聞博物而義類之弘深也若
奏對之體貴乎指事造實以通變而適用其理覈其文顯一切傳會繁曲之辭屏使弗進偉業每南苑夜直見諸公坐而假寐漏下三十刻中書猶捧
督撫所上章奏以參訂國書有微文之疑互則爲

之執筆彷徨看詳久而後定然則有事於敷陳者可不慎哉詩曰維今之人不尚有舊書曰乃身在外乃心罔不在王室當韓公之在京師宿衛忠正曉習文法左太宰以贊邦治周官所云大事則從其長小事則專達其公之謂歟

天

子器其能擢自帷幄出典畿輔三命作牧四方具瞻公蒞政浹旬固已赫然改觀矣亡何有還擢江南之命先是江南山越未平萑苻數起閩海巨寇闌入內地以詿誤吏民當事者赤囊紛馳告變收捕之章又數從中下公至之日氛祲消而姦宄息不動聲色用拊循彈壓以爲政向之所謂告急之書窮考之案則皆無之顧以東南區區一隅賦稅居天下之半秦楚滇黔閩粵之餉檄使者午奔命弗遑吳民戶賦而口斂郡部書都鄙之版掾史掌邦國之貳調發出納千條萬端郡邑守相日有要月有成趨辦不及即鐫譙隨之發代者拜除如流罷免者覊管不去雖有考課之法亦不得而施公能無焦心極慮以求當世之長策耶昔有宋安撫大臣設上佐以句管機宜文字主者執凡治要而已今者職事巨細旬朔動以具聞其間節條赦令

計簿獄訟所當鉤稽而出入者節目繁夥不可億算惟公通達政體能周知乎輕重贏縮之數而操綱紀以御之如游刃如治絲如燭炤而鏡解故有所建白區處詳當體例精密深嚴之地朝拜夕可所司莫得而駁難焉論者以此重其才服其畧它人爲之弗能及也竊惟古來奏疏莫善於晁賈亦嘗建積粟鑄錢韓范歐陽本經術大儒在西夏河北所進劄子首以理財足國爲務夫論事人主之前先使之知經制出入充然其有餘則仁義道德之言始可得而進自古然矣方今西北之土未盡墾山澤之產未盡出商賈并兼之利未盡講求以歸縣官舉天下之費畢出之於農故軍興孔亟水旱災荒則上與下焦然其並困我公以肺腑居重任憂公如家權時制宜用其徵發朋會以佽副度支之急若夫定經賦寬民力爲根本以兼爲東南此萬世之謀不易之論未始不端言之也漢神爵之治尚綜覈而致其隆於三代唐貞觀之政行仁義而收其効於富強聖王賢臣諮諏要道或課名實或布寬仁一張一弛同條共貫非已事之極驗耶

世祖所以大修吏治務合經意者蓋兼之也
今天子寅恭祗畏廣詢博諮尤閔念我東南之民以訪求疾苦其久任公者將盡行公之言而公之言有非一時所能盡處腹心密勿之地入則造膝留身出則皂囊封上嘉謀嘉猷從容陳請必期實有所裨益此豈疏遠小臣芻蕘獻替者可得而比然則其嘉惠吳民雖古大臣之用心無以過之矣彼於文墨治辨之間謂公功著修職服其才而重其畧不知此特庶務之可見者耳又烏足以窺公之大哉

江海膚功詩序

古者克敵必示子孫故於人臣之有功者旂常以記之鐘鼎以銘之簡冊丹青以載之鼓籥笙簧以歌之王命尸臣官此栒邑虎拜稽首天子萬年商周以前尚矣降此則輔氏之鐘魏顆所以獲杜回也邢國之鼎禮至所以掖國子也燕然北征竇車騎所以登山刻石也冀州安居皇甫義眞所以定亂作歌也上之人載在盟府絃之樂官圖其勞於不朽爲臣者則又受彝器而刻其辭用薦家廟傳後世永永矢報於勿忘嗚呼功名之際豈不盛哉今我西安梁公庸

江寧一提再造南土
天子晉秩而寵異之且將定封焉吳之人以其憂兵
閔亂賴公克底於寧也作歌詩數十章公曰吾之
功既在史氏矣惟士大夫贈我以言重於珥戈鏁
歡不可以不記乃執首簡命偉業曰子爲我序之
公秦人也車鄰駟鐵小戎無衣之詩其音亢切而
憤厲淸笳急笛驟而歌之介冑之士無不撫劍擊
腕變色衝冠者此秦風之雄乎若夫三江五湖之
間樓船羽蓋黃頭擢歌非猶夫扶風壯士之聲情
慷慨也石城烏棲江南之美非猶夫隴頭水關山
月之激昂三歎也語曰歌詩必類斯豈其類哉予
則以爲不然公之在軍中通詩書習禮樂有輕裘
緩帶投壺雅歌之風及其孤軍決戰雖以吳人之
不武驅之赴利決命爭首視五陵六郡之豪不是
過焉又何有於士風而謂南音寬柔嘽緩不足乎
聽耶然則吳士大夫之屬而和者用公之氣以講
軍容而壯武節其辭皆發揚蹈厲請以奏之師中
當古短簫鐃歌之曲可也公笑而頷曰善遂書之
以爲
序

贈冒辟疆序

如臯有孝友易直之君子曰冒辟疆别號巢民能文章善結納知名天下垂三十年其生平蹤跡於金陵於三吳以及海内遍擇其賢豪長者與遊往者天下多故江左尚晏然一時高門子弟才地自許者相遇於南中刻壇墠立名氏陽羨陳定生歸德侯朝宗與辟疆爲三人皆貴公子定生朝宗儀觀偉然雄懷顧盼辟疆舉止蘊藉吐納風流視之雖若不同其好名節持議論一也以此深相結義所不可抗言排之品覈執政裁量公卿雖甚强梗不能有所屈撓有皖人者故奄黨也流寓南中通賓客畜聲伎欲以氣力傾東南知諸君子唾棄之也乞好謁以輸平未有間會三人者置酒雞鳴埭下召其家善謳者歌主人所製新詞則大喜曰此諸君欲善我也既而偵客云何見諸君箕踞而嬉聽其曲時亦稱善夜將半酒酣輒衆中大罵曰若璫兒媪子乃欲以詞家自贖乎引滿浮白撫掌狂笑達旦不少休於是大恨次骨思有以報之矣申酉之交彼以擧附驟枋用興大獄以修舊郄定生爲所得幾填牢户朝宗遁之故鄣山中南中人多爲辟疆耳目者跳而免

尋以大亂奉其父憲副嵩少公歸隱如臯之水繪庵誓志不出嗟乎陵谷既遷人事變滅向之炎炎赫赫者捧馬足而乞命顛墜巖谷不知所之矣二三君子幽愁窮慼定生亡朝宗歸梁宋亦以病没江南因初附數有收考一時名豪惴惴莫保家族辟疆清羸雞骨藥鑪經卷蕭然塵外自奉憲副公詩杜門奉母恒如嬰兒尺一之問不踰境中與世無害離事圖全如臯僻壤冒氏爲右姓家世好行其德年饑爲粥於路全活億萬計處患難之際先人後已揮斥橐中裝脫親知於阨不居其功傳曰有陰德者必受其報門戶之無恙有天道焉自其祖元同先生用方州著績憲副歇歷襄漢出入兩都政事文學咸有師授辟疆修祖父之業拜官不仕益發之詩文以及於穀梁伯侍冒氏之集凡四世矣每更闌月落追思陳事少年腸肥腦滿感慨激昂思有以效其尺寸日月云邁身世都非覽明鏡以興嗟苦修名之不立未嘗不中夜而徬徨也青溪白石之勝名姬駿馬之游百萬纏頭十千置酒自豪習破除依稀昔夢彼美人兮不見折芳華以自思未嘗不流連而三歎老謝安石有言中年

以來傷於哀樂政頹絲竹陶寫耳迺有梨園舊丁
自云向事皖司馬爲之主謳江上視師之役同輩
皆得典兵黃金横帶夫執干戈以衛社稷付之俳
優朱儒而猶與吾黨講恩仇而爭勝負用仕局爲
兵機等軍容於兒戲不亦可盡然一笑乎余獲交
於賢士大夫不爲少矣流離世故十不一存幸與
辟疆生長東南年齒相亞君方始衰吾已過二昔
人所謂遺種之叟吾兩人足當之耳詩有之曰莫
往莫來悠悠我思又曰招招舟子人涉卬否人涉
卬否卬須我友夫吳會者辟疆之所嘗遊而喪亂
以後不一過焉將子無怒秋
以爲期辟疆其許我乎否也

徐元文黄山志序

名山川之有紀始見於周禮余
按職方氏衡華霍岱皆見列諸
鎮山獨豫州不載嵩山而以雍州之華山領之頗
不得其解以此嘆後世志載之難據而奇勝之湮
沒於下州僻壤者多矣黄山雖相傳爲軒轅學道
處然靈跡詭秘遊屐罕到至唐永貞中滿禪師始
結茅靈湯泉其山之有志則始於行明惠然師歷
宋元符紹興明天順閒皆經修輯而事實罣漏鋟

板漶今八水禪師卓錫是山之硃砂菴始發愿重葺之綜其形勝事蹟類爲十卷自甲辰至丙午甫三年而告成問序於予予爲黃山發脉遠自梅嶺逶迤至婺之蓮華山綿延黟邑至張家山而北起伏二百里始結爲是山其見於圖經者三十六峯中包小峯嶺以百數蓋其高僅一千一百七十丈而爲東南諸山之冠者以宣歙地勢積高其平地隱起已與天台天目兩山相埒則黃山直踞其上而其支隴所分北掎九華西拓彭蠡南接廣信左挾湘河右起桐汭以盡海壖莫不條分脉會朝拱羅列而爲大江以南之一巨鎮宜也然其載籍零落考証無自安知歷刼以後不將復荒棄如唐以前時而開山倡教諸禪祖之苦心亦有不共泯滅者公之汲汲爲此其所慮遠矣余歷觀傳燈所錄西竺諸佛多從神仙皈依大乘是山本以軒轅得名其煉丹上升之地有不可得而蹤跡者矣今入公嗣斷山禪師法暢演宗風於此地山之變而爲曹溪南嶽也是容成浮丘諸列仙之所不得而爭者乎異時予或得休假歸里門杖策來遊與師披圖以徧尋天都石門之奇而浴於湯泉凌空[illegible]

以望雲氣也又爲三十
六峯之間增一勝事矣

丁思孔吳縣志書序

吳邑志之不修自
本朝定鼎迄今蓋三十有餘年矣姑蘇財賦甲天下而吳尤宿號巖邑計三十餘年來其間風會之推遷典章之因革與夫忠孝節義之傳播人耳目間者殆已難更僕數而於志乘顧缺焉未備斯固有心文獻者之深憂也天津吳君宰是土政治之暇慨然取舊志而增葺之踰年而書成乞余爲之序余以吳邑當簿書期會之繁征繕頻仍之際爲令者即欲循分守職猶多未遑若文章之與政事洵乎不可得兼矣吳君獨於前人逡巡未暇及者一旦任之而恢恢有餘是何昔之難而今之易也因謂之曰子之釐訂精否筆削嚴否裏其事者伊何人夫志之作非一時一邑之事而上下數千百年之所折衷也試爲我述其大槩可乎吳君告予曰愚公不敏不敢以修明自任顧於志獨兢兢焉蓋典故則博稽諸載籍事蹟則延訪於名賢非見聞之眞者不敢錄其以私干者不敢徇若山川形勝

風俗戶口人物藝林之類有昔之所略而今之所詳者昔所未有而今所增入者昔之舛訛而今之重爲釐正者則縉紳先生某某與諸生某某之力居多愚公亦藉是以垂不朽焉至於書之遲遲有待者良因前此邑令鞅掌弗遑即有一二欲圖修舉者又或席不暇煖而去未能致力於簡編其成於今日則縉紳學士纂輯之勞而實賴撫軍以暨各臺鑒裁之盛事也愚公敢自以爲功也哉予聞而領之益信天下事苟任之而不專專矣而或不久未有能成者也而况於志乘乎信如吳君之勤於其職而又能出其餘蘊以盡心於文獻不因循以自安不苟且以卒業其不負乃職也審矣吳君昔與余同舉於鄉今而益悉其爲人豈非文章政事固有兼擅而不窮者歟余謂吳君之政事不必因是書而傳而其文章則由是書而愈信其傳也是爲序

采風合璧序

文風至江南而極盛矣當景運之休嘉鍾江山之秀麗而好學深思者出而應焉無論元魁接踵科名甲天下即桑戶芸窗之子莫不潄六藝之膏而挹百家之潤一時人文

淵數必推江南嗚呼盛哉予承簡命一秉臬於皖城再分藩於吳下於是兩有采風之役所得十四郡之文彬彬乎旨而渙麗則而不浮變化而整錯采而有章蓋銜今準昔實具而文生焉非徒樅金戛玉炳炳烺烺聊以工聲悅也予顧而樂之乃擇其言尤雅者若干篇授諸剞劂氏夫舉業逢世之物也似不必規規於古然不得古人之氣則終不能以行遠在乎轉移運會者有以力特之譬之三軍之士金鼓鐵戟人各異用而中軍立表特其一耳苟不惟一之是趨而紛然欲試其所長則年少易言而不知通變老將嘍唶而卒墮術中其不僨乃事者少矣是故莊騷之奇變晁董之醇肆以至唐宋八家縱橫峭勁不可端倪之極筆無不恣才人之所取而自成一家者脫穎立見蓋不以清廟茅屋太羹醴酒爲古而以煌煌典則根茂膏沃者爲古發必中的含無不破莫謂上江之文簡質勾吳之文踔厲有異同於其間也是役也予敢謂扳十得五而一片愛才重士之意思爲操觚者樹表庶與

皇上崇儒訪道勤勤風厲之旨不相刺謬乎昔季札

觀樂而列國之貞淫正變得失盛衰無不一一知其所以然予之採取在是則磊磊落落光明俊偉之君子乎入吾羅網中異日正色垂紳爲朝廷文學侍從之臣備左右顧問其卓然自見者固別有在予拭目俟之矣題之曰合璧諸子有璧而予合之之志喜也非以誇美也

吳興祚高忠憲公年譜序

自有天地卽有理學帝王行此理於上三綱九法一代正焉聖賢明此理於下人心學術千古昭焉然理者卽之而不可見而心學之精微又父不能以傳之子所以孔孟之後有楊墨有佛老一皆曰是理也吾得之吾得之始於洸觴終也襄陵一時後世靡然從之及究其指趣要其歸宿則茫然如摶虛焉諸能爲孔孟之言者則又優孟其衣冠祖之流於六藝淺之涉於詞章而於聖賢立心行已之防不啻此參而彼商也有志之士起焉亦欲以明道爲務然或誤於功夫之失傳或病於見聞之易惑各以其意相爲揣摹名曰闢佛老乃其見則猶然佛老之見也名曰距楊墨乃其行則猶然楊墨之行也雖離淆僞不一不公其孰從而正之忠

憲高公奮乎百世之後歷考羣哲斷然以朱子爲宗其爲學也質之於古矣未已也反而求之於心求之於心矣未已也充而驗之於事閑邪存誠動靜一致主敬格物內外交修始則參前倚衡卓爾其有立也終則霧散冰融灑然其無事也由是窮而樂達而檢患難而不憂由是坐而言起而行獨處而不愧由是生而順死而安俟諸後儒而不惑嗚呼詎不偉哉萬曆以後天啓以前其形於奏疏者可以格君心之非其施於政事者可以振王綱之墜其昭大法除大弊者可以傾一世之否而爲泰卒之璫禍一發殲我哲人是乃明祚之將傾而非先生之不幸也先生死而理學彰則先生猶不死矣所傳困學記工夫明本體露使後之儒者盡得乎從入之門以復覩夫鄒魯之統豈惟先生不死哉雖紫陽猶不死也雖

孔孟諸聖賢猶不死也

吳正治趙清獻公敬恕堂集序

國家於封疆大臣

恩至渥也其生也勠力王室則必形弓盧矢專節制凡所條奏多俞咈重其言天下因益重其人其殁也盡瘁國事則

必銘諸太常享以太烝錫封丘頒穆謚以蔭厥子無少顧惜將爲百爾臣工勸重其人天下廼益重其言如趙清獻公是矣公忠貞清惠言多剴切有遺集藏於家公歿之十稔其子釆岳編次剞劂請序於余余益嘆
朝廷之善於用人與公之所以不負任使也往余居里門際公來莅糧儲於楚時烽燧初戢師旅頻仍熊湘尤據上游舉凡諸道勦撫其入而必勝之幾決於此而必勝之具亦取於此問糗餱芻茭疇轉幹公則蕭侯也問戰艦營幕疇繕給公則陶士行也問弓矢鋒刃疇煆疇礪湟隘道里疇區畫公則趙充國也公雖尚列監司而已一身直裕數輩之事
上繇是知公才與德果堪大用不數年而踐制府顧託愈隆心愈和氣愈下其治滇黔也統御編氓控攝猺獞開屯設衛勞瘁百倍於楚而淛閩則尤富東南財賦之繁嶺海門戶之重吏治民瘼其待綜理而貢獨斷尤屬殷劇而公則文經武緯達變通權各隨其俗之剛柔而斟酌於威惠凡有可以蘇國澤民無不勤勤懇懇一若子之告父委婉悱惻

而見諸章奏輙報可至今滇黔湖閩樹公之豐功偉績如出一口不異吾楚之所目擊而其章奏尤得體焉或曰古純臣有恐身後掠美輙自焚草者矣是役也無乃非意乎余曰是為諫官言也迺若專征閫外身繫軍國綦重苟非敷奏詳明則千里痌瘝無由伸一時機宜無由識且上所以待心腹賢賜言聽計從絕無猜忌甚盛典也是葢所以彰君德歟故唐宋諸臣時有採其奏疏列諸屏幛者矣有以本朝之臣直與祖宗訓誥同著藝文者矣則公斯集固可以教忠其于詮次更可以教孝況先是得謚清獻卽以清獻名集不有宋少師趙公乎少師集亦其子岏手錄中僅詩及奏記首帙則朝賜愛直之碑亦猶今之冠以恩邺寵榮諸典冊也碑言少師誠心愛人夫誠心則主乎敬愛人則歸於恕是亦猶公之以敬恕名堂卽此可徵無愧於清獻之謚公與少師忠貞旣無不類余恐久而相沿無復辨也特為表著世葢有兩趙清獻云

沈荃松江府均役成書序

三吳之困於役也戶口侘傺漸次逃亡當事者

無日不抱杞憂武水給諫柯公條利病以均田均
役請
世祖章皇帝軫念民瘼亟報可下之計部移咨巡撫
中丞奉行者縣於政絃機催數四而未有應者山
左李侯范婁邑憫役法之日敝喟然歎曰松郡舊
有布解南北運收兌收銀諸役今皆貼官料理民
得息肩矣若圖中催辦該年總甲向稱小役而厲
民若是豈得膠柱而不思所以拯之乎未幾侯以
他事被劾侯勘者年餘巳而事得白奉
旨復任遂慨然以均田均役爲已任諸吏逡巡腷胸
多築舍語馬天麒御曰此固便民良法也害不自
不變法今其時矣願力行何如耳侯喜甚遂捐廉
俸集羣吏備文册開局西郊當委天麒董其事三
閱月而告成其一切征輸之法與直捷簡便可永
爲遵守華亭上海青浦皆做婁例亦開局均編松
民自是無役四邑歡呼頌侯之德不衰而侯竟以
河工詿誤去位婁民匍匐詣制撫訟寃不可得侯
亦以積勞致病卒於旅邸病且革猶以板荒未定
爲桒梓也婁民旣載道輟舂爰梓其均編始末屬
予序予載拜颺言曰自耳逮今造福我雲間者有

名宦三人捐免襍賦則有巡撫周文襄釐正所留則有僉憲鄭善夫均田均役則有我侯皆奕世不忘者也且勿謂均役之功小也迴思未均之時羣奸攘臂噞舌萬姓敲骨吸髓爰有三害五不便四弊迨均編行而雪霰咸消當事者亦曾聞其說乎何謂三害一曰審役之害二曰補役之害三曰花分避役之害役惟審而貧富始定也乃胥奸得肆其慾蹙矣造册歸併塡單開報戶戶可以勒索況臨審而鄉民之往來守候飱緣賄脫訐告爭訟之費百出乎均編行而役不須審審役之害絶矣往時編審大役五年小役十年有刻册印册以爲據也自役困逃亡不得不開報另補乃一胥補而十胥蠹之朝張暮李移甲換乙胥蠹喬蠹又喜役之無定而滋爲利孔几有立雖者人人自危均編行而役不須補補役之害絶矣有田之民皆良民也自役重禍深爰思避役輸賄胥奸花分鬼戶苦役則小民任之民生之所以日促也均編行而有田者樂於成胥無論多寡和盤託出而花分避役之害絶矣此三者皆未役而先罹其害者也若乃承役之後其大不與有五一曰胥碎而分胥承役之

不便也假如一人有田百畝挂五六啚此鄉催辦彼鄉該總安得百其身而應之啚奸乘機包攬侵漁虧空釀禍無窮今者併其田而歸一不必分頭四應也一曰田少而代人承役之不便也主戶有役必催辦外戶之田皆素不相識之人臨限而以他人之完欠爲完欠血杖其能免乎今者均啚而獨稟本名之田責成既有專屬即合稟親友之田痛癢亦復相關也一曰啚額之大小不一而承役不便也本郡啚額大者八九千畝小者三五百畝啚大則人力有餘乃田多糧多難於催辦小則催辦雖易而各項襍差與大啚一體承值民力何堪今均啚而田畝適均永無勞逸偏枯之患也一曰啚田之荒熟不一而承役不便也蓋各邑熟啚之外原有舊荒啚新荒啚載在郡乘從無徹底清完之額奉法者甘心受杖畏法者結隊躲閃其中偶有殷實富民則必年年砌役田田拖累不至於懸罄不止今者均啚而荒啚熟啚一并稟入本名凡受荒啚之田者但有水旱歉收之患别無株連拖扯之苦也一曰客戶之承充總甲至不便也遠鄉客戶挂身數十里之外而責以人命之呈報强盜

之救護有不諉公犯法者乎今均啚而止用排門甲長比閭族黨之間遇有獄案則是非必公遇有夜警則救護必力也處此三害濟之以五不便苟均役之法不行是生四弊何謂四弊各啚之田多寡衰益皆出於啚奸之手年來逃亡多册籍散隱漏飛洒之難稽是謂啚弊均役行則田皆彚收不復授權啚書既無造弊之人亦無留弊之地而啚弊絶矣東南賦額繁多雖有劉度支固難指鞭而算也若使啚額糧額參伍不一總房可以先期押捺管比可以臨限賄脱是謂胥弊均役行而每啚每甲止有此數後先之完欠燎然即一行之算法可省而胥弊絶矣錢糧收入衙胥之手難保其無侵蝕也或銀已納而未經出串或串已出而未經登號或號已登而未經入櫃種種欺舞不一而足是謂櫃弊均役行而先期書串自封投櫃完者以領去之串爲據完欠既已分明收書無從影射而櫃弊絶矣且各房經承未有不望蠅頭以自潤者也如向來所派青樹水夫等項用一派十玩法良多是謂衙門之通弊均役行而偶有雜差必齊集鄉三老從公酌派申憲定奪雖有意外之役總無

不均而各項之通弊絕矣循是道也朝野官民謌
然家人父子馴至剖斗折衡而天下平侯既沒而
四邑之民謳思不絕巷哭野祭臚侯是法而剞劂
表章之是豈有威福勢位迫而致之哉秉彝之公
感思之深詠之所不能已也後之覽者蕭規曹隨
成畫一之治將
先皇帝愛養黎元至意於是乎
大慰豈獨食侯之德弗諼哉

張英孝烈詩序

吾桐與灊同郡而接壤相距百里許予之先自鄱陽遷肩從于桐始祖爲貴四公灊亦仝時仝地竝來鄱陽始祖爲貴七公徙居於灊之青山焉居灊者世多隱君子世傳而孝烈玉楚公出公之長君青熊以明經登仕籍大変海內之人以故賢士大夫爭爲詩文以表章孝烈者甚詳且盡青熊在譜系中于予當爲兄孝烈公予伯也歲庚戌青熊出孝烈詩集命序敢敬受再拜而序之夫人子而以孝稱非幸也至孝而以烈稱尤非幸也爲孝子之子聞人以孝稱其親亦愈非幸也以八十之老親當賊氛搶攘之際奄然臥疾在牀而且死矣避之不可去之不可發

罝之不可倉卒殯殮守而勿去孝矣然豈非不幸歟賊至而且舉火矣開棺矣呼號出捄斷指血淋漓棺上卒受刃而死以至幼子死之老僕死之孝矣烈矣然豈非尤不幸歟爲孝子之子者日夕思其親之難而又不忍沒於人向人則垂涕道故庶幾於仁人君子之言以垂不朽雖歌咏百篇血淚常透紙背讀之且不忍聞況抱此簡牘數十年之久歟愈不可謂幸也雖然人生遭逢世難至於大義決裂不克保全其名節者皆以幸之之心敗之也天下事亦安得盡爲我可幸者哉棺在堂而賊且至不去者孝也至今思之此外無可幸也幸矣其能不去也將毀棺而出捄捄之不得而死能死者孝且烈也至今思之此外無可幸也幸矣其能死也爲之子者得遭遇承平使海內之人相與道揚孝德被於絃誦不致滅沒於兵燹荒亂之後且爵之於朝祀之於廟筆之於家乘國史孝烈之名洋溢寰宇亦孝也尤不可謂非幸也吾獨嘆夫公之孝能感人者如是其大且遠也幼子何以死孝感之也老僕何以死孝感之也賊至不仁亦嘖嘖於全孝而爲之遺棺覆尸孝感之也青熊之克駿

家聲以表章先德數十年如一日以至海內之名公鉅卿爲詩文者不下數千交口稱贊無異詞皆公之孝有以感之也噫貫天地格鬼神風示人寰百世如新舉在斯矣詎止爲吾宗之美德吾郡之盛事也哉是爲序

張九徵育嬰社序

京江育嬰之社舉於癸丑夏君爾範首事余與同人襄之彷廣陵吳門兩郡例也每一嬰月給乳婦銀三錢同社有認一嬰者有倍認三倍認者有數人共認一嬰者丙辰爾範赴道山而余董事兩載戊午則郡中紳士與新安同志分月輪執定會所於月華山之萬歲樓徵貲驗乳察弊釐奸各有耑司頗稱嚴密規模既定遠近樂觀不意午未之秋旱魃相仍人無宿飽遺嬰在道日積月增捐貲所入不足供給蓋廣陵所恃鹽關兩使者及行商大賈吳門則撫軍藩司爲政我郡皆無之獨數十寒士呼號將伯奔馳托鉢耳相顧唏噓莫知爲計適道臺石公自楚來臨下車問俗聞之欣然親蒞會所首捐俸爲倡而郡守暨兩少府縣尹諸公莫不踴躍分俸共

成盛舉羣嬰之生已絕而復續是天心仁愛畀以福星而當事諸公情深保赤古稱名父杜母何以異此不佞敢再拜手敬告同里樂善者夫怵惕惻隱行道所同赤子顛連乍見思救況衆擎易舉寸壤成山省一親朋遊戲之酒資減一兒女帽領之裝飾即可廣種福田普度多命所費薄而所獲厚事理至明奚待智者而後權喜從事乎但尤有進者善必積而後成德必久而後大勿始勤而終怠勿偶應而旋忘施三分以至於三錢三兩總曰發心化一人以至於十人百人總名同善樂施遂成仁里善政可革兵刑從此旱澇不作

時和年豐且將於此舉見其大端也

鄭重靖江見士錄序

古者諸侯卿大夫士見必以贄或圭璧羔雁與雉異儀至

禮也余曩奉

簡命蒞茲土涉大江覩都人士濟濟揖車右入庭禮讓之退思昔賢陽嶠待士至車驅之不暇豈士能累吏歟抑吏所自審與士相見何如耳甫下車念

國家敦文教隆實學銳意羅天下士備左右顧問爲黼黻皇猷助余敢不夙夜旁求一日闢門試之

書一經一策一遵功令也諸士研思慮寧心氣一時翕然如銜枚策萬馬捲施無聲漏下三刻燈熒熒星河動搖循吮毫吟咏風簷間已誦其文或論窮濂洛或策貫天人或清宕淪漪或渾雄浩博如入宗廟覩球琳瑯玕目不暇接迺拔其尤以進多士得文若干篇知士揣摩以自見與予殷勤以見士皆可謂遇合一時而能揖遜以禮者矣嗣而再試法如初得士倍之文益淵深瑰奇可愛即行歌采芹者咸嚮風濯濯自奮又得文若干首予始從堆案中滌簿書吏塵萬斛青黄之甲乙之彙成質同好思昔人愓陽鱎以正士士未盡正余以文見士而士已彬彬無不正余與士士可兩無負予以明理與裕宏猷行見入雲霄翔羽翮名士又將執贄而颺

天子之廷矣多士勉乎哉

韓菼進呈稿自序

菼自少爲舉子業不從他師侍

先君子讀書山中日命鈔錄五經史記漢書唐宋大家及弘永以來先正諸名家小品俾專心課誦凡近刻坊刻屏弗令見也先君

子之言曰文章之要法與識二者而已根於經材於史浸淫乎先儒之傳注訓詁微之爲性命顯之爲古今禮樂制度深探力索久乃自得而後辭達辭達而能事畢矣雖然要必裁之以法法也者初無定體以有體爲常方員之規矩也度曲之分刌也舍是僅聽無無施矣時文一道尤在度程各有宜適未可汎駕出入變化不離乎宗乃稱乎神弘永以來先正諸名家時文之準的也而學之先從小題入何也題目既狹步驟斯難設變出奇巧者覘焉譬之適遠道者目不備九折之阪及行五達之衢坦如矣嘗聞先輩試場屋不利歸輒作小題文近見人家兒曹初弄紙筆塾師即課以大題程墨意在苟得速售而不知其茫然河漢而無極也兼又取其最庸下者庸淺者趣徑既已鹵莽其心思日以没溺不能自拔吾故弗令汝曹見也又書本必須手錄者昔人有巾箱五經謂一經抄寫終身不忘恐汝漫不經心故須手錄一過也蒸伏而識之不敢忘順治乙未春先君子捐館舍竛竮孤露更遭多難幾不自保而孤燈風雨抱守一編追維庭訓歌與泣俱未嘗暫廢也或謂蒸文當順時令

不從世俗所趨好而必曰古昔曰先民子何討之
左荄謝曰吾父志也遇否非可期各從所好而已
然自丁酉歲入縣學嗣是試卷無一落者中以詿
誤不試於場屋者十餘年至康熙壬子始援例入
太學即受知司成先生秋預鄉薦明年春舉南宮
第一時兩闈主司釐正文體同考薦荄卷輒嗟咨
不置及會試撤棘
上宣取荄硃墨卷觀覽久之深以主司爲得人及殿
試
上見荄對尤稱善復拔置第一是年冬十一月召至
起居館作太極圖說越三日傳諭寫時文二首進
呈明日復召至起居館命悉呈平日窗稿時不及
莊寫即於次日呈刻本五十篇蒙召至弘德殿講
大學畢
上問平日所作必尚多時館師學士熊公代奏刻本
尚有三十餘篇以題目小不敢進呈
上曰不妨都進來隨復進三十三篇其三篇即鄉試
墨卷也進訖命悉留覽荄伏自思維下才末技獲
闕
九重蒙殊獎爲自古萬一有之遭逢實非荄學術謭

陋萬不及古人者之所宜承受跋踖悚惶不寧累日又伏自幸先人之緒言遺澤得以少伸於今日顧不自享於其身而終以不及見爲絕可痛也凡父兄之教子弟惟務速成之爲患自蒙竊一第向之譏訶者或從而稱譽且過其實不知五經史漢諸書及弘永以來之文故在蒙特學之有志而未能者蓋先人之教猶未窺尋萬一猶悔速得之未工耳不敢自誣也已未春童子虎文來京師以蒙稿刻本頗多間有失真者欲更訂以行世因以進呈者八十篇及鄉會殿試全卷授之而叙所聞於過庭之言於篇首所以榮耀
君恩而不敢忘付受所自虎文又不忍割棄其餘因復檢其可觀采不悖謬者附益以二十篇

趙崙詩經註疏大全合纂序　婁東蔣庶常張西銘

先生經術起家爲名進士所集著作數十五牛不任舉其合纂詩經註疏大全羽翼西河開張毛鄭學者洞然知所統宗而兵燹板毀什存二三先生從孫玉瑞購本修緝余賞其志於書之既成爲之序曰古者采詩之官

所以觀風俗知得失自考鏡孔子備載周詩錄殷
採魯凡三百五篇以其序命子夏發明辨釋是爲
小序後四百年趙人毛萇作詁訓傳其弟子鄭元
表揚師學並著爲箋於是三百篇藉序以顯傳箋
又復求索精鑿文宣所刪因以不熄自莆田鄭樵
攻擊詩序新安變爛共詆而舍序說經之誤不可
言矣夫風人比興之詞多於敘述諷諭之意浮於
指斥反覆詠嘆疊句聯章作詩之趣不知何屬而
序者蔽以一言一事此必其探索無朕習聞塗轍
也即如芣苢形容采掇其吉則美后妃黍離慨嘆
苗穗其旨則傷宮闕叔於田爲鄭人愛叔段之辭
實所以刺莊楊之水爲晉人愛桓叔之辭實所以
刺昭不有序傳爲之緣物體情因事辨志則離僞
互陳黑白懵懵趙賓張霸之續不僅爲書易樹荊
棘也西銘先生存傳箋之遺紬紫陽之議講習既
精衆陸孔諸子之見印其是非長短而夾漈辨妄
六卷乃可以息啖止喙則謂蔓草風雨褰裳同車
數詩不屬淫奔之作而鄭衛桑濮里巷之篇即用
薦燕享樂章亦猶季札觀周樂
而刻邶鄘也朱子其又奚斥焉

書經體要序

昔孔子討論典籍斷自唐虞芟除煩雜舉其宏綱所以恢濶至道貺人主以塗轍也秦始燔棄墳典學士解散尚書百篇之舊失傳至漢訪求遺文濟南伏生口誦二十八篇魯共王壞孔子故宅得所藏古本合河內女子所獻共增竹簡二十五篇而經目始備自後伏生授張生張生授歐陽歐陽授兒寬寬復授歐陽之子孫至高而止其時雖有大小夏侯之學而隸古定維歐陽最盛其所以昌明絕學綜貫旨趣要必有明體提要之道而泊没洄洑者不得絜其精也

本朝經術試士各專一家儒者苦心探索分別異同皆以科第起家樹幟壇坫故六經炳若觀火而尚書壇名海內者所在多有余自先大夫來起家尚書嘗謂尚書統攝典謨羅列訓誥誓命陰陽水土性命事功靡不條分縷晰滙爲巨津學者塗轍未清騁轡泛駕則耳目散渙漁獵苦於難集卽欲窮險極奥與我知其有望洋而嘆者矣梁溪錢君礎日行節趨逸雅讀安國古本繕寫傳受得濟南千乘之秘又嘗與生徒講習數十年故其更歷排纂有説心研慮之助而鹵莽所得皆其渣滓以視少年

喜事著書者有間矣夫古人嘉言懿績必有以生今人今人幽會冥通必有以生古人古今人神理相激可以鈎深致遠獨斷不懼此非有所據必泛非有所擇必迷泛則瑣瑣則不聚迷則亂亂則不堅不聚不堅而心之純駁相半則有詼奇譎怪剏一家之言爭鳴吹之益者皆經之爝火也錢君體物緣情造端觸類議論所及可以指麾諸子而言簡理約各有歸宿譬猶北燕南越資舟車者不眩於所往由是旁蹊曲徑安坐而赴千里則玆編鍊精聚液蓋亦治經者之車馬舟檝也噫嘻傳矣

澄江講堂碑序

澄江本暨陽鄉之地北枕君山西控大江誠瀕江保障也是地屬在毘陵郡縣實多文獻山川人物未可悉數紀其先賢講學者如東林書院城西講堂龜山先生闡程氏之與紹興端平而後曁其學者不乏其人理學至今稱頌弗衰彬彬乎誠講學盛事已予校士澄江衡文畢訪西山之故蹟慕延陵之高風時事不同風教固無殊焉予職在立教而重慕乎禮義稱思學校者禮義相先之地也秉鐸者正其心血俊可教以五經敦其本而後可及乎著于習鄉尚齒

退讓以明禮也習射觀德序賢以不侮也文能敦詩說禮型仁講讓選造而升也武能節比於禮容比於樂折衝而禦也道在廣厲學宮者爲之倡始焉蓋儒本司徒之官共屬司馬之職道參合一今聞學官荆子子遷陳子寅亮立射圃設講堂因其舊而新是圖而又聘請錫邑宿儒錢子肅潤開絳帳可謂無曠厥職郡丞牛子樞邑令沈子清世又贊勷相與有成顆非俗吏之所能爲也又聞元戎文伯劉將軍輕裘緩帶每升坐而觀釋菜鼓篋之業抑以仁義爲干櫓耶予不禁躍然喜自茲由一邑而倡各屬由各屬而鼓導江南將見絃歌之聲處處尊理學予異日再至君山登斯堂也考虎觀之同異觀矍圃之揖讓份份爾雅正心敦本彷彿濂洛關閩之風文獻庶幾無愧焉廣文或告予曰自堂構聿新之後少長咸集講習歷寒炎不輟登斯堂者咸秉禮而慕義身通六藝者弟子自茲益進倘始之終之無怠無荒庶不負予廣厲風教之意也多士勉乎哉

魯超遜志齋文集序

方正學先生殉節於靖難之時至參戹九族而不悔純忠

大節震爆天壤童孺婦女皆知感慕而稱述之其文章具在炳炳烺烺揭天地昭萬古而不可磨滅者也今世之誦述先生者以其忠義而已而不知先生之學得統統於有宋大儒爲道學之宗子世適理義明而識趨定是故歷患難臨死生而不可變蓋道學之與忠義非二事也楊子雲著法言太元僭擬先聖而失身新莽至爲作劇秦美新之文馬季長以經學教授弟子爲世大師而阿附梁冀爲代作論李固奏草以其未聞道也道學之統不明而天下始有依違涵忍欺賣君父以求利者夫先生之學得統於朱子觀其幼儀箴誠諸篇皆得古人謹小愼微之旨而君學君量諸篇則治國平天下之道具是焉蓋朱子得統於孔孟而先生得統於朱子惟其見道也明故能精於義利之辨而達於死生之故及建文之變先生哀麻慟哭蹈白刃甘鼎鑊而不辭則孔之所謂殺身成仁孟之所謂舍生取義者先生誠不愧矣觀先生所著云微贊云人知利之可以養生而不知其可以傷生人知義之或至於殺身而不知殺身之可以不朽是則先生之贊云微者卽其所以自贊也歟先生爲宋

文憲公入室弟子公常稱先生之文而其文義森蔚千變萬態不主故常而辭意灑然常新又嘗賦之以詩曰濡毫寫雄灝勢欲移峨岷漏洩混沌竅出入造化神則太史公之於先生其推重之也亦至矣今讀先生之文典重肅穆如入宗廟之中而觀其俎豆法物使人斂容而生敬也讀先生之詩冲和古淡如清廟之瑟朱絃疏越一唱三歎使人徬徨而感動也所謂道學之淵源忠義之質性皆於斯可覩焉而豈猶夫文章之士纂組雕鏤飾鞶帨以爲工者哉先生罹禍時其家殲焉門人俞允匿其幼子德宗遁走松江得免故先生之遺嗣在松而松故有先生祠日久傾圮余爲撤而新之祠成余爲設羊豕之奠登堂而肅拜焉先生之文集板故在松而多有刓敝脫落教諭項君亮臣爲之補綴闕遺增加鋟梓以久其傳余故不揆冒昧而爲序其梗畧如此詩有之曰高山仰止景行行止斯則余與項

君之志也

高龍光刻**感應篇註序** 太上者吾不知其爲何如人在道書爲道家之尊稱

無上所著感應篇其旨垂教多有合於古聖人之言特加詳發焉耳尚書禹有言惠迪吉從逆凶惟影響湯有言天道福善禍淫伊尹有言惟帝不常作善降之百祥作不善降之百殃又言惟吉凶不僭在人惟天降災祥在德至孔子繫易更言積善之家必有餘慶積不善之家必有餘殃數聖人未嘗明言感應究言感應者實不能離此數聖人之言數聖人渾括言之也渾括言之可以教賢智不可以教愚不肖且古之生人善多而惡少其閭閻里黨塾遒鐸官師化導之法甚詳而有則又能勸懲之以賞罰迄後世人心偽薄化導之法徒具奉行之意漸泯為惡者多為善者少而賞不足勸罰不足懲淡心救世者卽反覆痛切言之猶恐讀者罔知警醒為大憂耳余惟唐虞授受不過十六字而止至後作謨作訓作誥作誓代愈降言愈繁孔子生周末設教立說至不啻千萬言於刪書繫易外復為之作春秋文成數萬其旨數千蓋其詳略繫乎世運所為亦不得不爾之勢也夫春秋一書以空名定功罪而亂臣賊子莫不知懼若此太上所著感應篇既為疏列善惡禍福條目尤諄諄懇

懇警醒以神鬼較大易神道設教之旨頗有相符契者昔宋大儒眞西山先生早序而梓行於世嗣後爲之註釋積有百餘家鎮江陳子道廣學爲儒者也乃出所註新刻篇卷請余爲序余嘉其註証詳切視從前諸本更加精進用期與人樂善不倦而生夫求感求應之心故曰太上之說可補功令賞罰所未及而此十二卷註証之說又可補太上所未及當進同前古聖人之言互相體驗幸毋徒目爲道家言云爾

熊賜履下學堂書目序

予生平無他好惟獨嗜書嘗盎中無擔石儲見有異書必買雖典衣稱貸弗惜務得之而後已室人或訴之曰君嘗累日不舉火亦倦甚矣顧此架上物能飧之而飽耶脫不幸饑而死誰爲讀此書者予亦莫之顧自戊戌通籍宦遊京師京師坊間書少且價值特貴以故十餘年間纔積得二萬餘卷丙辰秋被放買舟載歸時楚中多事留寓金陵金陵藏書甲天下多人所未見者予遂極力購求七年之中積有八萬餘卷合前共十萬卷有奇大懼卷

帙散逸爰分別門類繕寫目錄一函構屋五間顏日下學堂依次架閣其中以便繙閱嗣有所積將別成一錄夫聖賢之道一言可以終身奚用多爲然獨不曰敎學之序由博歸約乎學者幸生明備之後欲廣稽遠引從事論述而搜討弗核固陋貽譏識者恒羞之故余之爲此猶饑者之儲粟寒者之備衣固吾職分之所當爲而非敢誇多靡侈觀聽犯古人玩物喪志之戒也錄成爰捉筆弁言以

告同

志者

江南通志卷之第七十四　終

江南通志卷之七十五

藝文

傳

唐韓愈何蕃傳

太學生何蕃入太學者廿餘年矣歲舉進士學成行尊自大學諸生推頌不敢與蕃齒相與言於助教博士助教博士以狀申於司業祭酒司業祭酒撰次蕃之羣行焯焯者數十餘事以升之於禮部而以聞於天子京師諸生以薦蕃名文說者不可選紀公卿大夫知蕃者比肩立莫爲禮部爲禮部者率蕃所不合者以是無成功蕃淮南人父母具全初入太學歲率一歸父母止之其後間一二歲乃一歸又止之不歸者五歲矣蕃純孝人也閔親之老不自克一日揖諸生歸養於和州諸生不能止乃閉蕃空舍中於是太學六館之士百餘人又以蕃之義行言於司業陽先生城請諭留蕃於是太學闕祭酒會陽先生出道州不果留歐陽詹生言曰蕃仁勇人也

或者曰蕃居太學諸生不爲非義葬死者之無歸哀其孤而字焉惠之大小必以力復斯其所謂仁歟蕃之力不任其體其貌不任其心吾不知其勇也歐陽詹生曰朱泚之亂太學諸生舉將從之來請起蕃蕃正色叱之六館之士不從亂茲非其勇歟惜乎蕃之居下其可以施於人者不流也譬之水其爲澤不爲川乎川者高澤者畀高者流畀者止是故蕃之仁義充諸心行諸太學積者多施者不遐也天將雨水氣土無擇於洲澤澗溪之高下然則澤之道其亦有施乎抑有待於彼者歟故凡貧賤之士必有待然後能有所立獨何蕃歟吾是以言之無使其無傳焉

〔宋〕歐陽修六一居士傳

六一居士初謫滁州自號醉翁既老而衰且病將退休於潁水之濱則又更號六一居士客有問曰六一何謂也居士曰吾家藏書一萬卷集錄三代以來金石遺文一千卷有琴一張有棊一局而常置一壺客曰是爲五一爾柰何居士曰以吾一翁老於此五物之間是豈不爲六一乎客笑曰子欲逃名者乎而屢易其號此莊生所誚畏影而走乎日

中者也余將見子疾走大喘渴死而名不得逃也居士曰吾固知名之不可逃然亦知夫不必逃也吾爲此名聊以志吾之樂耳客曰其樂如何居士曰吾之樂可勝道哉方其得意於五物也太山在前而不見疾雷破柱而不驚雖響九奏於洞庭之閒閱大戰於涿鹿之原未足諭樂且適也然常患不得極吾樂於其間者世事之爲吾累者衆也其大者有二焉軒裳珪組勞吾形於外憂患思慮勞吾心於內使吾形不病而已悴心未老而先衰尚何暇於五物哉雖然吾自乞其身於朝者三年矣一日天子惻然哀之賜其骸骨使得與此五物皆返於田廬庶幾償其夙願焉此吾之所以志也客復笑曰子知軒裳珪組之累其形而不知五物之累其心乎居士曰不然累於彼者已勞矣又多憂累於此者既佚矣幸無患吾其何擇哉於是與客俱起握手大笑曰置之區區不足較也已而嘆曰夫士少而仕老而休蓋有不待七十者矣吾素慕之宜六一也吾嘗用於時矣而訖無稱焉宜去二也壯猶如此今既老且病矣乃以難彊之筋骸貪過分之榮祿是將違其素志而自食其言宜去三

也吾負三宜去雖無五物其去宜矣復何道哉熙寧三年九月七日六一居士自傳

元陳祖仁節義傳

傳曰千金之子不垂堂百金之子不騎衡此言其身貴則愈益愼重之也豈惟富貴雖蓽門空室褐衣疏食之徒彼自視其身與千金百金無異設使其貲足以自裕其才魁偉桀負順氣指使一旦觸兵刃蜂蠆之害不啻毫髮亦無不變色而改度者此人之至情非可誣也然而斧鑕之慘懸絕蜂蠆鼎鑊之酷殊異兵刃則有慨然談笑趨而蹈之若履平地無難者豈故棄捐其生與人殊哉彼其根於心者固已貫於金石久於天地光於日月非死生所能變也余觀兵興以來侯王牧守下至匹夫匹婦不屈於兵死者甚衆亦往往傳誦於人不幸卒然玉石俱殲泯沒於空山絕漠人無聞之者蓋不少尤足悲也乃今趙龍澤等事以余聞尤卓卓奇偉可異焉彼其男子未嘗霑一命授升斗之祿其婦人女子又惟織絍飲食是議其見聞不出閭閻乃皆一時捐軀効死若夙昔相要結亦何心哉由此觀之與天地並立無媿者在此不在彼夫然後其身未嘗

死而名永長存在春秋法所當書者趙龍澤者其先河南睢陽人也父鑑嘗知婺源州家建業之溧水四子龍澤雷澤宗澤匯澤而龍澤最長天性孝友有司舉教授一就職即棄歸養時汝頼兵起官軍不能支乘勝渡江急攻建業臺軍城守力詘遂陷兵入城大掠以及龍澤執求貲且逼受命龍澤日吾家世儒義不受辱又逼使拜日寧死能詘身拜耶兵怒殺之雷澤時以西浙鹽運司判官居憂且滿行臺檄委督饟屬縣二子棟楷屬楷於家而以棟及弟匯澤從行兵欲羅致用之皆私計曰我言則生不言則死然言之兵或執吾父是我害之也假幸而免是我陷之不義也二者均爲不孝雖生不如死竟不言亦死雷澤聞之遂得逃去初城且陷宗澤妻衛氏謂棟婦夏曰事棘矣可柰何汝姑年高而汝姊婦劉夫在也或可免惟吾與汝姑年少而夫且出不豫爲計必辱夫子吾與若寧死也夏曰吾意亦然即共赴池水劉聞之嘆曰嗟乎吾夫子且不自保能衛我乎亦死於水時楷未遇害故云然惟宗澤佐書行臺以公事如浙西故不及難後七年監察御史福建左丞李士瞻以聞於

朝贈龍澤浙東帥府照磨楷南安尉後二歲余自張掖召還始識宗澤愛其恂恂雅飭因以信龍澤爲人而今之學者願以三烈婦附龍澤於義弗順易稱父父子子兄兄弟弟夫夫婦婦而家道正矣其下歲月濡染不言而喻跡其或死或生或先或後或久或近蓋不失其正厥有繇來非偶然者余故推本龍澤使人人知鄉本遡源而亂者或少衰焉

楊維禎鐵笛道人自傳

鐵笛道人者會稽人祖關西出也初號梅花道人會稽有鐵崖山其高百丈上有萼綠梅花數百植層樓出梅花積書數萬卷是道人所居也泰定間以春秋經學擢進士第仕赤城令轉錢清海鹽皆不信其素志輒棄官將妻子遊天目山放於宛陵毘陵間雪中雲間山水最清遠又自九龍山涉太湖南泝大小雷之澤訪縹緲七十二峯東抵海登小金山脫烏巾冠鐵葉冠服褐毛寬博手持鐵笛一枝自稱鐵笛道人鐵笛得洞庭湖中冶人緱氏子嘗掘地得古莫邪無所用鎔爲鐵而筩之長二尺有九寸竅其九進於道人道人吹之竅皆應律奇

聲絶人世江上老漁狎道人時時唱清江欵乃道人爲作迴波引和之仍自歌曰小江秋大江秋羨人不來生遠愁吹笛海西流又歌曰東飛烏西飛烏美人手弄雙明珠九見烏生雛城中貴富人聞道人名多載酒道人所幸聞笛道人爲一弄畢便臥遣客卽客不去臥吹笛自如也嘗對客云笛有君山古弄海可養蛟龍可呼非鈞天大人不發也晩年同年生有以遺才白於上用元纁物色道人於五湖之間道人終不起道人性疎豁與人交無疑二雖病凶危坐不披文則弄札翰或理音樂素不善奕與畫謂奕損閑心畫爲人役見卽屏去至名山川必登高遐眺想見古人風節曠邁非常人所能測也與永嘉李孝先茅山張伯雨錫山倪鎮昆陽顧瑛爲詩文友碧桃叟釋臻凝歸叟釋見清容叟釋信爲方外友其文有驚世者有三史統論五千言太平綱目二十策歷代史鉞二百卷詩有瓊臺曲洞庭雜吟五十卷藏鐵崖山云賛曰有美人兮冠鐵葉之夅夅服兔褐之躚躚雷浦之濱兮鐵崖之顛晻翳陰呼陽兮履坤戴乾萬竅不作兮全籟於天其漆園之傲吏兮緱山之遊仙也耶

明高啓胡應炎傳

胡應炎字煥卿常之晉陵人宋樞密副使宿八世孫也父聰淮南節度計議官咸淳中應炎登進士第授溧水尉未赴元丞相伯顏南伐師次常境知府王洙遁朝廷以姚訔知府事復命將軍王安節都統劉師勇將兵雜守之訔等至常見應炎喜曰君吾劇孟也得君敵不足破矣署節度判官應炎歸告聰及兄應發弟應登曰吾家世受國恩今戎馬在郊王室將危是吾立功之秋也父老兄弟當奉以出避吾身許國不得復猶家矣聰應發並曰吾與汝雖父子兄弟然於國則皆臣也圖報之義彼此同之豈可臨難而獨免乎乃命應登侍母及護妻子出城囑曰善避以存吾宗不幸城亡吾必死之今與汝訣矣既應訔命卽選民之壯勇者三千人自將乘城爲訔畫曰吾州京師北門不可失守然城界塹狹兵皆市人非素所撫循者而北兵銳且衆乘勝遠來其鋒不可當恐未易與戰也宜樹木柵傅城益調粟繕械爲守計訔然之初洙遁時其客王虎臣盜郡印自稱知府詣伯顏軍門獻之伯顏不知其詐命還守常而遣兵與俱及城訔等已先至不

得入反以民叛告伯顏怒命元帥唆都率步騎二十餘萬圍之應炎與安節師勇分門出戰各累大捷殺其將校甚衆功上進直秘閣圍且久元兵多傷斃唆都請益師伯顏遂以西域諸部兵來會攻圍益急餉援俱絕唆都以柵壓不可拔剽近野得婦人刳乳煎膏沃其上發火矢射之火熾柵焚又運機石擊樓堞盡毀食盡唆都偵知之遣使乎應炎語諭使出降應炎罵之且截紙縷置盂中若湯餅狀者以箸引示之曰吾食甚足若欲得城需金山長也金山長蓋諺語謂無甚期唆都聞之曰能破城者金山長老也世呼寺主僧爲長老故云即趣召金山僧至軍問以攻城之策僧不知爲計周行視城曰是城龜形也東南其首西北其尾攻尾則首愈縮其法當攻首從之城遂陷師勇遁豈安節死之應炎率民兵巷戰至孔子廟前衆潰猶手刃數人力屈遂就擒唆都讓之曰若即嘗多殺吾將校者邪應炎曰吾欲殺汝何將校也恨力不及耳唆都怒腰斬之時年二十七兵入屠城聰應發皆被殺民匿溝中免者數人余爲兒童時常聞父老言元兵取常時事甚悉及壯觀史多所未載豈

蒐采有失而致然歟抑著作者有所諱避而弗錄歟或其事多繆悠初皆無有特好事者爲之說歟是皆不可知也每竊恨焉近遇胡黼江上間爲余言其祖應炎死節始末與余昔所聞無異斯固足徵矣夫以虎臣之奸唆都之慘與僧者妄言而幸中其事雖微猶不可使泯況應炎之忠烈毅然如是邪因掇其語作胡應炎傳以補史氏之闕云

歸有光歸氏二孝子傳

歸氏二孝子予既列之家乘矣以其行之卓卓而身處微賤獨其宗親鄰里知之於是思以廣其傳焉孝子鉞字汝威早喪母父更娶大倉娘太倉娘既有子孝子由是失愛父提孝子大倉娘輒索大杖與之曰徒手傷無力也家貧食不足以贍每竈突烟舉釜鬲間氣蒸然矣太倉娘戔戔數孝子不置父大怒逐之於是乃母子飽食孝子數困頓匍匐道中比歸父母相與言曰有子不居家在外作賊耳父復杖之屢瀕於死父孝子依依戶外欲入不敢俯首竊泪下鄰里莫不憐也父卒太倉娘獨與其子居孝子擯不見因販鹽市中時私其弟問母

飲食致甘鮮焉正德庚午大饑太倉娘不能自活孝子往涕泣奉迎母內自慚終感孝子誠懇從之孝子得食先母弟而已有饑色弟尋死太倉娘終身依孝子諸與孝子游者皆曰吾未嘗見孝子言其母若何孝子少饑餓面黃而體瘠小族人呼爲菜大人嘉靖壬辰孝子無疾卒孝子既老且死不自知其孝也績字華伯孝子之族子亦販鹽以養母已乃坐市舍中賣麻與弟紋緯友愛無何緯以不法坐繫華伯力爲營救又不自檢犯者數四華伯所轉賣者計常終歲無他故纔給蔬食一經吏卒過門輒耗始終無愠容華伯妻朱氏每製衣必三襲令兄弟均平曰二叔無室豈可使郎君獨被完潔耶叔某亡妻有遺子撫愛之如已出然華伯人見之以爲市人也讚曰二孝子出於販夫販婦之門平生不識詩書而能以純懿之行自飭於無人之地遭罹屯變無恒產自潤而不困折斯亦難矣華伯夫婦如諧琴瑟汝威卒變頑嚚考其終皆有以自達由是言之士之獨行而憂戛者觀此可少媿也

王烈婦傳

王烈婦陸氏其夫王士家崑山之西溢瀆村崑故有薛烈婦彭節婦常居其地舍傍今有薛塚焉百六十年間三烈女相望也自烈婦入王士門其墓園枯竹更青三年三生芝皆雙莖比四年芝之不生而節婦死謂芝爲瑞草瑞之應恒於壽考富貴康寧而於烈婦以死是可以觀天道也已時王士病且死自憐貧無子難爲其婦計烈婦指心以自誓士瞑目爲絶水漿家人作糜强之烈婦不得已一舉輒輦蹙曰視吾如此能食否俯視地喀喀吐出每涕泣呼夫欲與俱去家人頗屬私語然然謂新死悲甚不深疑更八日其舅他出家無人諸婦女在竈下烈婦焚楮作禮俛首竊泪下闇然面夫語見漆工方塗棺曰善爲之徐步入房闃闃戸聲縊死矣麻葛重襲面土尸也歸子曰王士之祖父舊爲吾家北鄰世通游好予髫年從師士亦來長與案等耳不意其後乃有賢婦異哉一女子感慨自決精通於鬼神其舅云新婦故淑婉仁孝人也嗟乎是固然無疑然予不暇論論其大者

張貞女傳

張貞女父張燿嘉定曹巷人也嫁汪客之子客者嘉興人僑居安亭其妻汪嫗多與人私客老矣又嗜酒日昏醉無所省諸惡少往往相攜入嫗家飲酒及客子娶婦惡少皆在其室內治果殽為歡宴嫗令婦出徧拜之貞女不肯稍稍見姑所為私語夫曰某某者何人也夫曰是吾父好友通家往來久矣貞女曰好友廼作何事若長大若母如此不媿死死耶一日嫗與惡少同浴呼婦提湯見男子驚走遂歸母家哭數日人莫得其故其母彊叩之具以實告居久之嫗陽為好言謝貞女貞女至則百端凌辱之貞女時時泣語其夫令謝諸惡少復乘間從容勸客曰舅亦宜少飲酒客父子終不省反以語嫗輒致榜掠惡少有胡巖者桀黠羣黨皆畀下之從其指使一日巖衆言曰汪嫗且老吾等不過利其財且多飲酒耳新娘子誠大佳吾已寢處其姑其婦寧能走上天乎遂入與嫗曰小新婦介介不可人意得與胡郎共寢卽懽然一家吾等快意行樂誰復言之者嫗以為然謀遣其子入縣書獄嫗嘗令貞女織帨欲以遺所私奴貞女曰奴耳吾豈為奴織帨耶嫗益惡之

胡巖者四人登樓縱飲因共呼貞女飲酒貞女不應巖從後攫其金梳貞女詈且泣還之貞女折梳擲地嫗以已梳與之又折其梳遂罷去頃之嫗方浴巖來共浴浴已嫗曰今日與新婦宿巖入犯貞女貞女大呼曰殺人殺人以杵擊巖巖怒走出入房貞女自投於地哭聲竟夜不絕明日氣息僅屬至薄暮少蘇號泣欲死巖與嫗恐事泄縶諸牀足守之明日召諸惡少酣飲二鼓共縛貞女椎斧交下貞女痛苦宛轉曰何不以刀刺我令速死一人乃前刺其頸一人刺其脅又椓其陰共舉尸欲焚之尸重不可舉乃縱火焚其室鄰里之救火者以足蹴其尸尸見赫然死人因共驚報諸惡少皆潛走一人私謂人曰吾以鐵椎椎婦者數四猶不肯死人之難死如此貞女死時年十九嘉靖二十三年五月十六日也官逮小女奴及諸惡少鞫之女奴歷指曰是某者縛吾姊某以椎擊某以刀刺嫗罵惡少曰吾何負於汝汝謂姑殺婦無罪今何如嫗尋死於獄貞女爲人淑婉奉姑甚謹雖遭毒虐未嘗有怨言及與之爲非獨亢然蹈白刃而不悔可不謂賢哉夫以羣賊行汚閨閤之間言之則重得

罪不言則爲隱忍抑其處此尤有難者矣自爲婦至死踰一年而處汪氏僅五月或者疑其不蚤死嗟乎死亦豈易哉嘉定故有烈婦祠貞女未死前三日祠旁人皆聞空中鼓樂聲祠中火炎炎從柱中出人以爲貞女死事之徵予來安亭因見此事嘆其以童年妙齡自立如此凜然毛骨爲竦因反覆較勘著其始末以備史氏之採擇

陸樹聲九山散樵傳

九山散樵者不著姓字家九山中出入不避城市樵嘗仕內已倦遊謝去曰使余處蘭臺石室中與諸君獵異搜奇則余不能若一丘一壑余方從事孰余爭者因徜徉自肆遇山水佳處盤礴箕踞四顧無人則劃然長嘯聲振林谷時或命小車御野服執麈尾挾冊從一二蒼頭出遊近郊入佛廬精舍徘徊忘去對山翁野老隱流禪伯班荊偶坐談塵外事商畧四時樹藝樵採服食之故性嗜茶著茶類七條所至攜茶竈拾墮薪汲泉煑茗與文友相過從以詩筆自娛興劇則放歌伐木伐檀詩二章倦則偃息樵窩中客至造榻與語輒謝曰余方遊華胥

接羲皇未暇理君語客去留漠然不以爲意其放懷自適若此常自命散樵曰吾將蘧廬天地曹耦雲物以書史爲山藪述作爲樵斧包古今以類封殖藉吟咏以代嘯謳居志於名教理義中以爲歸宿若是者余將自首從事焉而無悔者乎客有譏其誕者曰將使余負緣塗徑躐進以倖取世資處盤錯剸劇理棼以遊刃時用二者余既不能然則使余攀巒躋阻狎猱玃羣虎豹措身於荆棘之場肆意戕伐累苴拾以厚封殖而後爲眞樵者乎客非知樵者退悉適園著散樵傳

王穉登黄翁傳

黄翁名櫰吳郡金昌人吳號繁雄而金昌爲尤凡其國土所產與他邦之產若魚鹽貝綿竹箭橘柚筐服纖縞之屬明珠翠羽金錫流黄之貨山委於市金昌富人皆得擅之以其人爲美宮室華館雕榭多儲古鐘鼎金石圖書以自娛彬彬文彩風流甲於天下其季子言公之禮樂與土人又多靈智能以其意爲贋物衒鬻射利售者往往受其欺黄翁能爲人辨析剖證指說好惡出入古圖經而益以賞識多所博通於是諸凡以古鐘鼎金石圖書售者多就黄翁鑒

而黃翁之門日如市也黃翁言孝宗皇帝時吳中古器物圖籍號甲品者視今時不能一二又多好古君子然不過奉清暇之賞修粉飾之事以故雖有名物莫得厚直今讀邸中書見朝廷遷官晉秩其在齊魯燕趙者遠不可數若吾鄉某人爲御史則曰以某器進某人爲監司則曰以某圖入繇是夏王之鼎石鼓秦經圖史丹青玉簡金匱之書棼然入市而其價視昔不翅十倍嗚呼是古鍾鼎金石圖書爲金錢貨賂爾矣余謂三代古人之制其齒革木箭之資多憔悴糜爛不可存於世其可存於世不憔悴糜爛者莫古鐘鼎金石圖書若如黃翁言鐘鼎金石圖書迺徒以博美官獵要津是鶴爲媒而香餌也鶴之貴香之重其寶於世以高潔清遠舍是爲媒餌於人間鶴與香奚寶耶黃翁謂余言良是

并入傳

皇清魏禧明巡撫山西副都御史蔡懋德傳

公姓蔡氏名懋德字維立蘇州崑山人七歲讀大學便立志學爲聖賢二十一中萬曆丙午舉人文名動天下雅不

欲以文章名日讀先儒語錄得陽明書乃嘆曰聖學淵源在是吾今知所宗矣已未成進士得杭州推官執法嚴平案無留牘脩紫陽社倉陽明保約法立讞盜讞命清獄法及歲祲通商賑荒皆有程度上官令通省行之著爲令而他大政非所職掌者皆咨之以行山東白蓮教爲亂浙東西奸民竊發戕殺長興知縣又徵調浙兵援遼兵不樂行欲爲變皆密定計畫大吏委心聽之浙頼以安官六年推天下治行第一行取入京崑山相當國以鄉人欲致門下拒不與通怒故部擬給事中而旨改禮部主事時逆奄魏忠賢用事建祠京師禮部尚書率諸曹謁賀懋德與同官翁鴻業中道托疾歸三殿告成忠賢受上賞廷臣皆進級有差懋德具揭吏部辭言不敢無功受賞隨乞封光澤王差禮畢歸里築室奉母題所居曰不隨室以見志崇禎改元忠賢誅始入京師陞江西按察司副使視學政先是爲禮曹時多暇於陽明學益有所得至是頒拔本塞源論於學宮發明良知之學立書院禮請名儒上之以時涖講席與諸生往復辨難著管見臆測數千言嘗登白鹿洞講孝經六義聽者感

動所得士多端人魁宿時揭重熙陳際泰皆出其門壬申量移浙江布政司右參政備兵嘉湖嘉湖地濱海承平久武備廢弛海寇劉香游船猝至人心恇擾至則申明約束爲戰守計而是時大盜屠阿丑擁衆出入湖泖爲浙西殷憂撫按臺請合南省兵會勦懋德曰此可計擒也何驚擾吾百姓爲且兵聲先聞彼颺而入海與劉香合害叵測矣上官然之一以其事屬之乃察盜窩皆湖濱巨室密致之來脅以利害曰汝能爲我用當貰汝死然不責汝鈎捕但吾遣人至鄉者汝密留之勿洩耳窩主悉叩頭願效命於是名部將授以方畧偵賊所在散健卒爲商賈匠工星卜先後至其地窩主奉命飲食之約日齊發阿丑義兒沈千斤者最驍勇首被創阿丑奪氣遁有部卒僞爲田夫值於隘道猝抱持之遂生擒阿丑撫其餘黨盜平於是廷臣交章薦爲知兵又以浙盜之横起於捕盜者誨盜又從而養之至於借盜殃民民益迫附盜乃立捕盜法捕不敢爲奸嚴保甲重窩盜之罰盜無所容於是小盜亦靖既丁內艱去民哭送之家居時地方有大故當路者必得一言爲定巡撫張國維巡

按祁彪佳皆造廬請教服闋補井陘道天久旱尺寸土皆焦禱輒雨屬邑民爭走數百里迎之禱又雨民皆歡呼曰兵道雨甫三月改調寧前井陘士民攀留者哀號塞路三日始得出郭民立廟祠之歲時禱輒應人以爲神寧前孤懸關外勢甚危懋德以身許國以諸子屬宗長曰吾不復問矣日夕訓勵將士識應時盛於偏裨中祖將軍大壽久鎮邊得士卒心士頗驕橫徐謂大壽曰邊事急幸將軍努力敢相厄哉然部下士魚肉商民將軍不知也某請爲將軍治之亦以全將軍令名保始終耳大壽悅戒士卒愈嚴時鎮監高起潛儼然以制府自居懋德貽書曰職與貴監相見之禮不載會典軒輊當從義起耳貴監稍軒爲傲德稍輕則受謙名職等稍輕屬屈節稍軒則不失正氣令使職惟朝命是尊而貴監常以親近士君子爲榮歡然通賓主意則貴監享謙謙之譽職伸侃侃之節豈不兩相成哉起潛無以難久之亦相敬信事必咨而後行於是革冒濫選間諜寬文法軍政畢舉時山東河南北直失陷名城數十不解甲於松山者四十七日於寧遠九日他攻圍一二日者不數計而

八城迄無恙懋德力也兵部奏守城第一奇功以忤閣部楊嗣昌於是叙功覆奏自督鎮至遊守小吏皆進爵蔭子獨謂道臣清修質弱不勝任調腹裏用無幾微不平見顏色而邊吏聞之解體矣先是上因災變詔內外言事至是三上疏言天下人才原足供一代之用天下財賦原足養天下之人中原赤子原樂爲良民不樂爲盜賊國家兵力原足消寇制邊只在得其人得其道惟皇上一念轉旋間耳又言天下變亂日深戡定亟需經濟而經濟不本聖賢大道則見小欲速終非撥亂反治之眞才惟皇上精研大學一書以明德建皇極則授文奮武何難焉又言自儒者心學不明執一自是多偏黨而不歸於大中至正天下禍亂實原於此疏上舉朝以爲迂談已卯調山東濟南道入關商民士卒號泣如去井陘時濟南新經殘破文武吏缺人招集流移撫安反側諸廢墜事畢舉有泰安州守某貪暴不法因生日製金帶綺服躬捧上壽懋德提其所束帶笑曰吾十餘年一銅帶轉覺馨香耳守慙而退明日解綬去於是墨吏望風引避又却泰山香稅羨餘二千金修泰安城剿大寇李

青山兩月而平庚辰春晉山東按察使秋升河南右布政攝糧儲道時斗米三金人相食闖賊聲言先服者不徵糧民日夜望賊來曰此時急催科是疾驅民爲盜也檄州縣停徵抗疏自劾落職七級尋齎表入京遂奉巡撫山西命特召問致治之要對曰天下變亂皆由民窮爲盜臣任撫綏當使窮百姓有飯喫耳然愛民先察吏察吏莫先臣自察臣不公不廉何以服寮屬心願正已率屬俾民不爲盜而臣無可見之功不願殺害百姓以成一已之名上謂孝經小學務遵旨頒行以厲風俗對曰學無大小皆有裨治化然今日反亂爲治當從大學提綱挈領最爲易簡又論屯田當舉行對曰勸墾有要須信永不起科之令上是其言賜饌及銀幣極寵渥壬午春公馳至山西榜於門曰願聞已過求通民情於三立祠爲講會聘名儒主之又立干城社以招奇謀異勇之士渠寇王晃王二晃王一鳳等先後作亂皆討平之寧武鎮將許定國援河南兵叛潰歸薊將任國奇等統兵數千蹂躪晉地且剿且撫亂始定九月京師戒嚴徵兵入援即日誓衆屆行而奉旨扼防龍固龍固諸關本以內

禦外今敵入內地反居外禦內所設將皆隸保定
眞定二撫不奉節制親率標下兵策應萬山中於
千五百里地布置嚴整匹馬不入境事平以疾請
告而闖賊已陷河南將窺秦晉閙報亟起治兵馳
河上禦之秦督孫傳庭統精兵數十萬守潼關一
戰而潰賊入關三秦皆陷晉地延袤二千五百里
惟恃一河與賊界加以嚴寒氷合車馬通行如平
地於是上疏曰賊勢猖獗畿輔阽危萬難畫界自
保今日之失正在賊聚而攻我散而守是以處處
無堅城也請發禁旅幷調眞保二營宜大二撫與
臣合兵尚可背關一戰否則畿輔以西恐成破竹
之勢矣又請發京運留晉餉連章告急皆不應諸
鎮兵無一人至者寧武鎮臣周遇吉亦以餉缺不
至獨力支吾以三千弱卒當數十萬强寇日往來
奔走於二千五百里之間惟以精忠至誠感動將
士猶敗賊於大慶渡再敗之風陵渡三敗之吉鄉
渡賊屢犯屢却堅壁守者四閱月而是時賊已破
榆林哨嵐告急太原危如纍卵晉王以手書敦廹
詣省會重地不歸救則太原失即堅拒河上無益
也乃留千人守平陽千人守汾州自率千人赴太

原因貽書寧武周遇吉曰僕素悉將軍忠義鼠竄偷生將軍必不爲但拒河力恐不支倘天不佑國逆賊長驅北上願與將軍約第死守寧武以扼其北僕死守太原以障其東賊畏我二鎮躡其後或可牽制以俟畿輔援師大集此雎陽之烈也遇吉慨然許之賊既偵兵離平陽布間諜訛言賊已渡河平陽道將已下皆棄城走平陽陷將卒千人赴死諸將難之曰等死耳死於城不若死於陣也俄而晉王及官吏士民數萬擁馬首不能行且泣曰省城根本重地一出則鳥獸散矣向與周將軍二鎮躡後之約豈忘之乎乃集衆歃血盟於關壯繆之廟爲城守計歸太原致賊得渡巡按汪疏劾往多移調屬吏易置將帥吏兵旋奉旨解任聽勘命郭景昌代之危急之際更易軍府事益不可爲中軍副總兵應時盛言曰制府有解任之旨倘可出境候代也毅然曰吾死生之際了然矣柰何當危亡呼吸時藉口解任乎縱新撫至吾亦與之同死汝愛我無多言矣太原士民亦知無外援城不可守而激於忠義皆號泣願同死盟廟之日哭聲震野迄城破無一人叛者甲申正月李自成先遣僞

持牌至城下約降且大用懋德登堞碎其牌斬來使頭懸堞樓城中守志益堅二月初五日賊圍城力捍禦殺賊數千人先是自成駐營處埋地雷其下至是夜遣壯士竊發之砲起擊殺賊無算而自成適往近寺滸得免初六日自成親臨城下督攻城上亦發火器擊賊殺傷甚多初七日晝晦大風拔樹屋瓦皆飛城守者不能立知勢不支密草遺疏藏衣幅間時盛亦馳歸殺其妻與幼子曰毋爲賊辱同我作厲鬼也先是城東南角樓積火藥火器砲裂火起風猛火藥器齊發守者皆走賊乘勢登城懋德北向再拜出遺疏授贊畫知縣賈士璋曰臣力竭矣惟一死以報國願君間道奏天子遂掣佩刀欲自刎諸將奪刀泣時盛曰且下城巷戰救新南門遂扶上馬時盛持矛衝突手殺數十人賊辟易無敢當者至炭市口賊騎已滿城不能進時盛呼曰且擁出西門也遽躍下馬曰吾封疆臣應死封疆汝輩當自去諸將復紿曰前有大井可死擁上馬至水西門見城門大呼曰汝等欲陷我不忠耶復躍下時盛已出城復同帳下士叚可蓬斫賊入見懋德坐地下不肯起時盛下馬曰死則

俱死耳問三立祠何在遂同至祠而介可達夫円汝非命官可無死他日收吾屍也可達泣拜上馬斫西門出時盛解袍帶繫東梁之左懋德再拜先賢就縊身輕不即死時盛脫鐵甲覆肩而氣絶時盛再拜亦東向以弓弦自勒死文武官布政趙建極等死者凡四十六人自成甚恨索懋德與時盛屍刃其首死後賊從保德渡者圍寧武城二十日城陷帥臣周遇吉死之踐初約也賊自渡河入晉後攻而破者惟太原寧武兩城自此長驅入三關不四十日而京師陷天子死社稷矣賊既刃其首棄於海子之水溝可達求而得之以傳屍手掬牆土掩之十指盡歷越十日可達更與旗鼓周文郁等買棺殮於泰山廟顏色如生瘞南門外之東岡越五年戊子子方炳方炌往扶櫬歸晉人醵金贈賻白衣冠垂涕以送者凡數千人先是禮部尚書顧錫疇請表忠烈賜謚忠襄予葬祭建祠以時盛祔

汪琬史兆斗傳

史兆斗字辰伯其先吳江人有處士鑑者與吳文定公寬爲布衣交

以博洽知名學者稱西村先生其後徙居長洲兆斗爲諸生不得意即棄去力學於古尤博通前明典故下至故家遺老流風佚事無不備熟於中暇則爲人抵掌稱說移日夜不倦當其少時士大夫已爭客之矣性尤喜蓄書所購率皆秘本或手自繕錄積至數千百卷齋居蕭然惟事較讎或有所得輒作小行楷疏注其旁每卷皆有之先是予未第已能識兆斗兆斗謙下視予如平交未嘗以丈人行自抗也乙未秋予舉進士歸兆斗數來訪予年已八十餘矣落魄不事修飾蒼顏長髯衣服樸野對之儼如圖畫素不喜飲酒予惟爲設肉食而已然其議論纚纚猶不減於平時爲人剛直見少年浮薄者數叱斥之雖其人内愧面發赤弗顧也以此爲士大夫所重亦以此取嫉於人然獨好予嘗曰子之文章必傳於後顧吾聞前時李夢陽何景明李攀龍俱用學使者著稱于今能爲是官耶予方遜謝不敏兆斗掀髯笑而去已因報謁至其家家在委巷中予屏車從徒步而入拜兆斗於堂下兆斗手自扶起之瀕行告予曰長洲縣志絶不稱志中所難者人物耳吾删定已久今老矣無所

用之當以授予其後亦竟不果後三年予將入京師兆斗來别袖出果餌遺予予深感其意自此不復相聞踰年金秀才㝅似以書來告曰兆斗老疾死矣嗟乎雖無老成人尚有典刑蓋兆斗歿而吳中之文獻於是亡矣當兆斗生明神宗之初逮事劉侍御鳳王校書穉登受其學以故方矩閫步危言正論猶有前賢之遺焉自天啟崇禎以來後生小子好爲剽襲不根之說束書不觀每羣聚笑語望見兆斗來輒驚怪避去或更以迂怪相譏嘲者亦間有其人此予不能無歎也兆斗貧無子以從子某爲後晚依其家既死所藏書俱散軼不存云

金秀才名式祖於予爲外弟亦習知兆斗者也

熊賜履吳節母傳

吳守華妻何氏休寧人稟性莊懿通書史及笄歸守華以勤劬相夫生二子天楚天威尚在襁褓而守華以病客死時何年甫二十三誓不欲生其姊姒止之曰死即死爾如藐孤何何乃毀形截髮以栢舟自矢而家故貧且不能旦夕遂閉戶躬紡績供饘粥撫二子以有成無何天楚又早歿婦戴氏泣謂何曰姑不忍負舅婦顧忍負夫耶遂與何共臥起一室缾

火韡篝青熒相映里人作雙節之歌以稱之故尚書姜寶太史曹章暢都爲一帙曰貞慈集傳於世何享年九十又七其四世孫正治於順治己丑成進士由翰林累任武英殿大學士兼禮部尚書馳封及三代開治有聲藝林順治戊子選入太學由中書舍人歷主政爲人敦篤孝友以行誼重於鄉黨子姓繁衍科第蟬聯人以爲皆母德所致云

黃虞稷吳㢠常傳

吳爾壎字介子浙江嘉興人父之屛官福建提學副使陞都御史有遺愛於閩閩人尸祝之爾壎弱冠舉於鄉崇禎癸未成進士授庶吉士時闖賊破西安獻賊破武昌秦楚糜爛爾壎獨以國恤爲念十七年春以大學士范景文薦名對德政殿問守禦策爾壎請遣間使於西邊土司李魯祁三姓假之重職使起兵牽制賊鋒以待援兵未及行而京師破爾壎與海寧人祝淵南歸見督師史可法於揚州誓從討賊因與淵訣拔佩刀斷一指令歸遺父母曰賊讐未雪誓不還矣可法乃令爾壎招撫河南諸土寨撿勦自成僞官辛苦跋涉於荆棘中志未及申還

見可法相對痛哭與監紀主事華亭何剛同死之
爾壎舊嘗輯史傳死節諸人各係以贊名曰仁書
竟克如其志云家人遂
以覩淵所攜一指葬之

江南通志卷之第七十五

述

唐獨孤及琅琊溪述

隴西李幼卿字長夫以右庶子領滁州而滁人之饑者粒流者名乃至無訟以聽故居多暇日常寄傲此山之下因鑿石引泉釃其流以爲溪溪左右建上下坊作禪堂琴臺以環之探異好古故也按圖經晉元帝之居琅琊邸而爲鎮東也嘗遊息是山厥跡猶存故長夫溪名曰琅琊日賦八題於岸石乃爲狀而述之是歲大曆六年歲次辛亥春三月丙午日述曰自有此山便有此泉不濬不刊幾萬斯年造物遺功若俟後賢天鍾靈奇公潤色之疏爲廻溪削成崇臺山不過十仞意擬衡霍溪不袤數丈趣侔江海知足遂適境不在大怪石皚皚涌湍潺潺洞壑無底雲興其間仲春氣至萬水華發亘陵被坂吐火噴雪公登山樂樂者畢同無小無大乘興從公時公薦觴酒酣氣振溪水爲主而身爲賓舍琴詠歌同風舞雩時時醉歸與夕鳥俱明月滿山朱幡徐驅石門松風聲類笙竽嗚呼人實弘道物不自美向微羊公遊漢之涘峴山寂寞千祀誰

紀彼美斯溪維公嗣之念兹疲繄公其記之後之聆清風而嘆息者挹我於泉間而已矣

盧子駿濠州刺史劉公善政述

客有自濠梁來者余訊之曰濠梁之政何如客曰楚俗好巫而信鬼死者其親戚不敢穿斸事葬相傳立小屋號曰殯宫焉雖在城郭亦爲之有土水隳落棺櫬歸然者有棺櫬分折骸骨縱横者不獨庶人而士大夫之家有焉劉公惻然曰非禮也吾恐不導之耶下令曰某月有限限畢其家不闢地葬者笞二十鰥寡孤獨力不任者絶嗣無主傍無近親者刺史以俸錢爲塋之訖事人無犯令野無殯宫焉盧子曰異乎哉劉公今日能以禮導邦人且夫葬者藏也欲人之不得見也柰何宿昔濠之人不藏其父子昆弟耶又曰生事之以禮死葬之以禮柰何宿昔濠之人不以禮葬其父子昆弟耶又曰延陵季子葬其子仲尼觀之曰其坎深不至於泉其歛以時服柰何宿昔濠之人葬其父母昆弟不葬於土中耶又曰魂氣歸於天形魄歸於地柰何宿昔濠之人不歸其父子昆弟之形於地耶今刺史彭城劉公教生者以禮示之

日月信也恤死者以仁除其暴露義也合此智以成之難乎哉余得客之言不浹旬適至濠上因書以備太史氏采錄焉

明俞允文治水述

大理彭侯治崑山之三年考最居上天子徵還京師以補臺諫之缺臺諫言官也夫言一人之得失莫若言國家之本政國家之本政莫重於財賦財賦莫重於蘇州蘇州歲運之米四百萬石是國家倉廩也而財賦皆出於水田崑山蘇州屬縣也竊爲侯言之昔司馬遷云吳有三江五湖之利而宋趙霖又云天下之地膏腴莫過於水田水田之利莫盛於蘇州吳越王錢氏有國百年惟長興一歲大稔享利甚饒比後頻遭旱潦屬者大水數縣匯成巨浸千斛之舟皆縱横取路罕辨涯涘百姓蹩踣萬狀莫能圖晝田薄民貧國賦遂至空乏古今利害相懸若此何哉蓋蘇州地既低下而東北瀕海之地特高浙西六州之水皆流注太湖積水泛溢如貯盤盂謂之澤國禹穿三江導太湖之水東入於海而水始定今三江惟松江洩水爲徑後世以太湖之水

獨洩於一江其勢有所不逮故於常熟開二十四浦北達揚子又於崑山開十二浦疏松江之水東入於海民間私港又不可勝數由是高田引以灌溉低田賴以決洩至於瀕海之田雖高日灌鹹潮之害因作堰壩來水不得外流而渾潮日積諸浦漸湮法宜盡決堰壩近海置閘隨潮啓閉使有泄無入閘內港浦常得通流閘外淤沙亦易爲力若堰壩既修苟非厚築圩岸一遇大水潮水隨風往來則壞岸低田與水漫漶此築圩裏岸之法尤爲最要范公仲淹云修圍浚河置閘三者如鼎足缺一不可故錢氏偏據一方專心田事蘇州有營田軍四部共七八千人又有撈淸之夫是其享利之饒豈非人事之修乎蘇公軾言浙西水旱乃人事不修之積正此謂也今洩水要處吳淞白茆等諸浦大半湮塞閘廢圍壞水害日滋未死之民饑寒失業而部使猶接踵追徵以至田事輙以用窘乏格沮不行是使地無可耕之田民有失業之怨賦亦奚從而出嘗考永樂二年戶部尚書夏公原吉奉檄開浚其功最著其後正德十年又命工部侍郎李公充嗣重加濬治水害暫息時三法未備終

非經久之策爲今計者誠宜朝廷不惜浩費博選幹臣推原水利相度事宜舉行三法畱官精坐以至盡力之吏必令越次推遷則人知沮勸建功必多朝廷無宵旰之憂而長有東南之利誠治安之策也方今之事謨謀緝熙帝載當無急於此者侯之忠藎必能昌言之余不佞敢以是爲規焉

考

明陳沂金陵諸山圖考

唐志稱東南名山衡廬茅蔣金陵有二焉蔣山故名鍾山實都邑之鎮武侯所謂鍾山龍蟠是也宋周應合山川序云鍾山之左自攝山臨沂雉亭衡陽以達於東又東爲白山大城雲穴武岡以達於東南又南爲土山張山青龍石硊天印彭城雁門竹堂以達於南又南爲聚寶戚家梓桐紫崖夏侯天闕以達於西南綿亘至三山而止於大江所謂龍蟠之勢也鍾山之右近之爲覆舟雞籠在宮城之後又北爲直瀆大壯觀四望以達於西北又西北爲幕府盧龍馬鞍以達於西是爲石頭城亦止于江所謂虎踞之形也然考其山之遠近城之連脈亦少有不合者蓋東南之山關城重抱山勢連屬不可一一次序言之且古之江水自三山東入沿陰山石子岡北流以至于石頭又自石頭沿馬鞍四望盧龍幕府東折至于觀音又由臨沂攝山直抵京口二百餘里山勢不絕浮江而觀之三山據於西南石頭據於西北秦淮中出乃天限之門戶

也今江水西流沙洲壙邈馬鞍鳳臺爲民居日削而陰山則陶冶爲澤漸不可尋矣此則圖其形勢之大者焉

金陵諸水圖考

金陵在大江東南自慈姥山至下蜀渡古稱天塹巨浸此江之境也秦鑿淮吳鑿青溪運瀆楊吳鑿城濠宋鑿護龍河宋元鑿新河國朝開御河城濠今諸水交錯互流支脉靡辨據經考之自方山之岡壟兩涯北流西入通濟水門南經武定鎭淮飲虹三橋又西出三山水門沿石城以達於江者秦淮之故道也自太平城下由潮溝南流入大內又西出竹橋入濠而絶又自舊內旁周繞出淮清橋與秦淮合者青溪所存之一曲也自陡門橋西北經乾道太平諸橋東連內橋西連武衛橋者運瀆之故道也自北門橋東南至於大中橋截於通濟城內旁內秦淮又自通濟城外與秦淮分流繞南經長干橋至於二山水門外與秦淮復合者楊吳之城濠也自昇平橋達於上元縣後至虹橋南接大市橋者護龍河之遺跡也自三山門外達於草鞋夾經江東橋出

大城港與陰山運道合者皆新開河也東出青龍橋西出白虎橋至栢川橋入濠者今大内之御河也若城外落馬澗諸水不能悉載焉

金陵歷代互見圖考

歷代城邑變置若不可悉辨然鍾山自東北而迤邐於西南大江自西南而環抱於東北覆舟阻其後聚寶當其前青龍石硊掖其左石頭三山踞其右秦淮横其中考諸漢以後郡城皆在淮水之南六朝宮城皆在淮水之北而近於覆舟楚秦隋唐之城皆在淮水西北而據於石頭楊吳以後之城皆跨淮水之南北而近於聚寶國朝因山距淮盡乎四極以是據方辨位庶幾可得矣按六朝宮城正門曰大司馬門南對都城之宣陽門二里宣陽門南對朱雀門五里臺省相望爲御街朱雀門臨淮水上朱雀航北今考鎮淮橋東南桐樹灣處當是航所中正街府軍營内小橋當是宣陽門處直出北口西華門西大街當是大司馬門處國學成賢街南口當是宮後平昌門處珍珠河正在宮内也成賢街外號以東直抵西十八衛之後當爲都之北城

宋上元縣西細柳營直北當爲東城武學以北當爲西城其規模大畧可見南唐之宮前臨內橋東盡昇平橋西盡大市橋北盡小虹橋爲子城之限宋行宮即此內橋南直抵鎮淮橋此則南唐之御街也志云鎮淮橋即朱雀橋者蓋蕭梁時移航於此遂名舊航之處唐所謂長樂渡也南渡長樂一里抵東城角內外皆丹陽郡城之基又東南近倪塘乃晉王含五城又南當是古揚州治清凉寺地以至石頭山脊爲楚金陵邑城又北爲唐韓滉五城少東南則隋蔣州城又東則冶城今朝天宮處又西抵下街有西州橋即西州城地唐上元縣城亦是其處皆石頭之麓相去不遠南循三山水關內下浮橋北爲賞心亭少西爲折柳亭出水關中街水環繞處當爲白鷺洲洲之上今普惠寺當是李白酒樓繞南城角高處即昇元閣舊基少北高阜皆鳳凰臺山少西即建初寺寺西即杏花村聚寶門外爲長干向西爲越城少南爲秣陵城東南爲國門轉東至通濟跨城處當爲東府城大中橋東畔爲白下亭長安街西口當爲宋永安宮北抵竹橋之側當爲金華宮六朝城後今國學處爲元

囿小教場西門內爲上林苑將臺處當爲樂遊苑蔣廟之西南當爲商飈館西北爲親蠶宮此皆可因據而互見者也

顧起元莫愁湖考

江左今有莫愁湖在西城南按古樂府有莫愁樂石城樂唐書樂志曰石城有女子名莫愁善歌謠石城樂第二歌云陽春百花生摘插環髻前捥指蹋忘愁相與及盛年莫愁樂云莫愁在何處莫愁石城西艇子打兩槳催送莫愁來尚未詳也莫愁盧家女子善歌唱嘗入楚宮李商隱詩如何四紀爲天子不及盧家有莫愁是也莫愁村今在承天府漢江西石城在州西北晉羊祜所建鄭谷詩石城昔爲莫愁鄉莫愁魂散石城荒江人依舊棹舴艋江岸還飛雙鴛鴦王橫詩村近莫愁連竹塢人歌楚些下蘋洲又沈佺期詩盧家少婦鬱金堂即此也按通考載梁武帝詩洛陽女兒名莫愁云莫愁盧家女洛陽人則莫愁又有兩人矣

金陵東山考

會稽臨安金陵三郡皆有東山俱傳以爲謝安攜妓之所按謝安本傳初

安寓居會稽與王羲之許詢支遁遊處被名不至遂棲遲東山唐裴晃與呂謂等鑒湖聯句有興發還尋戴東山更問東此會稽之東山也本傳又云安石嘗往臨安山中坐石室臨濬谷悠然歎曰此與伯夷何遠今餘杭縣有東山東坡有遊餘杭東西岩詩注云卽謝安東山所謂獨攜縹緲人來上東西山者是也此臨安之東山也本傳又謂及登台輔於土山營墅樓館林竹甚盛每攜中外子姪游集今土山在建康上元縣崇禮鄉載建康事迹云安石於此擬會稽之東山亦號東山此金陵之東山也然南史載宋劉勔經始鍾嶺以爲棲息亦號東山金陵遂有兩東山矣

林魁蒜山考

蒜山在丹徒縣西三里北臨江上無峰嶺山生澤蒜因以爲名按晉孫恩浮海奄至丹徒率衆登蒜山劉裕奔擊大破之投崖赴水死者甚衆唐劉展叛田神功將三千軍於瓜洲將濟江復將步騎萬餘陳于蒜山又徐知誥常游蒜山除地爲廣場編虎皮爲大幄率僚屬會於下舊志又謂蒜山松林中可卜居蘇子瞻詩蒜山幸有閑田地著此無家一房客觀此則舊寬廣

可容萬人宋時猶可居止
不知何年淪入於江也

王守謙靈璧石考

石之堪作玩者吾靈璧石稱最謂其峰巒洞穴渾然天成骨古色黝扣之有聲按譜有形如蟠螭如菡萏如臥牛者又有臥沙不起峰者甚有盡天劃神鏤之巧者總之萬石萬局于深山中掘之乃得不知的係何時發坑第考之載籍宋以前未聞有靈璧石按檇李項氏有靈璧石一座長二尺許色青潤聲亦泛然皆有黃沙文一帶峰巒皆雋下金填刻字云宣和元年三月朔日御製御書其下押一字又大衍庫有靈璧小峰長僅五六寸玲瓏秀潤所謂胡桃玉色徽宗御書八小字刻於峰旁云山高月小水落石出畧無刻琢之形觀此則靈璧石始見於宋曾爲至尊之寶愛其品可知已自米顛酷嗜而聲價益重其爲楊次公攫去者乃所謂盡天劃神鏤之巧者也後得李後主所寶靈璧研山徑長纔踰尺前聳三十六峰高者爲華蓋峯其參差錯落者爲月岩爲玉筍爲方壇爲上洞爲翠巒又有下洞三折而通上洞中有龍池遇天欲雨則津潤滴水

少許在地內則經旬不燥米老甚珍之及其歸丹陽也愛甘露寺下並江一古基多羣木唐晉人所居則薛氏之宅也時米欲得宅而薛覬得研於是竟相易米後號海岳菴者是巳公終惋惜乃云此石一入渠手不得再見每同交友往觀亦不出示紹彭公眞忍人也蘇東坡畫醜石風竹易得張氏靈璧石一株具有四面如麋鹿宛頸狀後載歸陽羨趙松雪有靈璧石香山一座下刻雲根二字又一石其大如拳峰巒皆五列公名之五老峰手抓之拂之亦有聲此皆得之本子上者也余在南中曾見一靈璧石長僅數寸十二峰參差突起毫無雕琢又一石天生雙螭蟠結中有小水池如錢許大其黑如漆間有細白紋如玉扣之聲泠然此天下所無而靈璧猶有偶一有之而絕不復出良不可解然余猶及一見耳又見如臥牛者想亦宋元舊物流傳人間者矣國朝垂二百六十餘年寥寥無聞即問之土著者亦竟不知靈璧石爲何物迨萬曆巳酉南臺侍御肖山鴻屹張公訪此石甚殷乃好事于磬石山澗壑中乘雨後覓之稍稍見一二於是習茲山者凡牧豎樵子莫不求石有力者

遂發坑取之而石漸出矣歲庚申庠師吳興長組
先生天中濬源先生親往采石而郡侯竟陵別鳳
藻先生單騎往視之僉稱南宮之後再睹此舉亦
稍稍獲有佳者其人情好尚之極卽山靈亦難終
秘其珍遂爲此石之復興與此後掘石者日益夥
蘇人不愛善價買舟載去一入靈境莫不侈口譚
石窍然風尚良可駭異走南中販石者踵相接而
格價頓減雖睹有峰巒洞穴而青潤有聲者亦取
狂狷之意求所謂研山蟠螭與盡天劃神鏤之巧
者則絶不可復得矣蓋物之尤者多見於始出而
其後漸銷落也端溪下岩發於宋而竭於宋不知
今日之石不將爲廣陵散乎海內王元美之弇園
董元宰之戲鴻堂朱蘭嵎之柳浪居米友石之勺
園王百穀之南有堂曾蓮生之香醉居劉際明之
悟石齋劉人龍之夢覺軒彭政之之畵宗堂潘功之
斥而皆以靈璧石作供果得未曾有乎而諸公之
韻固均足以敵之矣獨喜吾邑劉節齋先生其別
業觀音閣前一石徑數尺嵌空玲瓏色極清潤先
生鍾愛之令此石旦暮聞鐘磬聲且與蒼松碧梧
相依傍則其情怡其神往片石堪共語其在斯乎

或云此係張氏園亭
物然竟非新坑石也

跋

宋蘇軾書李伯時山莊圖後或曰龍眠居士作山莊圖使後來入山者信足而行自得道路如見所夢如悟前世見山中泉石草木不問而知其名遇山中漁樵隱逸不名而識其人此豈強記不忘者乎曰非也晝日者嘗疑餅非忘日也醉中不以鼻飲夢中不以趾捉天機之所合不強而自記也居士之在山也不留於一物故其神與萬物交其智與百工通雖然有道有藝有道而不藝則物雖形於心不形於手吾嘗見居士作華嚴相皆以意造而與佛合佛菩薩言之居士畫之若出一人況自畫其所見者乎

范至能跋婺源硯譜龍尾刷絲秀潤玉質天下硯石第一今其穴塞已數年大木生之不復可取或因洪水漂薄沙礫間得異時斧鑿之餘至瑣碎者亦治為硯縱橫不盈二三寸稍大者即是故家所藏舊物士大夫既罕得見故能察識者少而遂以端石為貴端石絕品猶不能

大勝刷絲東坡鳳味硯銘云坐令龍尾羞牛後此乃武夸灘石那得度龍尾前一時詭語非確語也

〔明〕王鏊跋皮日休集後

予觀襲美與曾埜倡和跌宕佻偉眞所謂兩雄力相當者及讀其集所謂文藪者亦多感慨激昂六箴有檢身勅巳之志反招逐癘有抑邪扶正之志鹿門隱書有閔時病俗之志七愛三羞有傷今懷古之志文中子碑配享昌黎請孟子爲學科又幾於知道者及讀唐書則曰黄巢入關以爲翰林學士朱子綱目亦書之鷩曰襲美乃至是耶讀其文未嘗不悲其志壯其詞惜其遭時之不幸也守之不固也而以爲恨曾不得與王維鄭虔爲伍一日覽陸務觀渭南集曰襲美晚遯吳越死焉有子光業爲吳越相四世孫公弼在慶曆間名士也方吳越時中原隔絶乃有妄人造謗謂襲美隳節巢賊宋景文喜取小說入正史公弼書欲辨之于朝不及而卒尹師魯皮子良墓志亦云曾祖日休避廣明之難徙籍會稽及錢氏王其地遂依之官太常博上贈禮部尚書則其事益信矣於乎襲美千載之寃至是始雪矣不獨雪襲美之寃亦以雪吾儒之

玭也而南部新書亦載巢令日休作讖語有累頭三屈律之語遂爲所害何耶此亦傳聞之語也然亦可見其不屈於賊矣日後之爲史則何如日所聞異詞所傳異聞信以傳信疑以傳疑此春秋之法也

鄭普恭跋第一林泉後

嘉靖乙巳年閏正月二十四日戶部湖廣司郎中臣

鄭普兵部車駕司郎中臣程秀民戶部雲南司郎中臣張邦瑞以部命赴內科填銷出入之數其日天和景晴相與循宮牆望舊闕苑外花園者我太祖高皇帝時遊息之所也內宮監太監張宣適率人掃除其中因得入觀之修竹千竿老樹百餘本土山一堆環湖石數層上有御亭一屋僅數楹旁立第一林泉一石又一石刻龍穴二小字中有龍形無奇花恠石崇臺湙沼以爲樂因慨然有感於吾高皇之垂訓立國其儉質類如此乃因張宣摹刷一幅置之靜齋使窮邑委巷之人或得與觀之庶知我國家所以長久者固有在也臣普謹題

陸粲跋胡大理遺詩後　昔在宣德初吉郡胡公槩以大理卿巡撫南畿威望甚著論者或頗譏其苛刻然余嘗聞諸長者言當時天下乂安江以南人物浩穰强宗右室所爲多踰禮制朝廷賜公璽書有祛除民害語惟公亦以爲莠盛苗穢不可不鉏故其爲政尚嚴雖所誅罰不必皆中然一時并兼豪黠之徒斬除畧盡姦宄革心小民得職去之百年而其名聲猶赫赫使人畏仰農畝走隷皆知胡卿云若公者方諸漢吏葢趙京兆尹扶風之流非邪自承平久而法玩敝也流俗之論以容養奸蠧爲寬厚從政者雍容簡貴日坐官署黙數歲月得美遷即去苟少出意見有所建易則衆口讙譁流言飛文上下交搆必擠而去之甚者陷之死然後快嗚呼可悲也已公所著有芝山公餘二集皆未行于世此詩僅數十字葢初仕時爲吾鄉人作者余閒得觀之乃因論公之行事而竊識其所感者如此士之有志當世者或于吾言而太息焉

王世貞焦山瘞鶴銘跋　瘞鶴銘余往歲遊焦山後崖水落時得之僅數字耳

而此帖乃一百許字蓋取舊本刻之壯觀亭者刻手精頗不失初意可玩也其書炳烺今古第不知爲何人造潤州圖經謂爲王右軍至蘇子瞻黃魯直確以非右軍不能也歐陽永叔疑是顧況尤無據黃長睿謂爲陶隱居又謂卽丹陽尉王瓚瓚腕力弱不能辨此隱居雖近似要之亦懸斷也余不識書竊以爲此銘古拙奇峭雄偉飛逸固書家之雄而結體間涉疎慢若手不隨者恐右軍不得爾至于鋒禿頴露非盡其本質亦以石頑水泐之故而魯直極推之又酷愛之得無作捧心憐女耶取魯直作小推詰渠不能不面赤也

劉城書曾氏義烈傳後

崇禎乙亥和人一夕而死於賊者二十萬吾友魯子孺發之族姓蓋數百人焉孺發述其尤者爲魯氏義烈傳余讀而傷之若國俊一璠一惠及一惠子可爲者孺發之所怵於心而不忍忘者也國俊嘗授上海訓導時年七十餘事繼母劉氏年九十餘以孝稱賊警至泣拜床下請負母以逃母曰吾耄矣何逃也汝年踰七十且嘗爲儒官宜與城俱存

亡耳國俊正襟侍母不離左右城陷母子皆遇害
白髮殘骸抱挈不可復解一璠爲崇禎初拔貢士
居恒吟諷自適城陷時猶誦康節擊壤從容率其
子若女及孀嫂妾媵輩二十餘人赴水死其遺孤
人駒十歲孺發先攜之自下僅免賊退出其屍勃
勃如生一惠當城陷角巾儒服趨立城東池水中
賊見之曰官也一惠怒曰官可賊犯耶賊曰倔老
子也投以巨石一惠即没水不起子可爲守陴被
執終不肯發一聲而死嗚呼此其孝烈豈非皆經
明行修殺身成仁而志不可奪者哉諸子於孺發
爲諸父兄行行不可不使聞於當代以孺發之才
行將有以自見也孺發其勉諸丁丑秋七月

皇清湯斌陽彭山春望詞跋　京口形勝甲東南金焦
北固其名特著故畫舫
籃輿日萃其下而未有知所謂陽彭山者是山也
雖無奇峯危巘深澗絕壑之觀然登其上而三山
雲樹環翠如屏長江洶湧風帆隱見與潤州城堞
樓櫓烟火十餘萬家無不近在几席俯仰指顧亦
登臨之勝槩也特其名不見於山經輿誌故騷人
之游屐不至即或至焉而文字不足以發之世亦

莫得而傳焉則山川之幸不幸豈不以人哉戊申三月董子文友來自毘陵與何子雍南程子卜一偶登此山乘春騁望各賦詩十章曰陽彭山春望詞三子皆以詩文擅名當世其詞雖記一時聞見所及而江山形勝如指諸掌余聞京口盛時名家巨族競選山水靚冶之區治園亭臺榭極歲時游覽之娛自海艘告警山川如故風景頓殊三子懷古瞻今感慨係之宜其詞之婉麗而凄愴也夫天下幽巖邃壑徒爲樵夫漁子所棲游者多矣此山南望則米元章之遺墓在焉其西則昭明太子讀書處也風流文章想見其人何從來游者篇什零落乎此詞流傳于世吾見尋奇探幽者艷爲奇聞異蹟必將載酒登高窮極眺望墨版淋漓多爲游覽盛事四方聞而不得至者與金焦北固同入夢想也故余謂仙宮佛窟士女繽紛不可言游游陽彭山者自三子始書此所以慶此山之遇也

江南通志卷之第七十五終

江南通志卷之第七十六

藝文

碑銘

漢班固高祖沛水亭碑銘

皇皇聖漢兆自沛豐乾降著符精感赤龍承魁流裔襲唐末風寸天尺土無竢斯亭建號宣基維以沛公揚威斬蛇金精摧傷涉關陵郊係獲秦王應門造勢斗璧納忠天期乘祚受爵漢中勒陳東征剟擒三秦靈威神祐鴻溝是乘漢軍改歌楚衆易心誅項討羽諸夏以康陳張畫策蕭勃翼終出爵褒賢裂土封功炎火之德彌光以明源清流潔本盛末榮敘將十八贊述股肱休顯運祚永永無疆國寧家安我君是升根生葉茂舊邑是仍於皇舊亭苗嗣是承天之福祐萬年是興

梁陸倕石闕銘

昔在舜格文祖禹至神宗周變商俗湯黜夏政雖格命殊乎因襲揖

讓異於干戈而晷緯宾合天人啟基克明峻德大
庇生民其揆一也在齊之季昏虐君臨威侮五行
怠棄三正刑酷然炭暴踰膏柱民怨神怒衆叛親
離踏地無歸瞻烏靡託於是我皇帝拯之乃操斗
極把鉤陳翼百神提萬福龍飛黑水虎步西河雷
動風驅天行地止命旅致屯雲之應登壇有降火
之祥龜筮協從人祇響附莫不援旗請奮執銳爭
先夏首憑固庸岷負阻協彼離心抗茲同德帝赫
斯怒秣馬訓兵嚴鼓未通凶渠泥首弘舸連軸巨
艦接艫鐵馬千羣朱旗萬里折簡而禽盧九傳檄
以下湘羅兵不血刃士無遺鏃而樊鄧威懷巴黔
底定於是流湯之黨握炭之徒守似樊籠戰同枯
朽華車近次師營商牧雲雲士女冠蓋相望扶老
攜幼一旦雲集壺漿塞野簞食盈塗似夏民之偕
成湯殷士之窺周武安老懷少伐罪弔民農不蹔
業市無易賈八方入計四隩奉圖羽檄交馳軍書
押至一日二日非止萬機而尊嚴之度不諐於鑾
旅淵默然容無改於行陣計如投水思若轉規策
定帷幄謀成几案曾未浹辰獨夫授首乃焚其綺
席弃彼寶衣歸璇臺之珠反諸侯之玉指麾而閒

海隆平下車而天下大定拯玆塗炭救此橫流功
均天地祥分光嶽於是仰協三靈俯從億兆受昭
華之玉納龍敘之圖類帝禋宗光有神器升中以
祀羣望攝袂而朝諸夏布敎都畿班政方外謀協
上策刑從中典南服綏耳西羈反舌劍騎穹廬之
國同川共穴之人莫不屈膝交臂厥角稽顙鑿空
萬里壤地千都幕南罷障河西無警於是治定功
成邇安遠肅志玆鹿駭息此狼顧乃正六樂治五
禮改章程創法律置博士之職而著錄之生若雲
開集雅之館而欵關之學如市興建庠序啓設郊
丘一介之才必記無文之典咸秩於是天下學士
靡然向風人識廉隅家知禮讓敎臻侍子化洽期
門區宇乂安方面靜息役休務簡歲阜民和歷代
規模前王典故莫不芟薙剪截允執厥中以爲象
闕之制其來已遠春秋設舊章之敎經禮垂布憲
之文戴記顯游觀之言周史書樹闕之夢北荒明
月西極流精海岳黃金河庭紫貝蒼龍元武之制
銅爵鐵鳳之工或以聽窮省寃或以布治懸法或
以表正王居或以光崇帝里晉氏浸弱宋歷逶遲
禮經舊典寂寥無記鴻規盛烈湮沒罕稱乃假天

闕於牛頭託遠圖於博望有欺耳目無補憲章乃
命審曲之官選明中之士陳圭置臬瞻星揆地典
後表門草創華闕於是歲次天紀月旅太簇皇帝
御天下之七載也構茲盛則典興此崇麗方且趨以
表敬觀而知法物覩雙碣之容人識百里之典作
範垂訓赫矣壯乎爰命下臣式銘盤石其辭曰惟
帝建國正位辨方周營洛涘漢啟岐梁居因業盛
文以化光爰有象闕是惟舊章青蓋南洎黃旗東
指懸法無聞藏書弗紀大人造物龍德休否建此
百常典茲雙起偉哉偃蹇壯矣崔巍旁映重疊上
連翠微布教方顯浹日初輝懸書有附委篋知歸
鬱崛重軒穹隆反宇形聳飛棟勢超浮柱色法上
圓制模下矩周望原隰俛臨烟雨前賓四會却背
九房北通二轍南湊五方暑來寒往地久天長神
哉華觀永
配無疆

簡文帝神仙銘并序

神仙本名秀林山或稱辰山在華亭西北二十餘里僻居一方雖非巨麗未經標品而自古神仙往往托亦寶震旦之靈阜也余以機暇結駕游衍覽茲佳[illegible]

睠焉有懷乃作銘曰閣號天井山稱地維碧鷄金馬越瀆梁池懷靈蘊德孕寶含奇此亦仙岫英名遠摘昔有鸞窟不燒淨土邁彼高蹤構茲法宇引葉成帷即樹爲柱石砌危橫崖階斜竪

陶弘景瘞鶴銘

鶴壽不知其紀壬辰歲得於華亭甲午歲化於朱方天其未遂吾翔寥廓也耶奚奪余仙鶴之遽也乃裹以元黃之幣藏之茲山之下故立石旌事篆銘不朽詞曰相此胎禽仙家之眞山陰降迹華表留名眞惟彷彿事亦微冥西竹法里宰耳歲辰鳴語解化浮丘去辛左取曹國右割荊門後蕩洪流前固重扃我欲無言爾也何明爰集眞侶瘞爾作銘宜直示之惟將

進寧丹陽僊尉

江陰眞宰立石

許長史舊館壇碑銘

悠哉曠矣宇宙之靈也固非言象所傳文迹可記然則後之人奚問乎含吐萬有化育羣生本其所由義歸冥昧至於形域區分性用殊品事限觀聽理窮數識者倘或可論山之高海之廣夫何故以其有容焉大天之內復有小天三十六所並拓寓地空亘

涂水脈關闟風岫通氣雲巘此山本號句曲其下是第八洞宮名曰金壇華陽之天周回一百五十里分置三府前漢元帝世有咸陽三茅君得道來掌此任故稱茅山具詳傳記至晉太和元年句容許長史在斯營宅厥迹猶存宋初長沙景王就其地之東起道士精舍梁天監十三年勅此精舍立為朱陽館將遠符先徵定辭大曆於館西更築隱居住止十四年別創鬱岡齋室迫元洲之蹤十七年乃繕立碑壇仰述真軌真人姓許諱穆世名謐字思元本汝南平輿人後漢靈帝中平二年六世祖光字少張避許相諛佞乃來過江居丹陽句容都鄉之吉陽里後仕吳為光祿勳識宇亮拔奕葉才明祖尚字元甫有文章機見吳中書郎父副字仲先器度淹通風格清簡晉剡令寧朔將軍下邳太守西城侯長史副第五子也正生少知名簡文在藩為世表之交起家太學博士朝綱禮肆儒論所宗出為餘姚令勤恤民隱惠被隣邑徵入凱闈納言帝側昇平末除護軍長史本郡中正外督戎章內詮茂序選邦肅律鄉來祇行太和中遷給事中散騎常侍蟬冕輝華專歸尚德簡文踐極方優

國老僉值晏駕於焉告退專靜山廬以修上道君雖縉紱朝班諷議庠塾而心標象外志結霞門弟兄遠遊永和四年嘉遁不返君尚想幽奇歲月彌軫恒與楊君深神明之契興寧中衆真降陽備令宣諭龍書雲篆僉然徧該靈模與旨於茲必究年涉懸車遵行愈篤太元元年解駕遺世春秋七十有二子侄禮窆虛柩於縣西大墓京陵之蹤未遠飛劍之鄉在焉謹按真誥君挺命所基緣業已久周武王世九官上相長里薛公之弟也兼許肇遺功復應垂祉後胤故乘運托生因資成道玉札所授爲上清真人爵登侯伯位編鄉司理仙撫治佐聖牧民矣真與傳未顯於世莫能具述長史第三子諱玉斧世名翽字道翔正生母陶威女先亡已得在洞府易遷宮中君清穎瑩潔特絶世倫郡舉孝計掾不赴粃糠塵務研精上業即弘景元中之真師也恒居此宅繕修經法楊君數相從就函通真感太和五年於茲告逝時年三十真誥云後十六年當度東華爲上相清童君之侍帝晨受書爲上清仙官與谷希子並職君長兄揆世名甽次兄虎牙世名聯並亦得道揆今有元孫靈真在山勑立

嗣真館以褒遠祖之德皇上乘弘誓本力來君此土壽育蒼祇範鑄羣品導法開俗隨緣啓教以隱居積藴三真經誥久栖華陽宜還舊宅供養修理乃勑工匠建茲堂構郎仰祇帝則兼闡大猷東位青壇西表素塔壇塔之間通是基趾埋缾掩瓦投鉼便値紫煙白霧纏爲蔭蓋宅南一井即長史所穿井南大塘乃郭朝遺製原出田公之泉路通姜巴之軌傍枕雷平前瞰下泊東際連岡北横長嶺柳汧陽谷俱會西垂四域之内皆謂之金陵地肺者也長史所居尤爲標勝方將驅雲虬而高騁駈奔鶴以追風望洪濤之浩汗睠故都以浸遠古人有言匪作奚傳敢刊石須永屬來賢頌曰

渾樞鶩氣方祇吐靈依性分境傳識賦形化通八寓功浹四瀆巡跡電滅測體淵停旋區岳立亘海雲野摶風泳水蹠實憑虛亦有幽匠開石架廬情高身遠天府地居縈巒巴曲晝壤胇浮五闢面啓九涂環周長隰旁嶺交汧比流乃稱龍伏實爲金丘昔在西漢三茅來賓爰暨東晉二許懷真栽基浚井栖道接神允膺輔聖錫兹侍宸參差年代綢繆名氏書誥具宜精華未殫甄甃將淪沉階暫圮拱樹

霜摧修庭草委肇館華陽歲躔二紀承觀前猷聿遵洪軌帝曰懋哉爾焉斯止經之營之輪乎奐矣勝殿容嚮寫瓶揚分瑤宮碧簡緗帙亞文璚函玉檢綺幕綉巾蘭釭迴耀金爐揚熏桐柏雙教方諸兼學竝證心清俱漏身濁離有離無凡華且朴結號虛皇筌法正覺藥徵質瑩禪感慧通飛行欻悅捫景帶虹振若排障還明返聽物言是力我見無功紛紜今古汙漫兩儀三相幻惑丹壑自移緣來則應不慮不爲式

龜錄人天鑒知

茅山長沙館碑銘

夫萬象森羅不離兩儀所育百法紛凑無越二殊之境縉紱之士飾禮容於闤闠耿介之夫斂旌麾於山裔爲銘曰

大哉乾元萬物資始皇天受命三才乃理惟聖感神惟神降祉德被歌鐘名昭圖史友于兄弟敬惟西宣言追茂實用表遺先敢循舊制有革雜章刊石弗朽

奕代流芳

任昉桓宣城碑銘

君器量高濬神氣披朗商略雅俗隱括眞僞擢奇取異不軌常

流固以準的當時擬議郭許矣處身立朝不峻功名俯仰顯默之際優游可否之間迹卑而道不汙身屈而志不屑矣銘曰　於穆我后稟茲純爽虛谿高暢蕭條邁上風任外舒卓鑒內朗神棲冲慎形同俯仰將登槐棘宏振緗綱令儀早徂德音永響

庾信吹臺山銘

江寧吹嶺雖山出筠秦簫下鳳此岫爲眞青槐避日朱草司晨石名新婦樓學仙人吳中字玉城南姓秦北花依樹登榭要春舞能留客聲便度新彫梁數振無復輕塵

徐陵丹陽上庸路碑銘

在天成象咸池屬於五潢在地成形滄海環於四瀆國險者固其金湯儲蓄者因於轉漕貨財爲禮專侯會通㕓田爲上皆資滲漉大矣哉坎德之爲用也是以握圖之生財以利民御斗之君因之顯教上哉少昊初命水官逖矣高陽爰重冥職舜爲太尉於是九澤載疏禹作司空然後百川咸導開華山於高掌鑿靈沼於周源莫匪神功皆由聖德我太梁之受天明命勞已濟民有道稱皇無爲曰帝若夫雲雷草創翦商黜夏之勳鑄寶鼎於昆吾安

能紀勒陳鴻鐘於豐岳豈易揄揚斯斯固名言之所絕也及乎膺斯寶運大拯橫流屈至道於汾陽勞疑神於藐射聖人作樂簫韶備以九成喆王盡禮春官總於三代豈止金門桴竹玉尺調鐘公帶獻明堂之圖匡衡建后土之議若斯而已乎天降丹烏旣序孝經河出應龍乃編周易若夫固天將聖垂意藝文五色相宣八音繁會不移漏刻纔命口占御紙風飛天章海溢皆紫庭黃竹之詞晨露卿雲之藻漢之兩帝徒有詠歌魏之三祖空云詩賦以爲彭老之教終没愛河儒墨之宗方難火宅豈如五詩八會之殊文天上人中之妙典雪山羅漢爭造論門鷲嶺名僧俱傳經藏香象之力持所未勝秋兔之毫書而莫盡忠信爲寶禳祈免於白駒明德惟馨山川舍於騂犢至如月離金虎泥染石牛薈蔚朝興滂沲晚注而淸蹕纔動織羅不搖高閈將臨油雲自闢陽烏馭日寧懼武賁之弓飛雨彌天無待期門之蓋震維舉德非日尚年若發居鄮猶莊在漢壽如白馬旣礙廣陵之江山曰金牛孰辨梅湖之路專州典郡靑鳧赤馬之船皇子天孫鳴鳳飛龍之乘莫不欣斯利涉玩此修渠作擁

節而長歌乃從金而鳴籟斯寔曠世之奇功無疆之鴻烈者也銘曰　后王降德於衆兆民高文象緯妙義幾神業冠遷夏功踰入秦時惟大畜象及同人慧雨方雷禪枝獨春帝德惟厚皇恩㢮深觀乎禹迹見

我堯心

陳太極殿銘并序

夫紫蓋黃旗揚都之王氣長久虎踞龍蟠金陵之地體貞固天居爽塏太寢尊嚴高應端門仰模營室歸於有德譬彼河圖傳我休明義同商鼎太極殿者法互象元王者之位以尊左平右城天子之堂爲貴在朝煨燼多歷年所世道隆平宜其休復監軍鄒子度啓稱即日忽有一大梓柱從流來泊在後渚岸嵯峨容與若漢水之檯槎搖漾波濤似新亭之龍刹孤拔靈山允彰天貺昔梁氏承聖將圖繕修定之方中亟興師旅揆之以日輒有灾故是知秦人所止實漢祖而爲宮吳都佳氣乃元皇而斯宅千櫨赫奕萬拱崚層植綠芰而動微風舒丹蓮而制流火井泉遠望觀正殿之崢嶸函谷遥看美皇居之爭麗信可以齊三光而示宇宙會萬國而朝諸侯

爰命微臣乃爲銘曰雍畤相望參差未央偃師廻顧崔嵬德陽高搆太乙正睹瑤光峨峨靈杜赫赫流嶂美矣宮室嘉哉令日御扆垂旒當朝靖蹕樂備韶夏禮兼文質帝旅無譁王旗斯謐肅肅卿士邑邑承弼漢座雕屏周人檻檻城隅有勤殿省皆銘況復皇寢宜昭國經方流典訓永樹天廷

沈炯太極殿銘并序

臣聞在天成象紫宮所以昭著在地成形赤縣居其區宇太極殿者資兩儀之意焉大壯顯其全模土圭測其正影周曰路寢漢稱前殿雖名號參差其實一也主上未明求衣日旰忘食隳樂壞禮造次留神漢墜秦除莫不葺復而此殿興造累歲未成外遘戎機內憂民力劬勞深慮荏苒移時至陳永定六合旣清五禮稍備雕楹玉舃華榱璧璫捘之有日而猶一柱權楠豫章地淪外寇楚材晉用非復我求旣而新亭前江有流查甚壯盤根錯節枝葉葱蒨津人以聞正堪時用於是將作受詔各官奉職百工竝作屢降乘輿匠石磨礱必經天旨儉而不固泰而不奢億兆塡塡而樂成也曾未數旬煥然雲構昔晉朝繕造文杏有闕梅梁瑞至畫以標花

自是迄今又獲神物即樟樹焉殿之某間即某柱是也銘曰　軒轅狹堂夏后畀宮文來質往蹇産彌崇體制八都開玆萬戶灼爍雄梁徘徊大廡璧月宵懸卿雲晝聚豈伊闓陽飛來應柱嘉辰令月新寢告成青槐赤棘郎將司兵翠被負扆百辟公卿鐘鼓八佾簫韶九成庸臣再拜天子萬齡

林屋館碑銘

夫元之又元處衆妙之極可乎不可成道行之致斯蓋寂寞窅冥希微怳惚故非淮南八僊之圖瀨鄉九井之記至若崑山平圃銀牓相暉蓬閬僊宮金臺崛起南瞰晉臺傍連飛閣桂柱星羅瓊軒雲搆銘曰　大道既隱衆聖無門悠悠太極誰見元根祈年立泰望仙表漢髣髴神靈依稀宮觀峨峨林屋輪奐徘徊庭羅花鳥室靜塵埃

唐李白天門山銘

梁山博望關扃楚濱夾據洪流實爲吳津兩山錯落如鯨張鱗惟川有神牛渚惟物日爲車輪光射島嶼氣凌星辰卷沙揚濤溺馬殺人國泰呈瑞時訛返珍開則九江納錫閉則五嶽飛塵天險之地無德匪覯

韋表微池州夫子廟麟臺碑銘 二儀卽閑三象乃乖聖道堙鬱人心不開上無文武下有定哀吁嗟麟兮孰爲來哉周雖不綱孔實嗣聖詩書旣刪禮樂大定勸善懲惡姦邪乃正吁嗟麟兮克昭符命聖與時合化行位尊苟或乖戾身窮道存於昭魯邑棲依孔門吁嗟麐兮孰知其仁運極數殘德至時否楚國寢廣秦封益侈牆刎迫阨崎嶇闕里吁嗟麐兮靡有攸止世治則麐世亂則麕出非其時麇鹿仝羣孔不自聖麐不自祥吁嗟麐兮天何所亡 按此碑載山東通志別有全文而唐詩紀事所錄特加以池州二字

李白瀨水貞義女碑銘 皇唐葉有六聖再造八極鏡照萬方幽明咸熙天秩有禮自太古及今君君臣臣烈士貞女采其名節尤彰可激清頹俗者皆掃地而祠之蘭蒸椒漿歲祠罔缺而茲邑貞義女光靈翳然埋冥古遠琬琰不刻豈前修博達者爲邦之意乎貞義女者溧陽黃山里史氏之女也以家溧陽史闕書之歲三十弗移天于人清英潔白事母純孝手柔荑而不龜

身繫漂以自業當楚平王時虞忠助讒苛虐厥政
芟於尚斬於胥血流於朝赤族伍氏怨毒于人何
其深哉子胥始東奔勾吳月涉星遁或七日不火
傷弓于飛逼迫於昭關匍匐於瀨渚捨車而徒告
窮此女目色以臆授之壺漿全人自沉形與口滅
卓絕千古聲凌浮雲激節必報之讐雪誠無疑之
地難乎哉借如曹娥潛波理貫于孝道聶姊殞肆
槩動于天倫魯姑棄子以却三軍之衆漂母進飯
沒受千金之恩方知於此彼或易爾卒使伍君開
張闔閭傾蕩郢鄢吳師鞭屍於楚國申胥泣血於
秦庭我亡爾存亦各壯志張英風於古今雪大憤
于天地微此女之力雖云爲忠孝之士焉能咆哮
烜爀施于後世也望其溺所愴然低徊而不能去
每風號吳天月苦荆水響像如在精魂可憑惜其
投金有泉而刻石無主哀哉邑宰滎陽鄭公名晏
家康成之學世子產之才琴清心閑百里大化有
若主簿扶風竇嘉賓縣尉廣平宋陟丹陽李濟南
朝陳然清河張昭皆有卿才霸略同事相協綱紀
英淑勒銘道周雖陵頹海竭文或不死其辭曰粲
粲貞女孤生寒門上無所天下報母恩春風三十

花落無言乃如之人激漂清源碧流素手縈波澇溪求思不可秉節而存伍胥東奔乞食於此女分壺漿滅口而死聲動列國義形壯士入郢鞭屍還吳雪恥投金瀨泚報德稱美明明千秋如月在水

柳宗元塗山銘并序

惟夏后氏建大功定大位立大政勤勞萬邦和寧四極威懷之道儀型後王當乎洪荒方割災被下土自壺口而導百川大功建焉虞帝耄期順承天曆自河南而受四海大位定焉萬國既同宣省風教自塗山而會諸侯大政立焉功莫崇乎禦大災乃賜元圭以承帝命位莫尊乎執大象乃輯五瑞以建皇極政莫先乎齊大統乃朝玉帛以混經制是所以承唐虞之後垂子孫之丕業立商周之前樹帝王之洪範者也嗚呼天地之道尚德而右功帝王之政崇德而賞功故堯舜至德而位不及嗣湯武太功而祚延於世有夏德配於二聖而唐虞讓功焉功冠於三代而商周讓德焉宜乎立極垂統貽於後裔當位作聖著為世準則塗山者功之所由定德之所由濟政之所由立有天下者宜取於此追為大號既發華蓋既狩方嶽列位奔走來同山川

守神莫敢違寧羽毛四合衣裳咸會虞恭就列俯僂聽命然後示之以禮樂和氣周洽申之以德刑天威震耀制立謨訓垂在長久厥後啓征有扈而夏德始衰羿拒太康而帝業不守皇祖之訓不由人亡政墜卒就陵替向使繼代守成之君又能紹其功德修其政統卑宮室惡衣服拜昌言平均賦一制度定期會則諸侯常至而天命不去矣茲山之會安得獨光於前歟是以周穆遐追遺法復會於是聲垂天下亦照前軌用此道也故余爲之銘庶後代朝諸侯制天下者仰則於此其辭曰惟禹體道功厚德茂會朝侯衛統一憲度省方宣教化制殊類咸會壇位承奉儀矩禮具樂備德容既孚乃舉明刑以弼聖謨則戮防風遺骨專車克威克明疇敢以渝宣昭黎獻底定寰區傳祚後昆丕承帝圖塗山巖巖界彼東國惟禹之德配天無極卽山刊碑貽後作則

漢高原廟銘

昔在帝堯光有四海元首萬邦時則舜禹稷卨佐命垂統股肱天下聖德未衰而內禪元臣繼天而受命四姓承休迭有中邦五神還運炎德復起周道剗滅秦德暴戾皇天

疇庸審厥保承乃命唐帝之後振而興之又俾元
臣之後翊而登之所以紹復丕績不墜厥祀故由
逆起爲策士輔成帝圖吐謀洞靈奮奇如神舜之
冑也汝陰脫帝密綱推陷暴氣扶乘天休運行嘉
謀禹之苗也鄭侯保綏三秦控引漢中宏器廓度
以大帝業禼之裔也淮陰整齊天兵導揚靈威覆
趙平魏拔齊殄楚平陽破三秦收魏王絳侯定楚
地固劉氏皆稷之裔也克復堯緒昭哉甚明天意
若曰建大德者必唐帝之冑故漢氏興焉翼炎運
者必唐臣之孫故羣雄登焉是以高帝誕膺聖祚
以垂德厚探昊穹之奧旨載幽明之休祐殺白帝
于大澤以承其靈建赤旂于沛邑以昭其神假手
于嬴以混諸侯馮力于項以離闗東奉纘堯之元
命而四代之後咸獻其用德乘木之大統而秦楚
之盛不保其位旣建皇極設都咸陽撫正四方訓
齊天下乃樂沛宮以追造邦之本乃歌大風以昭
武成之德乃奠舊都以壯王業之基生爲湯沐邑
没爲思樂之地且曰萬歲之下魂游于此惟兹原
廟沛宮之舊也祭蚩尤於是庭而赤精降導靈命
於是邪而羣雄至登布衣于萬乘而子孫得以纘

其緒化環堵爲四海而黎元得以安其業基岱岳之高源洪河之長蓄靈擁休此焉發跡蓋以道備于是而後行之天下制成于是而後廣之宇內天下備其道而神復乎本宇內成其制而心懷其舊宜其正名以表功用成其始俾生靈盡其敬焉陳本以宅神用成其終俾生靈盡其慕焉故高帝定位建茲閟宮惠皇嗣服爰立清廟綿越千祀至今血食此所以成終而成始也且夫以斷蛇之威安知不運其密用佐歲功以流澤歟以約法之仁安知不流其神聽相舊邦之遺黎歟以紹唐之餘慶統天之遺烈安知不奮其神化大祐于下土歟然則展敬乞靈烏可已也銘于舊邑以迪天命其辭曰○蕩蕩明德時維放勛登翼炎運唐臣之孫秦綱既離鹿駭東夏長蛇封豕蹈躍中野天錫堯緒鍾祐于劉赫矣漢祖播茲皇猷揚旂沛庭約從諸侯豪暴震疊威聲布流總制虎臣委成良疇剿殄霸楚遂荒神州區宇懷濡黔黎輯柔表正萬國發靈用休定宅咸陽以都上游雷觀本邦在鎬如周穆穆惠皇宗禋克承崇崇沛宮清廟是憑原念大業肇經茲地乃專元命亦舉嚴祀建旂釁鼓[illegible][illegible]

天位魂游故都永介不祚煥列唐
典嚴恭罔墜勤此休銘以昭本始

李翺舒州新堂銘

先時寢壞有隘其廬乃作斯堂
高嚴旟旟六角四楹棐重架虛
欒拱不設簷牙蜚蜚袪麗不越度儉而有餘左立嘉
亭繚以環除延延具深肆肆其紆吏事既退齋心
以居思民之病擇弊而鉏弗逸弗墜謹終如初大
旱之後鄰邑城墟獨我州氓其樂胥胥鬼神所福
事匪在予丞相以言乃下徵書復言
於朝以解前疝刻銘於斯永示郡舒

宋周紫芝惠泉銘

宜爲郡邈在大江之南雖古名
邦而其民大率皆附山爲居地
勢既高井泉稀少異時鉅盜臨城衆無所得飲困
嘗患之而未有爲之計也太守李公既因舊壘而
新之凡攻守之備咄嗟立辦乃即城東南鑿地爲
池將導溪流以瀦之使民汲而飲焉畚鍤方興未
及尋尺而泉湧于地清澈可掬議者咸謂公精誠
感格非人力能爲者昔貳師刺山飛泉自湧伯宗
甃衣井爲之溢皆足濟一時之急公之所感何以
異此知錄事沈侯肇榜以惠泉且作記敘其本末

而公復欲余銘廣其意雖辭旨蕪陋不足傳遠庶幾托異事以播之衆使知公所惠此一方者其利無窮也銘曰○大江之南畫疆千里有美斯邦因山爲壘宅高以居萬室嶷嶷有井在民不石而止北兵東侵巨盜四起旣堅我壁旣發我矢震鼓雷動蟻附山峙續綆以汲笮糞而滓燥吻呼號古之披一靡嗷嗷群蒼縮手相視公之來思乃經其始百雉一新巨塹咸理念我穀黎實艱于水相城之隅欲穴其址畚鍤方興鼓鼛未啟出此檻泉如釜之沸湛然澄淸旣冽且美雲湧雪翻激石齒齒酌言嘗之有來且喜咸曰斯流天藏地秘湍源可格不酌而至公擁熊轓與民樂只民曰咸休萬世之利我作銘詩以紀其異

王禹偁厭氣臺銘

古之王者築靈臺視雲物察氣候之吉凶知政敎之善惡苟理合天道垂休降禎則必日新其德以奉之化失民心爲妖作沴則必夕惕其躬以懼之如是則變謂福而反災祥不爲難矣烏有築高臺厭王氣行乎覩之事禦天地之災害乎竊政之有天下也於[illegible]

利嘴長距雞闘六國而擅場復以鉤爪鋸牙虎噬萬方而食肉終以多藏厚斂蠶食兆民而富國然後戍五嶺築阿房驅周孔之書盡付回祿惑神仙之術但崇方士收大半之賦則黔首崩分用慘刻之刑則赭衣櫛比鯨鯢國政嘍蟻人命原膏野血風腥雨擅六國嗷嗷上訴求主天將使民息肩于炎漢故望氣者云東南有天子氣於是祖龍巡狩築臺以厭之殊不知民厭秦也訴之于天天厭秦也授之于漢秦獨厭天厭民而自王乎向使築是臺告天引咎遷善樹德封六國之嗣復萬民之業薄賦斂省徭役銷戈鎔兵息稼穡除高斯之暴政修唐虞之墜典下從人望上答天意則王氣不厭而自銷矣劉項之族何由而興哉其游豐沛之間覩臺之舊址思古覽今悵然有懷灑翰濡毫遂爲銘曰○臺之築兮救秦之衰厭之不得爲漢之基氣之厭兮慮漢之昌厭之不得速秦之亡秦之厭漢其惟一身漢之厭秦乃有萬民高臺巍巍王氣氤氳秦政已矣漢德惟新泱泱前古茲茲後塵故國蕪沒荒臺草蓁行人環竦惻愴斯文

陳師道黃樓銘

熙寧十年京東路安撫使臣某轉運使臣某判官臣某稽首言河決澶州南傾淮泗彭城當其衝夾以連山扼以呂梁流淵不時盈溢千里平地水深丈餘下顫城中井出脈發東薄兩隅西入通洫南壞水垣土惡不支百有餘日而後已守臣蘇軾念惟流亡爲天子憂夙夜不怠以勞其人與發戍兵固儆應卒外爲長橋乘高如虹以殺其惡內爲大堤附城如環以持其潰築二坊於南門之外以適南山以安危疑發倉庾明勸禁以惠困窮以督盜賊宣布恩澤巡行內外吏民嚮化與於事功法施四邑誠格百神可謂有功矣宜有褒嘉以揚郡縣十月二日甲子奏京師明年元豐正月甲子制詔諭意臣軾惟念祈承謨訓人神力同敢曰爲功以速大戾而明揚褒獎無以報稱乃作黃樓於東門具刻明詔以承天休而明德意使其客陳師道爲之銘臣師道伏惟召向南仲內撫百姓外平諸侯詩美文武尹甫召虎南征北伐功歌宣王君能使人以盡其才君之明也臣能有功以報其上臣之義也君臣各盡其道以惠斯民國之福也世之幸也臣師道又惟威

而通之者道也行而化之者德也制法明教之者
政也治人成功者事也昔之詩人歌其政事則升
其道德而傳之聲名而播之後王有則可舉而行
之顧臣之愚何與於此誠樂其君臣之盡道云爾
臣不佞昧死上黃樓銘其詞曰　皇治惟戒修明
法度協和陰陽十有一年天災時行河失其防齊
魯梁楚千里四達潰亂散亾皇仁隱憂臨遣信臣
以惠東方羸老不窮安慰撫養發散積倉流人如
歸居人忘危完聚靡傷天敘地平明聖成能人神
效祥靈平告戒百穀豐盈萬邦樂康郡縣祇畏允
迪聖謨終事無荒皇功不居歸休臣民邇昭遠揚
守臣拜手夸大休嘉使民不思攺作黃樓以臨泗
上述修故常庶民無佞原始要終銘之
石章以告成功以揚德聲永永無疆

蔣延壽奉詔鑿放生池銘

上即位之十七年聖治
日益光明廟社奠安宮
闈咸慶包戈臥鼓華戎均福南北一驛輸傳相望
萬里耕桑有生咸樂五月己亥建言者舉唐肅宗
乾元故事命天下復置放生池上以祝聖人萬萬
年之壽下以廣子孫百億之傳制曰可諸路承命

奉行惟謹通海斗牛東鄙厥壤惟魚鹽是富其郡城池及狼山東西二方潮汐通注縈環浩淼所養尤衆爰卽乃地以嚴法禁而守臣蔣延壽旣勉率厥職仰體丁寧之意乃言曰萬物在天地間其品類雖殊其性則一性一則仁一自其異者觀之吳越甚遠自其同者觀之則與吾體無異曾子曰斷一木殺一獸不以其時非孝也中庸曰惟天下至誠爲能盡人物之性皇帝以上聖之資紹開治輿施爲措置舉得乎此以四陲爲守故無此疆爾界之殊以不殺爲武故弗尚戰勝攻取之績以省刑爲治故雖笞罰有所不忍以藏于民爲富故躬自約損不以爲陋此四者好生之大本也乃綴以綿其辭曰擾擾萬物囿於一形孰非吾仁請觀其生聖神迭興以德爲政如乾之化性命各正南極於海北窮燕然億萬雖多生以安全曷云能全惟不好兵寧我屈巳無戕吾民天旣佑助敵亦効順請命下吏去兵存信懽忻交通華戎來同一氣均和罔不滋豐帝命有司臨江之濱溢廣去殺滭爾介鱗網罟弗施恩波洋洋之游之樂永以相忘海宇之間物性惟一上帝貽格降福孔碩俾壽而臧準

昌而熾俾我子孫本支百世時萬時億永作民主無有後艱受天之祐羣生旣康干戈旣息刻此銘詩以詔罔極

真德秀清泉銘

芙蓉嵯峨與天相摩氣與天通秀鍾浮河地靈脉潤如江之沱乃吐斯泉於山之阿行道渴飲孰曰弗過淨洗五濁澡雪百疴涓涓無窮廣濟實多餘澤所被芃芃黍禾上善利物其達盈科名揭而淸萬古不磨

〔元〕袁浩州治譙樓碑銘

更漏之制尚矣肇造於黃帝宣於夏殷備於周始立挈壺氏掌之鑄銅爲壺中實以水竅壺爲漏浮箭爲刻以候中星早晏驗晝夜長短後世遂廣麗譙嚴鐘鼓賓餞寅於暘昧啓閉戒於扃鑰四時盈縮兆民作息實賴乎此非爲華侈雄偉而作通故楚地宋淳熙間始建於州治之南崇臺屭贔華棟騫舉烽燧夜禁唯謹混一以來爲鬱攸所燬自至元丁丑將及一紀分郡符提戍兵者一無所問更鼓刻漏無節民未便之丁亥秋太守朝請大夫許昌

馬公毅下車未幾百廢具興睹斯樓草創謀諸僚
寀將有事改作監郡奉政大夫忽都火者同知州
事忠顯校尉馬公判官承事郎張處恭從事濠梁
孫君天麟皆力爲張主互督是役不遑啓處編氓
之好義者子來而從仍塹壘之舊貫爲樓凡四楹
輪奐翬飛棟桷壯嚴俾司晝夜主刁斗之士居之
前鎮通萬夫長安遠大將軍張公鼎與守郡萬戶
昭信范侯應純暨千夫長莫不樂爲捐俸以助不
給新鼓鼙建旗幟鑄壺滴置籌箭弛者張而廢者
舉焉經始於仲春初吉落成於季秋九日既僝工
郡老謂宜刻銘以垂永久求文於余辭弗獲洪
惟國家奄有區宇頒朔授時一準古制內設太史
院外立陰陽學晝夜百刻各有攸職京圻而下神
州赤縣咸立譙樓傳夜漏鳴宵柝使民朝作暮息
而鼠竊狗偷者不得肆其欲矧通在揚東南之極
金城千里瀕薄江海爲險要控扼之地哉是舉也
誠所謂起廢墜於久湮成不朽於將來其賢不在
廉范寇恂下固宜紀之銘曰陰陽之道日月代明
晝凡六時夜分五更誰其伊始曰公孫氏三代而
下制作大備壺竅下通漏箭量刻誰其尸之挈壺

是責以驗中星以定昏曉陳厥金鼓是曰麗譙繼此通城併臨江滸民俗淳厚素稱樂土漏刻有壺譙樓有城主司不謹燬於離明能集已丑功成不朽垂十六年緒始克就廢興有數爲陵爲谷人存政舉無往不復郡僚經始元戎作成庶民子來舊貫斯仍垣墉闔闢義娥代謝禦暴于城承平晝夜子翼借留叔度來暮民極雍熙皇圖鞏固

鄭元祐吳縣儒學門銘

天下郡縣學莫盛於宋然其始亦由於中吳蓋范文正公以宅建學延胡安定爲師文教自此興焉若吳縣學按李宗諤圖經云文宣王廟在縣廨東南今三皇廟故縣治也紹定初知縣趙善瀚始建學於郡城西南之賓興坊去姑蘇驛不百步其廢置遷易槩可攷矣宋以杭爲行都中吳乃三輔地縣學宜大於鄰邑然負城西隅於地勢蓋甚迫窄更宋迄今累加完葺至正十九年平江路總管周仁縣尹張經皆以興學爲已任覩學外門日就廢壞乃始琢石爲莛與楹上象日月堅緻聳峭翼以坦墻瑰麗弘敞稱其爲子男學宮之門攝學事盧熊

及學之人士咸謂縣之有學久矣未有以石爲門者非二侯致力典學不及是也遂爲之銘曰吳邑有學由宋始完宋社既墟學宮則存維學有門聿嚴啓閉因陋就簡蓋已歷世郡守周侯近古遺愛張令佐侯民所共戴琢石甃楹作學之門石質如玉孚尹潤溫木易蠹朽石堅斯久何莫由是以啓其蔀勒銘於茲豈特識言來遊來歌永矢弗諼

明楊循吉惠山十賢堂銘

賢者將以軌物範俗必祀以勸禮矧乎名山何代無人先詳後畧君子病諸此惠祠蓋三爲十而弗容已也夫蓋常之邑錫爲大錫之山百惠爲秀秀而通郭實多考槃是故俎豆之設厥有舊典曰宋司徒長史湛唐尚書左僕射李及桑苧翁陸此三君者咸以高蹤貢于山泉其南面列食有年自是以降蔑焉無聞豈哲人之生獨嗇於後乎哉無亦缺而弗修也於是今戶部侍郎邵國賢往歲築室山中既率同志疏潺湲廟忠定乃以餘力相與撤故屋之弊陋按往牒而稽考又得表表宜祀者七人焉在宋日無錫令焦國史編修秦禮部尚書

諡文簡尤御史裏行錢在元曰雲林子倪在國朝曰義士張中書舍人王合前後爲十賢廣厥堂搆肖像其中議以歲之二仲合羣縉紳行事而推其一人爲獻凡所躋升皆昔之名鉅游處是山與其葬焉者也不然雖賢弗列禮固有相沿者歟工始於正德庚午春越明年落成凡風俗之厚必以化化有默行視政爲速則維賢是賴表章崇祀其機也繫者諸賢奮庸帝載既公既卿或盤桓澗阿亦隱亦文以至惠牧義勇互舉間出莫不同萃一堂師我錫士是雖羣衆之志非公其孰能與之猗歟盛哉敢刻茲銘其詞曰　坎坎擊鼓新堂之下我祀我歌思古賢者俎豆既崇金石是寫陟降有儀以聲大雅厥賢維何伊錫衣冠異代同流隱顯具完道不一足式貴林巒廟貌爰陳爍此衆觀昔也攸祀三爵孔寂今也亦祀十像斯覯有泉如氷下遶庭城言釀旨酒載酌啓幕靈風洋洋神降春秋孰司獻登鄉挍其尤郤公作之龜筴協謀懋哉邦人無忽前修

嚴爾珪五山拱北碑銘

登五岳而小天下登五山而小崇川五山共通之五

岳乎太江洸蕩自态五峯盤峙如列掌余每過之幾片青芙蓉奇秀萬狀自很居然長之若劍迹若黃泥若馬鞍皆其伯仲而鱗次者矣軍山在水中央宛一旁伍波臣淜湃走五山之趾狂欲吞山山堅壁當之如諸葛壘如岳家軍森布嶙峋撼之而不動通以此俯瞰江流差堪夜郎自雄稱小五岳也州人士所疑者謂山陽盤旋南向其陰多巉嵒絶壁怪石聱牙夫其情不屬我乎余解之曰非然哉茲山爲江而設奇爲通而岸江者也故悉其峭雄勃窣之力南走迎江而故張其逶迤整暇之勢分合奇正與江水相持要其所擁護而藩屏神情未嘗不北拱也譬猛將軍捍禦邊陲逢勁敵旗鼓軍容無不向敵者可遂謂其無意本朝而有心敵國乎然則內地安瀾數峯容與山之輕裘而緩帶者也而茲山獨處其勞疊嶂層巒跨江臨海山之居重而擁强者也而茲山孤奮其勇山之拱通也亦至矣州人士猶重疑之乎余將酧山靈加勞焉因題之曰五山拱北即山靈快然當以余言爲已知也爰進銘之曰維通有山歸兮森峙固我邦圉疇離厥祉江濤怒攻介人在此忠而被謗僉謂揃

指珪來眺臨事其非是五靈護呼
日惟所使爲適篤祜有加於始

戴重馬鞍寺鼓銘北山有鼓聲聞百里一鬬加汝
譽再聞而汝詭賜之繡裳車而
汝從門不能容而不可毀引之綆而升之堍其重
千石千夫不起咄出妖革乃樂於山而惡於市夏
楚二物以爲汝恥鋤汝北山以禦豺豕於乎鳴不
如瘖遠不如邇豐厥形敗之以美厥聲罪之始胡
猾我之皮而悅君之耳鼓乎鼓乎始以之
自厩終以之自祉以是爲北山之鼓史

許重熙題黃侍中翁夫人血影石銘湯湯淮流炳炳梁石爰滯
貞魂乃昭靈跡金光隱見玉顏暎靚宛並飛青怪
疑藏碧昭昭哉侍中有赫烈媛命際時窮道逢龍戰
神逐魂浮光垂唾現年歲可遷精英不變嚴然慈
相恍同芘侶鬱影沉雲幽香陰雨蓬鬢悽容嚴凝
悴宇儐固畱痕明月印礎靈修容與峩峩凄凄孝
姚聖毋膝螭駕霓飾我巾幗嗤彼鬚眉貞珉不毀
千載
傳懿

皇清魯超移築劉河營城碑銘　自太倉州治六十里東北至海口洩水通

潮之要害爲劉河古稱婁河初屬嘉定明弘治間
始立太倉州州成而劉河屬焉元時設官軍作水
寨至明築城堡置武備以禦倭居然瀕海重鎮
本朝平定天下遐邇向風而綢繆罔忽以茲土與崇
川犄角相望爲水師門戶增兵益餉輒厪當事告
籌而劉河城齧于潮汐順治十四年有遷築之議
以貲費鉅而止十八年大司馬蘇公奉
命閱海甄議改築計所費非六萬餘金不可而東南
民力杼軸其空予下車時心切憂之思欲爲民休
息數上書當事會
天子下求言之詔督撫兩臺以此舉關民生甚鉅請
稍寬歲月疏上報可民得暫息焉然不一年水齧
于城下者僅尺寸地廬舍欹傾兵民危殆時游戎
仝公方蒞茲土以移駐申請者再三洎五年春守
道安公宣示督撫提三公之命乃同州守陳君詣
劉河見城堡受浸潮汐澎湃即壘石爲塘以護其
外旋築旋傾終非永計若欲改築新城當此民力
彫殘既難上請公帑復難下派閭閻數萬金錢措

辦無術是又同于築舍矣予熟籌再四必也既無遷城築塘之費又不失邊防扼要之宜庶幾就近安插其策爲善援厥形勢遠風濤而安部伍近烽堠而便偵防且與劉河爲左右者茜涇其要區也離海僅四里北爲七丫南則劉河而茜涇居其中於斯屯聚足以控制疆隅且與大司馬蔣公原題進內五里之議適相合也爰請各臺而從事焉第營房約五百間茜民之逋糧而求售其居者固比比是而償五百間之值幾及二千金游戎公署裨將官房皆欲新葺所需又千餘金是不能復問之民也予於是以捐助之舉亟商于郡守吳公隨申督撫會疏具 題得請乃合各臺暨在事諸僚友咸相佽助共襄斯舉於是揆日立表庀材運甓討楹餘工量事布役杵築相聞炬燎繼晷軺車相望于道巡行勞問衆悅忘勞閱三月而告成夫營房以舊室而重新公署自平原而剏建葢亦難矣乃爲日無多百事具舉抑何易也良以庀材則先償其值鳩工則先給其資人有子來之趨無力役之苦也署之傍爲繚垣前爲崇門中堂宏敞廡廊整飭以及幕司胥舍鱗次翼張營房碁布安插得宜

經始于康熙五年十月二十六日落成于次年之正月二十二日經費寡而奏效速今而後海疆寧謐萬里波恬可揚東南

宵旰之憂矣是役也總督郎公諱廷佐巡撫韓公諱世琦合疏上請與提督梁公諱化鳳籌畫指授咸稟其成以固圉海滋而不傷民力豐功厚澤足垂不朽而襄其成者守道安公諱世鼎郡守吳公諱道煌郡丞秦公諱生鏡韓公諱鴻坤別駕吳公諱江偉司李龔公諱在升遊戎仝公諱光英倡率捐助殫厥心力咸於是舉有功焉州守陳君國珍守備王君自新千兵劉君亮一心畢力栢子葵事例得並書爲之銘曰

皇夏燕胥治周六虛海闕宴如王猷匪懈靡矜靡泰覃謨海外太倉左瓜厥河惟婁噓吸滄流奥惟往哲慮周牙孽實墉有截城之嶙嶙于婁之濆海邦有倫晨潮月汐爰攻爰蝕匪今伊昔瑕則治偏卑則治頹茲豈其然曰惟遷築哀此杼軸云何其穀爰相厥基勿遠勿荷菑涇是安僉謀既一攸助既率經營秩秩毋觕其供以時其庸子來斯同工成而後實安且久占于牛斗國裕干城海波不驚

南句永寧顧惟下吏
敎矣終焉取徵屬

修常熟縣尊經閣碑銘

聖人以六經敎人而學者往往得其性之所近要其指歸期於相通而已自漢以還諸儒各守其師說黨同伐異觗牾萬端其後始定爲大經兼經之法以取士由明迄今專用一經而已然竊以爲取士不必其求備而敎人則欲其兼通未世功名之士黽勉章句以希弋獲視二經以外稡如侏儒語言之不相通而方圓鑿枘之不相入此講誦不事而詩書放棄之所由來矣常熟縣學之有尊經閣始於明正統時敎諭趙永言而著縣事陳瀅成之其後再修於萬曆間迨今幾六十餘年矣棟櫨欹斥蓋尾穿漏編簡之僅存者鼠嚙而蟲蠹登覽者慨然余以釆風校士每過其地則思捐俸葺理之會右藩佟公諱彭年大參盧公諱紘安公諱世鼎暨郡守吳公諱道煌督糧吳公諱江偉司李龔公諱在井邑令李君璞咸樂爲欽助於是鳩材聚工經始於丙午之春董其役者爲學博士沈君汝蘭凡閱月而告成從衆志也既成余徘徊瞻顧而歎曰常熟小邑也而得爲南國人文風氣之首者豈非子游氏

爲之先耶子游文學之科也而其言學道則愛人易使則夫聖人之教果有外於道以爲學學而凡詩書禮樂之文果不足以盡道歟今郡縣學有明倫堂與尊經之閣並建禮也孟子謂經正則庶民興而排楊墨之害至於無父無君然則所謂道者豈有外於君臣父子夫婦兄弟朋友相接之間而所謂經者有非即親義序別信之燦然者歟我
世祖皇帝有見於此特命儒臣纂修經訓
詔天下貢院皆得以孝經試士
皇上繼之稽古右文崇尚實學又嚴沐僧道斥邪崇正天下靡然可風而余所見郡縣泮署珠宮緋宇以歲其所謂梵書唄字者如故至吾堯舜禹湯文武周公孔子之書雖學士大夫家猶不知所以尊禮之者何其重於彼而輕於此也蓋玩其文不察其義習其言不體諸身是離日取聖人之書而尊禮之無益也況乎厭棄滅裂出於佛老之徒所不爲哉嗚呼道之不行也自經學之不明始矣余承乏斯土以備防爲事非有教化之責於躬幸承
天子仁聖德威遐暢海波不揚以與二三子講道問業於此詩不云乎至於海邦莫不率從又曰矯矯

虎臣在泮獻馘夫余之此舉亦猶行古之道也夫碑而銘曰

於皇聖世懿德孔昭六經黼黻五典琰瑶猗儺周行淑我譽髦矧伊海隅先哲之里奕奕三吳悠悠千祀炳炳如蔚如是弘是啓縹囊緗帙聖則寓焉玄絃舞籥道則傳焉庇之無所曷永曷宣相彼二氏雕甍刻宇慧藏霄承琅函玉軸豈伊典墳罔儕梵侶尊經有制先民所營爰即故址以善其仍鼛鼓具舉東壁斯明易占棟隆詩歌如跂翬起虞山鳳來琴水虎變龍驤於焉押紀爲麟爲鳳爲珪爲璋本諸孔孟疇乃羲皇翊我鴻祚名德無疆

杜淶東山海舟寶峯大咸三大師墖銘

金陵梵宇林立東山最勝昔海舟慈祖卓錫其地闢以宣化居然與謝太傅李供奉鼎峙此峯矣世遠時遷臺殿就圮禪侶莫過而問焉適滌山慧公袈裟廣覆居民遂舉以告剔蕪芟穢出諸荆榛砂礫中獨慈祖一墖屹立雲表左翼以瑄祖若虛右以待來者馳聞天童弘覺禪師命慧公師大咸和尚主斯席重新正殿

別構法堂方丈三門雲典霞舉遠近徒侶參禮者千有餘人晨鐘暮鼓敲醒聾俗視慈瑄兩祖開山時殊無差別臨濟正傳得若人而愈顯矣迨大咸和尚西歸慧公奉率堵立其右若天造地溽之不可易者非闘一以待之之明驗歟相傳慈祖臨示寂時謂吾法派至正法典三字吾當重來大咸和尚與慈祖同爲蜀人又適當其時非精英不壞前後一身實有其理歟先是順治庚子弘覺禪師以天童客雲大師語錄奏請入藏

敕江寧府如其所請移會東山大咸和尚肅承

大典永貴山門庚申秋杪慧公訪予梁園悉述其事校予丁未禮塔時尤爲增美因設位焚香盥手而爲之銘曰〇渡流沙來初祖道教彰徧南土蹤老氏班尼父五葉開曹溪滸首東山建法鼓拓宗風倬當戶振大千起環堵蟠如龍耽如虎葆形軀浣肺腑祛法塵敝靈府泉孫曹繩祖武星紀周歸一處噫嘻休哉慈祖是爲南嶽傳法二十八世茲峰開山之主瑄祖爲二十九世繼席之主大咸和尚爲三十六世

重興之主

南北朝宋傳亮司徒劉穆之碑銘 公諱穆之字道和彭城人也公

膺陶鈞之秀範該生民之上操二變肇於弱容九德充於初廸文明在中柔順暢於事業敬以直內義讓洽於州黨時元兇竄逝攜據荊沔乘輿播幸越蹈九江公率先羣后電發川湄獎懷本之衆勵思舊之士桓謙藉屢葉之資徐覆恃驟勝之鋒習亂之徒若蝟毛而起內懷根本之虞外通首尾之勢公靈武獨運奇謀內湛鞠旅陳衆視險若夷飛雲西泝則水截鯨鯢乘轅東指則陸殪長虵廻累恭之危成維山之固豐功茂勳大造於王室淳風懿化永結於荊南銘曰

二儀發揮川嶽協靈外恢溫雅內鏡文明懷仁履順蘊義居貞煌煌袞衣禮亦隆只翼翼素心克終如始平情升降一色愠喜訓儉於物復禮克己

梁簡文華陽陶弘景墓誌銘 維大同二年龍集景辰克明三月壬寅朔

十二日癸丑巳時華陽洞陶先生蟬蛻于茅山朱陽館先生諱弘景字通明春秋八十有一屈伸如恒顏色不變有制贈以中散大夫謚曰貞白先生遺令人主書監護喪事十四日巳時窆之于雷平之山若夫眞以歸空爲美道以無形爲貴不知悅生大德所以爲生不知惡死谷神所以不死妙矣哉隱顯變化物莫能測旣而岫開拆石天墜玉棺銀書息簡流珠罷竈九節麗于空中千和焚於地下仙官有得朋之善受學振臨谷之悲余昔在枌壤早逢杞上之術今造元艮屢禀浮丘之教握留符而惻愴思化杖而酸辛爲銘曰

無名曰道不死爲仙亦有元放兼稱稚川遁形解化自昔同然猗歟夫子受籙歸元梨傳苑吏書因賈船虎車照景蛻拂凌烟餘花灼爍春澗潺湲鬱鬱茅嶺悠悠洞天三仙白鶴何時復旋

徵君何子晳墓誌銘 先生履玉燭之禎氣應大賢之一期生而知幾撫塵斯應敬非習起孝乃因心聚徒教習學侶成羣與沛國劉巘汝南周顒爲友陸璉賀瑒之徒更道北面承

明中王文憲儉受詔撰具禮未竟而卒屬在司徒文宣王王以讓先生因廣加刋輯故以含文燕居議六典五恩之義或齊儒所不鎮孟嘉所未知皆析兹大物成此艮教小人道長每諷考槃之詩君子道消便執天山之筮乃毀車挂冠拂衣東嶺始居若耶來從秦望今上經綸天地權輿鼎業始徵爲軍謀祭酒賁允文若之舉且光彥先之選又徵特進右光祿大夫高尚其事確乎不拔元纁徒往束帛虛歸而給白衣上書祿固辭不受卒变乎其山正衾在殯嗤鏤器與玉衣竟典入棺恥密章及書綬知與不知並懷惋愴咸以人亾素楷禮墜文章洙泗頹經扶風罷學關西疑聖之德自此長淪高松引風之氣於兹永息余昔在朱方亟枉翰迹欽風味道迄淹歲時既而位阻桂宮塗乖咫尺不獲擁經步至問春卿之痾徐輪三反入杜彝之舍痛祥雲之滅采悲列曜之晞暉追勒高節乃爲銘曰

文範高世元晏絕倫復有令德遠之與均誰與均此嗚呼哲人第五肥遁餘軌尚遵司空開學其風不泯傳兹孝敬日悌且仁氣高瓊岳心虛谷神括羽儒囿舟輿席珍既遊慧水兼引法輪談扇猶

在鳴琴尚陳如何不慭德素長淪寂寥巖穴荒凉渭濱橋曰隻鷄徐稱酎素余欽夫子風期夙著蓄思含毫傳芳寫礐沉礎雖貞元泉無曙

唐梁肅梁高士鴻墓銘

有漢高士梁君鴻字伯鸞扶風人君得天元純誕其生知囊括道妙而遊於世遭漢微缺澆風偃物君以爲道不可徇時故安節以高蹈高蹈不可以激俗故登邙以作歌歌不可以遺世故適越以遐遯遯不可以不粒故守食於杵臼是以孟氏悅其道而妻之伯通高其風而禮之安夫大而遺其細忽夫語而順乎默樂則行之憂則違之斯可謂高世之逸民矣原夫天之運道也曰明與晦人之道也曰否與泰達人知否與晦之不可爲也故耦而耕狂而歌鑿坏以逃荷蓧以遊而晦德避難不成乎名嗚呼伯鸞非斯人之徒歟誰與哉唐大曆六年小子旅於吳得君之舊遊焉孟子稱聞柳下惠之風鄙夫寛薄夫敦然則聞高士之風聲亦將舍爾朵頤以觀吾靈龜乎乃刊貞珉以識遺烈銘曰山隱器車河祕馬圖伯鸞下行獨與道俱太虛無際

浮雲無繫伯鸞伊何寔迹人世直道辱身三黜魯邦抑馬逆諫餓於首陽邈矣伯鸞靜而含光作銘臯橋萬古是望

宋歐陽修梅聖俞墓誌銘

嘉祐五年京師大疫四月乙亥聖俞得疾臥城東汴陽坊明日朝之賢士大夫往問疾者騶呼屬路不絕城東之人市者廢行者不得往來咸驚顧相語曰茲坊所居大人誰邪何致客之多也居八日癸未聖俞卒於是賢士大夫又走弔哭如前日益多而其尤親且舊者相與聚而謀其後事自丞相以下皆有以賻卹其家粤六月甲申其孤增載其柩南歸以明年正月丁丑葬于宣州陽城鎮雙歸山聖俞字也其名堯臣姓梅氏宣州宣城人也自其家世頗能詩而從父詢以仕顯至聖俞遂以詩聞自武夫貴戚童兒野叟皆能道其名字雖妄愚人不能知詩義者直曰此世所貴也吾能得之用以自矜故求者日踵門而聖俞詩遂行天下其初喜爲清麗閑肆平淡久則涵演深遠間亦琢刻以出怪巧然氣完力餘益老以勁其應於人者多

故辭非一體至于他文章皆可喜非如唐諸子號詩人者僻固而狹陋也聖俞爲人仁厚樂易未嘗忤于物至其窮愁感憤有所罵譏笑號一發於詩然用以爲驩而不怨懟可謂君子者也初在河南王文康公見其文歎曰二百年無此作矣其後大臣屢薦宜在館閣嘗一名試賜進士出身餘輒不報嘉祐元年翰林學士趙槩等十餘人列言于朝曰梅某經行修明願得留與國子諸生講論道德作爲雅頌以歌詠聖化乃得國子監直講三年冬祫于太廟御史中丞韓絳言天子且親祠當更制樂章以薦祖考惟梅某爲宜亦不報聖俞初以從父廕補太廟齋郎歷桐城河南河陽三縣主簿以德興縣令知建德縣又知襄城縣監湖州鹽稅簽署忠武鎮安兩軍節度判官監永濟倉國子監直講累官至尚書都官員外郎嘗奏其所撰唐載二十六卷多補正舊史闕繆乃命編修唐書書成未奏而卒享年五十有九曾祖諱遠祖諱邈皆不仕父諱讓太子中舍致仕贈職方郎中母曰仙遊縣太君束氏又曰清河縣太君張氏初娶謝氏封南陽縣君再娶刁氏封某縣君子男五人曰增曰墀

曰坰曰龜兒一早卒女二人長適太廟齋郎薛通次尚幼聖俞學長于毛氏詩爲小傳二十卷其文集四十卷注孫子十三篇余嘗論其詩曰世謂詩人少達而多窮蓋非詩能窮人殆窮者而後工也聖俞以爲知言銘曰不戚其窮不困其鳴不躓于艱不履于傾養其和平以發厥聲震越渾鍠衆聽以驚以揚其清以播其英以成其名以告諸冥

蘇子美墓誌銘

故湖州長史蘇君有賢妻杜氏自君之喪布衣蔬食居數歲提君之孤子歛其平生文章走南京號泣于其父曰吾夫屈于生猶可伸於死其父太子太師以告于予予爲集次其文而序之以著君之大節與其所以屈伸得失以深誚世之君子當爲國家樂育賢才者且悲君之不幸其妻卜以嘉祐元年十月某日葬君于潤州丹徒縣義里鄉檀山石門村又號泣于其父曰吾夫屈於人間猶可伸於地下於是杜公及君之子泌皆以書來乞銘以葬君諱舜欽字子美其上世居蜀後徙開封爲開封人自君之祖諱易簡以文章有名太宗時承旨翰林爲學士參

知政事官至禮部侍郎父諱者官至工部郎中直集賢院君少以父廕補太廟齋郎調滎陽尉非所好也已而鎖其廳去舉進士中第改光祿寺主簿知蒙城縣丁父憂服除知長垣縣遷大理評事監在京樓店務君狀貌奇偉慷慨有大志少好古工爲文章所至皆有善政官于京師位雖卑數上疏論朝廷大事敢道人之所難言范文正公薦君召試得集賢校理自元昊反兵出無功而天下殆於久安尤困兵事天子奮然用三四大臣欲盡革衆弊以紓民于是時范文正公與今富丞相多所設施而小人不便顧人主方信用思有以撼動未得其根以君文正公之所薦而宰相杜公壻也乃以事中君坐監進奏院祠神奏用市故紙錢會客爲自盜除名君名重天下所會客皆一時賢俊悉坐貶逐然後中君者喜曰吾一網盡之矣其後三四大臣繼罷去天下事卒不復施爲君攜妻子居蘇州買木石作滄浪亭日益讀書大涵肆于六經而時發其憤悶于歌詩至其所激往往驚絕又喜行書皆可愛故雖短章醉墨落筆爭爲人所傳天下之士聞其名而慕見其所傳而喜往揖其貌而嘆

聽其論而驚以服久與其居而不能捨以去也居數年後復得湖州長史慶曆八年十二月某日以疾卒于蘇州享年四十有一君先娶鄭氏後娶杜氏三子長曰泌將作監主簿次曰液曰激二女長適前進士陳紘次尚幼初君得罪時以奏用錢爲盜無敢辨其寃者自君卒後天子感悟凡所被逐之臣復名用皆顯列於朝而至今無復爲君言者宜其欲求伸於地下也宜予述其得罪以死之詳而使後世知其有以也既又長言以爲之辭庶幾幷寫予之所以哀君者其辭曰謂爲無力兮孰擊而去之謂爲有力兮胡不返子之歸豈彼能而此不爲善百舉而不進兮一毀終世以顛隮荒孰問兮杳難知嗟子之中兮有蘊而無施文章發耀兮星日交輝雖冥冥以掩恨兮宜昭昭其垂

王安石度支郎中葛源墓誌銘

葛公姓也源名也宗聖字也處州之麗水公所生也明州之鄞後所遷也貫曾大考也遇大考也旺罘贈都官郎中考也進士公所起也洪州左司理參軍吉州太和縣主簿江州德化縣令監與國茶場威武軍節度推官知廣州四會縣

著作佐郎知開封府雍丘縣秘書丞知泉州同安縣太常博士通判建州屯田員外郎知慶成軍都官員外郎知南劍州司封員外郎祠部郎中江浙荆湖福建廣南提點銀銅坑冶鑄錢度支郎中荆湖北提點刑獄此公之所閱官也州將之甥與異母兄毆人而甥殺之州將脅公曰兩人者皆吾甥而殺人者乃其兄也我知之彼大姓也無爲有司所誤不然此獄也將必覆公劾不爲變此公之爲司理參軍也州符徙吉水行令事他日令始至大猾吏輒誘民數百訟庭下設變詐以動令如此數日令厭事則事常在吏矣公至立訟者兩廡下取其狀視有如吏所爲者使自書所訴不能書者吏授之往往不能如狀窮輒曰我不知爲此乃某吏教我所爲也悉捕劾致之法訟以故少吏亦終不得其意毛氏寡婦告其子以恩義說之不得即使人微捕得之與問語者驗其對乃書寡婦告者也窮治具服爲私謀誣其子孫距州溪水惡而歲租幾千萬石舟善敗民以輸爲愁公始議縣置倉以受輸則官漕之亦便州不聽公論之不已倉成至今賴其利此公之爲主簿也中貴人挈驛吏取所

給過家以言府府不敢劾公曰中貴人何憚爲吾民而有陵之者吾亦耻之上書論其事中貴人坐絀此公之爲縣于雍丘也屬吏常有隙於公同者因譏之公察其言不聽以爲舉首此公之爲州于南劍也鑄錢歲十六萬其所施置後以爲法程此公之爲銀銅坑冶鑄錢也鄂州崇陽大姓與人妻謀而殺其夫州受賕出之公使再劾劾者又受賕獄如初而公終以爲不直其弟訴之轉運使雖他在事者亦莫不以爲寃復置之獄卒得其奸賕狀論如法此公之爲提點刑獄也甲子四百三十五公所享年也至和元年六月乙未卒之年月日也潤州之丹徒縣長樂鄉顯揚村公所葬也嘉祐元年十月壬申葬之年月日也鄉君孫氏令祔以葬者公元配也萬曆縣君范陽盧氏公繼配也良弼良佐良嗣公子也適太常博士黄知良曰金華縣君公女也起進士爲越州餘姚縣尉主公之喪而請銘以葬者良嗣也論次其所得於良嗣而爲之銘者臨川王某也銘曰士豰以養交兮弛官之不忌維公之所至兮樂職嗜事彼能顯聞兮公則不斷還銘示後兮孰勸爲痒

蔡肇米元章墓誌銘

崇寧三年甲子六月制詔令四方承平百揆時敘小大之政畢舉增光繼志曠古絕無獨書畫之學未有高世絕人之風殆勸勵之不至也其議投試簡拔之法著為律命建官養徒庶幾異時彬彬者有紀焉於是六藝之學以次開設矣是時元章名能書適官太常一旦奉詔以黃庭小楷作千文以獻繼進所藏法書名畫賜白金緡錢甚腆方民間競以前代筆蹟來上萃於秘府號宣和御覽幾百帙特詔丞相太史楚國公跋尾公亦被旨預觀縉紳以為榮遇已而出知常州不遠改勾管洞霄宮未幾就除知無為軍踰年復召為書畫學博士便殿賜對因上其子友仁所作楚江清曉圖既退賜御書畫扇各二遂擢為禮部員外郎復以言者罷知淮安軍彌年瘍生其首上書謝事不許以某年月日卒於官廨享年五十有七遺命送終皆有治命賻其家以百縑不受官其子皆特恩也公諱芾字元章世居太原後徙襄陽自其高曾以上多以武幹官顯父光輔始親儒嗜學公生秀穎六歲日讀律詩百首一再過目輒背誦稍長博記洽聞於書務遍

大畧不喜從科舉學議論斷以己意其説踔厲世儒不能屈也刻意文詞不剽襲前人語經奇蹈險要必已出以崖絶魁壘爲工作字遒勁更沈著雅有晉唐風流尤善臨摹至能亂眞其畫山水人物自成一家尺縑寸楮人以爲玩四方碑榜咨請踵至所著詩文凡百卷號山林集宣巳子聖度錄正韻雜說又數十卷平居退然若不能事事至官下則率職不苟喜爲教戒吏民初爲煩已而安之時亦越法縱舍有足多者家故饒財既仕悉以分族人後貧不以爲悔遇古書名畫必極力購取得之乃巳余昔相遇於都城敗屋僦居客至烹飲出諸奇相與把玩嘯咏終日所至喜覽山川擇其勝處立字製名後來莫之廢也過潤愛其江山遂定居焉作庵城東號海嶽日詠哦其間爲吾州佳絶之觀平生與游多天下士蜀劉涇長安薛紹彭好奇尚古相與爲忘形交風神蕭散是其一流人也舉止頡頏不能與世俯仰故仕數困躓冠服用唐人規制所至人聚觀之性好潔置水其傍數頮而不帨未嘗與人同器服眉宇軒然進趨襜如音吐鴻暢雖不識者亦知爲米元章也少與禪人摩詰游

誥以爲得法其逝作偈語有倫父佐左武將軍贈
中散大夫母閻氏贈丹陽縣太君旣卒始葬潤州
黄鶴山以中散祔初宣仁聖烈皇后在藩與丹陽
君有舊故公少長邸中以后恩入仕初補秘書省
校書郎授含光尉七遷入淮南幕改宣德郎知雍
丘縣乞監中嶽廟授漣水軍使除發運司勾當公
事蔡河撥發入奉常爲博士三加勳服五品娶許
氏封寧國縣君有賢行五男長則友仁也補將仕
郎辭藝能世其家餘早卒八女子適進士喬襄公
信老南康君教授段拂承奉郎吳激餘未嫁孫男
女各一人以大觀三年六月某日葬丹徒長山下
余元豐初謁荆國王文公公於金陵公以詩文贄見
公於人材少所許可摘取佳句書之便面余由是
始識公公故爲之銘曰米冑楚出自鬻分仍世勇爵
史載芬旣極而遷稟不羣生憐野鶩憎家鷄棹棄
韝決習典墳君纔弱冠藝且文豪氣激越蕩乾坤
劇談四座寂不喧冠巾說製倣朝掀浣衣濯帶肌
廖皺手攀拉頻送飛雲邈晉千載風流存鍾王已
往楷法紛後生不復窺完渾臨池幾年墨練裙句
法甫白相弟昆造雄設險驚刓昏文成揮掃千亀

髡蚊蚓着紙尾角鬈尺牘藏去珍璘琨一匳觥觿諸侯門熟視試一引手援南宮坐曹席未溫世間巧語空織文須淮出守朱兩轓三仕三已無戚欣視身蚊蚋何足論思坐海嶽窮朝曛暮年消中病文園踰月止酒不茹葷却乘洽風反衆薰西山嶒峻星可捫其陰大江鬱東奔噴沙發石漂無垠氣象歷落穵置君欲酌中醽採芳蓀生蒻舍奠宿草根尚書局促騶伏轅追摘往實詔九原吾文坐荒失鋤芸爲歌銘詩下招魂巫咸上天誰復聞薄暮雷電歸叫閽駛雨忽作九河翻

林至**包孝肅墓記**

至爲淮西從事之三月始得再拜謁孝肅包公墓下嗚呼慶曆嘉祐之間何其盛也仁宗皇帝以天地高厚之德平治天下而又延登耆雅容納忠讜維時孝肅公危言直論排斥權倖切劘治道而扶持國本者覩奏疏可考焉至其臨政明不可欺剛不可撓公不可干以私今百餘年所在士民開其風采猶知起敬起畏合肥公之鄉里也中更兵火子孫流離故宅廢爲民居獨廟祀存焉今去城十五里所謂東材原者公之墓也先皇考侍郎公墓七里每春秋

教授縣令帥諸生往修歲祀然而丘封頹塜木剪拔擔夫牧豎往來莫禁甚者至蹊其墓田欲奪而有之嗚呼以忠賢端士而報施乃爾豈天道耶或兵革之後未能遽復耶教授丁君端祖縣令潘君友文相與鳩工歛材次第修治會部使者王公補之來攝帥事即以聞公爲之惻然不踰月斥公帑助其役費緡以周垣方一百五十五步菑剔榛蓬植藝松檜祭饗有堂墓道有門碣墓記藏雖不復存立表署阡往來其下者皆知爲孝肅公之墓瞿然加敬風動一鄉而又正其墓禁直其田之訟歸之包氏使歲時奉烝嘗所以竭虔妥靈者厚矣嗚呼仁人君子固有不幸而不能保其後也世人不察諉以天道報施之不常以起爲善者之懼而不知君子之澤雖曰五世而斬至於流風餘韻聞者爲之興起孰使之然哉扶持風化調護其子孫此吾正人責也可捨此而謂天道是耶非耶公之元孫邦直朝廷蓋嘗命之官今雖老不能仕而州縣之間經紀其存歿者可獨爲包氏計耶風化所係多矣至於連帥之命告成於公墓而且屬筆以記其事公之勛德載在國史此不復論姑序其本末

以爲後
勸云

楊時游定夫墓誌

予昔在元豐中受業於明道先生兄弟之門有三友焉謝良佐顯道公其一也公諱酢字定夫建州建陽人初與其兄醇俱以文行知名於時所交皆天下英豪公雖少而一時老師宿儒咸推先之伊川先生以事至京師一見謂其資可與適道是時明道先生知扶溝縣事先生兄弟方以倡明道學爲己任設庠序取邑人子弟教之召公來職學事公欣然往從之得其微言於是盡棄其學而學焉其後得邑河清予往見之伊川謂予曰游君德器粹然問學日進政事亦絶人遠甚於師門見稱如此其所造可知矣元豐六年登進士第調越州蕭山尉用侍臣薦召爲太學録改宣德郎除博士公以食貧待次奉親不復就知河清縣忠宣范公判河南待以國士有議與之參訂移守頴昌辟公自隨爲府學教授未幾還朝復兼均軸郎除公太學博士已而忠宣罷政公亦請外矣除僉書齊州判官廳事公丁太公憂服除調泉州僉判上皇即位召還爲監察

御史出知和州歲餘管勾南京鴻慶宮居太平州再任知濮陽軍以親老再乞宮祠除提點成都府長生觀丁太碩人憂服除知舒州移知濠州不數月會從官薦首銜罷歸寓歷陽因家焉宣和五年五月廿三日以疾終於正寢享年七十有一葬於和州含山縣車轅嶺之原公自幼不群讀書一過目即成誦比壯益自力心專目到不為世儒之習誠於中形於外儀容辭令燦然有文望之知其為成德君子也其事親無違交朋友有信蒞官遇寮吏有恩意人皆樂於自盡無敢慢其令者惠政在民戴之如父母故去後見思愈久而不忘筮仕之初未更事縣有疑獄十餘年不能決公攝事一問得其情而釋之精練如素宦者人服其明比年以來編民困於征斂修奉祠館市材調吏無虛月所至騷然公歷守四郡處之裕如雖時有興造民初不知而事集娶呂氏封宜人有賢行事舅姑以孝聞友娣姒睦姻族人無間言公素貧不治生產夫人攻苦食淡能宜其家先公卒子男七人攜擬杲提損揆拂有中庸義一卷易說一卷詩二南義一卷論語孟子雜解各一卷文各一卷藏於家

明宋濂封丹陽縣男孫君墓銘

君諱炎字伯融姓孫氏金陵句容人曾祖某祖父嗣父顯卿皆爲儒母洪氏君身長六尺餘面黑如鐵一足偏跛於書少所不通喜雄辯累累數千言當窮一座人人莫不畏其口長於歌詩元至正中天台丁君復同郡夏君煜皆以詩名君遊此兩人間日夜相切劘益得其旨趣下筆一掃不紙可立盡辭彩爛然驚動江東雅好飲酒常與夏君對飲賦詩各務出奇相勝每得一雋語槌案大呼譁聲撼四隣所與交皆當時豪傑間出遊四方君既以氣自負常輕視章句儒衆中常自許曰孫炎豈齷齪輩伍邪然卒無容之者竟困而歸歲乙未今上皇帝渡江來金陵開江南等處行中書省聞君名召見君首勸上延攬智能士上甚悦辟爲掾每聞以事慷慨激昂所謀多合上心上愈嘉重爲可用戊戌從征浙東以勞擢同知池州府事尋改池爲華陽府郎拜君爲知府皆有聲明年十一月召爲省都事會處州降擇鎮安之者咸以處在山海間盜賊憑結非君莫可治上亦才君入省月餘遂命爲處州總制錢穀兵馬之柄悉委之

不取中報且以省符未署者付之聽其自擇任君匹馬入處州時城外七里即賊營狼嗥虎踞不奉官府約束君至坐廳事驅城中民跪階下諭以上起兵意語甚剴切民皆叩頭流血誓不敢二心退則轉告其鄉民以爲孫使君仁且武不比舊官可玩狎君亦下檄屬縣徧諭之於是投兵來降者相繼於門數月皆化爲良民君復擇其驍勇者練爲兵時時肄習之拔其服衆者爲長有寇則率以擒寇事罷散歸爲農有所警發馳一符立至軍門無敢或後姦吏巨族素驕横者斂手吐舌畏之如神不敢出聲語雖在數百里外皆縮氣屏息如臨其家郡民賴以安皆謂得孫使君治郡晚時上欲用人而秀民有才能者見方戰爭勝負未分皆伏匿山谷中不肯出君患之釣致一二人問有才者爲誰今皆安在錄其姓名爲書遣使者招之而劉君基章君溢尤爲群士所推劉君最有名亦豪俠負氣與君類然恥爲他人用使者再往返不起以一寶劍奉君君作詩以爲劍當獻之天子我人臣不敢私用封還之爲書數千言開陳天命劉君無以荅逡巡就見君置酒與飲論古今成敗如傾河決

歎畧無疑滯劉君乃深歎服曰某始自以爲勝公論議如此基何敢望也君旣以口舌交反側郡上方征伐無一兵與壬寅二月苗將賀甲李乙叛襲君而所練卒亦應之君無援被擒幽空室中列卒環守脅君降君紿之曰若生吾吾能成若事賀李知非其本心恐留自遺患遇夜以幷厲斗酒饋君曰以此與公訣君拔佩刀劃厲舉巵酌酒仰天嘆曰嗟乎丈夫乃爲鼠輩翕然我死義爾飲酒自如食竟叱其解衣君罵曰此紫綺裘乃上賜吾者吾當服以死引枕而臥賊俟其睡乃害之時某日也年三十有幾事聞上嗟悼久之是年某月日以其喪歸葬金陵南門外聚寶山之陽後二年贈徵事郎戊申上卽帝位念君死事之忠追封丹陽縣男仍命有司復其家君先娶王氏初國兵入金陵不屈死生一子毅繼平氏君事親孝與人交綏急可仗有古烈士風遭時遇變所爲可稱道守死不二卒成美名可謂俊傑雖位不大顯生不永年然忠義之士當與天地長存不足爲君憾也君所爲詩若干卷門人蔣敬編次傳於世銘曰元季政亂盜若蠢戈矛相尋河漢紅江淮中間飛一龍誰其輔

之惟羣雄維時孫君起章逢齒牙差差萬劍鋒陛前論事聲震鏞帝一見之爲動容俾知大府佐幕中鋤姦剔蠹剔罪功括蒼告降內猶訌詔君持節總兵戎四馬三矢韔一弓徐行直入如涉空羣苗禁伏傴且恭大開城門滅燧熢尸宣檄告悛頑兒敢有弗悛屠其宗銷兵鑄鐵耕以農生民有如魚脫壘拔諸水火哺飧饔苗徭內蝕據崇墉乘其不備襲且攻君氣吞賊兵力窮長蛟在陸制蟻蟲仰天叱日月爲東義不負國徇以躬遊菟土天化白虹下壓賊營賊眼朦大軍四來若雷春折骸解項殲戮蹤死事上聞帝哀恫贈官復戶頒爵封生氣嘩然薄蒼穹生爲偉人死則忠位卑壽嗇名譽豐脫令者艾登侯公死而無聞鬼猶懵取彼棄此孰纖洪史臣焯行鎮幽宮名與天地期無終

姚綬外史張公墓碑銘

嗚呼此句曲外史貞居先生張公墓也南屏之右西湖之陽梁題玉鈎澗度靈石路披篠樹鳴帶烟霞石室藏書碑文紀事其形雖逝其神則存翰墨在人文章垂世儼然生氣之張皇謦欬無聲周旋滅影穆若太虛而示寂開元精舍久無繼續之賢句

曲貞居全乏訪求之彥遂使墓門荒翳兆趾崩奔松栢摧薪莫設蒭樵之禁身世何物會羅夜客之侵痛茲劍躍雷津慨爾研離玉匣既往何咎將來可圖曠世而默契予心尚友而景行前哲爰合隹士聿來嗣人即冢土以增崇求體魄之綏靜其灌其榭於以植夫美材有紀有堂於以開夫幽隧不有伐石將安載詳是欲喚起令威再返遼東之白鶴招還曼倩同瞻雲外之青鸞第恐紫極高栖罔繇下邁自謂黃中密邇端冀旁臨先作傳以述夫始終翠珉是托復贅銘以紀夫歲月彤管肅書銘曰○於厥張公天雨伯雨是名是字蚤曰貞居晚曰外史厥號不一幼仙亦爾文章奇古鑿鑿齒齒書法俊逸不邕以止樂道忘我人莫之訾相靈石澗爰墓於此有峯而峻有水而駛喬喬者林盈盈者芷迴絕風塵攸驅虎兕以巖爲扃以雲爲時朝烟夕霏紆青委紫時遠世異毋怪頹圮聿增修之屬後來士於厥張公克具衆美周肭之學洞究元旨獨立羽化匪忽焉死光華曷居天漢之涘誦子銘者式咏紗理矧嗣教人其不興起薦溪之毛挹齊之醴公恆賁斯以陟降只

王鏊沈石田墓誌銘

有吳隱君子沈姓諱周啟南字而世稱之唯曰石田先生先生世家長洲之相城里曾大父良琛始闢田以大其家大父孟淵考恆吉皆不仕而以文雅稱先生風格潔修眉目娟秀外標朗潤內蘊精通書過目即能默識凡經傳子史百家山經地志醫方卜筮稗官傳奇下至浮屠老子亦皆涉其要掇其英華發爲詩雄深辨博開闔變化神怪疊出讀者傾耳駭目其體裁初規白傅忽變眉山或兼放翁而先生所得要自有不凡近者書法涪翁遒勁奇倔間作繪事峯巒烟雲波濤花卉鳥獸蟲魚莫不各極其態或草草點綴而意已足成輒自題其上時稱二絕一時名人皆折節納交自部使者郡縣大夫皆見賓禮縉紳東西行過吳及後學好事者日造其廬而請焉相城居長洲之東偏其別業名有竹居每黎明門未闢舟已塞港矣先生固喜客至則相與讌笑咏歌出古圖書器物摸撫品題酬對終日不厭間以事入城必擇地之僻隩者潛焉好事者已物色之比至則屨滿戶外矣先生高致絕人而和易近物販夫牧豎持紙來索不見難色或

謂贋作求題以售亦樂然應之數年來近自京師達至閩浙川廣無不購求其蹟以爲珍玩風流文翰照映一時其亦盛矣先生自景泰間已有重名汪郡守滸欲舉應賢良不果王端毅公巡撫南畿尤重之延問得失而先生終不及時政曰吾野人也於時事何知然每聞時政得失則憂喜形於顏面人以是知先生非忘世者初先生事親色養無違母張夫人以高壽終先生已八十而孺慕毀瘠杖而後與弟病瘵終年與同臥起館嫠妹撫孤姪皆有恩義尤喜奬掖後進有當其意者爲延譽不已先生娶於陳生子曰雲鴻官崑山縣陰陽訓術早卒庶子復孫履皆郡學生先生以正德四年八月二日卒壽八十有三復相履治喪以壬申十二月二十一日葬相城西隰字圩之原所著有石田稿石田文抄石田詠史補亡客坐新聞沈氏交游錄若干卷獨其詩已大行於時文徵明曰石田之名世莫不知知之深者宜莫如吳文定公及公闡其潛而掩諸幽則惟公在子諾焉銘曰或隆之位而慳其受或斂之秋而侈其有較是二者吾其奚取嗟嗟石翁掇衆遺棄發爲煇煌震驚一世彼榮

而庸磨滅皆是相城之墟湖水沄沄於戲邈矣我懷其人

陸粲祝希哲墓誌銘

先生諱允明字希哲蘇之長洲人也其先出古太祝以官氏或曰黃帝之後封於祝以國氏云七世祖碧山勝國時由松江來守郡後卒官一子留於蘇遂於蘇人祖顥正統巳未進士終山西布政司右叅政父瓛母徐氏大學士武功公女先生少頴敏五歲作徑尺字讀書一目數行下九歲能詩有奇語既天賦殊特加內外二祖咸當代魁儒目濡耳染不離典訓稍長遂貫綜羣籍稗官褋家幽遐嵬瑣之言皆入記覽發爲文章崇深鉅麗縱橫開闔如涵古今無所不有或當廣坐詼笑雜遝援毫疾書思若泉湧一時名聲大譟歲壬子舉於鄉故相王文恪公主試事手其卷不置曰必祝某也既而果得先生文恪益自喜曰吾不謬知人自是連試禮部不第當道奇其才會修史將名薦之弗果初仕興寧令地介嶺海民尚譁訐惑於機祥先生示之禮簡進秀異授以經學親爲講解遂一變其俗曓盜竄處山谷時出焚敓爲設方畧一旦捕得三十餘

輩邑以無警稍遷通判應天府以何乞歸又五年
卒春秋六十有七夫人李氏鄉先生太僕少卿應
禎之女子男二長續進士入翰林累遷陝西按察
副使次側出幼未名女嫁潮州府經歷王穀禎先
生簡易高曠不樂拘檢在衆若無能者然默而好
深湛之思時獨居著書解衣盤礴游心元簡賓客
來者叩戶呼之若弗聞也性善書出入魏晉諸家
晚益奇縱或購得之輒藏去爲榮喜獎掖後進終
身不言人過其爲家未嘗問有無得俸祿及四方
餉遺輒召所善客與噱飲歌呼費盡乃已或分與
持去不遺一錢故其没也幾無以斂云先生少有
意用世既濩落不試一發於文雖聲實閎振猶非
其志也所著書合詩文集爲數百卷藏於家陸粲
曰斯文之用與天地準繇漢氏來纘言之士臻於
斯極者亦僅可數已明興百年士猶膠守章句未
覩其恢然者也乃憲孝之際始彬彬矣視先生繇
諸生起覃精發藻橫逸踔厲超追古昔盛哉若其
湛浮自得龍變不羈大觀逍遙廓然離俗矣夏侯
湛贊東方生云明濟開豁苞含弘大援乎其萃游
方之外者殆先生哉殆先生哉先生没以嘉靖丙

戊冬十有二月二十七日又明年戊子冬閏十月十六日葬横山丹霞塢大原王寵撰次其事行槩爲之銘銘曰維聖有文自天啓之其卒儆刓孰振起之猗嗟先生發天之明達聖之經播爲渾鍠舉世震驚維時弗逢食貧以終獨昌其辭以燭羣蒙横山之原崇四尺者先生之墳後勿壞傷視此銘

文

趙貞吉王心齋墓誌

有明八葉之世越中王守仁論學名世從游若泰州王子稱最著王子名艮少先生十一歲先生殁王子論學如先生故學者亦稱王先生先生泰州安豐場人安豐俗負鹽無宿學者先生逮粗識論語孝經章句即邈焉如古聖賢人信口談解如或啓之塾師無敢難者異日天甚寒至親所親方有急務盥冷水痛哭曰某爲人子令親天寒盥冷水而不知也尚得爲人乎自此遂出代親役入掃舍捧席晡二老晨省夜問如古禮惟謹時年二十矣先生孝出天成久益行純心明悟性無礙謝役秉禮爲儒者以經徵悟以悟釋經行即悟處悟即行處如此

有年人未之識也嘗一夕夢天墜壓身萬人奔號求救先生身托天起見日月列宿失序又手自整布如故萬人歡舞拜謝醒則汗溢如雨頓覺心體洞明天地萬物一體自此行住語默皆在覺中題其座曰正德六年閏三月半即先生悟入之始已能如此是時越中王先生自龍場謫歸與學者盛論孔門求仁知行合一泥者方伉爭之至十四年王先生撫臨江西又極論良知自性本體內足大江之南者翕然從信而先生顧奉親鶉居皆未及聞也有黃塾師者江西人也聞先生論詫曰此絕類王巡撫之談學也先生喜曰有是哉雖然王公論良知某談格物如其同也是天以王公與天下後世如其異也是天以某與王公也其自信如此即日往造江西蓋越兩月而先生再詣豫章城卒稱王公先覺者退就弟子閒出格物論王先生曰待君他日自明之久之從王先生居越嘆曰風之未遠也是某之罪也辭還駕一蒲車二僕自隨北行所至化導人聳人聽觀無慮千百皆飽飫感動未至都下先一夕有老叟夢黃龍無首行雨至崇文門變爲人立晨起往候而先生適應之先生風

格既高古所爲又卓犖如此同志相顧驚愕共驅車勸止之先生留一月竟諧衆心而返然先生意終遠矣越五年戊子王先生卒於途先生迎哭於桐廬經紀其家而還開門授徒遠方皆至先生骨剛氣和性靈澄徹音咳眄顧使人意消即學者意識稍疎漏不敢正以視先生引接人無問隸僕皆令有省雖顯貴至悍戾不悦者聞先生言皆對衆悔謝不及往往見人眉睫即知其心别及他事以破本疑機應響疾精藴畢露廓披聖途使人速進蓋先生之學以悟性爲宗以格物爲要以孝悌爲實以太虛爲宅以古今爲旦暮以明學啓後爲重任以九二見龍爲正位以孔氏爲家法可謂契聖歸眞生知之亞者也獨不喜著述或酬應之作皆令門人兒子把筆尸占授之能道其意所欲言而止晚作格物要旨勉仁方諸篇咸百世不可易卒配越中爲二王云問先生何不仕曰吾無往而不與二三子是某之仕也或謂先生爲隱曰吾無往而不與二三子某何敢隱也兩救海濱之荒活千萬人洪御史垣構舍居其徒吳御史悌抗疏薦之不報嘉靖庚子十二月八日卒銘曰越中良知淮

南榕物如車兩輪實貫一轂後有作
者來登此車無以末覺而空著書

吳寬史明古墓表

吳江穆溪之上有隱士曰史明古其爲人足跡不出百里之外然江湖間人知其名至於郡縣大夫亦皆禮下之而予取以爲友葢四十年於此矣其志正而直其言確而厲其所爲無弗依於禮者當其壯時患閭里之人以巫覡惑衆上書縣中欲盡除之曰此皆不容於先王之世者不除則風俗不正禮敬何由而行耶與人論事辨說超卓坐客莫能屈至有所感奮詞氣益峻雖達官貴人衝突不顧見依違徇情者心輒鄙之其治家辨內外定上下嚴若官府凡吉凶之事悉違俗而行必倣於古知禮者取之其學於書無所不讀而尤熟於史論千載事歷歷如見而剖斷必公葢有宋劉道業之精至於時事人言得於聞見往往筆之成編則有洪容齋之博若錢穀水利之類皆知其故使得郡縣而治之恢恢乎無難者爲文章紀事有法醇雅如漢人語詩則不屑爲近體興至吟聲咿唔冥搜苦索欲追魏晉而及之家居甚勝水竹幽茂亭館相通如入顧

辟疆之圍客至陳三代秦漢器物及唐宋以來書
畫名品相與鑒賞好著古衣冠曳履揮麈望之者
以爲仙也間與親友吳鐵峯數人扁舟往來月爲
雅集以觴咏相娛樂又嘗與劉僉憲沈石田諸公
游武林經月忘返所至爲文記之曰此未慊吾志
也會當絶大江北游中原覽岱華涉河濟循王屋
廬阜而歸乃爲快爾晚歲益務清曠室無姬侍築
小雅之堂方床曲几宴坐其中或累月不至城郭
至郎止宿僧舍前二年予家居一日忽冒暑見過
飲水數椀而去又二旬而疾作家人進藥俾持去
曰吾治棺待盡久矣且吾年六十三又夭耶竟卒
弘治丙辰六月庚子也明古狀貌奇偉鬚髯奮張
平生喜交游持信義四方之士過其門者不絶於
所厚者有過尤好面折故人以直諒稱之少訪武
功徐公公與談史郎許其有識遂數從議論三原
王公巡撫江南時聞其名延見之詢以政務尤器
其才然未嘗言及私事公益重之且恨其老而不
用於世也君諱鏊字明古自號西村人稱西村先
生明古卒之明年與文溫州宗儒往哭之其二子
即以墓文請予念失此良友方竊悲傷何文之能

爲顧有終不得而已者乃卒之四年巳未三月與
申葬於吳縣西山之傅士塢爲表之曰嗚呼世有
信古執禮如斯人者乎世有博洽好學如斯人者
乎有才之達論之正如斯人者乎亦有剛直奇義
高曠絕俗如斯人者乎有如斯人當觀其終達
生順命能保其躬嗚呼明古庶無媿於其中

周瑛王修撰墓記

去廣德城西五里許王修撰墓
在焉修撰故台州人姓王氏名
叔英字原采素有氣節仕建文朝爲文字官未幾
文皇帝南巡原采募丁壯廣德遂自經而死時自
爲贊曰生既久矣未有補於當時死亦徒然庶無
慚於後世又自爲詩曰人生穹壤間忠孝貴克全
嗟予事君父自省多過愆有志未及竟奇疾忽見
纏肥甘空在案對之不能嚥意者造化神有命歸
九泉嘗念夷與齊餓死首陽巔周粟豈不嘉所見
良獨偏高踪邈難繼偶爾無足傳千載史官筆愼
勿稱希賢尋有詔治姦黨其二女赴水死其妻繫
獄死人爲上其所賦詩上曰彼食其祿自盡其心
耳乃置不問初原采將死以書抵祠山道上盛希
年曰可葬我祠山之麓希年卒收葬之蓋原采同

希年台州人故託以後事正統中少師楊公士奇始爲題其墓曰嗚呼翰林修撰王原采之墓山爲文以祭之曰嗚呼先生先生之學聖賢是師先生之行綱常是持先生之心金石其貞先生之志霜雪其明浩浩歸全乘雲翩翩我懷先生崇山長川桐川之藏既固且深遙致觴奠神其來歆原采嘗薦楊公建文朝既事定故及此原采死無後墳墓鞠爲丘莽所可識別者僅有楊公之碑而已瑛初爲進士時嘗聞其事於鄉縉紳及官廣德以特羊祭於墓繼而訪諸故老得其遺事爲詳云原采入廣德未幾車駕渡江羣臣出走原采募丁壯番上遇兵部尚書齊泰來奔皆潰歸原采以齊爲貳令州人執之既至告以故其夕原采引決原采死時年未四十蓋其見義之明殺身之勇處死之不亂良由其有所養非若一時怵迫失據計出無聊而自經於溝瀆者之可比也因念其行義之篤且悲其無後而爲修治其墓並述其事以告後之人或議之曰原采建文臣子子不爲諱而表章之非罪耶瑛曰不然自古忠臣義士皆各爲其主耳原采仕建文朝故忠於建文若仕於太宗朝其忠於太宗也

必矣況兩朝天下皆太祖高皇帝所經營之天下兩朝臣子皆太祖高皇帝所培養之人物也譬如天地分爲四時凡禽獸感時而鳴者雖有春夏之異要皆造化物未可舍此而取彼也議者謝曰子言是也麗牲有石其鑱諸

唐順之吏部郎中薛西原墓誌銘

西原先生姓薛氏名蕙字君采

先生憫學者離於多岐作約言學者執言詮以求見聖人之心而不能自見其心也作五經雜說方士穿鑿乎性命之外而不知養性之爲養生也世儒汎象於有無之內而不知無爲之爲有爲也作老子解先生之學無所不窺不名一家中歲始好養生家言自是絕去文字收斂耳目澄慮默照如是者若干年而卒未之有得也久之乃悟曰此生死障耳不足學然因是讀老子及瞿曇氏書得其虛靜慧寂之說不逆於心已而證之六經及濂洛諸說至於中庸喜怒哀樂未發之謂中曰是矣是矣故其學一以復性爲鵠以慎獨爲括以喜怒哀樂未發爲奧能知未發而至之爲竅自是收斂耳

目澄慮默照如是者又若干年而後信乎其心其自信之確也而後著之於書嗚呼心學之亾久矣有一人焉倡爲本心之說衆且譁然老佛而詆之矣學者避老佛之形而畏其景雖精微之論出於古聖賢者且惑而不敢信矣先生且援世儒之所最詆者以自信而不惑其特立者歟先生少嘗刻鏤於詩世絕喜其工今所傳西原集者少所作也既有志於道則棄不復爲雖爲之亦絕不較工與否然西原集世爭慕效之而約言老子解好者希矣先生以正德甲戌舉進士授刑部主事病免起爲刑部主事以才調吏部主事嘉靖中先生在吏部歷考功司郎中而罷後十八年辛丑正月九日以病卒於家年五十有三其罷也坐論大禮先生自爲刑部時值武廟南狩抗疏諫禍叵測先生晏然後大禮之議起乃撰爲人後解爲人後辨奏入下獄已而復其官然已爲權貴人所不釋矣已而竟坐給事中某搆先生罪先生上書訟坐是罷後所搆事解吏部數移文促先生赴官權貴人且張甚曰是可褰裳而蹈淵也哉竟屢薦不復起先生貌臞氣清行已素峻潔其才雖高然坦易洞朗徹

去厓岸豪傑皆慕與之交其庸衆亦無所嫉者獨以一二權貴人故至一斥遂不用先生方且藝圃灌花澹如也居鄉絕不肯爲人干請至戚里有疾親爲之檢方製藥嘗脫棉襖施凍者或曰焉得人人而濟之曰吾不愧此心耳始號西原居士後扁其齋曰大寧齋更號大寧齋居士而世猶稱西原先生云薛氏故隸偃師國初以戍武平遂爲亳人祖琇父封吏部主事曰鎰自封主事君而上皆不顯然世推長者妣楊安人生三子先生其仲也與其季萱皆無子而伯兄蘭有一子曰存先生與蘭友愛甚其沒也蘭爲之經紀其喪將葬先生於亳城南先塋之次而緘其遺書請銘於余無何蘭使人來速銘且告葬期曰卒之歲某月某日近矣曩先生嘗寓書於余叩以致虛極守靜篤於未發之中其旨同異余未及復請於先生也竊妄意之寂而未嘗無感而未嘗有吾儒之所指爲中也乎內有鍵而不由外有扞而不入老氏之所指爲虛靜也乎以是復於先生先生其許我哉雖然先生之詮老子則可謂得其髓者矣乃竊取先生之意而爲之銘曰在昔老聃握元化樞人皆競巧已獨若

愚吾師歎焉其猶龍乎棼棼末學枝葉日繁豈不莞然而撥其根維聃之生實是譙亳寂寥至今西原有作閉戶獨窺微言五千參諸孔庭獲我同然孔曰未發聃曰靜虛立教有二其究豈殊譬如入海所貴得珠其所從入孰一其途自是反躬精思力踐默然一悟與天游衍亳之南墟有鬱其墳嗚呼西原其尚何存

唐郎中墓誌銘

嘉靖乙巳三月二十九日刑部郎中默菴唐君卒於南京之官舍貧不能具棺殮尚書及諸寮賻之錢若干乃棺以還其家而知縣茅君又賻之錢為葬具茅君又將因邑諸生之請為之請於上司而祀君於鄉賢祠而以書來請銘君嘗為永豐知縣武定州知州吏民為之生祠以祀君謹按君在鎮江為鄉先生在永豐武定為循吏於銘法宜於是探君之姻友舉人陳君佐所為狀為之敘而銘之君諱侃字廷直號默菴家於丹徒之開沙祖諱用父諱漢贈南京刑部郎中母嚴氏贈安人年十六入郡學為諸生正德癸酉舉於鄉久之以選為永豐知縣遷武定州

知州已而擢南京刑部員外郎轉郎中君自束髮至蓋棺未嘗一日不兢兢砥礪名檢然於廉恥大閑則若生而成之年二十獨居所讀書處夜有奔者君峻拒之明旦遂移其處終不以其故語人爲舉人入國學時出游得巨商所遺金不啓囊而還之君自少時其於貨利聲色中能嶄然不爲所汚染若此平生尤以忠孝氣節自許爲諸生時父以被囚繫上書請代弗得乃藉草地寢夏不帷冬不被如是者竟一年父免獄乃止居常淸苦自刻及爲州縣未嘗一日攜妻子數千里外獨一二垢衣村僕相朝夕而飯蔬羹豆榻茅以居有寒士所絕不堪者君曰我素然其治永豐武定永豐爲江西刁訟邑而武定爲山東悍州君旣素豈弟長者務掩人瑕疵其爲吏尤欲以古教化先之不忍以苛細爲能故所設科條其始若甚迂濶久之眞誠溢出吏民至不忍欺紿遂以辦治稱江西俗尚鬼而永豐有嶽神祠居人奔走雜男女香火無空日永豐又素善爲優閭里浸淫傳習謂永豐腔使民淫於欲而匱於財君曰此大蠹也立痛革之君爲縣其有理之言雖賤吏必改容謝之立爲之行其無

理雖權勢人百方爲請毫釐無所假借寛貸以是
君居縣數年告訐請託之俗爲之一變其在武定
則尤以鎭靜撫綏疲人嘉靖戊戌章聖梓宮往承
天道山東上官檄君德州供張至則諸内奄牌校
横索百端挾威凌侮聲勢詾甚訶叱諸尊官鞭撻
州縣假言供張不辦捕死矣欲以恐嚇錢物諸同
事者皆懼逃去君獨横身當之先是君命從者舁
一空棺密置旁舍中及諸人索錢急君佯謂曰吾
與若詣錢所受錢乃引之旁舍中指棺示之曰吾
已辦死矣錢終不可得也諸人乃稍稍引去事遂
以辦始君受命上官裒民間財甚鉅欲盡以給君
猶恐不塞君曰以半往足矣至是所需又不及其
半而以其餘還之公帑諸逃者皆被劾逮去而君
乃受旌君本長者居常怡愉簡默溫溫不見臧否
其爲吏尤悃愊至其臨利害乃出鋒鍔片言折伏
豪索歛鋭集事絶出於精悍吏所不及如此君所
居官率空橐以歸及朝覲考滿入京師率空橐以
行以是著節聲亦以是淹滯於是爲州縣皆五六
年而後遷然而上官亦往往有知君者至爲考曰
廉介若趙清獻人以爲不誣在郡縣久人情吏事

益練居刑曹尤以執法得情著聞君卒時年五十有九子果府學生先君一月卒女二婿李某王謚孫男三思忠思信幼者未名始君同邑有易洞丁君者好古道明於易以傳其子補齋君璣尤刻意清古風節竦一時君爲補齋入室弟子其風節亦似其師君又善教誘鄉里後進從君游者君誨之不專以文藝每日須使此心無愧神明可也其弟子浸浸有知嚮方者若朱錫王春王合節輩其著也合節以女婿君之孤孫君之卒也爲之經紀其家而速予銘以終君之葬者亦合節也銘曰凡人爲吏廉者或刻惟君長厚温温悃愊凡人於鄉貞每絶俗惟君渾然不露畛域州邑有言此吾卓侯鄉閭有言近古太丘經紀其家弟子事師賻葬崇祀是在有司考終譔美太史則宜

李維禎

黎議常三省墓誌銘

淮入海由清口入江由大澗達湖自高堰築而江路塞自黃河決而海道阻所受七十二河水積爲泗患州人常魯軒先生謝政里居畫分黃導淮策忤當路意坐阻撓奪官竄之編户巳泗歲受水先生復請開黃河道濬清口沙以導淮入海

開周家橋武家墊以導淮入湖開芒稻河瓜儀閘以導湖入江侍御史牛公繪圖以聞上震怒治諸行河者罪而後司空楊公給事張公卒以先生策從事泗得無水復請留漕粟二萬石給泗人昏墊者先生功見言信無遺恨矣没後十年公子勉之奉焉觀察慕岡所爲狀以誌墓請余得藉手申其景行之思乃爲志曰先生名三省字希曾世泗人也始祖仲禮高祖福曾祖永祖仁父鑑每訓先生惟繹思君恩祖德先生孩提時服膺無忘受詩外傳十六爲諸生壬子舉於鄉丙辰舉南宮除知吉水邑人羅文恭與安成鄒文莊皆躬行君子爲陽明高弟兩先生稱先生學術有實際不可易也政最著者民不時詣縣自輸賦吏胥里正罔容侵牟白沙驛供張費率先時給出入如一不稱貸而足弊革利興民懷吏畏芝產於署輿人誦之三年報政擢戶部主事奇權量精會計京師饑奉檄行廩藥一一身親之全活無算以母喪歸服除補武庫遷員外郎分校禮闈所舉士號得人遷車駕郎中給軍士衣值有受而色動者訶止之已一人來告後期未拜踢蹶色動者所目也衆驚爲神移祠祭

郎再擢湖廣布政參議治均州太和山中貴人司香稅多乾沒先生校之得積羨以千金代均賦以三百金隄漢水溉田而清其所侵田爲諸生廩餼中貴人嚴憚之於時太公春秋高矣上書請歸子舍諸臺留之不待報而行色養太公十五年日名所親談笑爲樂起居飲食無時不在側出從容飲淡夜迎門有疾不遠千里延醫藥嘗而後進衣不解帶食不下咽者再閱月太公歿公終年不飲啼泣不輟每祭哀如初喪終其身恭厥兄友於弟私居燕處無惰容布衣蔬食若寒儉非公事不入州大夫邑令門每謁博士徒走而升講堂不敢正席曰此少時橫經地也三黨之戚貧不自存者居食之天大雨雪集凍者授薪而寢處之病者療之饑者餔之死無歸者殮之瘞之河患起先生身操畚鍤塞壅城得無潰既遘謗無慍言會有恩詔復官而楊司空疏言河工就緒多參議常三省功宜增秩錄用先後撫按臣南北臺省薦者凡三十人而先生題其署曰久分生涯偕木石勉將道術付桑榆無復宦情矣踰數年卒年七十有九配李氏封安人生二子勉之愼之而勉之最有名銘曰委質

爲臣兆可以行翛然長往曰有老親隱焉用文危言覈論幾不免其身曰爲國與民曲突徙薪無勇功無智名没祭于社惟鄉先生世世

奉若子孫繩繩河渠之書則有史存

皇清吳興祚泰伯墓碑

周有天下受之於殷傳八百有餘歲泰伯讓國逃而之荆無尺土之基所居城邑遂起勾吳至於今二千三百有餘歲自伯以來禪位號有天下者不可勝紀易代以後皆不得名其故居惟勾吳一彈丸地延二千三百餘歲之後猶得名曰泰伯之里嗚呼是蓋六國之所不能侵而秦皇之所不得併者也嘗試推之古今之所謂可欣可艷可守可傳而不能忘於心者多矣吾觀泰伯之心皆擴然而無一有而其所有者僅此忠孝之性受之於天以爲人造次顛沛不可以貳値時之阻則旁行巽志冀一遂焉譬如水之百折而必趨於海非有所爲而爲之也及乎所至之地羣而義之奉以爲君遂能立國啟土龍旂介圭傳數十世蓋亦忠孝之理自不泯於天壤耳當其逃之之日始志豈及於此哉嗚呼所以爲德之至也古者荆蠻之俗斷髮文身蛇龍

與處其救死之未知而遑及乎禮教自伯之至然後爲之城郭而人有衛爲之溝瀆而人有養爲之端委以易其俗而人有禮教化遂彬彬焉則今日東南之民所以相生相養禮樂詩書衣冠玉帛稱盛於寰中而爲光於千百世者伊誰之功也其又可志也耶伯有廟在梅里其墓在皇山南徐記及聖賢墓記皆同非若史遷所稱箕山有許由冢滅没恍惚不可徵信又非若虞舜崩於蒼梧大禹葬於會稽遠其國都而離其人民者比也則以吳民而修伯之廟若墓譬如以子孫而修其始祖之廟若墓宜乎歲歲從事弗怠也乃數百年中培其封樹餙其榱桷者指不多屈小子興祚黯焉傷之已酉歲嘗修其廟矣今墓道之間荆榛不剪樵牧遊於其上邑諸生許廷銓司馬森玉錢浤發等以告念興祚伯裔也又官茲土其何能辭爰以俸錢供掃除之役邑人助之自癸丑歲八月經始畢於明年之正月砌築堅平牖垣周固乃建碑以誌久遠後之讀是文者深思二千三百餘歲不替之故而以伯之心爲心則伯之垂教其猶未遠也夫

陳瑚顧太學墓表

麟士先生卒再朞葬於吳塘之東其友人陳瑚大書而表之曰雙鳳顧先生之墓稱雙鳳者何其里居也猶鄭公之名其鄉也稱先生人文之師也不書字與號不問可知為先生也古之人尚質故辭簡而著延陵之碑萬世聞其風而弔之後人纍纍數千言其存者無幾也雖然瑚之心其未有已也乃撮其遺事而鑱諸碑陰先生姓顧氏諱夢麟麟士字也慕沈麟士之為人嘗以織簾名其居人稱織簾先生晚更號中庵蘇州太倉州人少治毛詩補諸生以高等授儀舉德行中崇禎癸酉南畿副榜入為太學生國家以經義取士洪永成弘之間皆以明理為主而一篇之中首尾正反虛實莫不有法正嘉以降小變其格然不出繩墨之外隆萬之末文風頹敝士習荒謬叛違傳注潰決規矩先生獨傳先民之學思以一人之力易天下上自東京訓詁下逮雒閩語錄無不究極其書四方之士漸反其本而從其教浸淫沾溉奉為典型執經問業者牽挽相屬幾半天下巡撫張公國維蒞吾吳延為公子師先生注書說經不少干以私一武弁夜以賄至先

爲哉嗚呼道之不行也自經學之不明始矣余承乏之斯土以備防爲事非有教化之責於躬幸承天子仁聖德威遐暢海波不揚以與二三子講道問業於此詩不云乎至於海邦莫不率從又曰矯矯虎臣在泮獻馘夫余之此舉亦猶行古之道也夫碑而銘曰於皇聖世懿德孔昭六經黼黻五典瑛瑶猗惟周行淑我譽髦剡伊海隅先哲之里奕奕三吳悠悠千祀炳如蔚如是弘是啓縹囊緗帙聖則寓焉安絃舞籥道則傳焉庇之無所曷以永曷宣相彼二氏雕甍刻宇慧藏胥承琅函玉貯豈伊典墳罔僭梵侶尊經有制先民所營爰卽故址以善其仍鼛鼓具舉東壁斯明易占棟隆詩歌如跂雲起虞山風來琴水虎變龍驤於焉伊紀爲麟爲鳳爲珪爲璋本諸孔孟騁乃羲皇翊我鴻祚名德無疆

杜溇東山海舟寶峰大咸三大師墖銘

金陵梵宇林立東山最勝昔海舟慈祖卓錫其地闢以宣化居然與謝太傅李供奉鼎峙此峰矣世遠時遷臺殿就圮禪

侶莫過而問焉適滌山慧公袈裟廣覆居民遂舉
以告剔蕪芟穢出諸荊榛砂礫中獨慈祖一㙯屹
立雲表左翼以𡊮祖若虛右以待來者馳聞天童
弘覺禪師命慧公師大咸和尚主斯席重新正殿
別搆法堂方丈三門雲興霞舉遠近徒侶參禮者
千有餘人晨鐘暮鼓敲醒聾俗覩慈𡊮兩祖開山
時殊無差別臨濟正傳得若人而愈顯矣迨大咸
和尚西歸慧公奉率堵立其右若天造地湧之不
可易者非闕一以待之之明驗歟相傳慈祖臨示
寂時謂吾法派至正法典三字吾當重來大咸和
尚與慈祖同爲蜀人又適當其時非精英不壞前
後一身實有其理歟先是順治庚子弘覺禪師以
天童密雲大師語錄奏請入藏
敕江寧府如其所請移會東山大咸和尚肅承
大典永貢山門庚申秋杪慧公訪予梁園悉述其事
較予丁未禮㙯時尤爲增美因設位焚香盥手而
爲之銘曰○渡流沙來初祖道教彰徧南土躧老
氏班尼父五葉開曹溪濟首東山建法鼓拓宗風
倬當戶振大千起環堵蟠如龍耽如虎葆形軀亡
胏腑法法塵敝靈府泉孫曹繩祖武星紀周歸

處噫嘻休哉慈祖是爲南嶽傳法二十八世玆峯開山之主瑄祖爲二十九世繼席之主大咸和尚爲三十六世重興之主

江南通志卷之第七十六終